U0935195

国际一流媒体研究

GUOJI YILIU MEITI YANJIU

李舒东等 著

世界知识出版社

目　录

第一章　国际一流媒体概述

第二章　国际一流媒体关键发展指标

第三章　国际一流媒体发展历程

第四章　国际一流媒体的发展路径及战略研究

第五章　国际一流媒体的新媒体发展研究

第六章　国际一流媒体个案研究之电视媒体

第七章　国际一流媒体个案研究之媒体集团

第八章　国际一流媒体比较研究

第九章　中国媒体的国际发展探索

第一章　国际一流媒体概述

第一节　研究国际一流媒体的意义

研究并建设国际一流媒体，不是心血来潮，是中国全面发展的需要，是文化大发展、大繁荣的需要，是建立在政治性、必然性和可行性基础之上的。

一、研究国际一流媒体是重大的现实课题

改革开放以来，中国经济迅速发展，国家文化政策积极推进，综合国力大大增强，但在竞争力上，中国主流媒体和国际一流媒体之间依然存在差距，仍是“西强我弱”。正因为如此，近年来，党中央、国务院十分重视对外传播工作，胡锦涛同志在中央电视台建台50周年贺信中指出：“希望进一步增强光荣感、责任感和使命感，始终坚持正确办台方向，在继承的基础上不断开拓创新，努力把中央电视台建成技术先进、信息量大、覆盖广泛、影响力强的国际一流媒体。”江泽民同志也提出：“努力把中央电视台建设成为具有国际重要影响力的世界级媒体。”习近平同志批示：“希望你们从新的历史起点出发……不断提高国际国内传播能力和影响力……为打造国际一流媒体再创辉煌。”如何打造国际一流媒体，成为中国主流媒体的研究者和实践者的重要任务。中国媒体长期面向“国内”一个市场，面向国际，“走出去”的步伐不快。要进入国际传媒市场，参与国际话语权竞争，达到国际认可的一流水平，必须加强对国际一流媒体的研究，知己知彼，方可正确认识和对待自己，加快与国际接轨的速度和力度，也唯有如此，方可正确学习、借鉴国际先进的运行机制，建立具有国际水准的现代传播体系和运营模式。目前在国内业界没有现成的经验可循，这也凸

显了研究的重要性。通过深入研究，寻找规律性的东西，去粗取精、去伪存真，才能因地制宜，避免走弯路。通过研究，还有利于引进、借鉴、学习国际一流媒体先进的运营模式、运营机制和科学的管理经验，推动中国现代媒体制度的建立。国际一流媒体的研究与建设，不仅适用于中央电视台，也适用于当前众多的国内媒体，有利于进一步提升中国媒体整体的国际视野和现代化水平。加强研究，还有利于中国媒体实现全球合作。中国主流媒体在研究、建设国际一流媒体的过程中，不仅仅是与国际媒体的竞争，也是学习与合作。随着研究的深入发展，中国媒体之间、中国媒体与国际媒体的交流将会更加频繁，从而有助于加深中外媒体的相互了解与认识，这就为中外媒体的相互合作提供了更多的国际信息参考，创造了更多的媒体合作机遇和条件。对国际一流媒体的研究，是一种对发展的探索。这种探索一旦成功，能够为全国电视同行提供经验，带动国内更多的电视行业加快自我提升，开拓国际市场，实现国际化的进程，从而有助于提高中国媒体的整体国际竞争力。

二、研究与建设国际一流媒体是落实国家发展战略的必然要求

建成国际一流媒体的发展目标，是国家发展到一定历史阶段之必然。按照美国哈佛大学教授约瑟夫·奈的观点，一个国家的综合国力，既包括由经济、科技、军事实力等表现出来的“硬实力”，也包括以文化、意识形态吸引力体现出来的“软实力”。当前国际竞争是综合国力的竞争，综合国力竞争的一个显著特点，就是文化“软实力”在综合国力竞争中的地位和作用越来越重要。文化的全球影响力是衡量一个国家软实力的重要指标，尤其在信息时代，作为一种重要的“软实力”，媒体的国际传播能力在综合国力竞争中的地位和作用越来越突出。西方发达国家，特别是美国一贯将国际传播作为国家公共外交政策的一部分。“9·11”事件后，美国政府要求进一步强化对外传播的政治功能，强调国际广播电视是美国公共外交的核心力量，要使“美国的价值观和文化得到更广泛的传播”，并要与反恐战争目标和国家公共外交的战略相一致。正是美国对广播、电视在国际传播上的重视，借助信息的优势主导着国际舆论，向世界宣扬其政

治、思想、文化、意识形态和价值观念，为其全球霸主的地位提供了强大的舆论支持。

进入21世纪以来，我国在国际社会的影响力不断扩大，这种影响力很大程度上来自“中国制造”和中国经济等“硬实力”的持续、快速增长。特别是北京奥运会和华尔街金融风暴之后，中国在世界经济中的引擎作用进一步得到确认，国际地位迅速提升。然而，“目前，我国文化在国际上的影响力和竞争力，与我国国际地位不相适应，与我国五千年文明积淀的丰厚文化资源不相适应”，在世界范围内观众所看到的国际新闻70%以上是西方一流媒体提供的，国际舆论“西强我弱”的国际格局没有改变。与英国广播公司（BBC）、美国有线电视新闻网（CNN）相比，其海外订户数分别是中央电视台的三倍多和两倍多，在收入方面，BBC几乎是中央电视台的三倍。

因此，建立国际一流媒体，成为国家战略发展的一部分，是在中国具备国际经济话语权之后，争取国际视频话语权的重要步骤；是服务于我国改革开放和现代化建设的需要，总而言之，是提高中国文化软实力的客观必然要求。

三、研究并建设国际一流媒体是新时期主流媒体求新求变的必然选择

中国主流媒体承担了向世界展示中国发展、塑造中国形象的重要历史责任和使命。同时，研究与建设国际一流媒体也是主流媒体不断发展自身的需要。经过五十余年的努力，中央电视台已经成为国内最重要的电视媒体。首先是影响力最大的媒体。在中国，拥有数量最多的上星频道和数字频道，自身电视观众超过12亿，长期占据全国收视市场份额的1/3［各国最重要媒体的国内收视份额：英国BBC为35%、日本NHK（日本放送协会）为17%、美国最大的三大电视网CBS（哥伦比亚广播公司）、ABC（美国广播公司）、NBC（美国全国广播公司）的份额均在6%~7%之间］。在2008年北京奥运会期间，中央电视台在国际上的知名度显著提升，一位来自美国的记者用他心爱的纪念章换走了中央电视台一名记者带台标的工作

服，他说：“回去要给我的朋友看，这是中国最牛的媒体。”其次是规模最大。已建成全球7大中心记者站和国际视频发稿平台、70个海外记者站点的新闻采编网络，正在建设北美和非洲两个海外分台，建设规模超过此前26年的总和，形成了7个国际频道、使用联合国6种语言的对外传播格局；国际频道整频道落地用户数达到1.66亿户，长城平台全球付费用户超过10万；经营收入达到350亿。再次是技术最先进。中央电视台在技术上整体已经达到国际领先水平，高清频道、3D频道开播，全台节目直播全面实现网络化、数字化和文件化。

总之，中央电视台与国际一流媒体的差距在快速缩小，部分指标已达到国际一流媒体水平。2010年，在国际媒体排名中，中央电视台排在30位，比2000年的55位，提升了25位。但是，作为国家级媒体，与我国综合国力的迅速提高相比，与国际一流媒体的竞争实力相比，我们还有不小的差距。目前，我国的国民生产总值已经跃居全球第二，中国经济成为世界经济的引擎，越来越多的中国企业进入了《财富》500强。但是在传媒行业，还没有一家中国媒体在综合实力上能够跻身全球传媒集团的前20名。此外，网络媒体、户外媒体、手持和移动媒体等新兴媒体正在以跨形态、跨媒体、跨区域的传播方式，冲击着传统媒体的市场格局，BBC、CNN等国际一流电视媒体也纷纷主动求变，20世纪90年代末均基本完成向全媒体方向转型。中国媒体如果不研究这种发展变化，差距就会越来越大。在这种环境下，加强对国际一流媒体的研究和建设，既是对自身发展提出的更高要求，也是作为国家电视台的一种责任和担当；既是对环境变化所带来挑战做出的回应，也是积极顺应媒体变革趋势的主动行为。

第二节　国际一流媒体的概念界定及特征

对国际一流媒体的概念界定与理解，虽然目前还没有统一的解释，但在以下认识上基本达成共识，即把那些具有巨大规模和影响力的媒体称为主流媒体或强势媒体，而那些经营和影响超过了国家界线的媒体称为国际一流媒体。

一、国内外学者和业界对国际一流媒体的界定

关于国际一流媒体的评定标准，学术界和业界有一些不同的观点和说法。

1. 世界知名咨询公司麦肯锡研究认为，国际一流媒体包括三个方面的要素：

（1）能很好地履行引导社会舆论、提供教育服务等公益责任，并在这方面具有较高的观众满意度；

（2）具有较高的知名度和世界品牌；

（3）具有很好的经济效益。

2. 世界知名的传媒杂志 TBI（Television Business International《国际电视业》）则认为衡量是否为国际一流媒体，主要看产业规模和经济实力。

3. 世界品牌实验室的界定：国际一流媒体主要看重的是媒体的品牌价值。

4. 我国学者、研究者对国际一流媒体概念的研究：

上海外国语言大学的郭可教授在其《国际传播学导论》中提出“国际媒体主要是指那些从事国际信息传播活动的主体或传播媒体”，主要标准有：（1）信息传播活动具有跨国性；（2）信息传播的经营活动具有跨国性；（3）影响力具有国际性。由于依据标准不同，不同的研究者对国际一流媒体的理解也有一些差别。中国传媒大学的刘笑盈教授认为，衡量国际一流媒体的标准主要有三个：第一，具备强大的国际传播力、影响力，包括品牌影响力、话语权、舆论引导力等要素。例如，美国总统林肯在南北战争前接受采访时曾经评价说：“《泰晤士报》是世界上影响最大的报纸，事实上，据我所知，除了密西西比河外，再没有比它更有力量的东西了。”英国首相迪斯雷利也说，英国在各国的首都有两名大使，一名是英国女王派遣的，另一名是《泰晤士报》派遣的。美国作家马克·吐温说过一句颇为夸张的话：“给地球各个角落带来光明的来源只有两个：天上的太阳和地下的美联社。”CNN 崛起之后，也曾经被称之为是“联合国安理会的第六个常任理事国”，其创始人特纳曾声称：“CNN 的镜头摇到哪里，安理会的议程就讨论到哪里，”其议程设置能力之强，以至于海湾战争和索马里事件之后

国际学术界出现了所谓的“CNN 效果”（CNN Effect）一词。正如西方学者所称，CNN 在其鼎盛时几乎就成了全球新闻的代名词，这些都是国际一流媒体影响力的具体表现。第二，具备强大的运营能力，指国际媒体的经济收入水平、创收能力以及产出效益等经济财务指标，反映媒体的经营发展与运营管理水平。当前世界媒体的产业化特征十分明显，强大的运营能力包括市场开拓能力和管理能力，只有运营能力强的媒体才可以获得广泛的影响力。第三，是基础规模，指国际传媒机构作为一个信息制播平台存在的基础性指标，包括媒体的整体规模水平、国际覆盖能力、制作播出能力等，是其他两类指标的基础，同时又深受其他两类指标的影响。三类指标互为条件、相互支撑、相互作用，构成了国际一流媒体的评价体系。

总体而言，三项指标都超前的媒体才能称得上是国际一流媒体。比较而言，有些媒体是三项指标比较均衡，都处于行业的领先地位，是所谓的“三强并立”的媒体，有的媒体是“两强一弱”或“一强两弱”。例如我们的研究表明，时代华纳（Time Warner Inc.，美国一家大型多媒体公司）就属于典型的“三强并立”媒体，旗下的 CNN 国际影响力人所共知，旗下的 HBO 更是运营能力强的体现。BBC 是属于“两强一弱”的媒体，国际影响很大，运营能力也很强，不过基础规模相对有限。而半岛电视台（Al Jezeera，阿拉伯语电视媒体）则是“一强两弱”的媒体，国际影响力突出，但是运营能力和基础规模偏弱。①

综上所述，我们认为，国际一流媒体是一个媒体综合实力的体现，包含了传播、经营、新媒体、内部管理等多个业务领域，在所有这些领域都大大超出一般媒体的发展实力。在研究中，我们充分借鉴平衡计分卡（BSC）SMART 原则，传统的平衡计分卡由四大能力构面组成，即财务构面、客户构面、内部业务流程构面以及学习成长构面。通过结合传媒业的特性以及国际一流媒体的特点，我们以传播能力取代传统的客户构面，以更准确地度量媒体的社会影响与市场力量；以经营能力作为传统的财务构面，以度量媒体在经济意义上的运营能力和绩效；以内部运营能力取代传

---

① 刘笑盈：《打造国际一流媒体》，《对外传播杂志》，2009 年第 2 期。

统的内部业务流程构面，以匹配媒体的内部实力特点；以新媒体发展能力替代传统的学习成长构面，以衡量在传媒融合与转型愈演愈烈的当下，媒体的成长与可持续发展能力。媒体的四种能力互相影响，共同形成媒体的综合实力。内部运营能力是经营能力和传播能力的基础，同时，内部运营能力又与经营能力共同支撑传播能力，传播能力是媒体实力的核心。新媒体发展能力作为媒体综合能力的一项补充，对媒体在内部运营能力、经营能力、传播能力等方面都能够起到补充、提升作用。如图1-1所示。

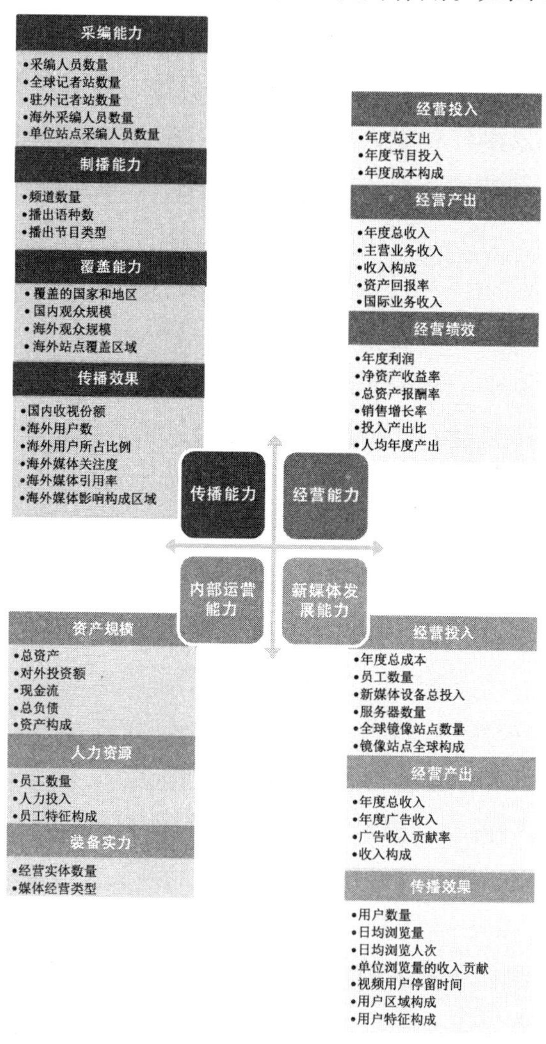

图1-1　国际一流媒体指标构成图

二、国际一流媒体的主要特征

国际一流媒体的主要特征包括以下六个方面：

1. 主导新闻传播

CNN、BBC 等电视媒体不间断地发布全球各地的新闻信息，凭借独特、重大、丰富和不可替代的信息源，形成强势信息流，独占世界新闻市场80% 以上份额。

2. 引领国际舆论

占据国际话语主导权，善于运用议题设置、热点引导等手段，操控国际舆论。在突发事件或重大国际问题上，CNN、BBC 总是率先提出自己的主张，择时制造国际热点及至舆论争端，形成舆论气候和舆论评价尺度。

3. 影响主流受众

经过长期发展，CNN 等已经在主流受众中享有较高声誉，借助影响政府要员、商界领袖、知识分子、社会精英等“舆论领袖”实现二级传播、三级传播甚至 N 级传播，进而影响整个社会的价值判断和大众认知。

4. 管理方式现代

BBC 和 CNN 等媒体均实行现代化管理，以一体化、专业化的采编管理体系实现新闻效能最大化，统一指挥、高效运转、资源共享。它们总是以现代化的管理手段促进资源优化配置，实现管理效益最大化和集团利益最大化。

5. 国际社会公认

国际一流电视媒体普遍得到国际权威机构认可，在学术机构、调查机构等公布的排名中占据领先地位，同时它们也得到国际行业组织评估认可，得到同行认可，甚至直接作为行业组织的领头者出现。

6. 综合实力强大

在拥有核心媒体业务的同时，还拥有跨媒体经营的国际化产品链条，如国外收购或合资而组成的跨国公司、网络新媒体等，为其赢得高收益的投资回报，形成经营规模巨大的传媒集团。

第三节　国际一流媒体的类别区分

中央电视台发展研究中心国际一流媒体课题研究组，将国际主要电视媒体在类别上划分为电视媒体和以电视为主的媒体集团两类；同时，在层次上分为三个层次，即区域性电视媒体、全球性电视媒体和全球性媒体集团。国际一流媒体首先要在本区域具有代表性，最终在全球具有强大的影响力，区域性代表性媒体见表1-1。

表1-1　区域性电视媒体

地区	世界主要地区的代表性媒体
北美	新闻集团、维亚康姆、时代华纳、迪士尼、NBC 环球、CBS 等
欧洲	维旺迪、德国 RTL、意大利 Mediaset、BBC、法国电视二台、德国电视二台、意大利电视台、西班牙国家电视台、俄罗斯国家电视台等
亚洲	中央电视台、半岛电视台、NHK、印度电视台
澳洲	澳大利亚 ABC
非洲	埃及尼罗河电视台、尼日利亚电视台、南非电视台
拉美	巴西国家电视台

注：CNN属于时代华纳、ABC属于迪士尼集团、FOX属于新闻集团。

在国际主要媒体中，哪些媒体真正属于国际一流媒体，我们通过多个全球媒体排行来最终判定。结果显示，国际主要电视媒体一直占据全球媒体排行榜的前列，在国际社会具有较大影响力，但全球性电视媒体、区域性电视媒体等两种类型的媒体在全球不同媒体排名中显示出不同的国际地位。具体如表1-2和表1-3：

表 1–2　不同标准下的全球各类电视媒体排行

排名标准	入选的电视传媒	全球媒体排名
依据媒体收入	维旺迪、迪士尼、新闻集团、时代华纳、维亚康姆、NBC、BBC、NHK、德国 RTL、富士电视台、意大利 Mediaset、英国独立电视网 (ITV)、法国电视台	全球媒体收入排行前 50 位
依据媒体品牌价值	时代华纳、新闻集团、迪士尼、维旺迪、CCTV、BBC、NBC、Discovery、CNN、HBO、CBS、NHK、MTV、FOX、ABC	世界品牌实验室的“世界品牌 500 强”
依据媒体影响力	迪士尼、新闻集团、时代华纳、维亚康姆、维旺迪、NBC	《对外传播》杂志的“十大全球媒体”
依据媒体财务指标	时代华纳、迪士尼、维旺迪、新闻集团	《财富》“世界 500 强企业”

表 1–3　三种不同类型的媒体

媒体类型	影响力	经营规模	业务类型	代表媒体
全球性媒体集团	全球范围	200 亿美元以上，全球媒体收入前 10 位	内容涵盖各类媒体业务	维旺迪、迪斯尼、时代华纳、新闻集团、维亚康姆等
全球性电视媒体	全球范围	达到或接近 100 亿美元，全球媒体收入 11~20 位	以电视传播为主，兼营其他媒体类型	BBC、NBC、CBS 等
区域性电视媒体	本国及周边地区	达到或接近 50 亿美元，全球媒体收入 21~50 位	以电视传播为主	德国 RTL、富士电视台、法国电视台等

从表 1-3 看出，全球性电视媒体也在多个媒体排行中出现，其综合实

力也得到了国际社会的普遍认可；区域性电视媒体只进入全球媒体收入排名，而在全球媒体其他排名中却并没有得到认可，还称不上国际一流媒体。

第四节　国际一流媒体形成的原因

一、国家力量在国际一流媒体的形成过程中是重要的基础条件

刘笑盈教授认为，具有国际影响力的媒体，一定产生在力量强大、同样具有国际影响力的国家。例如英国的《泰晤士报》是1785年创刊的，到19世纪中期成为世界知名媒体，其背后是率先完成了工业革命的大英帝国的支撑。美国的《纽约时报》1851年创刊，到20世纪初开始获得了国际影响，其背后因素同样是美国在19世纪末的崛起（1894年美国的GDP开始居世界第一）。有人也许会说半岛电视台是一个例外，是“小国家、大媒体”，但是如果我们站在伊斯兰文化复兴的角度来看，例外论也许就可以重新解释了。

二、国际一流媒体快速做大做强的主要路径

时代华纳、新闻集团、BBC、NHK、CNN等是大多数媒体的发展标杆，这些传媒巨人在迈向国际顶级传媒集团的道路上，都有一些共同的发展路径。简言之，就是将新闻报道、内容产品和资本运作作为他们争夺国际市场的三大主要手段。然而，在如何使用以及何时使用这三大手段方面，这些传媒巨人又八仙过海，各显神通。CNN的发展强项在于利用它的全球网络对重大国际事件进行迅速、详尽的第一手报道。CNN素以新闻报道的及时性著称，它的名言是“抢到独家新闻，我们就能击溃任何一家广播公司”。在亚洲，在文化内容产品开发方面，首先获得成功的是日本。在20世纪90年代和21世纪初期，NHK将大量财力和精力投入在电视剧、音乐、娱乐节目等非新闻内容制作领域，推出了一大批精品影视剧、动漫大片、新型娱乐节目和潮流音乐，这一战略在国际市场大获成功。日本影视

剧不仅在亚洲将日本城市文化演变成一股“哈日”潮流，而且在音乐领域打造出一大批在全球都极具影响力的音乐人和音乐作品，大批娱乐节目也开始被欧美电视台所模仿，NHK 红白歌会更是成为具有全球品牌的音乐节目。韩国的做法与日本有相似之处。进入21世纪后，KBS 也以都市爱情和家庭生活电视剧、先锋音乐为突破口，向全球推广销售其文化内容和音像制品，其结果是在亚洲形成“文化韩流”，韩国电视剧和音乐也逐渐打入国际市场，成为符号性的文化产品，每年为韩国创造高达数百亿美元的外汇。

从成功的案例来看，一个媒体要做大做强，至少有两条途径：一条是逐步地积累，渐进地把业务做大；另一条是收购、兼并、联合、合资等集中化的资本运作。前一条路稳步走，但时间漫长。后一条路风险高，但可以实现跨跃式发展。研究西方媒体的发展史，几乎所有国际一流媒体都有通过集中化实现“巨无霸”的经历，资本化集中化是实现国际化的必由之路。典型案例是美国维亚康姆（Viacom）公司。在20世纪80年代中期，该公司只不过是个经营汽车电影院（坐在小车里看露天电影）的中型公司，公司名称是国家娱乐公司，整个资产只有4亿美元。1986年，以雷石东为董事长的国家娱乐公司收购了维亚康姆公司。1994年，维亚康姆公司以140亿美元的价格收购了美国顶尖的电影制片公司派拉蒙（Paramount）公司；1999年，又以230亿美元的巨价收购了 CBS。三次兼并，一次一大跳跃，最终，维亚康姆成为全美国乃至全世界最著名的媒体巨头之一。

在国际传播力竞争方面，西方媒体一般都通过合资、收购、新办三种途径和“兵临城下”、“乘人之危”和“逐步渗透”三种手段实现①，其中和当地媒体合资或合作是西方各媒体最常见、最乐于采用的方法。1996年，时代华纳以200美元从迪尼斯公司手中收购特纳的有线新闻网，缔造了CNN；1980年，新闻公司的年收入不过10亿美元，通过合资、收购、新办，到2010年总收入已达305亿美元，其电视的覆盖范围已包括五大洲，占全球面积三分之一，全球人中的三分之二，是名副其实的“全球电视帝

① ［英］马克·唐盖特：《国际传媒巨擘品牌成长实录》，中国水利水电出版社，2007年版。

国”。BBC 通过商业模式对四十多个海外频道进行了参股、控股，并且拥有了 BBC 的海外地方台。

三、国际一流媒体发展的战略重点：国际化与本土化

本土化与国际化是当今国际传媒全球扩张中的重要战略之一。本土化与国际化是一体两面，国际化必然要求本土化。本土化有利于传媒集团快速深入地了解并熟悉业务所在国的政策条件与市场环境，尽可能避免或化解业务所在国对外资投入与市场准入等方面的限制，增强其国际化程度。中国的传媒业被西方看做“东方最大的一颗珠宝”，近些年西方一些超级传媒迅猛抢滩中国传媒市场：维亚康姆通过旗下 MTV 音乐电视网制作进入了中国市场；美国在线—时代华纳公司落地广东；新闻集团购买了中国电信运营商网通的部分股权，而网通在全国数十个城市拥有高速宽带网，这也算是新闻集团另辟蹊径，准备通过电信网络经营其音频、视频服务。默多克向中国内地扩张的关键就是本土化策略，从1993年投资10亿美元收购香港李泽楷的卫星电视（STAR TV）开始，到2001年，这家电视台通过7种语言和30多个频道向亚洲53个国家和地区播出节目，观众已达3亿左右。

从历史的角度看，国际一流媒体的形成原因，可以概括为以下三大因素：

1. 重大新闻事件是国际一流媒体崛起的重要契机

在媒体的发展史上，我们可以看到很多这样的事例。例如，对拿破仑战争的报道成就了《泰晤士报》，美国的南北战争使刚刚出现的美联社开始扬名，世界经济危机和罗斯福的“炉边谈话”成就了美国的广播媒体，越南战争和阿波罗登月又使美国的电视媒体成为强势媒体。在当代，新闻事件对媒体的促进作用更加明显，如果说对海湾战争的报道使 CNN 一举成名，在伊拉克战争中 FOX 则开始崛起。我国媒体的例子也十分明显，伊拉克战争是我国媒体第一次对境外单一事件大规模地直播报道，结果 CCTV-4 和 CCTV-9 的收视率分别提高了28倍和6倍。

2. 媒体自身的准确定位和不懈努力是国际一流媒体发展的关键

主流媒体的最本质、核心的标志，就是以它的思想影响力受到社会主导阶层的关注，成为社会主流人群每天必阅的媒体。国际一流媒体都具有

自己独特的理念和定位。例如,《纽约时报》的理念就是刊载“适宜刊载”的新闻，注重事实而不加渲染，从而获得了“档案记录报”的美名。BBC的创始人约翰·里思（John reith）坚持“教育大众和提升大众品位的理念”，被后人称为“里思主义”。CNN的要求是“新闻之上，人靠边站”，其创办人特德·特纳（Ted Turner）的名言是“即使到了世界末日，CNN也要现场转播那一刻”。半岛电视台的立台理念是“意见和异见”。没有理念或不坚持理念的媒体要成为国际一流媒体是不可想象的。

3. 对新传播技术的追求是国际一流媒体发展的推进器

国际一流媒体必须拥有国际一流的传播技术。熟悉媒体发展史的人都知道路透社对新传播技术的狂热，它不仅是最早采用电报技术的媒体，也是最早采用计算机技术的媒体。CNN对于卫星电视技术的运用使之成了第一个所谓的“全球媒体”，目前，世界一流媒体在新媒体技术方面的投入都是不遗余力，技术领先也是媒体发展的关键。当前世界的传播格局，是由通讯社、报刊、广播、电视和互联网等媒体所构成，其中国际电视和网络是最为国际化的媒体。由于历史的原因，国际媒体的格局是“西强我弱”，目前，不仅在电视领域，而且在新媒体领域都是典型的“美英统治”格局。不过我们看到，随着半岛电视台的崛起，当代世界电视格局开始松动，2003年的伊拉克战争之后，国际电视市场的竞争更加激烈：2005年12月，俄罗斯推出了由政府出资的国际电视频道——“今日俄罗斯”；2006年11月15日，半岛电视台推出了全英文频道，力图实现对世界的更大覆盖；2006年12月6日，法国的国际电视台France-24也开播了，目的是宣传“法兰西的文化与价值观”；2006年，日本政府也提出了要增加NHK World TV的英文播出量；其他如伊朗、印度、韩国等国家也在参与国际电视市场的竞争，我国也制定了电视国际传播的庞大计划，中央电视台目前有英、西、法、阿、俄五个外语频道和纪录（英文）频道。传播的全球化与世界传播主体和声音的多元化，构成了公共领域的全球化，或者说全球性的公共领域正在一个形成的过程中。

（本章参考书:《对外传播杂志》刘笑盈:《打造国际一流媒体》2010年09月）

第二章　国际一流媒体关键发展指标

在科学的概念与衡量体系下进行国际一流媒体的指标研究，是新时期我国媒体从业者需要深入思考的问题。本章节将立足国际一流媒体的对比研究的目标及筛选依据，明确对比研究的对象，将理论与发展现状相结合，阐述国际一流媒体对比研究的关键发展指标。

第一节　国际一流媒体的指标研究

一、国际一流媒体关键指标的研究方法

比较研究大约可分作单项比较与综合比较、横向比较与纵向比较、求同比较与求异比较、定性比较与定量比较以及标杆比较等不同方法，我们此次侧重采用标杆比较研究法。

所谓标杆（即 benchmark）最早是指工匠或测量员在测量时作为参考点的标记，后来渐渐衍生为衡量的基准或参考点。从此，benchmark 便成为“优异典范”的代名词，即所谓的“标杆”。

标杆研究于20世纪70年代末期由美国施乐公司（Xerox）开始采用并倡导，施乐公司对标杆的定义是：一种持续将公司的产品、服务、作业，与最强的竞争者或被认为是领导者的公司相加比较的过程。此后，与所选定的“标杆”组织相互比较，遂成为各企业组织用来评估及改善其工作流程、产品品质、营运绩效等的一种方式。

美国的罗伯特 · C. 坎普 (Robert C.Camp) 认为标杆研究是在试图找出一种能产生最佳效益（performance）的最佳实务做法（practices）。标杆研究是以外部的一些标准来衡量公司内部的作业程序及产出的过程，可视为

一连续的品质改进、有系统地寻求新的想法及做法，也是一种新式改善组织工作品质的评估方式。中国台湾国立政治大学的管康彦教授认为标杆研究的基本意义是以最好的企业作为标准，尝试以有系统、有组织的方式，学习他们的经验，以期与之并驾齐驱，甚至超越竞争者。

简言之，标杆研究的重点是一系统的、持续性的过程，是指一个组织与世界上居领导地位的企业做比较，以便取得更好的绩效，不断超越自己，超越标杆，追求卓越、组织创新、流程再造、改善营运绩效的过程。

本研究中的国际一流媒体综合评估指标借鉴了国际上流行的行业标杆（benchmarking）的做法，我们衡量媒体在行业中的地位不仅仅是监测其销售收入，而是全面、综合、科学的考察各方面指标，通过市场数据、经营数据等将媒体的各方面能力进行量化，给媒体一个合理定位，同时使媒体自身看到差距，并了解差距所在。

为了更加直观地反映我国媒体与国际一流媒体的差距和改进方向，更易于被大众接受，本研究将在标杆研究基础上，创造性地建立一套独有的国际一流媒体评估指数体系。

评估指标的选取采用了频度统计法、理论分析法和专家咨询法。首先研究国内相关研究理论书籍、刊物，并向北京大学、清华大学、人民大学、中国传媒大学的传媒专家进行意见征询，搜集学者、专家们采用频率高的指标初步构成指标群，之后进行逐个分析、筛选提炼、归纳系统，使指标得到简化。在此基础上，再运用理论分析法对中国媒体发展的特征进行分析，分析每个指标的代表性、针对性、综合性、系统性，从质的联系中决定每个指标的取舍。理论分析中如果发现指标空洞、重叠时，再进行选择补齐、替代和剔除。通过理论分析法提炼和反复轮涨，形成初步框架。最后采用专家咨询法，征求专家意见，聆听专家指导，综合专家意见，精简、充实、调整、完善指标体系。

评估指数通过数字来反映企业的位置，较国际流行提法“标杆”概念认识起来更加直观，数据所反映出来的指标更具说服力，适用于中国大众化的提法。我们对指标的选取和数据的处理方法都是按照国际上通用的财务理论和统计理论来进行的，力求使实力指数的专业性更强，研究价值和技术含量更高。

二、国际一流媒体的关键指标

1. 国际一流媒体关键指标的内容构成

如本书第一章所述，传统的平衡积分卡由四大能力构面组成，即财务构面、客户构面、内部业务流程构面以及学习成长构面。平衡积分卡的优点之一即在于其四大构面并非孤立，而是以因果链作为整个测评方法的基础。其中，学习与成长解决企业长期生命力问题，是提高企业内部战略管理的素质与能力的基础；企业通过管理能力的提高为客户提供更大的价值；客户满意导致企业良好的财务效益。

通过借鉴平衡积分卡的经典框架，同时结合传媒业的特性以及国际一流媒体的特点，国际一流媒体综合评估指标四大能力构面包括媒体的传播能力、经营能力、内部运营能力以及新媒体发展能力（图2-1）。

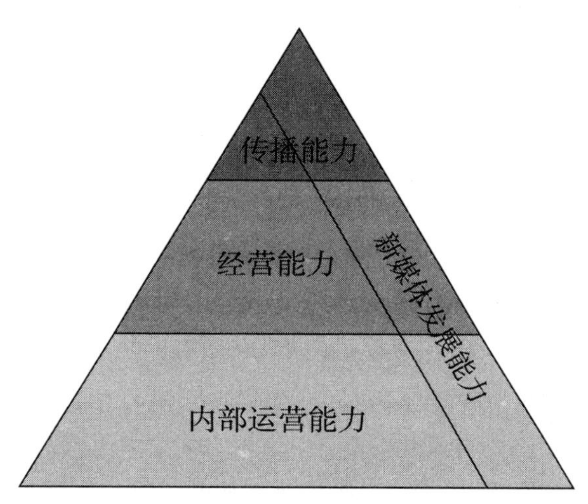

图2-1　四大能力关系图

这一媒体四大能力构面的设计不仅为媒体提供了一种全新的绩效评估系统框架，同时也为媒体的管理和战略发展提供了思路与方法。在一定程度上讲，这一框架既是一个绩效评估系统，又是一个战略管理系统。

需要注意的是，在进行上述对比时，应充分考虑到当前国际一流媒体的数据可得性与准确性。目前，各传媒机构从产权角度看有公共媒体和私营媒体之分，从业务门类看有单一电视媒体和综合媒体集团之分，从技术阶段看有传统媒体为主和新媒体融合发展之分。各类不同性质的媒体机构在信息披露与发展数据公开上差异很大。同时，有些传媒影响指标媒体机构本身也无法获得，只有通过第三方调查取样后进行分析、对比和排行才能看出差距。为此，详细筛选数据资料，确定了以各大传媒集团年报、新闻行业和电视行业协会组织年报为主的权威数据源。同时就重点的影响力数据进行专项调查①，选取全球两万余家平面媒体、通讯社和传媒数据库的报道数据，充实了知名度、认可度等软指标。

2. 关键指标的阐释说明

（1）传播能力指标

传播能力，即电视媒体的受众到达能力以及其社会和国际影响力。电视媒体机构通过其节目信号覆盖，有效到达受众，树立自己的品牌形象，从而引导舆论、影响受众的工作、思考方式和生活态度等。这一能力构面主要包括采编能力、制播能力、覆盖能力、传播效果四个子指标集。

其中，采编能力即电视媒体的内容生产能力，主要以电视媒体的采编团队规模衡量，包括人员数量、全球记者站数量、驻外记者站数量、海外采编人员数量、单位站点采编人员数量等指标。

制播能力是指栏目的制作和播出能力，主要以播出栏目的基本属性衡量，包括频道数量、播出语种数量以及播出节目类型三个指标。由于电视媒体机构对受众的影响最终要通过所播出的栏目实现，因而制播能力是传播能力的一项基础性指标。

覆盖能力衡量电视媒体的受众到达能力和电视网规模，包括覆盖的国家和地区、国内观众规模、海外观众规模和海外站点覆盖区域四个指标。

传播效果衡量电视媒体对其受众的最终影响，包括国内收视份额、海外用户数、海外用户所占比例、海外媒体关注度、海外媒体引用度、海外媒体影响构成区域等具体指标衡量。然而，需要注意的是，这一子指标集

① 本项调查使用道琼斯与 Dialog 媒体数据库，委托多年为国新办、新华社提供全球媒体舆论信息服务的贸促通国际资讯公司进行全球报道数据统计。

依然承袭了收视率调查和欣赏指数（Appreciation index，简称 AI，也称观众满意度）组成的二元标准。诚然，这为电视媒体的传播效果测量提供了客观的尺度，但依然侧重于体现电视节目“量”的标准，较少地体现了受众对电视节目“质”的评价，因而还需要定性分析的支持。

（2）经营能力指标

经营能力是指媒体在经济意义上的运营能力。在当前传媒产业高度发达的大趋势下，媒体的经营能力既是其传播能力的体现，又是其传播能力的基础，因而是构成媒体影响力的重要因素。这一构面主要包括经营投入、经营产出以及经营绩效三组指标集构成。

其中，经营投入包括年度总支出、年度节目投入、年度成本构成三项指标，以衡量电视媒体在经济意义上的制作实力，以及其成本管控能力。经营产出包括年度总收入、主营业务收入、收入构成、资产回报率以及国际业务收入五个指标，用以衡量电视媒体的最终经营成果。经营绩效则包括年度利润、净资产收益率、总资产报酬率、销售增长比、投入产出比、人均年度产出几项指标。这一子指标集大多由关联类型的指标构成，即综合了经营投入与经营产出的衍生类比率指标，以有效地测量电视媒体的最终经营绩效，而非沿用传统上片面考量产出的绩效指标。

（3）内部运营能力指标

内部运营能力构面包括资产规模、人力资源和装备实力三个子指标集，主要考察电视媒体的硬实力。其中，资产规模包括总资产、对外投资额、现金流、总负债和资产构成五项指标，用以衡量电视媒体的宏观资产规模和盈利能力。人力资源包括员工数量、人力投入和员工特征构成三项指标，用以描述电视媒体的人力资本状况。装备实力包括经营实体数量和媒体经营类型两项指标，用于衡量媒体可运营的内部资源。

（4）新媒体发展能力指标

新媒体发展能力是指新兴媒体的发展情况，是网络新技术时代电视媒体传播能力和经营能力的一种体现方式，主要包括手机电视、网络视频、IPTV（交互式网络电视）等新媒体的收入、发展情况。主要由经营投入、经营产出和传播效果三个子指标集组成。

实际上，新媒体发展能力构面相当于将电视媒体评价指标应用于其新媒体的一个微缩版。其中，经营投入方面包括年度总成本、员工数量、新媒体设备总投入、服务器数量、全球镜像站点数量和镜像站点全球构成六个指标，用以描述电视媒体新媒体部门的基本规模。经营产出部分包括总收入、广告收入、广告收入贡献率和收入构成四个指标，用以测量电视媒体新媒体部门的经营绩效。通过在该指标集内部，以及与经营投入指标集进行交叉比较，可以进一步获得一系列描述新媒体部门绩效的衍生性比率。传播效果部分包括用户数量、日均浏览量、日均浏览人次、单位浏览量的收入贡献、视频用户停留时间、用户区域构成和用户特征构成等指标。

第二节　传播能力关键指标

一、指标构建基础

“传播能力”是一个非常宽泛的概念，从传播主体上可分为国家传播能力、媒体传播能力、企业传播能力；从传播介质上可分为纸质媒介传播、视听媒介传播、网络媒介传播；从传播方式上可分为大众传播能力、组织传播能力、自我传播能力；从传播范围上可分为对内传播能力和对外传播能力（国际传播能力）。本文研究对象是国际一流媒体，因此这里的“传播能力”主要是指大众传播领域的媒体对外传播能力。

长久以来，不同领域从不同角度对“传播能力”进行了大量研究，综合来看，媒体传播能力呈现以下特征。

1. 传播能力是一种技巧和策略

作为人而言，拥有美德、值得信赖，有较强的理解能力、判断能力、说服能力是传播能力的重要组成部分。媒体亦然，媒体传播能力也是由“知识能力”和“行动能力”两方面构成，其中，“知识能力”是指媒体拥有一整套进行传播的机能，它包括对信息的感知、感受、理解、判断等方面的能力；“行动能力”主要指媒体传播的技能，具体体现为媒体对信息的处理及决策能力。因此，国际一流媒体传播能力的评估指标既要兼顾媒体自身传播机能，也要考虑到媒体传播的技巧和策略是否有效。

2. 传播能力是一种有效的传播

媒体作为一个组织，无论是盈利性媒体还是公益性媒体，其信息传播都带有一定的组织目的。基本上，媒体传播的目标在于促进社会的健康发展和积极的人际关系。因此，媒体传播能力的评估很重要的就是传播效果的评估。如果说对媒体传播技能和策略的评估是一种对传播行为过程的评估，那媒体传播能力评估还必须包括对传播行为结果的评估。

3. 传播能力是一种互动性的传播

媒体传播是与受众捆绑在一起的，单从媒体角度无法表现传播能力，受众的反应是判断媒体传播能力的重要因素。因此，媒体覆盖受众的规模、结构、特征、受众对媒体传播信赖程度，接受程度，忠诚度等都是评估国际一流媒体传播能力非常重要的指标。

4. 传播能力是一种内在性传播

媒体的对外传播能力必须通过内部结构优化、组织协调运作、工作人员素质和能力等方面体现出来，这些也是媒体能够顺利开展对外传播活动的主观条件。因此，评估媒体的传播能力要从媒体自身特征出发。

二、指标内容框架

近年来，相较于政治、经济、文化、军事等传统的竞争力量，传播力量正逐渐为国际社会以及各国学者所重视。一般来说，媒体传播能力越强，其传播力量也就越大。目前，学术界对“能力”及“传播能力”的研究还主要限于人际传播的范畴，上文关于“传播能力”的定义也是基于人际传播理论的论述，而“媒体传播能力”属于大众传播范畴，同时由于媒体复杂的社会组织特性，也使得其研究和前者有着截然的不同。但由于本文并不是做纯理论的探究，在这里不妨借用“传播能力”的定义，给“媒体传播能力”下一个基本的定义：媒体传播能力是指专业化的媒介组织运用特定的传播技术和产业化的手段，进行大规模信息生产和传播活动的能力。

媒体传播能力同样可由“知识能力”和“行动能力”这两部分构成，其中，“知识能力”指的是媒体在传播实践中所形成的硬实力，它由媒体的采编能力、制播能力和覆盖能力构成，具体体现为一个媒体的组织规模、信息传播的规模和受众的规模等；而“行动能力”指的是媒体的软实力，它可由媒体的影响能力进行衡量，主要表现为媒体通过采取一定的传播策略所达到的传播效果。

综上所述，我们认为媒体传播能力由媒体的采编能力、制播能力、覆盖能力和传播效果四方面构成，其中采编能力、制播能力和覆盖能力是传播能力的基础，传播效果是在前者的基础上形成的。

（1）采编能力

采编能力是指一个媒体在生产信息产品方面的实力，体现的是媒体的内容生产优势，主要由采编人员数量、海外采编人员数量和海外采编站点数量等指标构成。

采编人员是媒体内容的生产者，采编人员的数量和素质都会直接关系到媒体的生产加工能力，其中采编人员的数量是一个可量化指标，通过对国际一流媒体的研究发现，在国际上影响力较强的媒体中采编人员的占比都比较高。全球记者站数量指一家媒体在全球拥有记者站的数量。全球记者站的多少可以反映媒体在采编业务上的全球覆盖能力。驻外记者站数量指一家媒体在本土以外记者站的数量。驻外记者站的建立和运营成本通常都高于本土记者站，其数量在反映媒体海外采编能力的同时还会反映出媒体的经济实力。

驻外记者站为媒体输送所在国家和地区的新闻，同时还可以帮助媒体深入了解和满足当地受众的需求，驻外记者站的数量和海外采编人员的数量都可以反映一家媒体的海外采集网络情况。

（2）制播能力

制播能力则是指一个媒体在传播信息产品方面所拥有的实力，即媒体的内容传播优势或称渠道优势，主要由播出频道数量、播出语种数量、播出节目类型等指标构成。

在国际传播上，由于不同地区、语言、文化差异等因素，对媒体提供的内容会有不同需求。播出频道数、国际频道数和播出语种数都可以最直接地反映出一家媒体是否能够在国际传播中提供给不同受众能满足其需求的电视节目。制播能力会受到采编能力的直接影响。

在制播能力的主要评估指标中，发稿语言种类是衡量其国际传播能力的重要指标，作为非英语国家，除了提供英语内容外，针对不同覆盖区域提供不同语种内容的能力也是其传播能力的重要体现。

（3）覆盖能力

覆盖能力是指一个媒体在技术条件支持下所覆盖受众的规模，它是形成媒体潜在受众的基础，覆盖能力可进一步由覆盖国家和地区数、海外用户数等指标构成。

一家媒体覆盖的国家和地区数可以直接反映媒体的辐射范围。由于覆盖的国家和地区不同，人口分布情况也有所不同，在这一指标的考察中，同时综合本土与国外所能覆盖到的受众规模，可以更立体地评估媒体的覆盖能力。

（4）传播效果

传播效果一般理解为传播行为所引起的客观结果，亦可理解为一个媒体对受众及其他媒体产生影响的程度，它包括一个媒体在传播过程中所形成的知名度、认可度及美誉度等，具体可由国内收视份额、被提及量、被转载量以及正面（中性、负面）被提及率、正面（中性、负面）被转载率等指标构成。

作为可以量化的分析指标，收视份额比收视率更能体现同一时段该频道节目的竞争力。而海外用户数量和海外用户所占比例可以反映出一家媒体在海外的渗透力和影响力，海外用户越多、海外用户所占比例越高，就证明该媒体在国际上的认可度越高。

海外媒体的关注度可以直接反映一家媒体在国际上的知名度和影响力，其传播内容受到其他媒体的关注度越高，越能代表该媒体在国际上的知名度和影响力越高。同样，海外媒体的引用通常可以反映两点信息：首先，传播内容受到广泛关注，其次该媒体所传播的内容值得认可。被转载量和被转载率均包括中性和负面的评价，无论哪一种，都是媒体传播效果的体现。

除了上述可以进行定量分析的指标外，还有一些需要通过定性分析来进行评估的指标。根据上述内容，本研究最终确定的传播能力评估指标框架如表2-1所示：

表2–1　媒体传播能力评估指标

评估维度		核心指标	评价因素
定量分析	采编能力	采编人员数量	反映媒体实际生产加工能力，在对采编人员素质不易进行定量分析的情况下，采编人员的数量是最直观且能够定量分析的采编能力指标。
		全球记者站数量	直观反映媒体在采编业务上的全球覆盖能力，全球记者站数量越多、分布越广，媒体在有新闻事件发生时才能越迅速做出反应。
		驻外记者站数量	反映媒体在本土以外的采编能力，驻外记者站的建立和维护会比本土要求更高，对采编人员的要求也高于本土，通常一家媒体驻外记者站越多，其国际范围内的采编行为越活跃。
		海外采编人员数量	反映媒体在本土以外拥有的一线人力资源状况，海外采编人员的数量会直接影响海外采编的生产量。
		单位站点采编人员数量	指平均每个记者站所拥有的采编人员数量，可以结合采编人员数量和海外采编人员数量多维度反映媒体的采编能力。
	制播能力	频道数量	直观反映媒体提供内容产品的数量，频道数量越多，所需要采编的内容量就越大。
		播出语种数	反映媒体提供内容产品的形式，发稿语种是衡量媒体国际传播能力的重要指标，发稿语种越多，代表该媒体的制播能力越强，播出内容的目标受众越广泛。
		播出节目类型	反映媒体提供内容产品的形式，多样化的产品与服务能为受众提供丰富的选择。
		覆盖的国家和地区	反映媒体在全球的覆盖情况，所覆盖到的国家和地区越多，表明该媒体的潜在受众越多。

续表

评估维度		核心指标	评价因素
	覆盖能力	国内观众规模	根据覆盖地区人口密度不同，覆盖观众的规模也有所不同，通过考察人口数量，结合“覆盖的国家和地区”指标，可以更加立体地反映一家媒体的覆盖能力。
		海外观众规模	
		海外站点覆盖区域	能够直观反映一家媒体在海外采编、制播以及对当地收视人群服务情况的能力，通常海外站点覆盖范围越广，媒体在传播能力方面就越占优势。
	传播效果	国内收视份额	反映媒体在本土区域的传播效果。
		海外用户数	指媒体在本土以外拥有的用户数量，反映媒体在国际上的认可程度及全球范围内的人口覆盖情况。
		海外用户所占比例	反映媒体海外渗透力和影响力，海外用户占比越高，通常媒体在国际上的认可度就越高。
		海外媒体关注度	反映海外媒体对该媒体的重视程度，海外媒体对一家媒体的关注度可以直接体现该媒体在国际传播领域的地位。
		海外媒体引用率	反映媒体的内容价值，海外媒体对报道的引用率首先证明了受众对该报道的关心程度，其次，也反映了海外媒体对该媒体报道的肯定。海外媒体的引用率越高，一家媒体所生产的内容能传播到的受众就越广。
		海外媒体影响构成区域	可以间接从一定程度上反映一家媒体的潜在影响区域，该构成区域可以体现媒体所生产的内容在被海外媒体引用后二次传播覆盖到的范围。
定性分析	运营方式	资金来源、国家政策等	反映媒体在从事报道活动时可能会受到的外力影响，包括其可能会代表的利益集团。同时资金情况还可能会成为影响采编能力、制播能力和覆盖能力的直接因素。

三、指标应用

在对上述各项指标进行应用时，需要注意理解各项指标对媒体传播能力的具体影响，有助于在指标应用时更立体地通过具体指标反映出媒体各项能力的实际情况。

在定量分析的指标中，有些指标在统计时需要根据具体情况进行分析。以采编能力为例，目前的核心指标可以对媒体的采编能力进行定量分析，但是媒体除了自有采编人员外，随着制播分离的推进，从事内容生产工作的采编人员可能不仅局限于媒体内部。对于这部分采编力量，在进行统计时应该如何计算，需要根据实际情况进行分析。

在覆盖能力的核心指标中，目前主要通过覆盖国家和地区以及其人口情况对其规模进行定量分析，但随着互联网和新媒体技术的发展，媒体的覆盖情况变得更为复杂，包括英国广播公司（BBC）和日本放送协会（NHK）在内，一些在国际上具有较强传播能力的媒体均针对 iPhone 和 iPad 开发了客户端，除了可以在其客户端上收看或阅读其所生产的内容外，NHK WORLD TV 的客户端还提供了可以与电视同步收看正在播放电视节目的功能，这就在一定程度上扩大了其生产内容覆盖的可能范围。随着科技的进步，这种以往不曾出现的终端接收方式给覆盖范围的定量分析带来了一定的困难。因此在对一家媒体的覆盖能力进行评估时，应该充分考虑到技术发展对覆盖能力产生的影响，避免过小评价。

此外，在影响媒体传播能力的各项指标中，还有一部分指标难以被量化分析，却又对媒体的传播能力产生深远的影响。在这部分指标中，我们主要考虑运营方式对媒体传播能力带来的影响，其中以对媒体传播能力最大的两项作为核心指标：资金来源和国家政策。

在上述两项核心指标当中，不同的国家所呈现出的方式也有所不同。

在对本土区域进行传播时，英国广播公司和日本放送协会作为公共广播公司而存在，美国的 CNN 和 CBS 则是完全化的商业运作，我国的中央电视台作为国家电视台，既扮演着公共广播的角色，又需要进行商业广告运作。对于本土区域的传播，各个媒体有其不同的政治、文化背景和属性，而在国际传播方面，在国际话语权竞争日益激烈的今天，大多数国家的海外传播都与其政府有着密不可分的关系。

英国广播公司主要采取两种运营模式：一种是政府全额负责资金运作，主要负责国内广播电视方面的BBC World Service；另一种是采用了商业电视台运作模式的BBC World，主要承担电视的国际传播，收入来源于广告和收费频道。与本土区域相比，其在海外的传播能力很容易受到资金方面的影响。2011年4月，英国广播公司就因政府预算削减问题取消了其国际传播中数个语种的服务。

美国由于没有公共广播机构，其国际传播由联邦政府财政作为资金来源。同时，联邦法还明文规定了其国际传播应该反映美国的思想、制度、文化和社会，明确地提示美国政府的政策，并且对其进行评论。日本放送协会的国际传播也存在着两种方式：一种是由NHK自主进行的国际传播，其资金来源为在国内收取的收视费用；另一种则是由总理大臣命令进行的国际传播，这部分的资金来源则为政府。

我国的国际传播因中央电视台国家电视台的背景，政策与财源对传播能力的影响将更加深远。尤其在世界格局多极化的发展环境当中，中国正在成为国际舞台上的重要力量之一，与其他国家之间的关系也发生了深刻变化。中国越来越需要一个具备较强国际传播能力的媒体，在重大国际政治、经济问题上发出自己的声音。以中国媒体目前的国际地位和影响力来说，还不能与中国所处的国际地位和影响力相符，从现状来讲我国媒体有必要致力于提高自己的传播能力，尤其是国际传播能力，来自政府的政策与财源也会呈现比较积极的态度。

在定性分析中着眼于资金来源和国家政策这两点，是因为国家政策会影响其对传播机构预算的多寡，而资金来源以及其多寡情况又会直接影响到定量分析中包括海外记者站运营、覆盖情况等多个指标。传播能力的建设需要一定的资金保障，通过对一家媒体所处的政策环境和财源情况进行分析，可以对其传播能力的潜在能力进行考察和评估。

第三节　经营能力关键指标

一、指标构建基础

传媒经营管理是传媒学界和业界倾注巨大热情的话题，但“经营管理”对于许多人来说可能是一个比较模糊的概念。实际上，经营和管理是分开的两个概念。企业经营（Business Operation）是指通过对人、财、物等资源的运作，以及提供产品及服务来满足客户有效需要的一系列经济活动而使企业获得经济效益的一种外向市场行为。[①] 如果说管理是“手段”，那么经营就是“目的”。经营是对外的，追求从企业外部获取资本，获取利润，追求的是效益——要赚钱。从概念上看，经营是以结果为导向，评估媒体的经营能力的根本目的在于：具体分析经营力所创造的经济效益的有效程度，简而言之就是评价企业的盈利能力。

20世纪中后期，日本提出了“五性”分析法，即通过五类指标评估企业经营能力：（1）收益性指标，反映企业生产经营综合经济效益；（2）成长性指标，反映企业生产经营变化趋势；（3）效率性指标，反映企业生产经营效率；（4）流动性指标，反映企业产品和资金周转或流动情况；（5）安全性指标，反映企业生产经营安全稳定程度。今天这种方法仍被很多企业用来分析和反映企业生产经营状况。

然而，随着经济发展，企业竞争加剧，许多企业认识到成本和质量已不再是企业赖以生存的唯一法宝。企业从单纯以成本为中心转变为以客户为中心，经营能力也被认为是源于企业内部的能力，不但反映着企业现实的经营业绩，表现了企业显在的竞争优势的能力，还包含一种可以使企业可持续发展并且在一定程度上支撑企业良好经营业绩和显在竞争优势的潜在能力。因此，企业经营评价体系也开始进行相应的调整。目前比较常见的是“平衡计分卡”方式，除财务业绩指标外，还纳入了客户业绩指标、

---

① 维基百科 http://wiki.mbalib.com/wiki/%E7%BB%8F%E8%90%A5%E7%AE%A1%E7%90%86。

内部经营过程业绩指标、学习和成长业绩指标等非财务指标。

由于传媒组织的经营目的不仅有经济目的，还具有公益目的和政治目的，因此评估传媒组织的经营能力不能完全参照一般企业经营能力评估体系。本研究将企业财务分析指标归入“经营能力”指标体系，将内部运营管理相关指标归入“内部运营能力”指标体系，分别评估媒体“经营”和“管理”两方面能力。本章节将主要对媒体经营能力评估指标的理论框架进行阐述。

二、指标内容框架

企业经营是一个系统的概念。根据现代管理学系统学派的理论，企业作为社团，是一个由若干要素构成的开放系统（图2-2）。系统在环境中生存，把资源转化为产出物，一部分产出物为维持系统而消化，剩下部分输出到环境中，在投入、转化、产出的历程中不断进行自我调节成长（罗森茨 James E.Rosenzweig，卡斯特 Fremont E.Kast）。

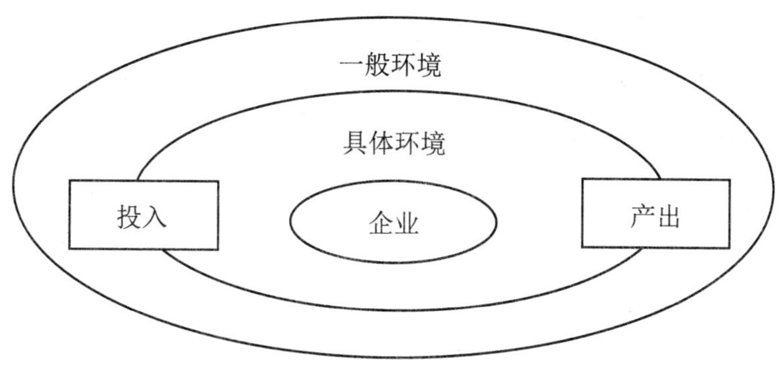

图2-2　企业的环境图

考虑到媒体机构与一般生产性企业的经营特点不同，以及数据的可获得性和可衡量性，我们根据专家讨论建议与研究，决定按照媒体创造价值的过程，从经营投入、经营产出和经营绩效三个方面对经营能力进行分析，主要关注媒体的具体收支状况和效率。

1. 经营投入

经营投入，关注的是媒体的支出、成本及其结构问题。支出（Expenditure）是企业生产经营活动的经常性业务，是为了达到特定的目的而由经济主体的支付行为导致的资源减少。包括偿债性支出、资本性支出、收益性支出、权益性支出。支出是企业为了实现特定经济目的而发生的资源流出。成本（Cost）则与企业的特定资产或劳务相关，是对企业为取得某种资产或劳务所付出的代价的量度。①

成本不能抵减收入，只能以资产的形式反映在资产负债表中；成本是资源转化的量度，成本的发生不会导致资源的纯耗费，因此企业的总资源不发生变化，所有者权益不会减少；成本没有独立的存在形式，必须依附于特定的资产或劳务而存在，即成本是对象化的支出，而没有对象的支出（除收益性支出、偿债性支出、权益性支出外）只能作为损失处理。比如节目制作成本，亦可称为节目制作支出。通过分析传媒公司支出的构成及变化，可对其企业行为、经营发展战略以及方向调整等获得了解。

2. 经营产出

经营产出，关注的是媒体的收入、主营业务收入及其结构问题。收入（Revenues）是指企业在日常活动中所形成的、会导致所有者权益增加的、与所有者投入资本无关的经济利益的总流入，包括商品销售收入、劳务收入、让渡资产使用权收入、利息收入、租金收入、股利收入等，但不包括为第三方或客户代收的款项。②

主营业务收入是企业从事主要经营活动所获取的收入，是从企业的日常活动中产生的，而不是从偶然的交易或事项中产生。现在的传媒企业，其经营业务范围往往会超出传媒领域，比如房地产、旅游等，这些并非是我们研究的对象，因此传媒主营业务收入，即是强调这部分是来自传媒业务的收入。

---

① MBA 智库百科，http://wiki.mbalib.com/wiki/%E6%94%AF%E5%87%BA。

② 百度百科，http://baike.baidu.com/view/604597.htm。

3. 经营绩效

经营绩效，关注的是经营领域的各种效率表现状况，比如利润状况、资产回报率状况等。利润（Profit）又称盈利，是指企业一定时期内的经营成果，以企业在某一特定期间的经济交易所确认的企业资产净变动额作为该期间的利润额，既包括通过生产经营活动而实现的利润，也包括通过投资活动实现的投资收益，还包括与生产经营活动无直接关系的营业外收支差额。

它反映了企业经营管理的综合成果，是企业经济效益的最终体现。净利润是指在利润总额中按规定交纳了所得税后公司的利润留成，一般也称为税后利润或净收入。资产回报率则衡量对资产的利用效率，是指企业一定期间的净利润与资产平均占用额之间的比率。考虑到中央电视台作为事业单位，没有利润可言，因此，我们在使用媒体的资产回报率这一指标时，采用的是总收入与总资产的比例，用于衡量单位资源所带来的收益情况。资产回报率越高，表明企业的资产利用效益越好，利用资产创造的收益越多，企业的获利能力越强，经营管理水平越高。

另一方面，考虑到定性与定量研究的互补性，本研究也将对媒体组织经营模式以及其他难以量化的指标进行定性研究。根据美国的波特教授（M.E.Porter）的价值链理论，企业所有的互补相通但又相互关联的生产经营活动，构成了其创造价值的一个动态过程，即价值链。这个价值链反映出企业生产经营活动的历史、重点、战略、实施战略的方法。可见，经营模式对于企业的经营业绩有很大的影响。因此，我们在对媒体经营能力进行对比研究中也将经营模式作为经营能力定性分析的一部分。

经营模式是企业根据经营宗旨，为实现企业所确认的价值定位所采取某一类方法的总称。其中包括企业为实现价值定位所规定的业务范围，企业在产业链中的位置，以及在这样的定位下实现价值的方式和方法。由定义可以看出，经营模式的内涵包含三方面的内容：一是确定企业实现什么样的价值，也就是在产业链中的位置；二是企业的业务范围；三是企业如何实现价值，采取什么样的手段。

综合上述内容，本研究最终确定的经营能力评估指标框架如表2-2所示：

表2-2　媒体经营能力评估指标

评估维度		核心指标	评价因素
定量分析	经营投入	年度总支出	反映媒体经营支出总体规模和变化趋势、增长速度，体现媒体控制成本的能力。
		年度节目投入	反映媒体经营投入结构。节目投入占比体现媒体对内容方面重视程度。成本构成则反映年度各项经营费用（如人力、设备、土地、信息、渠道、技术等）占总成本的比重。当某项成本占总成本比重愈高，该成本要素便成为企业经营的主要风险。
		年度成本构成	
	经营产出	年度总收入	反映媒体收入总体规模变化趋势、增长速度。收入越高，说明媒体经营业绩越好，发展水平越高。
		主营业务收入	反映媒体收入结构。主业收入占比反映媒体的主要收入来源，体现媒体的经营战略方向。国际业务收入可体现媒体的国际化程度，海外业务运营状况。
		收入构成	
		国际业务收入	
		资产回报率	反映媒体经营活动中资源利用状况。资产回报率越高，资源利用效率越高，资本运作能力越强。
	经营绩效	年度利润	企业销售产品的收入扣除成本价格和税金以后的余额，反映媒体盈利状况的关键指标。数值越高，说明媒体企业具有较高的盈利能力，利润结构合理，具有较强的获取现金的能力。
		净资产收益率	净利润与平均股东权益的百分比，该指标反映股东权益的收益水平，用以衡量公司运用自有资本的效率。数值越高，说明投资收益越高。
		总资产报酬率	指企业一定时期内获得的报酬总额与资产平均总额的比率。它表示企业包括净资产和负债在内的全部资产的总体获利能力，用以评价企业运用全部资产的总体获利能力，数值越高，表明企业投入产出的水平越好，企业的资产运营越有效。
		销售增长率	是企业本年销售增长额与上年销售额之间的比率，反映销售的增减变动情况，是评价企业成长状况和发展能力的重要指标，指标数值越大，表明媒体企业增长速度越快，市场前景越好。
		投入产出比	是企业静态投资额与评估期内营业收入增加值总和之比，指标数值越小，表明经济效果越好。

续表

评估维度		核心指标	评价因素
		人均年度产出	即媒体年度总收入除以员工人数所得，反映媒体企业人员效率。年度产出越高，说明企业员工创造价值的能力越强。
定性分析	经营模式	产业链中的位置；业务范围；如何实现价值，采取什么样的手段；等等	反映企业的行业地位，受外部环境影响程度高低； 业务范围反映媒体经营广度，是单一业务还是多元化发展；实现价值的手段主要反映媒体经营的灵活性， 可以从侧面体现媒体应对市场变化的能力。

三、指标应用

尽管企业经营能力评估大多基于财务数据，以定量分析为主，但媒体经营能力评估指标在实际应用过程中仍有很多问题需要注意，不能照搬，更不能简单地用数据说话。

首先，也是最重要的一点，经营能力评估指标应用要考虑媒体属性。从世界范围内来看，传媒组织的经营目的包括三个方向：经济目的、公益目的和政治目的。媒体经营目的决定了媒体的性质、价值观和经营理念、经营模式都有所区别，因而经营能力评估指标的选择和分析方法也需要区别对待。英美的传媒业具有长期的、独特的经营经验，是国际上公认的、权威性的传播霸主，但英美传媒组织机构的经营模式有很大差别。英国没有一个像中国中央电视台这样的国家电视台，英国广播公司（简称 BBC）起到了半个国家电视台的作用。BBC 是世界上第一家公共广播公司，它确定了一系列公共广播的基本原则，直到如今，BBC 依然是全世界最有权威和最有实力的国际广播电视机构之一。BBC 是非盈利的事业机构，如前所述，BBC 的收入由电视费收入和商业收入构成，2011 年，BBC 总收入为 50.86 亿英镑（约合人民币 493.85 亿元，按 2011 年 12 月 31 日汇率 9.71 计算，下同），其中牌照收入 36.06 亿英镑（约合人民币 350.14 亿元），占总收入的 70% 以上，其他为广告和衍生产品的商业收入。

美国电视媒体无论从体制，还是从业内结构、经营运作和理念等而言，都是最商业化的，目前看也是全世界范围内商业化最为成功的。商业广播电视公司则是盈利机构，经费主要靠电视商业广告的收入。CNN、CBS 等就是高度商业化的美国电视业的代表。以 CBS 为例，2011年，CBS 总收入为37.84亿美元（约合人民币238.39亿元，按2011年12月31日汇率6.30计算），其中广告收入为25.08亿美元（约合人民币158亿元），占总收入的66.28%，其余为电视费和版权内容费等收入。

半岛电视台又不同于一般的公共电视台和商业广播电视。半岛电视台是卡塔尔国家元首埃米尔于1996年斥资1.37亿美元创立，再交由卡塔尔卫星电视总公司管辖。半岛电视台主要收入来自广告，有线电视接入，处理其他广播公司的节目，售出新闻影片等。但半岛电视台以“自由、专业”为立台之本，而且作为仅有不到200万人口的小国的电视台，通过对外传播扩大影响力的诉求也使其经营压力较低，更关注新闻的制作和传播，对广告商的依赖较弱，广告收入甚至不能够维持其正常运转，连收入等业绩数据都吝于发布，要依靠卡塔尔王室每年4000余万美元的资助。

经营目的和盈利模式的不同直接导致内容和风格的不同。与 BBC 和半岛电视台不同，广告是商业广播电视的经济命脉，大的广告商出于自身利益考虑会对广播电视业务施加压力，影响节目的内容；另外，过分追求收视率也导致商业广播电视存在为获得高额利润播出色情、暴力内容的现象。因此，媒体经营能力的评估指标不能只看数值，还要考虑媒体的经营目的。作为国家媒体或公共广播电视，应更多关注增长率等反映经营质量

表2–3　2011年 BBC、CBS、CCTV 收入情况

单位：亿元人民币

	BBC	CBS	CCTV
总收入	493.85	238.39	365
广告等经营性收入	143.71	158	228
占比	29.1%	66.28%	62.47%

注：英镑按2011年12月31日汇率9.71计算；美元按2011年12月31日汇率6.30计算。

和变化的相对指标。譬如分析 CCTV 的经营能力时，就要考虑 CCTV 作为国家电视台，既承担着公共电视台的社会责任，又担负着和商业电视台一样的经营压力这一重要前提。

其次，不能仅从销售指标判断媒体企业的经营能力。诚然，媒体广告销售、版权转让等业务的获利能力是分析媒体经营能力的重点。但影响媒体业务收入的因素还有节目成本、业务构成、节目质量、对外投资状况、资金来源构成、利润结构、资本结构和运转效率等。譬如，企业利润主要由主营业务利润、投资收益和非经常项目收入共同构成，一般来说，主营业务利润和投资收益占公司利润很大比重，非经常项目在企业总体利润中不应占太大比例。实际上，有时企业的利润总额很多，如果从总量上看企业的盈利能力很好，但是如果企业的利润主要来源于一些非经常性项目，或者不是由企业主营业务活动创造的，那么这样的利润结构往往存在较大的风险，也不能反映出企业的真实盈利能力。一般情况下，主营业务收入占总收入 50% 以上比较合理。

再比如资本结构，资本结构是影响企业盈利能力的重要因素之一，企业负债经营程度的高低对企业的盈利能力有直接的影响。当企业的资产报酬率高于企业借款利息率时，企业负债经营可以提高企业的获利能力，否则企业负债经营会降低企业的获利能力。有些企业只注重增加资本投入、扩大企业投资规模，负债率高，而忽视了资本结构是否合理，将付出更多的利息，有可能会妨碍企业利润的增长。因此，低负债率的净资产收益率更能真实反映企业盈利能力。以 2011 年主要媒体经营数据为例，CBS 总资产负债率为 62.46%，BBC 为 53.94%。因此，尽管 BBC 和 CBS 的利润总额几乎相同，但 BBC 的盈利能力要强于 CBS。

另外，在对媒体经营能力进行评估分析时应当重视非物质因素的贡献。在分析媒体企业经营能力时不能只注重分析销售收入、成本、费用、资产规模、资本结构等直接影响企业盈利水平的物质性因素，而忽视信誉口碑、企业文化、管理能力、专有技术以及宏观环境等一些非物质性因素的影响。比如媒体如果有良好的口碑和公信力、较好的经营管理能力和企业文化，将有助于媒体扩大影响力、提高成本控制效率、增强创新能力，获取超额利润。如果只注重通过财务报表和定量指标分析企业的经营能力，就不能够揭示企业盈利的深层次原因，也不能将分析的结果用于指导企业未来的发展。

近年来，我国传媒领域的产业化发展使得传媒经营的经济目的越来越受到重视，但媒体经营能力评估相关研究在国内尚无前例可循；同时，由于政治经济社会等因素，我国媒体的发展环境与其他国家媒体不同，因此，在媒体经营能力评估分析中还需要注意以下几个问题：

第一，企业经营是市场经济的产物，萌芽于商品经济，形成于市场经济。计划经济年代没有经营，整个国民经济由国家经营；市场经济初期的短缺经济时代，因产品供不应求和供求基本平衡，企业经营的重要性也不显著；唯有进入真正市场经济时代，市场对资源配置的影响力日益增强，企业经营的作用才在日益激烈的市场竞争中凸显出来。

第二，经营能力的评估要从战略高度去理解。企业战略的核心是企业的生存和发展，是企业在特定的时限内，必须实现的各项经营和经济指标。企业的经营能力决定着企业能否生存和发展。所以，必须从战略的高度重视企业经营能力的培育和提升，把培育和提升企业的核心竞争能力作为企业战略管理的一项主要内容。

第三，合理选择“标杆”企业，促进经营能力提升进程。为了更好地促进企业经营能力的持续提升，一种有效的方法就是在同行业中确定一个“标杆”企业。根据“标杆”企业的工作标准，确定企业提升的准则。这样会有效地促进“持续提升”工作的实施效果和进程。但是，引进“标杆”企业一定要注意的是，要以“我”为主、为“我”所用。切忌照抄照搬，全盘引进。

第四节　内部运营能力关键指标

一、指标构建基础

本章第三节中提到，经营和管理是分开的两个概念。“经营”是以结果为导向，追求效益，主要通过财务指标和与经营结果相关的评价指标构成。“管理”则是以过程为导向，包含为了实现组织目标，以人为中心进行的协调活动，追求的是效率。本研究将评价媒体管理能力的指标归入“内部运营能力”评估指标体系。

“管理”有广义和狭义之分。广义的“管理（Administration）”指通过科学的手段安排组织社会活动；本研究所讲得“内部运营”是指狭义的“管理（Management）”，即在外部市场环境约束下，通过计划、组织、领导、控制及创新等手段，结合内部人力、物力、财力、信息等资源，以期高效的达到组织目标的过程。也可以说是与产品生产和服务创造密切相关的各项运行机制的总称。

企业运行机制是企业的经营系统、技术创新系统、财务系统等运行过程中各环节内部以及各环节之间本质的内在的相互关联、相互制约的工作方式的总和。是企业经营过程中的主体机制。企业的经营活动是个连续不断的过程。运行机制是研究在运行过程中各生产要素之间的相互联系和作用及其制约关系，是企业经营运行自我调节的方式。运行机制可以使企业经营活动协调、有序、高效运行，增强内在活力和对外应变能力。

因此，评估企业内部运营能力，就是对企业生存和发展的内在机能及其运行方式，以及企业经营行为的内外因素及相互关系进行评估，也可以说是对引导和制约企业生产经营决策并与人、财、物相关的各项活动的基本准则及相应制度进行评估。

然而，与经营指标不同，企业内部运营能力很难完全通过量化指标评估。牛津和麦格理英文词典分别将“能力”被定义为“做某事的才能（ability）”和“达到胜任标准的品质（quality）”[①]，是指合乎资格的性质或性能。对于媒体企业而言，仅仅分析经济效益、资产规模与结构等可量化指标不能全面体现企业的内部运营能力，还需要对无形资产，如管理素质、品牌形象等指标作定性判断，才能保证分析的结果科学、全面、系

---

① 牛津词典（Concise Oxford Dictionary），麦格理简明词典（Macquarie Concise Dictionary）。

统。因此，内部运营能力评估指标将分为两部分：一是对企业资源管理的定量分析，二是对企业管理系统的定性分析。

企业管理可以划为几个分支：人力资源管理、财务管理、生产管理、物控管理、营销管理、成本管理、研发管理等。在企业系统的管理上，又可分为企业战略、业务模式、业务流程、企业结构、企业制度、企业文化等系统的管理。对于一般企业而言，内部运营能力评估的内容主要有以下几方面①：

（1）企业管理体制评估

主要评估企业运行机制的科学性、完善性、效率的高低。主要结合国际管理，对现代企业的章程、公司治理结构、激励制度、分配制度、人事制度、组织机构、日常规章制度等指标进行考核。

（2）企业文化评估

主要评估企业的经营思想和理念、价值观、企业风气等是否符合现代的、优秀的企业标准，是有利于还是会阻碍企业发展。

（3）企业经营战略评估

主要评估企业的经营战略、方针、策略、战术等几方面能力，是否能随企业内外环境的变化而变化，与环境相适应、协调。

（4）管理基础工作评估

主要评估管理基础工作是否扎实、全面，是否能得到贯彻执行，是否科学合理等。包括对规章制度、信息系统、标准化、工作流程、各种原始记录等进行评估。

（5）管理手段与方法评估

主要评估与现代最新水平之间的差距，包括是否拥有完善的管理信息系统，是否拥有现代化的设备，是否采用最新、最有效的管理方法等。

二、指标内容框架

基于上述企业管理相关理论，结合媒体运营管理的实际情况，本研究

---

① 李扬：《关于企业营运能力评估基本问题的探讨》，《锦州师范学院学报》，2003年第5期。

一方面围绕人、财、物三个维度，进行定量分析；另一方面采取定性研究方法，按照企业运营管理的三个层次进行分析（如图2-3）。

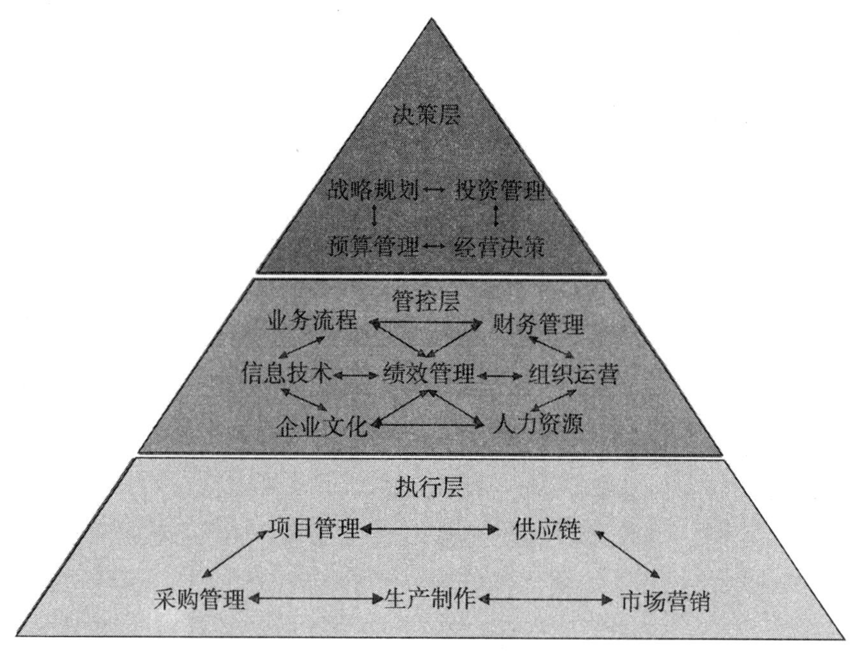

图2-3　传媒运营管理的三个层面

1. 决策规划层

主要实现传媒发展战略和管理层面的经营计划规划、财务预算审计控制、传媒决策分析体系等方面的管理支撑。主要包括以下几方面工作：

战略规划：主要是对传媒战略规划进行理解、梳理。

投资管理：主要是对传媒投资规划、流程、财务手段、风险控制等方面进行诊断。

经营决策：主要是审视传媒日常经营过程中各类计划的制定、协调、控制、修订等行为。

预算管理：如果传媒有预算制度，对此制度的流程、运转情况进行评判。

2. 管理控制层

主要是面向传媒内部管理的管理效率和水平的提高，实现传媒对内部人、财、物、活力、过程、流程等要素进行精细化、系统化的控制。主要包括以下几方面工作：

财务管理：不会过于涉及财务管理的细节，主要看筹融资管理、资金管理、财务分析、内控等方面是否存在漏洞。

组织运营：主要看组织架构设计是否合理，职责体系运行是否正常。

人力资源：主要看岗位管理、招聘与内部选拔、薪酬激励、培训体系等几大模块设计是否合理，运行效果如何。

企业文化：主要看价值观、愿景等是否清晰、是否统一、是否起正面作用等。

业务流程：主要看内部流程设计是否合理，运行是否顺畅、有效。

信息技术：主要看内部信息上、下、平行交流渠道是否健全、是否畅通，信息管理机制是否运行良好。

绩效管理：主要看是否有绩效管理体系，设计是否合理，执行效果如何。

3. 业务执行层

主要面向传媒核心生产过程控制及业务过程执行，立足于传媒生产效率提高、运营能力提升，促进传媒开源节流能力的提高。主要包括以下几方面工作：

项目管理：主要针对项目制运行的企业，关注其计划控制、质量控制、成本核算、资金运营等项目管理方面的能力。

采购管理：主要关注供应商管理、比价采购管理、采购合同管理、采购成本控制等内容。

生产制作：主要关注产能匹配、产能协调、计划控制、质量控制、现场管理、成本控制等方面。

供应链：主要看供应链的可靠性、响应速度、服务水平、安全性、可信度等方面。

市场营销：主要看企业的市场规划、市场推广、客户关系管理、销售能力等。

国际一流媒体内部运营能力的分析框架，如表2-4所示：

表2-4　国际一流媒体内部运营能力分析框架

评估维度		评估指标	评价因素
企业资源管理	资产运作管理	总资产	指媒体拥有或控制的、能够带来经济利益的全部资产价值总和。主要反映媒体内部运营能力的把控性。总资产规模越大，内部运营难度越高，对媒体运营管理能力的要求越高。
		对外投资额	指媒体企业以现金、实物、无形资产等方式或者以购买股票、债券等有价证券方式向其他单位的投资的总额。主要反映企业资金利用能力。对外投资额越大，说明企业开发外部尤其是外国资源能力越强，开辟新市场，引进新技术，获取新信息，实现扩张的能力越强。但对外投资额也有一定限制，投资额过大，企业经营风险也会过大。
		现金流	指媒体企业在一定时期内现金和现金等价物的流入和流出的数量总和。主要用以评价经营实体获取现金能力、偿债能力、收益和投融资活动的质量，从而反映其财务管理的水平。一般情况下，现金流越充足，企业资信越高，但资金囤积过多，也导致获利能力低下，企业内部财务运营水平低。
		总负债	指媒体企业承担并需要偿还的全部债务及其结构。主要反映企业的财务安全程度，以及企业偿还负债的紧迫性和偿债压力。负债越高，企业还债压力越高。
		资产构成	指媒体企业的资产分布结构，资产按流动性可分为流动资产、长期投资、固定资产、无形资产等。资产构成主要反映企业生产经营过程、安全程度和抗风险能力。企业资产配置情况与行业平均水平或可比企业对比，可以评价其合理性；资产结构变动情况可以评价资产的稳定性。
		员工数量	指一定时期内媒体组织全部人员的数量。主要反映企业人力资源管理的规模。合理的员工数量说明企业内部管理水平较高，效率越高。

续表

评估维度		评估指标	评价因素
	人力资源管理	人力资本投入	指一定时期内媒体组织对内部与人相关的全部投资额，主要包括在册员工薪资收入总额、住房补贴、社会保险费、职工福利费用、职工教育经费、招聘费用、工会经费、解除职工劳动关系补偿等费用。指标反映企业人力资源管理的规模和对人力资本的重视程度。媒体作为知识密集型企业，人是最重要也是最具活力的资源，人力资本投入越高，企业越具有活力和成长性。
		员工特征构成	指一定时期内媒体组织全部人员的年龄、性别、教育程度、职务等特征的分布状况。年龄构成可以反映企业内部运营的活力；教育程度构成主要反映企业的人员素质水平；职务构成主要反映企业的业务特点和人力资源管理水平。员工特征构成越合理，企业未来发展潜力越大。
	装备实力	经营实体数量	指媒体下辖实体的数量，如传媒集团经营的媒体数量，或电视台运营的频道数量。主要反映媒体企业的规模。经营实体数量越多，对媒体内部运营能力要求越高。
		媒体经营类型	指传媒集团或媒体企业组织经营的媒体类型，如电视、报纸、期刊等。主要反映媒体企业内部运营能力的广度。媒体经营类型越多，组织内部运营能力越强，灵活性越强。
企业系统管理	企业战略层		战略规划是否合理，各级部门对战略规划内容的理解、梳理的程度；投资规划是否符合总体战略，投资流程是否规范，财务手段是否灵活，风险控制状况；经营决策的制定、协调、控制、修订等行为的效果；预算制度的流程、运转情况；等等。
	企业管控层		财务管理、资金管理、财务分析、内控等状况；组织架构设计合理性，职责体系运行是否正常；岗位管理、招聘、薪酬激励、培训体系等是否合理，运行效果；企业文化、价值观、愿景等是否清晰、统一、起正面作用；企业内部业务流程设计是否合理，运行是否顺畅、有效；内部信息交流渠道是否健全、畅通，信息管理机制是否运行良好；绩效管理体系设计是否合理，执行效果如何等。
	业务执行层		项目的计划和质量控制、成本核算、资金运营状况；供应商管理、合同管理、成本控制等状况；媒体内容制作、发行渠道是否可靠，服务水平高低；包括市场规划、市场推广、客户关系管理、销售等在内的市场营销执行状况；等等。

三、指标应用

企业内部运营能力是一个动态的、综合性的概念，影响其能力高低的因素非常多，各种因素在不同性质企业的不同时期、不同环境下对内部运营能力的影响也不同，因此媒体内部运营能力评估必须在特定目的和前提条件下，有侧重的选择评估的指标和方法。总体来看，国际一流媒体内部运营能力评估指标在实际应用过程中需要注意以下几方面问题。

第一，不同性质媒体的内部管理面对的问题有着天壤之别，应结合实际情况综合分析。譬如，美国大型传媒集团公司完全采用商业运作模式，业务覆盖广，多元化特征显著，从报纸到电视，从传统媒体到新媒体，从传媒业到娱乐业，从投资到实业……这样的全球性传媒集团就像“巨无霸”，资产规模庞大，规模效益水平高，与之相适应的内部运营能力也更高（表2-5）。

表2–5 国际大型传媒集团公司业务构成

	新闻集团	时代华纳	维亚康姆
总资产	3481亿人民币	4258亿元人民币	3485亿元人民币
总资产回报率	60.27%	40.42%	58.70%
广播电视	广播电视网：福克斯广播公司、英国ITV广播电视网等；卫星电视：英国天空广播公司、星空传媒、凤凰卫视等；有线电视频道：福克斯新闻频道、电影频道、体育网等、国家地理频道、天空电视台等。	有线电视：CNN、HBO、TBS、Cinemax、Cartoon Network等。	电视网：喜剧中心、标志频道、黑人娱乐电视台、史派克频道、尼克尼特频道、MTV音乐频道等。
报刊	美国：纽约邮报、道琼斯公司、华尔街日报；英国：太阳报、星期日泰晤士报、英国时报等；澳洲：澳大利亚人报、每日电讯报 等。	《时代》、《人物》、《财富》等60多种杂志。	

续表

	新闻集团	时代华纳	维亚康姆
图书出版	HarperCollins 图书出版公司、HarperCollins 印度 (40%)、Zondervan 出版基督教书籍、Inspirio 宗教礼品生产	DC Comics 漫画公司	
影视娱乐	20世纪福克斯公司、丽晶企业等	华纳兄弟影片公司	维亚康姆国际集团、派拉蒙电影公司、MTV 电影公司等
新媒体	福克斯互动媒体、新闻数字媒体等		音乐电视网新媒体
其他	NDS 集团、道琼斯公司	美国 NBA 和职业棒球队	电子游戏：游戏预告网、尼奥宠物

相对于跨国的传媒集团公司，BBC、NHK 等公司业务则要单一得多。譬如 BBC，其业务主要包括电视、电台和网络三部分，主要立足英国观众，资产总额为673亿元人民币，资产规模与新闻集团等大型传媒集团不在同一水平上。但 BBC 的总资产回报率为123.93%（2011年），高于新闻集团等大型传媒集团。资产回报率是反映企业资产运用效率的重要指标，说明 BBC 资产利用效果好，在增加收入和节约资金使用等方面取得了更好的效果。由此可见，在进行国际一流媒体内部运营能力分析时，不能仅仅评估其资产规模的绝对值，还需要综合考虑增长率等相对数值指标。

第二，成长阶段。媒体的发展阶段也决定其内部管理模式有较大差异，不仅在资产规模指标上需要区别对待，组织架构、分权与授权、职责划分等方面也需要根据实际情况进行调整。成长期的企业多为扁平化结构，集权程度较高，成熟期的企业一般会呈现三级管控结构甚至更为复杂，分权程度相对较高。以本日本放送协会（NHK）和半岛电视台为例，NHK 是日本第一家根据《放送法》而成立的大众传播机构，于1925年成立。NHK 由三大委员会和20个局（部门）组成，其中职能管理部门为11个，节目部门为6个，受众服务部门3个，还有13个子公司、17个社会性团体。各个媒介平台是在经营委员会的统一管理下，形成平行的电视、广播等业务事业部，在各事业部中实行纵向管理。相较于发展时间超过八十余年的NHK，1996年成立的半岛电视台发展时间短，主要力量放在频道运营，机构精干，其委员会、部门层级少，人员也少（如图2-4）。因此，在进行媒体内部运营能力分析时，需要综合考虑企业所处的成长阶段，并不能简单地判断哪一种运营方式和组织结构更好。

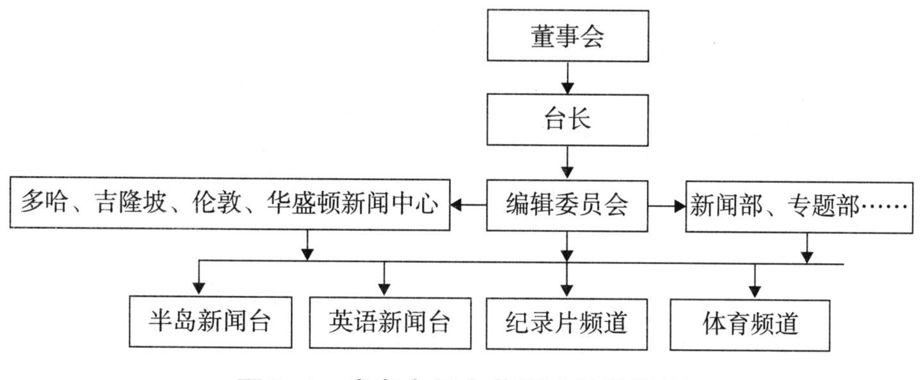

图2-4　半岛电视台节目系统设置图

第三，业务模式。国际一流通讯社、广播及电视媒体会因为核心产品及业务模式的差异性表现出不同的特征及发展趋势。单业务、同行业多业务或相近行业多业务的企业，组织架构相对简单，直线职能制偏多，内部管理流程相对简单，财务集中管理。多元化尤其是涉及行业跨度很大的多元化企业，集团或管理总部的管理职能一般相对较为集中，但对各业务单元的授权相对充分，财务方面可能开设内部结算中心，划小核算单元。以经营实体数量和类型指标为例，迪斯尼、新闻集团等大型传媒集团拥有电视、广播、出版、新媒体等各种媒介，电视媒体也不一定是他们的主营业务，因此他们多数根据整体战略布局有选择性运营某一类或某几类电视频道，专业性相对较低；而BBC、NHK、半岛电视台为专营电视，拥有的频道数量相对较多。因此，两种不同业务模式的媒体企业组织在进行对比时需要分别进行分析。

第五节 新媒体发展能力关键指标

一、指标构建基础

评估国际一流媒体的新媒体发展能力，首先要明确什么是“新媒体”。无论是从事新媒体行业的从业者，还是处于学术前沿的研究者，都无法给出一个统一的标准和定义。中国人民大学的喻国明教授把新媒体定义为四个关键词：数字化、传播语境的碎片化、话语权的阅众分享以及全民出版：自媒体模式①；而有些学者则把新媒体定义为利用数字技术、网络技术，通过互联网、宽带局域网、无线通信网、卫星等渠道以及电脑、手机、数字电视等终端，向用户提供信息和娱乐服务的传播形态②。

本研究中所指的“新媒体”，主要是从新媒体相较于传统媒体的技术、渠道和传播方式等方面的转变进行定义：传统的接收终端由纸张、收音机、电视机变成了电脑、手机；传播技术由文字印刷、模拟信号转变为数字传输；单一的传播方式变为互动式甚至是以受众为中心发散式的传播。但是，从传媒介质上看，新媒体依然还是利用文字、音频、视频等介质来传播信息，这与传统媒体没有本质区别；从传播内容来看，在网络媒体上展现的各种信息与内容，与传统媒体相比较差别不大。目前常见的新媒体类型包括以下三种：

（1）基于互联网的数字媒体，如门户网站、数字杂志、搜索引擎等；

（2）基于移动互联网的数字媒体，如无线门户、手机报、手机游戏等；

（3）基于广电网络的数字媒体，如数字电视、户外数字媒体等。

其中，基于互联网的数字媒体发展较早，评估方法较为成熟，数据采集的方式和准确性也被普遍认可，鉴于通用性和可比性原则，本研究将国际一流媒体的网站作为评估的目标。

---

① 喻国明：《解读新媒体的几个关键词》，《广告大观媒介版》，2006年第5期

② 辛摘：《新媒体的定义》，《新闻与写作》，2006年第12期

另外，本研究对新媒体的评估着重于“发展能力”。通常意义上的企业“发展能力”，也称成长性，是指企业在生存的基础上，通过自身的生产经营活动，不断扩大规模、壮大实力的潜在能力。[①] 企业能否健康发展取决于多种因素，包括外部经营环境、企业内在素质及资源条件等。外部经营环境包括政治、经济、社会等诸多方面，影响因素过多，较为复杂，故本研究主要选取了媒体内在素质和资源条件相关的指标。通常影响企业价值增长的因素有：销售收入、资产规模、净资产规模和资产使用效率。

二、指标内容框架

在新媒体发展能力体系中，根据新媒体所具有的特性，对于新媒体发展中所呈现出来的软硬件发展水平和评估标准、传播影响力等因素，通常会通过新媒体传播能力、经营发展能力、新媒体内容制作能力三个维度进行评估。

但是，对于国际一流媒体而言，网络媒体上展现的各种信息与内容，与传统媒体相比较差别不大。内容制作也已经整合为同一个团队，因此我们在评估国际一流媒体的新媒体发展能力时，将新媒体内容制作能力相关指标并入媒体内容制作能力评估体系中，不做单独体现。

对于国际一流媒体而言，无论新媒体是以业务部门还是以单独子公司的形式出现，其经营发展能力评估都可以参照一般企业的经营发展能力的评估方式。另外，由于目前新媒体的商业模式尚不明确，收入来源和方式较为复杂，通行的新媒体价值评估中，利润等绩效指标影响力也较小，本研究将新媒体经营能力评估指标体系分为经营投入和产出两个维度。其中，投入部分特别考虑了人力资源和设备的投入。这主要是由于新媒体性质决定其属于知识密集型业务，而且对设备的技术先进性、更新速度、覆盖规模等有依赖性较强，因此对人力和设备的投入将很大程度上决定其新媒体发展的能力和潜力。另外，鉴于本研究是面向“国际一流”媒体，因此我们选择了反映新媒体全球覆盖能力的“全球镜像站点数量和构成”作

---

① 百度百科 http://baike.baidu.com/view/1332458.htm

为主要的评估指标。

在新媒体传播效果评估方面，本研究要主要通过国际一流媒体网站的访问统计指标评估其传播效果。网站访问统计分析的基础是获取网站流量的基本数据，网站流量统计指标大致可以分为三类，每类包含若干数量的统计指标。

1. 网站流量指标

网站流量（traffic）是指网站的访问量，是用来描述访问一个网站的用户数量以及用户所浏览的网页数量等指标，常用来对网站效果进行评价。常用的统计指标包括网站的独立用户数量、总用户数量（含重复访问者）、网页浏览数量、每个用户的页面浏览数量、用户在网站的平均停留时间等。

主要指标包括：

（1）IP（Internet Protocol）：指的是用户通过互联网运营商提供的接入服务访问某一个网站的数量值。网站 IP 的多少决定一个网站受用户喜欢的程度。

（2）独立访问者数量（unique visitors）

（3）重复访问者数量（repeat visitors）

（4）页面浏览数（page views）

（5）每个访问者的页面浏览数（Page Views per user）

（6）某些具体文件 / 页面的统计指标，如页面显示次数、文件下载次数等。

2. 用户行为指标

用户行为指标主要反映用户是如何来到网站的、在网站上停留了多长时间、访问了哪些页面等，主要的统计指标包括：

（1）用户在网站的停留时间

（2）蹦失率（bounce rate），是网站分析中重要的指标之一，通俗的讲，就是网民不管通过什么渠道到达目标页面后，没有继续访问该网站其他页面就离开，我们称之为一次蹦失（bounce）。该指标可以直接体现出网站的登录页面是否有足够吸引力让网民继续深入访问下去。蹦失率数值越小，代表网站越受网民的欢迎，更愿意访问更多的页面；反之，数值越大，说明网站受欢迎程度越小。

（3）用户来源网站，也叫“引导网站”

（4）用户所使用的搜索引擎及其关键词

（5）不同时段的用户访问量情况等

3. 用户浏览网站的方式

用户浏览网站的方式相关统计指标主要包括：

（1）用户上网设备类型

（2）用户浏览器的名称和版本

（3）访问者电脑分辨率显示模式

（4）用户所使用的操作系统名称和版本

（5）用户所在地理区域分布状况等

由于部分指标国内外的统计和计算方式不同，为了保证数据可比，选择具有代表性的指标，最终形成以下分析框架（表2-6）。

表2-6　国际一流媒体内部运营能力分析框架

评估维度	评估指标	评价因素
经营投入	年度总成本	指新媒体业务年度投入总额，主要反映新媒体总体投入状况，成本越高，说明经营投入越大，新媒体发展潜力越大。
	员工数量	指新媒体部门员工数量或新媒体业务涉及人员数量，主要反映新媒体人力投入状况，员工数量越多，新媒体发展规模越大。
	新媒体设备总投入	指新媒体相关设备投入总金额，主要反映对新媒体的重视程度，以及新媒体发展规模与潜力。设备投入越多，用户服务能力越强。
	服务器数量	主要反映新媒体的网络负载能力。一般情况下，服务器数量越多，处理业务、访问量和数据流量的能力越强，可供同时使用的用户更多。
	全球镜像站点数量	指网站在全球范围内镜像站点总数，镜像站点是将网站的多个副本放置在不同的服务器上，站点数越多，用户可以在访问较少或相对速度较快的服务器上取得信息，反应速度越快，网络传输效率和网站安全性更高，抗风险能力越强。

续表

	镜像站点全球构成	指网站镜像服务器地理位置分布，主要反映网站的国际化程度，海外镜像站点越多，说明全球用户数量越多，对网站的海外服务器数量规模要求越高。
经营产出	年度总收入	指评估对象直接运营的新媒体业务年度收入总额，主要反映新媒体业务经营规模、效益状况。收入越高，说明新媒体业务经营状况越高。
	年度广告收入	指新媒体年度广告收入额，主要反映新媒体广告营收状况。目前广告仍是大部分门户型网站的主要收入来源，广告收入的高低直接反映网站营收状况。
	广告收入贡献率	这里指新媒体的广告收入总额与投入总额之比，主要反映新媒体广告经营效益。
	收入构成	指新媒体业务收入的来源构成，主要反映新媒体的主要收入来源，从而体现其未来发展的潜力。
传播效果	用户数量	指截至某一时间点全部注册用户人数，主要反映网站的受众群体规模。用户数量是新媒体扩大影响力，提升传播效果的基础，用户基数越大，影响的范围越广。
	日均浏览量	指一定时期内目标网站平均每天用户浏览页面数量，主要反映网站受欢迎程度。日均浏览页面数量越多，说明用户不仅访问网站，停留时间也长。
	日均浏览人次	指一定时期内目标网站平均每天浏览页面的用户 IP 数量，主要反映网站的活跃用户数量。日均浏览人次越多，网站受众范围越广，传播效果越好。
	单位浏览量的收入贡献	是一定时期内新媒体业务收入与浏览量之比，主要反映浏览量与收入的关系。单位浏览量的收入贡献值越高，说明网站用户的转化率高。一般网站流量是“免费”的，只有当浏览量能转化为收入，网站传播效果才能得以实现。
	视频用户停留时间	指视频用户在单一网页停留的时间，主要反映了网站粘性及用户对网站内容质量的判断。
	用户区域构成	指截至某一时间点，用户注册地点分布，主要反映新媒体的传播范围。用户所在国家区域越多，媒体覆盖范围越广。
	用户特征构成	指截至某一时间点，用户的性别、年龄、教育程度、收入状况等人口特征构成状况，主要反映新媒体的用户特征和质量，主要用户群素质越高，新媒体未来发展潜力越大。

三、指标应用

国际一流媒体的新媒体发展能力的主要评估指标如上表所示，但在实际应用过程中，需要根据实际情况调整指标。有以下几方面问题应重点关注。

第一，新媒体的性质。在论述新媒体发展能力时，既要看到新媒体新的方面，带来的是与传统媒体有着截然不同的评价标准和体系，以及全新的传播力和影响力、经营力；又要看到新媒体旧的方面，传统媒体与新媒体之间的融合，升级以及带来的相互促进、竞争与合作的各种关系。因此在评估新媒体发展能力过程中，标杆分析对象分为两类。一类是国际一流的传统电视媒体CNN、BBC、NHK、半岛电视台等举办的网络媒体，另一类是针对国际一流的商业网站，特别是国内外一流的视频网站（如Yahoo、YouTube、Hulu、优酷、土豆等）。只有同时与两类新媒体进行对比，才能全面、科学地评估新媒体发展能力。

第二，新媒体的无国界。目前全球新媒体技术的产生和发展、新媒体类型的创新集中于英美等国家，英语也随着互联网的诞生成为通行的语言，英美的媒体在新媒体传播上具有天然的优势，而非英语国家的新媒体发展或多或少都会受到技术和语言的局限。以日本NHK和英国BBC为例，NHK在节目制作和内部运营管理上都不逊于BBC和其他国际一流媒体，NHK和BBC同为公共媒体，在性质、规模、业务架构等方面都有很多相似之处。从2010年经营数据看，NHK的资产规模和收入还强于BBC（如图表2-7）。但日语的局限性成为NHK的新媒体发展水平远远不如BBC的

表2-7　NHK与BBC经营指标与新媒体运营状况对比

媒体	总资产	年收入	主营业务收入	网站排名（最近三个月平均）	网站语种版本数量	蹦失率
BBC	673	499	351	44	28	35.3%
NHK	683	532	523	696	18	52.5%

重要原因之一。因此，在分析国际一流媒体的新媒体发展能力时，有必要将语言作为评估结果的影响因素。

第三，判断企业在经营收入方面是否具有良好的成长性，必须分析收入增长是否具有效益性，只有收入增长率高于资产增长率，才能说明成长能力强。以2011年国际一流媒体的经营数据为例（表2-8），迪斯尼的总资产和年收入规模都处在第一的位置，但其收入增长率远远低于资产增长率，BBC、NHK的收入增长率也相对较低，说明这些媒体的收入可能主要依赖于资产的增长。而新闻集团、时代华纳的收入增长率高于资产增长率，说明其业务成长性较好，更具有发展潜力。

表2-8　国际主要媒体的经营规模对比

媒体	总资产	资产增长率	收入规模	收入增长率
迪斯尼	4429	20%	2436	5.29%
新闻集团	3481	2.38%	2098	7.74%
时代华纳	4258	0.70%	1721	5.91%
BBC	673	6.73%	499	4.24%
NHK	683	3.62%	532	0.59%

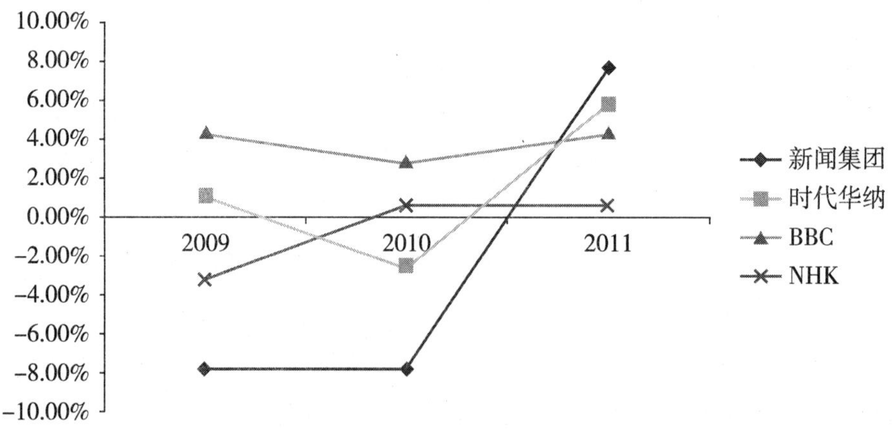

图2-5　2009—2011年主要国际一流媒体收入增长率

第四，要全面、正确分析和判断一个媒体经营收入的增长趋势和水平，必须将企业不同时期收入增长率加以比较和分析。从近三年主要国际一流媒体的收入增长率看，BBC 的收入增长一直稳定于较高水平，说明BBC 的成长能力较强，新闻集团的收入增长在2011年表现亮眼，但由于其前两年的收入增长率为负值，2011年的增长有可能是某些经营活动带来的短期效益，因此不能单凭其2011年的高收入增长率就说明其成长能力高于其他媒体（图2-5）。

第三章 国际一流媒体发展历程

从最初的报纸到大型通讯社的出现，再到无线广播的应用和电视的普及，直至今天新媒体的广泛运用和大型跨国传媒集团的激烈竞争，这一过程历经几个世纪。报纸的诞生开启了新闻事业发展的首个篇章，通讯社的出现为信息在全球范围内扩散和传播提供了重要平台；广播的出现克服了时间和空间的限制，并在第一、第二次世界大战中以及在随后的冷战中得到了最大程度的发展；随着全球化的发展，大型跨国媒体及传媒集团出现，国际一流媒体逐渐形成。在整个过程中，新航路的开辟、启蒙运动的兴起、工业革命的产生、资本主义全球经济体系的形成、两次世界大战的爆发、冷战中的激烈对峙、信息技术革命的急速发展等，都为国际媒体的发展和壮大提供了巨大推动力，进而成就了今天的国际一流媒体。本章将以早期主要发达国家媒体的国际传播探索、冷战时期的媒体国际传播博弈、全球化时代与国际一流媒体的形成三个阶段来追溯国际一流媒体的发展历程。

第一节 主要发达国家媒体国际传播早期探索

国际传播的发展与国际关系的变革有着千丝万缕的联系。20世纪中叶之前，世界格局处于不断变动中。国际一流媒体的发展也因人类政治、经济、科技等变革而处于时断时续状态。

一、媒体早期国际传播探索的背景

第二次世界大战结束后，国际政治经济格局发生了巨大的变化，美国、原苏联的政治和经济实力超过战前英、法、德等国，一跃成为世界超级大国，加之亚非拉国家相继摆脱殖民统治，逐渐形成追求独立发展的“第三世界”力量，这种变化带动媒体的国际传播格局发生了颠覆性变化。因此，本书将1947年冷战爆发前作为讨论主要发达国家媒体国际传播早期探索的节点。

这一时期从新航路开辟到英国工业革命完成，从资本主义萌芽到英、法、美等国资本主义制度确立，从古登堡活字印刷术发明到无线电广播的广泛应用，从早期殖民主义的兴起到第一、二次世界大战的爆发，均成为人类国际传播早期探索的历史背景。

经济的发展是媒介传播活动的基础。商品经济的发展、资本主义萌芽、资本主义自由市场经济制度的确立、两次工业革命对于经济的极大推动……使整个世界的经济以前所未有的速度和规模向前推进，为整个历史进程的发展提供了最原始的动力，为国际传播的孕育和发展提供了最基本的经济条件。

政治的变革对国际传播发展提出了诸多要求。这一阶段最大的变化是社会制度的更替，整个世界逐渐从传统社会过渡到资本主义社会，除此之外，包括原苏联、东欧、中国等许多国家确立了社会主义制度，国与国之间因为制度、利益等引起的对抗与合作必然导致国际传播的变化和发展。

传播技术发展为早期国际传播的形成与探索提供了重要支撑。15世纪中叶，古登堡活字印刷术的发明使得文字材料的大批量印刷、复制和传播成为可能，到15世纪末，欧洲已拥有三万种书籍，2000多万册书籍被印刷发行，信息传播量的增加有效地提高了国际传播的影响力[①]。第一次工业革命中蒸汽机的发明使得机器化大生产成为可能；第二次工业革命电力的广泛应用、内燃机和新交通工具的创新以及新的通讯手段的发明为国际传播快速发展提供了技术支持。正如马克思所说：“劳动生产力是随着科学和技术的不断进步而不断发展的”[②]，科技的进步同样为国际传播奠定了技

① 饶立华《古登堡的印刷术与大众传播》,《新闻学论集》第16集，中国人民大学出版社，1992年版。

② 马克思《资本论》第1卷(1867年7月),《马克思恩格斯全集》第23卷第664页。

术基础。

文化扩张是国际传播早期探索的动力之一。1500年前后新航路开辟后，以葡萄牙和西班牙为代表的新兴国家开始向海外世界扩张，伴随海外贸易和海外征服的是文化的扩张、交流和征服；此后，文艺复兴的兴起、新的社会制度确立产生了广泛的世界影响。这些成为早期主要媒体国际传播探索的思想文化背景。

世界性战争的发生为早期国际传播探索提供了历史性机遇。两次世界大战的爆发使得全世界各国之间的联系更加密切，参战国为了鼓舞士气、瓦解敌军，充分利用各类宣传工具，比如战时宣传册、传单及国际广播等。“二战”期间，基本所有的广播都归国家政府管控，用来宣传本国的政治和外交策略，争取战争的胜利。两次世界性战争的发生为早期进行大规模的国际传播创造了历史性的机遇。

二、早期国际传播探索的三个阶段

早期的国际传播探索主要集中在报纸、通讯社和广播这三个阶段。早期报纸应资本主义全球扩张的要求开始报道国外新闻。英、法等早期完成工业革命的国家在自己的殖民地创办报刊，成为最早的国际传播的雏形；通讯社在对信息更大数量、更快速度的要求下应运而生；广播在无线电技术催生下出现，克服了时间和空间的限制，在战争中发挥了举足轻重的作用。

1. 早期报纸的产生和发展——国际传播萌芽阶段

新航路的开辟使地区性贸易转向全球贸易，产生对国际传播的巨大需求。殖民者除了携带必不可少的货品，报纸成为必备之物，随着殖民者从欧洲大陆“出发”，穿越大西洋、绕过好望角到达印度，再经马六甲海峡抵达菲律宾、中国和日本；或由欧洲大陆传到英伦三岛，再由英伦三岛传到南美洲的墨西哥和巴西等国家。

17世纪初期，德意志、尼德兰等地开始出现定期出版的报纸，并行销到邻近的国家。1621年8月13日，英国出版商在国王的特许下创办的《每周新闻》，大量刊登国外新闻。1631年5月，被称为“法国新闻之父”的泰奥弗拉斯特·勒诺多创办《公报》，报道国外新闻。1661年，世界上第一份日报《莱比锡新闻》开始发行。当殖民者开始建立殖民地统治的时候，殖民者在所到之处创办具有宗主国色彩的报刊来维护自己的统治。例如，1615年荷兰人在雅加达(当时的巴达维亚)创办《新闻纪要》，1773年法国人在毛里求斯创办《预告报》，1780年英国人在印度创办《孟加拉报》，1808年葡萄牙在巴西创办《里约热内卢报》，1811年西班牙人在菲律宾创办《总督报》，1815年英国人在马六甲创办中文刊物《察世俗每月统计传》……跨国、跨洲际办报迅速发展，到19世纪中期已达几百家。西方的经济、政治、科技、教育和宗教信息通过这类报刊抵达遥远的封闭性王国，使许多相距遥远的国家组成一个相互联系的世界[①]。

随着西方主要国家资产阶级革命的胜利和第一次工业革命的完成和发展，一些著名的独立媒体与大众媒体开始加入到国际传播的行列中。在英国，1785年创办的《泰晤士报》，1850年发行量就高达5万份，作为英国最大、最具权威的报纸，它的社论不仅在国内深受关注，有时还能引起欧洲小国的内阁风波，美国总统林肯曾赞誉这份报纸“除了密西西比河外，再没有比它更有力量的东西了”[②]；英国另一家报纸《每日电讯报》，1871年普法战争时年销量高达20万份，1888年为30万份。在法国，1836年出现了《新闻报》、《世纪报》两家著名的新型报纸，从1836年到1847年，巴黎各报的总发行量从8万份增加到18万份。在美国，早在1833年就出现了世界上第一份著名的廉价报纸《太阳报》；1835年和1841年，更有影响力的报纸《纽约先驱报》和《纽约论坛报》先后创刊；1851年闻名于世的《纽约时报》问世，它以新闻翔实、言论平和著称，尤其注重国外新闻的报道。1810年，美国还只有376家报纸，到1828年，报纸数量已经接近900家，到1880年更是发展到了7000家。大众化报纸的发展开启了媒体国际传播的早期探索，也为国际通讯社的发展奠定了基础。

2. 早期通讯社产生与发展——国际传播形成时期

工业革命在某种程度上直接催生了国际通讯社的出现。1838年美国

---

① 刘建明:《全球化媒体的历史与未来》,《传媒观察》，2007年第8期，第42页。

② 郑超然、程曼丽等:《外国新闻传播史》，中国人民出版社，2000年版，第70页。

人试验电报装置成功，19世纪40年代欧美各国建立国内电报通讯系统。1851年英法之间穿过多佛尔海峡的海底电缆铺设成功。这标志着电讯时代的到来，技术的成熟为国际通讯社的建立提供了条件。随后，法国的哈瓦斯社、德国的沃尔夫社、英国的路透社、美国的港口新闻社（现在的美联社）应运而生。

1835年，世界上第一个通讯社——哈瓦斯通讯社在法国创办，到1840年哈瓦斯实际上已经垄断了法国的国际新闻发布。1850年，哈瓦斯的办事处遍及伦敦、布鲁塞尔、维也纳、法兰克福、柏林、罗马、马德里等地，甚至开始在美国设立分社。1860年哈瓦斯社开始发展国际电报通讯业务，通过海底电缆把新闻业务扩展到了拉丁美洲。

1849年德国人在柏林创办沃尔夫通讯社。19世纪60年代，随着德国电讯事业的发展，沃尔夫通讯社开始利用欧洲大陆的有线电报网收集信息，向德国的报纸及商业公司提供更广泛的信息服务。1865年，俾斯麦把该社置于政府的控制之下，改组成由政府参股的股份公司，沃尔夫通讯社开始带上了一定的官方色彩。“一战”中，德国政府为了冲破英法等国的新闻封锁，于1915年另设“海岸通讯社”，希特勒上台后成为他对内外统治的御用工具。

1851年德国人朱利叶斯·路透在英国伦敦创办了路透社。从1865年开始组建电报公司，兴建由德国、俄国、伊朗到印度的电报专线，与沃尔夫通讯社竞争。1870—1872年，电缆线铺设到了新加坡、中国上海、日本长崎、日本横滨，并在沿途建立了分社。1873—1874年，电缆线延伸到中国澳门和南美洲。

美国美联社的前身为纽约联合新闻社，由美国纽约六家报纸在1848年联合创办，1856年改组为纽约新闻联合社。南北战争后，美联社（AP）开始闻名于世。

哈瓦斯通讯社、沃尔夫通讯社和路透社这三家欧洲通讯社很快控制了欧洲的信息市场，并开始跨越国界向殖民地扩张，三大通讯社之间的竞争日趋激烈。1870年，三大通讯社签订“联环同盟”协议，瓜分世界信息市场，划分各自的“领地”，在当时主导了国际传播的信息流。哈瓦斯通讯社、沃尔夫通讯社和路透社这三家欧洲通讯社一开始就带有国际化的性质，到19世纪末美国美联社也加入了国际化的行列。

通讯社是应对信息更大数量和更快速度的要求而产生的，最初规模很小，信息主要局限在商业领域，但随着政治和经济的快速发展，各方面的新闻成为通讯社之间竞争的“法宝”，为了协调各方利益，哈瓦斯、沃尔夫、路透社以及美联社四家不得不通过订立“三社四边协定”来缓解纠纷，获取利益平衡。这一时期是国际传播形成时期，也是国际一流媒体初露锋芒的时期，直至今天，路透社和美联社仍是知名的一流媒体。

3. 国际广播的产生和发展——国际传播探索与拓展

无线电技术的出现催生了广播的出现，广播冲破了时间、空间限制的特点使国际传播获得了前所未有的拓展，一些一流媒体开始孕育。

1920年，美国西屋电器公司在匹兹堡建立的KDKA电台是世界上第一家办理正式执照的广播电台，成为世界无线电广播事业的始端。此后，澳大利亚、原苏联、法国、英国、德国和意大利都先后建立了广播电台。荷兰创办了世界上第一个国际广播，从1927年起用荷兰语向东印度等殖民地进行广播，随后又增加了英语和印尼语广播。随后，英国、法国、德国、意大利等国相继开办了国际广播电台。

1932年英国广播公司（BBC）帝国服务（BBC Empire Service）成立，从1938年起逐步用外语对外广播。美国的国际广播到1940年才起步，1942年成立“美国之音”广播电台。

国际广播诞生后很快成为各国政府用来宣传本国政治、外交策略，传播国际形象的重要工具。“二战”期间，不同体制国家的电台基本都归政府领导，如英国BBC归当时成立的英国情报署领导，德国的广播理所当然划入法西斯政府的管辖范围，日本也通过内阁各省和军队各兵种的情报部门合并的情报局直接控制广播电台。

“二战”期间，为了瓦解对方士气、鼓舞同盟作战、争取中立国，各国纷纷增加外语广播的数量。比如BBC在“二战”结束时，其广播语言已经增加到了39种，几乎涵盖了世界上主要国家所使用的语言，德国纳粹更是把电波看做“第四条战线”，1941年设在本土的对外电台就有88

座。交战双方还通过各自在殖民地国家的特权，建立起与己方立场一致的对外广播电台，进一步扩展了广播媒体在全球范围的扩张。

三、美、英等发达国家媒体的国际传播探索

法国虽然是世界上最早建立通讯社的国家，但从全球整体来看，冷战开始之前，美国和英国这两个发达国家媒体的国际传播探索在这一时期占据主流。

1. 美国媒体的国际传播探索

美国的国际传播发展速度很快。第一次世界大战的爆发惊醒了美国政界和追逐商业利润的美国公司。美国政府和公司突然发现欧洲各国早已意识到传播可以作为军事工具的作用，美国在考虑本土利益至上的同时，开始考虑让国际传播采用美国的模式。

在美国对德宣战的第二天，根据1912年的无线电法，即《1912年广播法》（Radio Act of 1912），美国总统威尔逊宣布美国政府接管全国的无线电局。联邦政府和军方担心无线电通讯技术被英国企业马可尼公司所垄断，决定对其实施国家控制。通用电气公司购买了马可尼公司的股份，并于1919年10月组成了“美国无线电公司”（Radio Corporation of America, RCA）[①]。在RCA成立之后，美国的无线电广播得到了相对自由的发展空间。

美联社在“一战”后已经具备一个真正的国际通讯社的条件。但由于合众社不受“三边四社协定”的束缚，对美联社造成了巨大的挑战，加之受报业同盟卡特尔[②]的限制，发展受到制约。美联社内部决定走独立发展之路。因此，从1930年起，美联社开始向全世界提供有线图片传真业务，以领先于其他通讯社两年的时间使用了此技术。在战争的推动下，美联社快速扩张，最终于1944年发展成为全球性服务机构。

---

① 佐藤卓已著，诸葛蔚东译:《现代传播史》，北京大学出版社，2004年版，第135页。

② 卡特尔是资本主义垄断组织的一种重要形式。为了垄断市场，获取高额利润而达成有关划分销售市场、规定产品产量、确定商品价格等方面的协议所形成的垄断性企业联合，这里指的是斯克里普斯报团、赫斯特报团及芒西报团等组织。

“二战”期间，美国的国际广播在战争中发挥了其独特的优势。1942年2月，美国之音开始对外广播，同年6月归属战时新闻局，成为美国政府战时进行信息传播和宣传的最重要部门。战争期间，美国意识到尖锐的意识形态导致传播越来越政治化，所以在将私人媒体纳入政府监管之下的同时，也开展了由政府直接领导的国际广播业务，国际传播系统逐渐变成了国际政治斗争手段之一。

2. 英国媒体早期的国际传播探索

英国是世界上最早完成资产阶级革命、建立起近代国家体系的国家，也是世界上最早完成工业革命的国家。经济的繁荣推动了英国的政治变革和世界性扩张，英国很快成为经济大国与殖民大国，在世界上产生了很大影响。

工业革命之后，由于英殖民地国家对英国经济的依赖，国际传播主要是从英帝国向外围殖民地国家扩展，形成了所谓的由中心到外围的传播框架，在一定程度上，英国充当了国际信息传播中心。为了便于对殖民地的控制、军事战争以及商业贸易的发展，电报和通讯社成为英国推行殖民统治的重要手段。根据1870年的“三边四社协定”，路透社划分的地盘有：大英帝国、埃及（同哈瓦斯社共享）、土耳其、远东[①]，这个协议的签订奠定了英国在世界信息市场的主导地位。

维多利亚时期，英国为了维持其霸权地位和实现商业利益，对外传播成为国家殖民扩张的重要工具。为了能够更快地将信息传送到殖民地国家，英国加强了电报网络建设，架设了与法国之间的海底电缆。19世纪60~70年代，英国通过电缆与世界主要的帝国都联系起来，拉近了与殖民地的信息空间距离，信息可以在几小时甚至几分钟内传遍整个英帝国。

19世纪70年代，由于各国殖民扩张竞争的加剧，英国扩大了对外传播重点区域，从对外传播主要集中地——东亚和印度地区，开始向美洲拓展，在北美殖民地及南美洲建设横跨大西洋的海底电缆，并在这些地区建

① 郑超然、程曼丽等:《外国新闻传播史》，中国人民大学出版社，2000年版，第101—102页。

立新闻机构。

1870—1890年，路透社扮演了向欧洲提供南美洲电报信息的主导性角色。19世纪下半叶，路透社通过提供商业信息实现了英国对这一地区的非正式控制，成为第一个将南美洲市场信息推向国际贸易交易场所的媒体机构。与此同时，从1865年，路透社开始组建电报公司，兴建了由德国、俄国、伊朗到印度的电报专线；1870—1874年，电缆线铺设到新加坡、中国上海、日本、澳大利亚和南美，路透社成为世界通讯社中的“老大”。

19世纪末20世纪初，英国的电缆数量占世界总量的一半以上，为其在国际传播领域的霸权地位奠定了基础，英国也逐渐成为全球传播的中心。此后，后起的德国、日本、俄国都开始挑战英国，美国的经济实力开始超过英国，英国的霸主地位开始动摇。

“二战”期间，英国的对外宣传主要有传单投放和BBC广播两种形式。BBC平均每星期向欧洲播放295小时的广播节目。从1939年9月1日战争开始，BBC就集中精力报道战争，尽职尽责地发挥着广播特有的宣传喉舌作用。为了让BBC节目能够在美国广播网转播，BBC制作更吸引人的对美广播节目，把美国人不喜欢的牛津口音换为加拿大或者苏格兰口音；制作“孩子呼唤回家”周播节目，内容是撤退到美国和加拿大的孩子通过广播对英国的家人说话。1940年5月28日，BBC在它的历史上迈出了空前的一步：开辟“英国谈话”节目，后开设“北美传播”节目。到1941年转播BBC广播节目的美国中波电台增加到大约130个。

到“二战”结束时，BBC用39种语言进行对外广播。BBC在“二战”中的宣传比较成功，为战争的胜利作出了一定贡献。

第二节　冷战时期的国际传播博弈（1947—1991）

第二次世界大战刚结束后，虽然各国分歧和冲突严重，但对抗双方都尽力避免导致世界大战爆发，其对抗通常通过局部代理人战争、科技和军备竞赛、外交竞争等“冷”方式进行，即“相互遏制，却又不诉诸武力”，因此这称为“冷战”。

冷战期间（1947—1991年），全球无线广播扮演了极其重要的角色。英国首相丘吉尔曾说："没有广播，就没有冷战"，由此可以看出广播在这一阶段的重要地位。冷战时期，以美国为首的发达资本主义国家和以原苏联为首的社会主义国家在世界范围内展开了一场广播大战。双方将广播事业纳入到国家政治生活中，以多种语言展开"多面交锋"，尤其是美国之音的"心理战"战略在国际事务中发挥了巨大作用。除了广播之外，这一时期的报纸、电视也扮演了重要角色，电视实现了对重大国际事件的现场报道，成为冷战宣传中新的力量。除了美国和原苏联这两个超级大国，英国、法国以及中国等也加入到这场没有硝烟的国际传播博弈中。

一、冷战的背景

经过"二战"的洗礼，美国彻底摆脱孤立主义束缚，凭借其强大的军事、经济实力以及政治影响力，成为全方位积极参与世界事务的强国；与此同时，正在崛起的原苏联作为世界上最早的社会主义国家，凭借在反法西斯战争中赢得的巨大声誉和日益强大的军事力量，在战争中和战后对世界的影响力仅次于美国。同为举足轻重的两个世界强国，但双方的意识形态、社会制度、政治体制等却大相径庭，由于战略目标和战略利益的冲突，两种社会制度矛盾的上升，激发出冷战。

1946年3月，丘吉尔发表"铁幕演说"，发出了冷战的信号。1947年3月，"杜鲁门主义"的出笼则标志着冷战的全面展开。整个冷战期间，在世界范围内形成了以美国为首的资本主义阵营和以原苏联为首的社会主义阵营相互对峙的政治格局。

冷战是国际广播的黄金时代，两大阵营间信息相对闭塞使国际广播成为东西方最重要的传播平台，包括中国在内的许多国家大幅增加对国际广播的投资，展开空中大战。冷战时期的国际广播绝大多数靠政府经费资助、意识形态占主导，有些国际广播机构转而变成政府部门的一部分。

随着冷战的发展，各国不断加强对外广播力量，国际广播发展成为遍及世界五大洲的全球性事业。世界各地处在众多国际广播电台的多重覆盖之下，在全球大部分地区特别是热点地区上空，至少有十几座国际电台的电波在为争夺听众而激烈地进行着直接的交锋[①]。从而形成世界报刊上所说的“世界上所有大国和许多小国都积极参加的世界范围的电波战”。

二、美国的冷战宣传

美国的冷战宣传，以美国之音为龙头，展开一场更加深入和持久、充满技巧的“心理战”，目的是摧毁人们心中的信念，作为针对苏联等社会主义国家及其人民的“战略要点”，在冷战中发挥重要作用。

1. 美国冷战宣传中的广播

美国冷战期间的战略体系十分庞杂，但都是围绕着“遏制”苏联这一大战略来制定和实施，开展意识形态领域的进攻和展开“心理战”是美国思想界的一项重要任务。美国认为，苏联和东欧的政权是不可能用外部力量强行摧毁的，只能通过不断地培植对西方政治文化和意识形态价值的崇拜与信仰，来削弱东欧各国共产党的领导。因此，美国前总统尼克松把“思想战”视为美苏对抗中最有效的竞争武器，美国认为意识形态是美苏对抗的重要战场，而这种“思想战”利用的即是媒体尤其是广播的力量。因此，美国开设了包括美国之音（VOA）、自由欧洲电台（Radio Free Europe）、自由电台（Radio Liberty）的对外广播电台，苏联问题专家常常是美国电台重要节目内容的撰稿人，在节目中极力向受众灌输“自由”、“改革”、“民主”、“私有制”等西方观念。

冷战极大地推动了美国之音的发展，促进美国之音全球传播格局形成。冷战开始后，美国之音始终把苏联作为心理战的头号对象。1947年2月，美国之音开始对苏联广播，每天为1小时，之后用苏联各民族语言对各加盟共和国广播，所用的语言种类达到40多种，超过了“二战”高峰期的水平。1962年，美国之音对苏联、东欧、亚洲和拉丁美洲等地的广播时间达到每周约500个小时，其中对苏联的广播达112小时。美国之音极力炫耀美国的经济发达、科技先进、生活富裕的同时，竭力贬低苏联在各方面所取得的成绩，煽动苏联听众对政府的不满，激起他们对西方社会的向

① 张桂珍:《国际关系中的传媒透视》，北京广播学院出版社，2000年版，第120页。

往。其次，美国之音还非常注重通过各类文化来达到潜移默化以及和平演变年轻人的目的，如美国之音的重头节目《美国音乐》以不同的内容和编排方式对世界不同的地区播放。在本土化的节目设置中，特别关注苏共政治局内部斗争、领导人的健康、被隐瞒不报的意外事故和灾难等消息，并针对其主要听众青少年制作了宣传西方“民主”、“自由”、文化艺术和生活方式的节目①。据统计，20世纪80年代初，苏联民众收听最多的国际广播电台是美国之音，听众达900万人，同期BBC和自由电台的听众各为400万人。美国前国务卿杜勒斯在20世纪50年代曾说过，如果能教会苏联年轻人唱我们的歌并随着舞蹈，那么我们迟早将教会他们按我们要求他们采用的方法思考问题。

除了美国之音外，欧洲电台和自由电台主要用俄语、波兰语、捷克语、罗马尼亚语、匈牙利语和保加利亚语等17种语言，开展对苏联和东欧等国家的反共产主义宣传战。在罗纳多·里根担任美国总统期间，国际广播日益成为美国外交政策的重要组成部分。1988年，苏联总统戈尔巴乔夫停止对自由欧洲电台和自由电台的干扰，使得这两个电台的节目能够顺利进入苏联全境。这两个电台也因此被誉为结束欧洲共产主义的急先锋。

2. 美国冷战宣传中的通讯社、报纸和电视

冷战期间，美国在对外宣传中，广播是其主要的力量，但通讯社的作用也开始凸显：作为世界最大的通讯社，美联社在美国的国际传播体系中占据重要的位置。70年代初期，美联社利用纽约、旧金山、伦敦和东京几大城市的无线电电传发射机，将美联社的新闻发送到世界各个角落。由于国外新闻和新闻图片的流通量大，要求传播手段既快捷又可靠，美国便采取有效措施，通过卫星、微波和电缆，实现了对欧洲、亚洲和拉丁美洲地区的密切联系。合众国际社（United Press International, UPI）是美国第二大通讯社，1958年5月由合众社与国际新闻社合并而成。发展到80年代，全世界有订户约5000家，1992年合众国际社被设在伦敦的中东广播中心公司买下。在冷战期间，美国的两大通讯社具有重要影响。

---

① 胡正荣、关娟娟，《世界主要媒体的国际传播战略》，2011年第1版，第76页。

美国的报刊在冷战期间是国际报道的重要力量。比如:《国际先驱论坛报》、《纽约时报》、《今日美国》等。其中,《纽约时报》是美国最有权威的报纸之一，被誉为“档案记录报”。1971年，它因揭露越南战争的真相，曝光了美国国防部绝密文件，引起了著名的“五角大楼文件”诉讼案，最终以报纸胜诉告终,《纽约时报》的国际新闻报道独具特色，在国际舆论界声名显赫。

冷战期间，电视实现了对重大国际事件的现场报道，成为国际传播中新的力量。美国的三大电视网——美国广播公司（ABC）、哥伦比亚广播公司（CBS）和全国广播公司（NBC）在冷战期间介入国际传播，均向与它们签约的国家提供新闻报道或者体育、文化娱乐节目。1987年，CBS 和 NBC 开始在西欧国家播出其晚间新闻节目。CBS 的节目在法国国家电视频道 Canal Plus UHF-TV 播出,NBC 在英国视线(Anglo Vision)频道播出。1985年，CNN 开始将其新闻业务扩展到欧洲。到80年代末，CNN 已发展成为全球性的电视新闻网。1989年，越南成为第83个接受 CNN 新闻的国家，1990年，CNN 的业务扩大到95个国家，1992年，其业务已遍及130个国家和地区，国际电视逐渐成为美国国际传播的主力军。[①]

三、苏联的冷战宣传

苏联在冷战宣传中采用针锋相对的策略，针对西方等国家媒体的报道进行驳斥和反击，同时最大限度地干扰英美等国的广播节目，以期达到自己的宣传目的。

1947年以后，面对西方国家的冷战宣传，苏联始终保持强大的对外广播实力，将共产主义宣传作为其外交宣传的重要组成部分，主要针对东欧集团和第三世界国家。到60年代初期，从广播时数、播出语种和发射功率三个方面综合衡量，苏联的国际广播实力占世界第一位，美国其次，中国第三，再后才是英国、联邦德国等国。苏联的国际宣传依靠的媒体主要

① 刘笑盈、何兰:《国际传播史》，中国传媒大学出版社，2011年版，第101页。

包括塔斯社和莫斯科广播电台。冷战时期，塔斯社曾一度成为世界主要通讯社之一（苏联解体后它的影响力逐步减弱）。到20世纪60年代，莫斯科广播电台一跃成为世界上最大的国际广播电台，1972年，莫斯科广播电台向外播出的语种为84种，超过美国，播出时间为每周1950小时，相当于美国之音、自由电台和自由欧洲电台的播出时间总和。

除了这两个大的媒体，苏联于1964年以民间组织的名义增设了“和平与进步广播电台”，各加盟共和国的10个边境城市也分别开办了对外广播。另一方面苏联在每个20万人口以上的城市周围设立干扰台，破坏美英等国的对苏广播。据西方统计，苏联建成2500座干扰台，耗资2.5亿美元，每年运转花费2亿美元①。冷战期间，苏联形成了一个包括塔斯社、莫斯科电台、国际与进步广播电台和加盟共和国电台在内的国际传播网。

苏联的对外广播政策和内容是反西方宣传，推进苏联的对外方针政策，维护苏联共产党在国际共运中的领导地位，但不足之处一是专业性的新闻广播不足，二是对外广播的播音点较少。除了本土和东欧国家以外，只在古巴有一个发射点。相比之下，西方国家在全世界都布有网点，占据了明显的优势。而且由于西方国家的听众对苏联的国际广播并无兴趣，西方国家也没有干扰苏联的对外广播②。

四、英、法两国在冷战时期的国际传播

除了美苏两国在冷战中大张旗鼓展开博弈，其他国家，诸如英国、法国等也加入到这场战争中，英国秉持较为客观公正的观念，BBC立下汗马功劳；法国所做的所有努力几乎都是为了不让美国的宣传颠覆自己的文化和语言，直至今天，法国都是一个很有自己特色的国家。

1. 英国在冷战中的国际传播

与美国赤裸裸的宣传不同，英国广播公司（BBC）的对外广播新闻报道相对较“客观、公正”，其报道手法也较高明，尤其是英国广播公司

---

① 张桂珍:《国际关系中的传媒透视》，北京广播学院出版社，2000年版，第143页。

② 刘笑盈、何兰:《国际传播史》，中国传媒大学出版社，2011年版，第39—40页。

也间接批评英国政府本身，这种高明的手法使其在世界上赢得了“客观公正”的美誉，其国际影响力明显高于其他国家的对外广播。由于BBC每年的预算由英国政府提供，政府有权任命其总裁，并决定播出的语种和时间，具有一定的控制权。冷战期间，为了配合美国对苏联的广播宣传战，BBC在世界各地针对不同地区建立了许多转播站。冷战中，BBC广播语言一直在38种到42种之间，拥有一亿多的听众，是世界上最大的国际广播电台之一。

英国的电视在冷战期间开始成为国际传播的重要工具。1955年BBC开始播出彩色电视节目，同一年，英国成立了依靠广告收入和出售节目维持经营的商业性广播公司——独立广播公司（IBA），英国电视进入了双头统治时代。随后，英国的电视事业开始快速发展，1955年，英国的电视机不到55万台，1970年达到1650万台。BBC和IBA两个公司在各地方分别建立的电视台达到40个以上。[①]20世纪70年代后期到80年代，英国的广播电视开始进入国际传播领域，BBC于1987年开办了欧洲电视台，后更名为世界电视台，对欧洲、北美、中东、北非和亚洲地区进行传播；1994年，改组为世界新闻台和娱乐节目台，同时提供新闻和娱乐节目。1985年，路透社买下英国维斯纽斯电视公司55%的股份，1987年通过卫星向拉美地区的用户传递新闻，1992年又买下了维斯纽斯电视新闻社的全部股份，改组成立了路透电视公司，每天向世界900多家广播电视机构提供电视新闻，与美联社电视业务一起，成为世界电视新闻提供中的两大巨头。[②]

2. 法国在冷战中的国际传播

冷战时期，面对美国“文化帝国主义”的冲击，法国政府大力支持本国文化事业发展，以保卫法语为契机大力弘扬法国文化。法新社通过设在巴黎的总部以及华盛顿、香港、尼科西亚、蒙得维的亚的地区信息中心把新闻报道传递到世界各地，不断扩张自己的实力，以保持它在世界通讯社

① 刘笑盈：《中外新闻传播史》，中国传媒大学出版社，2007年版，第261页。

② 刘笑盈、何兰：《国际传播史》，中国传媒大学出版社，2011年版，第119页。

中的领先地位。

法国的国际广播电台（Radio France International）在使用法语的非洲地区拥有格外强大的影响力，在传播内容上与美国之音、BBC一样传播西方的立场和价值观。

除此之外，法国重视电视的对外传播，先后开播了几个对外传播的国际电视台：1992年9月成立第五频道文化台，向世界各国播出法语节目；1993年成立欧洲新闻电视台（Euronews），每天用英、法、德等八种语言向欧洲及周边78个国家1.5亿观众发送电视节目，该台在西欧和东欧地区每周收视率达5400万人次，超过CNN，由于新闻来源广泛，提供了CNN、BBC等主流声音之外的地方声音，如东欧、北非的当地专题报道，因此受到非英语国家的青睐。

为了减弱美国好莱坞电影对法国的影响，法国严格控制美国电影在本国影院和电视上播放的数量，政府严格规定电影院放映非欧洲本土影片的最高比例不能超过40%，并且给国内电影提供一些选择性资助。

正因为法国政府在这场传播战争中采取了这样一些措施，才使得自己没有在美国的文化冲击下变得“人云亦云”。直到今天我们都可以看到法国很好地保持了自己原有文化的特色，成为在世界上独领风骚的“艺术文化”之国。

总体而言，冷战时期，各个国家极尽自身之力发展本国的报纸、广播、电视等，尤其以广播和电视的发展速度最快，为国际一流媒体的形成奠定了基础。这个阶段，创办或发展了一些至今在世界上仍然很有影响力的一流媒体，比如CNN、BBC等。可以说，冷战促进了部分媒体向国际一流媒体迈进，这些媒体反过来也在无形中影响着冷战的进程和世界的发展。

第三节　全球化与国际一流媒体的形成

1944年，美国人瑞瑟（Reiser）和戴维斯（Daives）在一本小册子上首次提出“全球化”（globalization）一词。全球化目前有诸多定义，通常意义上的全球化是指全球联系不断增强，人类生活在全球规模的基础上发展及全球意识的崛起，国与国之间在经济贸易上互相依存。

“全球化”最早可以追溯至15世纪地理大发现，但其真正开始对人类社会施加重要影响却是冷战结束后的近二十年，国际政治从两级格局走向多极化，经济全球化发展明显，科学技术尤其是信息技术发展带来全球传播方式的深刻变革。主要发达国家的媒体充当了政治、经济向全球扩张的急先锋，在全球化背景下逐渐形成国际一流媒体。

一、何谓“全球化”

“全球化”一词由国际经济领域衍生出来，如今早已突破了经济领域的特定界限，具有了广泛的包容性，全球化已经成为当今国际社会的典型特征[①]。总的来看，全球化是一个以经济全球化为核心、包含各国各民族各地区在政治、文化、科技、军事、安全、意识形态、生活方式、价值观念等多层次、多领域的相互联系、影响、制约的多元概念。全球化初始是资本的全球化，亦是关于资本之“主义”的全球化，即利润至上观的全球化——马克思在150年前就讨论了全球化的这个本质。

第二次世界大战后，以信息技术为核心的第三次科技革命迅猛发展，加快了国际资本主义的资本积累过程；独立后的不少发展中国家也相继进入了工业化阶段。一方是资本进一步寻找增值的出路，一方是广泛的工业化运动需要大量的资金，于是引发了资本的大规模跨国运动。特别是20世纪80年代末，东欧剧变、苏联解体，资本面临的制度和意识形态阻遏减少，两个平行的国际市场消失，为资本的进一步国际化降低了壁垒。资本流动遭遇的限制大为减轻，与此同步，信息的传播也变得更加顺畅。冷战时期的宣传战在某种意义上还不能够称为正常的国际传播。冷战结束后，真正的国际传播活动和国际性媒体才进入并影响人们的生活。正是在这种背景下，全球化迅速发展成为举世瞩目的潮流，愈益彰显其全方位、多层面的态势。如果说印刷化媒介促进了自由资本主义的国内生成，电子

---

① 郭健:《全球化媒体的形成及特点概述》,《东南传播》，2006年第3期，第20页。

化媒介推动了垄断资本主义的国际扩张，那么形成于20世纪中后期的跨国媒体网络通过媒介跨国公司的运作，不仅成为经济全球化的重要力量，而且为非媒体公司的全球化运营，为全球化运动提供了重要的支撑。

媒介与传播技术助推了全球化发展。大众传媒让人们的日常生活越来越具有全球性，通过卫星电视、电影和因特网以及电子通讯，人们足不出户就可以领略世界各地的风貌。西方学者弗雷德里克·詹姆逊干脆把全球化看做是一个传播现象。他认为，“全球化是一个传播学的概念，它依次地遮盖并传达了文化的或经济的意义”。

二、全球化背景下国际一流媒体的成因分析

1. 国际传播既有很强的商业性，也有很强的政治性。冷战虽然结束了，但是“冷战思维”仍在一定程度上影响着国际传播，国际政治仍然影响着国际一流媒体的发展走向

20世纪90年代，国际政治形势向多极化方向发展，形成了美国、欧盟、日本、俄罗斯、中国等力量为主的“一超多强”的新格局雏形。这一时期，尽管战争与革命已不是世界发展主流，但是全球各种力量的斗争却从来都没有停止过。冷战在形式上已经结束了，但以美国为首的西方国家依然秉持着“冷战”思维，对以中国为首的社会主义国家进行围堵和意识形态的宣传。美国将意识形态宣传的重点从欧洲转到亚洲，1996年美国斥资5000万美元成立的针对中国的自由亚洲广播电台开始播音。美国的《国际传播法》提出，该台的主要任务是“对下列国家进行无线广播：中国、缅甸、柬埔寨、老挝、朝鲜、西藏和越南”。该法将西藏公然从中国分割出去，足见其强烈的意识形态意味。正是在这样的背景下，许多国际媒体利用国家的宣传政策和自身的技术支持在冷战后开始发展壮大。

2. 经济全球化的极速发展成为媒体发展的推动力，而媒体也成为资本全球化渗透、扩张的重要手段

资本主义无止境地追求利润的动力是全球化的内在原因，媒体充当了当代资本主义向全球扩张的急先锋，成为全球化进程中的核心力量。

20世纪80年代以来，传媒业已经逐渐被纳入了产业经济范畴。开展

全球化运营的媒体公司全球节目的基本产销形态是全球采集，媒体产品在全球范围内销售。媒体经营活动的全球性，具体表现为媒体生产、销售和传播的全球化，以及媒体管理、法规和影响的全球化①，是“媒体公司抢占国际市场利益的一种竞争过程”。

20世纪80年代以来，西方的新闻媒体发生了前所未有的深刻变革。从其体制、运作模式到具体的操作方式，所产生的巨大变化令同时期其他行业惊叹。这个市场的参与主体主要是一些大型跨国传媒公司，如时代华纳（拥有HBO电影频道、CNN和华纳电影公司）、维亚康姆（拥有派拉蒙电影公司、CBS电视网和MTV有线音乐网）、迪斯尼（拥有迪斯尼电影公司、ABC、ESPN）、源于澳大利亚的新闻集团（拥有福克斯电视、英国的BskyB、StarTV、Channel V和凤凰电视）、德国的贝塔斯曼（拥有RTL电视集团、贝塔斯曼音乐集团和兰迪书屋公司）、法国的维旺迪（拥有环球音乐集团和环球电影）等。

3. 信息技术的发展，其与资本扩张渗透的结合，构成全球化的动力之一，极大地推动了国际传播的发展和国际一流媒体的成熟

信息技术的发展是信息传播全球化得以实现的前提。吉登斯把1969年发射的第一颗商业卫星称为最早启动全球化的传播系统，卫星电视可以通过卫星进行区域性或全球性覆盖，卫星电视实现了真正意义上的信息传播全球化。

兴起于20世纪90年代中期的互联网对于国际一流媒体的形成发展及其全球传播的进程有着巨大的推动作用。互联网以其不同于传统媒体传播的独特优势，比如传播更迅速、信息量大、互动反馈快等深受民众的喜爱。全球媒体在卫星技术、数字化技术和网络化技术推动下，其形式、内容乃至基本理念都产生了戏剧性的激变。印刷、摄影、照相、电影、电话、电报、广播、电视、卫星和电脑过去是独立的，如今通过数字化技术，统统融入了数字系统。国际主要媒体充分利用互联网传播的这一特

---

① 李欣：《全球化媒体：全球化进程的核心推动力》，《暨南学报》（哲学社会科学版），2008年第2期，第142页。

点，纷纷开展面向未来的数字化全媒体转型。

三、国际一流媒体的成熟

由于政治、经济、技术等方面因素的共同作用，20世纪90年代后期国际媒体呈现出了与之前不甚相同的行进轨迹，真正意义上的国际一流媒体也在之后的一段时间内逐渐形成并成熟起来。在冷战结束至今相当长的一段时间之内，各国国际媒体发展的策略和依托都不尽相同。但其中的相似点还是显而易见的。一方面，它们都依托国家对外宣传的发展战略，根据国家的战略调整自身，以求获取官方的支持，从而促进自身的发展；另一方面，它们也运用了当今最先进的传播技术，综合电视、广播、互联网等传播媒介，力求做到全方位深层次的对外传播。除此之外，它们也调整了冷战时期那种纯意识形态的攻击，更着重于文化的交流，注重潜移默化的影响，以此达到自身的目的。近二十年，它们的影响较之以前已经深远了许多，出现了“主导新闻传播、引领国际舆论、影响主流受众、管理方式现代、国际社会公认、综合实力强大”等国际公认的能称之为国际一流媒体的明显特征。

1. BBC：新闻立台，注重创新

英国广播公司（BBC）在“新闻立台”的传统方针下，完善自身机构设置，增加国内外的新闻采集机构，在各个国家设置办事处，形成专业化、集中化的新闻生产机制。2006年BBC推出了它未来的发展蓝图——创造性的未来计划。2007年开始将广播、电视和网络三个新闻组合并成统一的“多媒体新闻组”，契合了受众在媒介融合时代的信息需求。此外，根据英国政府“创意经济”的概念，公司在致力于原创电视节目的投资与开发、挖掘英国本土和国际独立制片人的同时，通过对知识产权的收购、投资、开发以及版权许可贸易，进行品牌全球推广和增值，从而赢得更高的经济收益。BBC通过“创意经济”和全媒体转型相结合的措施进一步促进了自身的迅速发展，国际影响力与日俱增。

2. CNN：眼光长远，善用科技

美国有线电视网（CNN）自1980年成立以来，并不满足于“南部地

区小台”的角色，而是将目光瞄准国际一流电视媒体的位置。为了打进国际电视传播市场，CNN 装备了当时最先进的电视新闻采制设备，包括电子新闻采集设备（ENG）、无线采访设备、小型微波电视转播车和移动式卫星地面接收站。经过10年的建设，到了20世纪90年代，CNN 在硬件方面已经不逊于当时的 BBC，为 CNN 开展24小时电视新闻滚动播出的创举准备了基本条件，也为 CNN 赢得重大突发事件报道竞争打下了扎实的基础。同时，CNN 积极拓展电视传播覆盖范围，不惜重金在美国本土以及海外建立自己的分站和信号接收点。[①]1996年，CNN 将预算增加了一倍，扩展西班牙、日本的国际市场，在全球范围内向旅馆推广卫星接收器。截至2010年，CNN 在海外拥有了1.2亿用户。

3. NHK：依靠政府，面向世界

日本 NHK 的发展历程：1990年（平成2年）7月，日本政府邮政省发表的《平成2年通信白皮书》指出，在1988年度，日本接收国外电视节目的量是日本向国外传送节目量的18倍。日本各界由此感到，通过 NHK 来实现日本文化输出的迫切性和必要性。在此背景下，NHK 电视台制订了适合自身的发展战略。1994年，日本修改了《广播法》，将面向海外的电视播出确定为 NHK 必须履行的业务范围。根据修改后的《广播法》，NHK1995年开始了面向欧洲、北美的电视海外播出。1998年4月，NHK 环球电视频道（NHK WORLD TV）开播，其口号为“亚洲视角”（Your Eye on Asia）。NHK 环球电视频道开播后，播出时间和范围逐渐扩大。1999年10月，该频道开始24小时播出，2001年8月覆盖范围扩展到了非洲南部地区，从而基本实现了全球覆盖。2009年2月2日，NHK 环球电视频道成为24小时播出的英语新闻和资讯频道。

四、全球化背景下，国际一流媒体形成过程中的特征分析

冷战之后，在全球化背景下，国际一流媒体逐步形成，并形成以下明

---

① 陆晔：《全球化时代的国际传播：责任与挑战——从 CNN 到半岛电视台》，《新闻记者》，2003年第8期，第52页。

显的不同于冷战时期的新特征。

1. 改变原有的意识形态性攻击和宣传，转而在经济全球化的背景下，着重以文化渗透的方式对于其他国家施加影响

英美文化在这个进程中尤为凸显。国际传播的文化传递功能被打上了英美大众文化的烙印。麦当劳、可口可乐、好莱坞电影、牛仔裤等为代表的商业性英美文化对各国，特别是弱小国家的文化形成较大的冲击，即使是法国和加拿大等发达国家也在为这些文化对本国文化的冲击而忧心。

在经济全球化的过程中所有文化都不可阻挡地被纳入了西方文化的影响范围之内。无处不在的西方文化产品充斥世界，尤其是第三世界国家。西方的文化品位和文化习俗正在日趋全球化，无论是服装、食品、电影、电视还是建筑设计方面。全球文化中占主导地位的是美国文化。美国的跨国公司占据强有力的市场支配地位，控制了大众文化产品在世界上的流通及散布过程，凭借强大的经济力量和科技力量实现传播媒介全球化，每日每时地把林林总总的媒介产品（电影、电视节目、音像制品、广告及新闻）生产出来，呈现在世界的面前，让人们去饱餐和消化。在此背景下，日本和韩国纷纷制定了各自的文化输出战略。

中国学者杨伯溆指出："跨国传播的主观上的目的是盈利，但在盈利的过程中从客观上起到了为全球化时代的资本主义经济进行意识形态和文化方面的宣传和渗透作用。"

2. 跨国界多媒体产业化运营，以打造全球品牌为核心，传播的广度和深度更加凸显

在过去只有广播、电视、报纸等传播手段较少的情况下，国际媒体注重的是以特定的传播方式去针对特定地区进行传播。自20世纪90年代也就是冷战结束之后，这样的传播策略相较之前已经不再那么高效。时代华纳、新闻集团、维旺迪、贝塔斯曼、维亚康姆、迪斯尼这些巨型全球媒体的分支遍及世界各地，其所有权与控制权越来越趋于向全球化连锁式发展，"全球化管理"的新形式花样翻新、层出不穷，"全球化形象和全球知名品牌"迅速发展，遍及世界大多数地方。此外，这些全球媒体集团，都是包括了广播、电视、出版、电影、唱片、娱乐、电话、零售等众多产业

在内的超级信息传播集团，整体的重构模糊了传统产业划分的界线，出版、广播、电信、信息服务行业越来越难以区分。他们在具体制订发展战略时注重考虑多传播渠道共同作用，而非传统的单一渠道，这便是国际一流媒体集团发挥影响力的重要途径[①]。

3. 通过向全媒体转型和并购，实现跨越式发展

国际媒体通过多种方式实现自身的综合快速发展。一是通过搭建多媒体平台，实现由单一媒体向全媒体转变；二是大力推进内部资源整合，实现优势互补；三是通过媒体并购，实现传统业务向新型业务快速发展。媒体并购一般分为三种类型：横向并购，即通过对同行业强势资源的整合，实现媒体国际范围内的横向一体化；纵向并购，即在同一产业上下游之间，对供应商和需求商环节的整合，实现媒体在市场整体范围内的纵向一体化；混合并购，即发生在不同行业间的并购，实现媒体资源的相对集聚。并购在促进媒体业务快速拓展的同时，实现了媒体综合化或全媒体化。新闻集团、贝塔斯曼、维亚康姆、迪斯尼、维旺迪、时代华纳等，基本上都是通过并购方式快速成长，重新划分国际市场份额，影响并主导着世界传媒格局。

自1944年美国人瑞瑟和戴维斯提出“全球化”这个词，到1964年麦克卢汉提出“地球村”概念，全球化浪潮已影响到了每一个人。“全球化”最早是作用于国际经济和国际政治之中，以此为基础进一步深化到多个层面。主要发达国家的媒体历经全球化的洗礼也呈现出了与以往完全不同的样子。它们中的一部分经历了早期国际传播的探索，跨过了冷战和后冷战时代的媒体博弈，终于在全球化的时代迎来了自身的进一步壮大，成为当代我们所认知的真正的国际一流媒体。

① 赵靳秋：《从BBC的国际电视发展战略试析国际一流电视媒体的主要特征》，《现代传播》，2012年第6期，第38页

第四章
国际一流媒体的发展路径及战略研究

第一节　国际一流媒体的总体发展战略

倘若将国际一流媒体视为一个传媒组织或传媒公司的话，其知名度和影响力的获得，绝不仅仅是提供了出色的媒介信息产品。更重要的是在其背后有市场、资本、人才、受众、品牌等诸多因素作为重要推手，才造就了真正的国际一流媒体。梳理和观察各个国际一流媒体的运作经验和模式，它们在总体发展战略的设计和执行上，在三个方面显现得特别突出。

一、全球化之路：一国到多国的传媒集团扩张

全球化是当今世界的主题。随着经济全球化和信息一体化程度的深入，世界各国主要机构为抢占全球市场、获得全球影响、培育全球受众，通过各种手段在全球扩张，参与全球竞争。尤其是世界一流媒体在全球扩张中越来越多不去计较一时一地的损失，而是越来越多地从全球角度出发，在整个世界范围内进行资源的有效配置，以达到长期的总体收益最大化。这就是全球化产业战略的体现。

在传媒业全球化趋势带动下，其战略施行的结果就是逐步发展成为从一国到多国的跨国传媒集团。这种情况从20世纪初就开始了，英国的北岩报团和美国的斯克利普斯报团作为当时最大的两个报团，尽管报团规模不大且仅限于地方，但是正以此为起点，传媒业百年间发展中的集团化扩张的规模和速度令人惊叹。现在国际一流媒体同时控制着多种媒介，也几乎是全球地区范围内的多种媒介。以默多克的新闻集团为例，新闻集团从

默多克手中一个普通的地方报业公司发展成为世界上规模最大、国际化程度最高的综合性传媒公司之一。20世纪50年代，默多克在澳大利亚出售、兼并和收购了一系列报纸和杂志，逐渐加强其报团的地位。1987年默多克一举买下先驱与时代公司的主要股份，成为澳大利亚第一大媒介集团，控制着澳大利亚近七成的报刊。从20世纪70年代开始，默多克进军英国、美国，买下了数百家报刊和广播影视公司，其中包括美国FOX、英国第一大报《泰晤士报》等，形成巨大的跨国“新闻集团”。默多克的传媒帝国目前已经覆盖了几乎所有的媒介领域，控股了英国40%的报纸，拥有美国40%的电视台，控制了澳大利亚2/3的报纸。

全球化一定程度上是地区内各个传媒互相竞争合作、优胜劣汰、重组兼并的结果。随着全球化整合集中了各个地方最优质的资源，因此这一战略具有经济学上提高效率、优化资源配置和减少成本的效应。2009年以来的世界金融危机给不少传媒公司造成了不小的创伤，世界范围内的传媒业都如履薄冰。但对于大型跨国的、全球化传媒集团来说，由于其业务遍布各个地区、各个领域，却在一定程度上可以帮助其分担风险。

世界一流媒体全球化战略是其世界眼光的一种体现，实现全球化可以从多个方面着手。一般来说，全球化逐步展开主要是在传媒资本和媒介产品两个方面。目前，资本、产品等资源在全球的流通变得越来越容易，量越来越大，所涉及金额越来越多，与之相伴随的是各国传媒组织间的交流与协作也越来越多。1994年，美国电影的海外市场收入首次超过国内市场，自从之后，海外市场收入所占的比重越来越大。美国电影协会的统计显示，2011年美国电影业票房总收入为326亿美元，其中约2/3来自海外市场，而且海外电影市场增幅大大超过国内。据美国电影研究者的评论，好莱坞电影的风格实际上是好莱坞迎合全球市场的结果。媒介产品的生产、营销范围，从以往的一个国家、一个地区，转变为世界上多个国家和地区乃至全球。国际一流媒体越来越多地参与全球经济网络资本运作。

全球化战略不仅体现在媒介集团扩张的过程中，也体现在媒介对全球新闻传播资源的挖掘和追逐上，而这往往集中于传媒的市场资源配置上。对于电视媒体来说，全球化一定程度上意味着拓展电视传播覆盖范围，比如CNN就不惜重金在美国本土以及海外建立自己的分站和信号接收点。1992年11月，CNN仅仅在德国的一个频道落地就花费了2000万美元。1996年，CNN将自己的预算增加了一倍，同时扩展西班牙、日本的国际市场。其他的体现还有对传媒传播语言种类的扩展。比如目前路透社的发稿语言多达23种，订户遍布全球，有几十万户。美联社用7种语言向全球将近两万家媒体供稿，美联社自称每天全球有一半的人可以接触到美联社的新闻。BBC播出语言数多达32种，海外用户数为2.3亿。CNN的播出语言数也有12种，海外用户数为1.39亿。①

此外，还需注意到一种无形的、软性力量的全球化，即世界一流媒体正在将他们的影响力进行全球化。有学者总结了影响力全球化的两种方式：一是影响有影响的人群，主要是全球的高端受众，包括了各国政要、社会活动家、各个领域的专家能手、流行偶像等；二是影响有影响的媒体，即各主流媒体之间的互相转引。②前一种方式的一个例证是，CNN曾经免费为世界各地的政府首脑提供有线新闻网的电视转播服务，让他们能够收看到CNN的新闻，培养他们的观看习惯。对于后一种方式，则类似于“强强联合”，一流媒体之间共享新闻资源变得更普遍，甚至在一些重大新闻事件上进行联合报道，互相转引对方媒体的信源，等等。这些做法无疑有利于合作双方的一流媒体叠加、累积各自的影响力。

二、数字化之路：永远走在传播技术的最前沿

20世纪90年代以来，传媒技术迅猛发展，内容产品的清晰度、还原度更高，传输容量更大，传输速度更快。这种技术的革命性变化不仅仅意味着传媒技术设备、运作方式的改变，更是资源格局的改变。技术的进步可以在一定程度上解决资源的稀缺问题，特别是，近20年来有线电视技术的普及与进步，以及卫星技术、因特网技术的出现和发展都极大地丰富了传媒资源。技术的变革促使竞争加剧，大公司为保持竞争优势进一步实施

① 刘笑盈：《论国际一流媒体的新闻战略》，《电视研究》，2011年第6期。

② 王庚年：《国际传播发展战略》，中国传媒大学出版社，2011年版，第45页。

全球化的扩张战略，推动产业升级。2008年美国国际开发署公布了一份名为《新媒体与国际媒体开发》的报告。该报告总结了 Web2.0时代的各种新兴媒体的类型和特征，并为如何使用这些媒体影响他国提供了各种建议。[①] 数字化战略也同样成为了国际一流媒体在整个国际社会继续保持影响力的重要战略之一。

数字化为核心的信息技术在传媒业的发酵升温，不仅限于互联网的发展，还体现在数字电视与移动通讯终端的深度开发。数字电视与移动通讯终端的发展仍可以看作是互联网在家庭和个人层面上的延伸。以亚马逊 Kindle、苹果 iPad 为代表的多媒体移动数字终端带来人们获取信息方式的又一次变革，给传媒业商业模式的调整提供了契机。

国际一流媒体积极采用数字技术主要集中在三个领域。一是直接将技术应用到传媒集团内部生产设备和传输平台，提高传媒运作效率。如各大报社已实现了采编数字化、办公数字化，各大电视媒体实现了新闻摄制、节目编辑、发送等整个制作演播系统的数字化等。二是利用新技术对传媒已有的核心内容产品进行巩固和发展，为其注入新的活力。这方面许多纸质媒体都有了自己的网络版并进驻社会化媒体平台。三是将互联网、手机开发为新技术的应用平台，拓展新的网络信息业务，为传媒集团培育新的经济增长点。

但作为一项战略的实施，数字传播技术的应用并非简单的媒介融合或者照搬原有产品上网那样简单。更何况技术的进步是日新月异、不断变化的。因此，永远走在技术的最前沿成为了各大国际一流媒体共同的选择。这里的“永远”是不断地创新、不断地更替、不断地适应技术环境的任何微观变化，是一种没有停滞的状态，包括传媒的理念及行动。从纽约时报公司近年来的数字业务发展就能管中窥豹（见表4-1），对一流媒体坚持“永远”的纳新有所认识。

---

① 邓建国:《融合与渗透：网络时代国际传播的新特征及对策》,《对外传播》，2009年第12期。

表4-1 《纽约时报》数字业务发展情况（1995—2011）

<table>
<tr><th>时间</th><th>数字传播技术与新业务产品</th></tr>
<tr><td>1995年</td><td>建立了自己的网站 www.nytimes.com，提供《纽约时报》在线阅读。</td></tr>
<tr><td>1999年</td><td>成立独立核算的数字纽约时报（New York Times Digital），其网站向世界范围的读者提供《纽约时报》的完整内容与即时更新的消息报道。</td></tr>
<tr><td>2005年</td><td>收购美国著名生活类资讯网站 About.Com，为在线消费者提供知识资讯。</td></tr>
<tr><td>2007年</td><td>和微软专门为 Windows Vista 研发名为“New York Times Reader”的软件，专供在电脑上阅读新闻使用。</td></tr>
<tr><td rowspan="2">2009年</td><td>推出即时信息的界面“时报新闻线 API”，让读者可以即时访问纽约时报的文章，以及文中涉及的地理位置、公司和人物的信息，且每分钟实时更新。</td></tr>
<tr><td>推出2.0版 iPhone 免费手机应用软件，支持离线阅读，方便随时随地看新闻。</td></tr>
<tr><td rowspan="2">2011年</td><td>实行“付费墙”收费方案，对数字新闻内容进行差异化收费策略，同步推出数字团体订阅服务。</td></tr>
<tr><td>推出《纽约时报》事件查询、语义分析以及地理信息 API，实现新闻数字内容的第三方开发，提供新闻 Apps。</td></tr>
</table>

数字化战略的核心是对国际一流媒体技术的应用，而其中网络技术又占据了较大的一部分。因此，这一战略某种程度上也是 Web2.0背景下新闻传媒业变革的必然选择。有学者对这一景象这样做了描述：Web2.0换代的不只是科技，更是网民在虚拟空间里的“生活面貌”、资源分享和社交方式的大变革，是21世纪知识型经济主导下的人类社会的缩影。博客、播客、维基、社交网站、第二生命等属于 Web2.0的网络工具，将个人化、互动化、内容由集体贡献这三大特征发挥得淋漓尽致。像[①]纽约时报公司等国际一流媒体的这些业务中，提供的不仅仅是信息内容，更是适合用户使用不同介质载体查询、获取和接收信息的全新阅读方式，体现了 Web2.0诸多变化和传媒的主动调整。

① 陈昌凤、郭城春:《2.0新闻业：呈现与营销新模式》,《新闻与写作》，2010年第9期。

因不断引领报业的技术新潮流，纽约时报公司被列为全球最具创造性的500家IT公司。一个一流的国际媒体同样被视为IT公司，而且是全球技术领先的IT公司，足以看出一流媒体在数字化战略上的勇气与实力。新兴技术让媒介形态发生新的变化，同时改变了人们的生活方式，催生了人们新的信息需求。而传媒公司持续不断地采用新技术研制相关产品，也是出于对用户新生需求的满足。当传媒集团运营进入良性运转，出于受众的选择进行技术革新和应用，将成为国际一流媒体持续发展的动力之一。

三、品牌化之路：塑造媒介形象提升品牌影响

媒介品牌展示着媒体的形象，是受众对媒体的系统评判，是其外在传播形式与其内在传播品质的综合，标志着一种特殊的文化品味与人文追求。它包括了媒介的名称、术语、设计、标志及其他任何能够将传媒组织提供的产品或服务与其他传媒组织的产品或服务区分开来的特征。品牌能够吸引受众，能够代表传媒的价值和影响，故而成为国际一流媒体在发展中一直努力塑造的方面。在当今符号化消费的时代，媒介品牌的重要性体现得更为明显。一个有意思的现象是，伦敦的地铁里经常有西装革履的白领将低俗的小报《太阳报》夹在《金融时报》里津津有味地阅读。在他们眼中，《太阳报》与低品位相联系，而《金融时报》则是成功人士的公共名片。在这里，报纸更像一张“身份证明”，似乎可以清楚地显示出媒介品牌形象的反差。由此可见，受众在消费媒介时，购买已超越了媒介产品本身，而更多地转向负载于媒介产品之上的“品牌形象”。

而观察国际一流媒体的成长经历，虽然它们都有着各自不同的发展路径，但其发展历程基本可以分为两个部分且都与品牌有着密切的联系：一是品牌建立和维系；二是品牌延伸和扩张。品牌化战略贯穿了国际一流媒体发展的全程。在媒体的初创阶段，品牌建立是发展的第一大目标。从传媒经济学的角度看，媒介可以被看做一个注意力的富集物，拥有广泛而丰富的受众群（或用户群）是媒介实现其各种功能和目标的基础。媒介以信息内容为核心竞争力，因此品牌建立的过程可以简化为提高信息内容质量的过程。媒介在品牌建立、拥有一定程度的用户群后，出于经济学提高效

率、减少成本的考虑，开始自身品牌延伸和资本扩张的过程。

国际一流媒体都存在一个声名鹊起的事件节点，这个节点正是其塑造品牌的开端。美国最有影响力的高级报纸《纽约时报》，因其在1971年发表五角大楼关于越南问题的文件并取得发表这一文件的法律上的胜利，而增大了声望。另一家美国重要报纸《华盛顿邮报》在1972年追踪报道“水门事件”，使得其名声大振。美国两大广播电视网FOX和CNN受到用户的欢迎，正是以出色的战争报道打响品牌知名度的第一枪。建立于1987年的FOX广播公司，其新闻频道在2003年第二次伊拉克战争的报道中独占鳌头，名声从国内扩展到国际，开始被视为美国第四大广播公司，覆盖美国40%的电视用户。CNN自从在海湾战争中显示出实力以来，发展极快。在与时代华纳合并后实力进一步得到增强，成为全球最成功的24小时电视新闻频道。

获得一定品牌知名度之后，国际一流媒体随之努力完成的是品牌影响力的提升过程：这一过程通常是将一个成熟的核心媒介品牌，从一个市场克隆到另一个市场并迅速获得受众的接受。但许多一流媒体都有核心的品牌产品或服务。例如，美国甘耐特（Gannett）新闻集团打造的品牌媒介就是其旗下的报纸《今日美国》。1982年创刊的这份报纸号称美国“真正意义上第一份”全国性日报，实则是对甘耐特报系已有新闻资源的再加工再利用，为消费者提供的服务近似于各地动态新闻精编。其《记者手册》要求：“叙事简单，强调新闻，少说背景，不以获得普利策奖项为荣，而以把文章写得精练为骄傲，不以影响政府决策为追求，而以图表、照片的简单组合和清晰呈现为终极目标。”而由此也开创了独特而闻名的“今日美国体”文章，这就是其品牌效应的体现。

当然，也有的国际一流媒体采取是同时建立多个品牌产品的战略。即同时经营两个以上品牌的情形，这种多品牌战略把目标分别承载于不同的品牌之上，把资源分别配置于不同的品牌之上的战略类型。比如默多克新闻集团就拥有了旗下《泰晤士报》、《华尔街日报》、Direc Tv、星空传媒、福克斯娱乐集团等多个品牌媒介。

体现一流媒体品牌化战略成功的还有迪斯尼集团。公司创始人沃尔特•迪斯尼认为：迪斯尼是一项标准，迪斯尼是一种可以全家共享的东西；一切都归结于有高度质量保证的迪斯尼深刻的说服力。经过多年的经营，迪斯尼的品牌已经成为全球十大品牌的第三位，该公司不但从各种媒体事业和主题公园中获利，全球范围内的“特许经营”也使其品牌的扩展与抬升都变得更快。品牌效应和品牌影响，帮助传媒公司在获取经济利益的同时，也获取了良好的形象与声誉。对于国际一流媒体来说，知名的媒介品牌要保持持久的生命力，必须在内容、运营、国际传播等方面不断改革和创新，根据竞争态势的变化确定符合自身实际的创新发展战略。

四、产业化之路：整合资本市场发展多元业务

社会发展的主要潮流是经济的发展，现在世界上的多数一流媒体既是传媒组织也是传媒集团，即它们以企业形式大量存在，并创造了巨额的经济效益。世界上有影响力的一流媒体如CNN、ABC、NBC、《泰晤士报》、《纽约时报》、《时代周刊》等绝大部分都是企业，而BBC、NHK等大量的国营、公营的传媒组织也都在加大力度开展经营业务，以求在市场竞争环境中增加自身收入。从强化资本运作到强化具体业务经营，再到完善产业链，优化产业结构，甚至是制定产业标准、调整产业格局，等等，当下各个世界一流媒体正在做的事情，不约而同地转向将大众传播事业转变成为具有经济价值的产业。因此，产业化也被视为国际一流媒体重要的发展战略之一。

产业化战略要求国际一流媒体必须有一定经济基础，这一基础的建立则主要以资本运营为主要手段。梳理国际一流媒体的资本运营经验，主要方式包括了兼并、收购、重组、联合、参股、控股、转让、租赁等。其中，应用最广泛的就是兼并和收购，合起来称为“并购”。有学者总结了三种形式：一是横向并购，通过对同行业强势力量的集中和整合，实现媒体国际范围内的横向一体化；在减少竞争对手的同时，提升市场的准入门槛。二是纵向并购，即在同一产业上下游之间对供应商和需求商环节的整合，以实现媒体在市场整体范围内纵向一体化的过程；媒体将外部交易转换成内部交易，从而有效降低交易成本，规避市场不确定因素，并为媒体

拓展新的经济增长点。三是混合并购，即发生在不同行业企业间的并购。媒体通过这种方式可以降低经营风险，提高抵御市场风险的能力，并有效地实现跨越式发展。[①] 美国的新闻集团的扩张之路就起步于1969年收购英国《世界新闻报》和《太阳报》，其后近50年的发展中，它不断并购老牌报纸与其他类型媒介，甚至包括了网络视频游戏公司 IGN Entertainment、交友网站 My space 等资本形态，呈现“滚雪球”式的产业扩张之路。除了并购，新闻集团还习惯于对子公司重组，如在2001年将西欧、亚洲和拉丁美洲的卫星平台重组，整合为天空环球网络集团（Sky Global Networks），实现优势互补。

产业化战略的另一内容是国际一流媒体对产业集群的打造，即利用产业之间或产业内部的关联性与互补性，开展多元业务，形成协同效应。这其中，业务种类的不断丰富是形成集群的关键。将多元经营应用到传媒行业，就是通过跨媒体经营来丰富传媒的业务种类。而国际一流媒体在资本运营做大做强之后，绝大部分进行了跨媒体的业务拓展与整合。通常模式是发展与主业相关的多元化经营，国际一流媒体的产业内容，几乎包括了与传媒相关的所有行业。比如德国贝塔斯曼，旗下五大集团分别代表了不同的传媒产业形态：卢森堡广播电视集团是广播电视行业，兰登书屋是图书出版行业，古纳雅尔是杂志出版行业，直接集团是图书等媒体营销业，欧唯特是传媒服务供应行业，几乎囊括了传媒产业的各个领域。当然，国际一流媒体在做好本行业业务、稳固市场地位后，也尽可能向其他传媒之外的产业领域进军，在跨媒体基础上跨行业，比如涉足金融投资行业、连锁商店经营、主题公园、球队经营等。[②]

此外，当今国际一流媒体集团中，也不乏原来的主业不是传媒行业的，是在做大了其他产业之后，再涉足到传媒产业领域。比如已有150多年历史的法国维旺迪集团，其原主业却是水务和环境起家，原法国通用水

---

① 卜伟才：《国际传媒综合化战略初探》，《中国广播电视学刊》，2011年第2期。

② 马德永：《国际传媒集团的成长与变革——贝塔斯曼个案研究》，2011年复旦大学博士学位论文，未出版。

务公司在与加拿大的施格兰公司 (Seagram) 合并后，才成为横跨水务、环境、传媒等多个领域的航母企业——维旺迪环球。而日本的索尼公司，发家于电子产业，其涉足传媒领域的索尼娱乐后来居上，在国际传媒业占据一席之地。必须注意到，国际一流媒体产业化战略的实现，并不是一步到位的，而是有一个由少到多、逐渐丰富的过程。这里以时代华纳为例加以分析。其在两家公司合并之前，时代公司业务集中在杂志，华纳公司则主营电影。后来的发展中，时代华纳不断进军与杂志、电影相关的其他媒介领域，开辟出覆盖面较广的多种业务，形成了现在领域广泛的产业规模（见表4-2）。

表4–2　时代华纳公司的产业规模情况

类型	业务规模与内容
电视	拥有 CNN、Headline News、CNNfn、TBS、TNT、Turner Classic Movies、The Cartoon Network 等世界级的有线电视频道。
电影	拥有华纳兄弟电影公司以及遍布美国的1000多家电影院。
音乐	拥有华纳音乐公司，为世界最大的音乐公司之一。
杂志	拥有《时代》(*Time*)、《人物》(*People*)、《体育画报》(*Sport Illustrated*)、《财富》(*Fortune*)、《生活》(*Life*) 等36种世界著名期刊。
出版	拥有2000多家书店，为全世界第二大书商。
其他	拥有一家大型图书馆（资料库），储藏有6000部电影、25000部电视节目、数千部卡通片和大量书籍。

时代华纳所包含传媒类型关联度很高，如报纸、杂志、图书出版都是以生产文字信息产品为主，电视、电影、音乐都是以生产音视频信息产品为主，因此其成本资源的采购和生产就有着重复的部分。时代华纳据此整合相同的资源，来提高产品生产能力，并降低成本。而当某一种媒体业务取得收益时，同样可以在公司内部共享经验，为其他媒体的经营提供借鉴，有利于积累发展经验，这正是国际一流媒体产业化带来了协同整合效果。

第二节　国际一流媒体的内容发展战略

国际一流媒体虽然可以在技术、渠道领域扩展产业链，但竞争力的核心来源还是优质的原创内容产品。内容是塑造一个节目甚至一个频道的关键性因素，优秀的内容策划和系统的挖掘使用，有助于其构建起社会形象和受众共识。因此，本节聚焦国际一流媒体的内容发展战略。

一、国际一流媒体的前提性共识——内容为王

“内容为王”是传媒界最为人熟知的主要理念之一，其提出者美国维亚康姆（Viacom）公司总裁雷石东是这样阐述的：传媒企业的基石必须而且绝对必须是内容，内容就是一切！如果说，资本并购、产业升级仅仅是从物质和资本层面铺平了搭建传媒品牌的道路，那么内容才是更具有吸引力和凝聚力、培育受众忠诚度的关键要素。

国际一流媒体之所以能够将“内容为王”的思想一以贯之，其根本原因在于媒介提供的产品内容是支撑传媒公司获取利润的核心。从传媒业运作本质来看，有两种说法：注意力经济和影响力经济，而这两种观点都不约而同地指向媒介内容在其中的非凡作用。注意力经济认为，传媒获取经济利益主要依靠广告商，而广告商是否投放广告则要看媒介产品的受众面规模，而媒介是将受众的注意力资源变相卖给广告商。这一过程中，传媒的内容是否能吸引来受众、能吸引多少受众的注意，则成了决定广告收益的先决条件。同样，从影响力经济出发，则强调传媒作为一种信息渠道对受众的社会认知、社会判断、社会决策及相关的社会行为所打上的与媒介相关的“烙印”。[①] 影响力经济建构有三个环节，分别是接触、保持和提升。其中，接触环节有赖于媒介对产品内容的极致化操作，保持环节则需要依靠稳定的内容供给积累受众的情感忠诚。可见，国际一流媒体影响力

---

① 根据喻国明《传媒经济学教程》（中国人民大学出版社，2009年版）第32—33页总结，略有改动。

的获得也必须从内容这一前提做起。

目前，新媒体技术带来人与人、人与媒体、人与社会之间的关系变革，内容可以由多人众包的形式生产出来，用户自己创作的媒介内容（UGC）正在崛起，因此“关系为王”的论断正挑战“内容为王”的观点。与此同时，传播的终端也同样发生着变化，媒介形态不再局限于传统的报刊、电视和网络，后者居上的智能手机、平板电脑 IPAD、智能电视、互联网电视等已经成为人们日常获取信息的接收终端，“终端为王”的说法也由此冲击“内容为王”。但是，观察各个国际一流媒体在信息时代回应技术变化、媒介形态变化的方式，除了跟进这些变化对其善加利用以外，业务运作的内核却一直都未曾褪色。即“内容为王”作为突出的媒介生产理念，在剥去了新媒体造就的光怪陆离的技术外衣形式后，显得尤为重要。

一些国际一流媒体的领导者也持同样的看法。在贝塔斯曼有 24.8% 的收入来自内容，对此贝塔斯曼 CEO 奥斯特洛夫斯基就表示：“如果内容为王道，顾客就是上帝。”[①] 维亚康姆集团的领导人雷石东也一直强调：受众接受一个媒体，不是因为这个媒体的技术，而是它所传送的内容，任何节目如果不能做到以内容取胜就不会长久。新闻集团董事长默多克则说过：“没有创新的内容，这些电子设备不过是昂贵的玩具。”[②] 无论是“关系为王”还是“终端为王”的论调，其成立的前提都依靠传媒已有的内容优势，其创新的方面同样依赖内容方面的变革。因此，处于何种时代和环境下的传媒业，都应清醒地认识到：始终掌握自身独特的价值，在与其他产业的融合中，依靠优质而出色的内容才能最终打动受众。

二、国际一流媒体内容发展的受众策略

受众是评价媒介内容质量高低的主要群体，也是媒体生产内容产品所面向的对象。受众既是消费者，也是用户，更有可能成为媒介的参与者，

---

① 渠竞帆：《国际传媒集团整合跨国业务》，《中国图书商报》，2008 年第 4 期。

② 高群耀：《传媒变革时代的来临及新闻集团的应对之道》，《中国记者》，2011 年第 7 期。

网络时代还可变身为传播者。因此，受众策略构成了国际一流媒体内容发展战略的一部分。具体有以下几点。

1. 分众化（受众细分）策略

国际一流媒体在关注广大受众的普遍需求的同时，越来越重视不同受众的内容需求差别。细分受众、窄化受众已经成为内容发展的重要策略。传媒业的运作过程中，撒大网式的传统大众化营销模式往往会导致广告成本的上升，出现广告资源的严重浪费。随着消费者可接触媒体的增加，以及大众媒体竞争的加剧，这种浪费会越来越严重。在报刊业，针对不同人群有不同的报刊分类；同一份报纸分设有不同内容、不同类型的版组，其主要目的就是锁定特定的读者群，吸引广告商投放广告，如《纽约时报》每周轮流出版的版块种类已经超过110个。分众化在广播电视领域体现得更明显，美国三大电视网虽然都是全国综合性的电视网，但是瞄准的观众各有侧重：NBC的主要观众是18至34岁的观众，ABC是年轻夫妇，CBS主要是35至49岁、知识层次较高的人士。比如，依据“年龄生命周期、教育水平及个性爱好”，英国BBC就对旗下的各个电视频道进行了专业化的细分。即使共同定位于青少年观众，各个频道还有更为细致的差异，出现了更小众的针对青年人（16~30岁）播出节目的频道（BBC3）、针对少年（6~15岁）的频道（CBBC）和针对幼儿（6岁以下）播放启蒙类节目的频道（CBeeBies）。其他频道的划分则主要依据收视需求来划分：BBC1综合频道内容丰富受众面广；BBC2侧重于文学、历史、艺术等教育方面，同时也满足了部分非主流观众的需求；BBC4以经典艺术和音乐为主要内容，观众欣赏水平较高；BBC News主要以55岁以上的观众为主要收视群；BBC Parliament则针对部分观众关心政治活动的需求而设立。①

另外，国际一流媒体也开始注重经常被人遗忘的“长尾”。分众化的内涵是重视不同受众的不同需求。尤其是在网络时代，因渠道成本的降低，国际一流媒体不再局限于大众的广泛需求，而更应当关注到居于“尾

---

① 吴琼:《CCTV与BBC电视频道专业化的差异评析》,《新闻天地（下半月刊）》，2010年第12期。

部”的大多数人的特殊需求。

2. 满足受众的最新需求

敏锐发现受众群中出现最新需求并生产出相应的媒介产品，是国际一流媒体把握受众的常用策略，这一策略也是加速传媒内容“新陈代谢”的现实要求。更高明的做法是，赶超受众的最新需求，用更快的速度传递媒介内容，引领、影响受众的兴趣口味。以CNN为例，它在用户体验和需求满足方面做了许多的创新，其中推出的网页式新闻互动阅读就是一例。在CNN.com的网页上，观众可以自由选择观看新闻的模式与内容，流动式、小窗口的内容编排结构，配合了提纲式的快速阅读或者深度阅读页面。同时，观众在新闻阅读的过程中，可以通过主屏幕下方的“Your voice”按钮将个人见解传递到演播室，编导通过筛选，选择与节目内容相关的信息，通过主持人与观众进行交流。①

又如，在2008年金融危机中的《华尔街日报》也是主动根据受众需求变化来调整内容生产的国际一流媒体的典范。当金融危机给全球的传媒业带来冲击时，美国许多传统报业广告收入递减、出现经营困难，《华尔街日报》却把握住受众在危机中对财经类信息需求增长这一市场变化，相应地加强了关于金融危机的报道力度，推出了一系列的调整措施：包括了纸质版和网络版的编辑记者24小时轮班工作；为美国乃至世界读者提供来自金融危机核心区域的最新独家报道；为读者解读美国政府应对金融危机的策略；报道美国大财团、普通民众在金融危机中的心态与生活；预测金融危机在未来的变化趋势等。这些报道持续聚集了读者的注意力，使《华尔街日报》金融危机中“转危为机”，获得“逆势而上”的良好效益。

3. 注重受众服务及媒介参与

与受众互动，促进受众的媒介参与，保持与受众的密切联系，也是国际一流媒体的受众策略之一。例如，英国广播公司（BBC）在2010年推出了规模最大、影响力最强的媒介素养培育项目——“首次触网”工程，鼓励英国约920万从未使用过互联网的公众学习并使用互联网。自2006年起

① 高山冰：《CNN新媒体品牌塑造分析》，《电视研究》，2011年第9期。

英国广播公司（BBC）在英国中小学推广“BBC 新闻校园报道”工程，目的是在为英国 11~14 岁学生提供新闻报道锻炼机会的同时，培养未来英国公民在信息繁杂的数字化时代，具有媒介信息解读及传播能力。BBC 还特别开办了兼具服务性的媒介素养网站“BBC 链接”（BBC Connect），通过与“BBC 学习部”、“BBC 研究院”及外部伙伴的紧密合作，提供综合性的媒介素养资源库，促进公众的媒介知识及媒体使用能力的提升。①CNN 也设置了 iReport 新闻网站，为公民新闻提供了在线平台，供公民记者提供新闻信息开通渠道。

韩国 KBS 电视台在此方面也有成功经验。KBS 的宗旨是“观众就是主人翁”。基于此，它设立了观众委员会、信访处理员制度、信息公开制度等，从制度上确保电视观众的利益和高质量的受众服务。此外，KBS 通过开办《敞开的频道》、《观众之声》等节目，吸引观众积极参与，并可以在节目中表达自己的意见和建议，这既有利于改进节目，也有助于提升媒体和受众的关系。②

三、国际一流媒体内容发展的新闻策略

观察任何一家国际一流媒体，几乎都是将新闻作为内容生产的“重头戏”。比如，英国广播公司的世界新闻频道、美国福克斯广播公司新闻网、美国有线电视新闻网、微软全国广播公司、CNBC 财经电视台、彭博财经电视等都是 24 小时播发新闻的电视台。无论是“新闻立台”目标的定位，还是传媒对社会公众知情权的重视，其落脚点均是在新闻报道上尽可能地追求专业和极致。新闻报道往往体现的是国际一流媒体的业务硬实力，如 2010 年 BBC 发表的战略报告，就明确提出未来发展要首先做“全世界最好的新闻”（The best journalism in the world）③。不难看出各个国际一流媒体机构对新闻这一信息形态的重视。在新闻生产上，它们的具体策略有以下

① 张艳秋：《BBC 公共服务模式：挑战、传承与创新》，2011 年第 10 期。

② 李宇：《日本 NHK 和韩国 KBS“受众意识”的启示》，《传媒观察》，2010 年第 1 期。

③ 参见 BBC 官方网站：http://news.bbc.co.uk/2/hi/entertainment/8544150.stm。

几点。

1. 追求新闻时效

新闻时效是新闻事实发生与媒体报道播发给公众之间的时间距离差。这一距离越短越好，因此新闻采编的速度越快越好。简单的“快速”要求实践中却并不简单，在国际一流媒体的内容呈递中，目前已经做到播报与事实发生同步的新闻。

比如透过CNN的崛起，就能发现其对时效的重视。CNN创办之初就定位于做一家“预报时代风云”的传媒。在当时电视媒介以娱乐节目为主的环境下，做成本高的新闻报道似乎是费力又盈利少的事情，但是CNN选择将新闻作为整个电视台主打和核心。CNN首创的现场直播的新闻报道方式改写了新闻的定义，让新闻不再是对新近发生事情的报道，而是成为“对正在发生的事情的报道”。现场直播成了CNN与美国三大电视网竞争中最为实用的武器，也成了当代电视新闻报道追求的最高境界。从2001年到2007年在全球关注的100件大事中，CNN参与报道是最多的，达到90件，同时亦是首发报道最多的，达到29件。①

又如，在报道重大的新闻事件时，美联社允许记者编辑可以先报道后核实，通常美联社都是抢在第一时间发布一条简短的事实性消息以争取时间，随后跟发多条后续报道，不断验证或更正先前的内容，补充新的内容。为了抢时效，俄罗斯第一频道的电视新闻一般不打标题，只标出新闻事件发生的地点，凡用资料画面时，也都加上“文献”字样。这都是国际一流媒体确保新闻时效的一些手法。

2. 树立自身的风格和特色

国际一流媒体在日常的新闻报道中，每天都面临着激烈的传媒的竞争。除了追逐共同的时效原则确保提供最“新”的新闻外，不同的传媒也形成了自身的报道风格。这种差异化竞争的策略，实际上是对新闻报道个性化的把握。

比如，在出境报道上，许多的电视媒体选择这样的方式：驻外记者在

---

① 刘笑盈：《国际电视的开创者：美国有线新闻网》，《对外传播》，2009年第7期。

屏幕前被动地朗读当地报纸的某些报道，将完全可制作成新闻短片的内容口述给观众，没有太多原创成分。但 BBC 却有着自己独特的思路和方式，它会选择主动采访与新闻事件相关的政治家、民众或专家，而背景和新闻本身用一条新闻短片来叙述。比如，2009年以色列大选期间，BBC 播音员兼记者丽丝·杜塞特（Lyse Doucet）前往耶路撒冷，与 BBC 驻当地记者一起，每一小时与演播室的连线中都邀请一位以色列政治家或分析家从不同政党及选举的不同影响因素进行分析，每次连线很少有重复的内容。而关于大选背景常识性的介绍和大选进展情况，则将其制作成新闻短片播出。BBC 的现场连线充分将新闻当事人和评论家囊括其中，保证了新闻信息的全面性和报道形式的多样性。

又如 CBS 的《60分钟》节目创造了世界电视新闻界一个奇迹，这在很大程度上归功于其故事化风格的叙述模式。该节目的缔造者唐·休伊特指出，《60分钟》广受欢迎是因为它继承了一种“叙述传统”：“过去纪录片的收视率差别不大，如果我们能使节目主题多样化，并采用个人新闻，不是处理事件，而是讲述故事；如果我们能像好莱坞包装电影那样来包装事实，我担保我们能把收视率翻一番”。[①] 故事化方式的外壳下坚持“硬新闻”的风格，《60分钟》创造了新闻节目的高收视率，并获得商业上的成功。

3. 优化新闻采编的流程机制

国际一流媒体出色的新闻报道背后，都有各自高效的采编流程或机制作为支撑。从新闻生产的角度来看，这套机制不是一成不变的，而是随着传媒报道力量和传媒生存环境的变化不断优化、创新的。

比如，路透社的新闻生产兼具全球化和立体化两个特征。它将新闻等媒介产品生产的各道工序进行量化，设定可控制的指标并据此组织、计划、控制，以保证产品的质量。具体开展的流程是“反馈——采集——加工——发布——再反馈”。同时，路透社还拥有“扁平式”的发稿体系，稿件由记者采写完毕之后，只需要经过一位编辑的审校，就可以发上终端

① 吴春光:《从 CBS<60分钟>看电视新闻报道》,《新闻传播》，2010年第8期。

与用户见面。在稿件前端，路透社还设置类别的关键提示，方便资源检索和用户订制服务的开展。

又如，BBC 优化新闻生产流程的方式是，将原先独立的电视、广播和网络新闻运营平台整合成一个跨平台多媒体新闻中心，实行大编辑部体制，称作“360全平台”采编。以前不同平台各自为战的新闻采编部门的编辑记者现在都在这个大编辑平台办公，以新闻主题和类别为线索开展合作，而不是按照平台来划分。[①] 这样，一个新闻资源可以按照不同的受众需求或传播渠道进行调整，使其适合在不同形态的媒介或节目中播出，使资源得到最大合理的利用。

另外，像 CNN 所采取的则是以共享为核心的采编体系，有人把 CNN 形容为一个“超级轮子”，轮子的中心即新闻采集中心，是整个传媒的集散中心，而轮子周围则是其各种机构、频道和部门，形成轮辐。采编中心位于整个传媒的最核心，相当于神经中枢的重要位置。这与前文所述的“内容为王”理念正好契合，也体现了 CNN 对新闻采编的重视。

四、国际一流媒体内容发展的专业化策略

专业化策略不仅是一种国际一流媒体内容运作的策略，更是一种内容生产中默认的理念与惯例。这里的职业理念包括多个层面，但对不同国家文化背景的国际一流媒体来说，他们却宣称并实践着相近甚至相同的职业理念。究其核心，主要是新闻专业主义精神和社会责任。

通常来说，新闻专业主义与一家传媒的声誉及公信力有密切的联系。新闻专业主义，主要指新闻工作者的职业意识，以及围绕职业意识的一套新闻传播专业的操作要求。具体包括五个方面：一是行业意识，即监测社会环境的责任意识；二是职业规范和评价标准，包括真实、客观、理性、平衡等原则；三是新闻从业人员具备的专业知识、技能及完善的培训机

---

① 任永雷:《BBC 与 CNN 的驻外记者站发展特色及趋势分析》,《电视研究》，2011年第12期。

制；四是行业内部的自律制度；五是专业精神的范例。[①]可以说，践行专业主义越好的国际一流媒体，其在公众心目中越有着好的口碑。

国际一流传媒进行内容生产时，奉行专业主义既是基本守则，也是通行惯例。传媒的生存有赖于其提供媒介产品的质量，而品质的塑造则是长期专业态度与职业水准的积累。从这一角度看，国际一流媒体往往有着悠久的发展历史，它们长久的生命力和公信力的保持，都离不开对这个行业基本规范和道德的理解、坚守和传承。践行新闻专业主义、坚守社会责任，这样看起来特别简单的东西，但做起来却需要长期坚持，这对于一流媒体既是保持发展势头的宝贵策略，也是媒介内容一直值得信赖的黄金信条。

比如，美国的《纽约时报》的发展历史就与新闻专业主义形影相随。作为一家私有传媒，1896年奥克斯在购买了《纽约时报》之后，就重申了报社初建时的专业主义精神。当年8月19日的《纽约时报》头版写道："我的殷切目标是:《纽约时报》要用一种简明动人的方式，提供所有的新闻，用文明社会中慎重有礼的语言，来提供所有的新闻；即使不能比其他可靠媒介更快提供新闻，也要一样快；要不偏不倚、无私无畏地提供新闻，无论涉及什么政党、派别或利益；要使《纽约时报》的各栏成为探讨一切与公众有关的重大问题的论坛，并为此目的而邀请各种不同见解的人参加明智的讨论。"[②]

尽管《纽约时报》的历任决策人各自的管理风格不一样，但他们都坚守高标准的新闻专业主义，这使《纽约时报》成为美国新闻界的标杆，后来成为世界公认的国际一流媒体。在第二次世界大战以后的历次关于媒介公信力的调查中,《纽约时报》一直高居榜首。它刊载的新闻和观点甚至被一些严谨的学术著作引证。2000年,《时代》杂志在"全球最值得尊敬的公司"排名中，将《纽约时报》列为全球报业第一。即使在报纸发展面

---

① 根据陈力丹《新闻理论十讲》（复旦大学出版社，2008年版）第244—245页总结，略有改动。

② 张世海:《<纽约时报>的艰难转型与价值回归》,《中国报业》，2011年11月（上）。

临着经济危机的困境时期，《纽约时报》仍然坚守着专业主义的操守和精神。从2006年开始，《纽约时报》的广告收入连续下滑，至2010年时其网络版广告收入首次超过了印刷版广告收入。这种情形下，《纽约时报》做出的选择是精简传媒多项业务，只专注于做好核心的新闻报道任务，强化深度报道、分析文章、独家新闻等方面的工作，再次回归专业主义。

英国广播公司（BBC）是秉承专业主义风范的公营媒体代表。第二次世界大战期间，广播是具有强大宣传攻势的媒体，BBC一方面维护国家安全，提供战时公正、准确的新闻及信息服务，另一方面根据现实需要，大量削减娱乐节目，集中力量扩充战事新闻报道，确立了良好的媒介形象。BBC在经济、政治和国际时讯制作方面谨慎地引用消息来源，不追求新闻的轰动效应，特别注重新闻报道的事实性与平衡性原则，不回避报道不利的战况等负面消息。“说实话”是BBC提供媒介信息服务时不变的前提。①客观、公正、平衡的新闻报道传统让BBC保持着长久不衰公信力。

国际一流媒体的内容发展中，专业化策略与其说是一种发展策略，还不如说是内化了的传媒精神或灵魂的体现。这方面做到位，才会保障传媒为公众提供可信的、有道德的内容，而这是一种底线性质的要求。但这一要求同时也是媒体在专注于追求经济利益时，渐渐忽略的或抛弃的东西。因此，国际一流媒体的经验重在强调社会责任，强调专业主义，才能保持媒体发展是可持续的，才能为传媒赢得公信力。

五、国际一流媒体内容发展的其他策略

1. 创新内容的包装形式

包装是内容的辅助形式，但也有时能传递出传媒的定位或风格。这方面做的比较好的当属公营的BBC，其新闻频道的宣传口号是：“全英最受瞩目的新闻频道”、“无论何时你想知道”。而“倒数计秒”（countdown sequence）是新闻频道推出的一个重要的宣传手段。主要用于前后两个新闻节目之间的连接，省去了下节预告，更加精炼。同时它又是一个展示突

① 张艳秋：《BBC公共服务模式：挑战、传承与创新》，《电视研究》，2011年第10期。

发新闻和内部员工形象的频道宣传片，内容定期更换。根据不同的节目内容插播10~60秒不等。[①]

又如，CNN名牌栏目《时事观察室》最具特色的节目包装是演播室的8块电子屏幕。为充分将其利用起来，栏目组专设一个控制中心负责这8块电子屏幕的内容和技术配合。在节目中，主播比利茨可以在8块电子屏幕之间走动，给予观众特殊的收视感觉。

印刷媒体的版面编辑、电视媒体的频道编排，也是其内容包装策略的一个方面。国际一流媒体在内容运作上，特别注意媒介内容的串联和编辑。如2009年，获得第13届“国际报纸奖”的法国《星期日法兰克福报》，评委会称其“具有令人印象深刻的领先优势”，夸赞其美工设计和版面编排“精美绝伦”，图片质量“非凡卓越”，文字“简洁易懂”。该届“国际报纸奖”评判的核心内容正是该报一直坚持质量、设计、色彩和摄影元素。[②]

而CNN的编排也非常有特色，它将整点新闻分成多个板块，板块之间适机插播广告，又将它灵活运用到节目设置上，即每个板块内容不多，但是播出频率较高，这样就会带给观众一种很强的节奏感和新闻全球感，真正感受到“新闻就在我身边”。

2. 注重内容的效果评估

国际一流媒体重视效果评估的策略，一方面体现了其对受众市场规律的一贯尊重，另一方面也是促进媒介组织内部竞争的必要手段。国际一流媒体进行内容效果评估时，往往有全面的评判标准，不仅关注发行量、收视率、收听率、点击量等体现市场规模的数据，而且专门进行满意度与美誉度方面的调查，收集详细的、有建设性的反馈意见。比如，日本的NHK就非常看重节目信息是否精准送达给受众，为此，它在世界各地都设置了监听监看机构，对播出后的节目效果、受众重点关注的话题进行调

① 李燕吉：《解读英国广播公司（BBC）新闻频道的市场战略》，《电视研究》，2011年第1期。

② 周健：《最具国际知名度的德文报纸——法兰克福汇报》，《对外传播》，2009年第11期。

研，并根据调查结果调整节目内容。

一些媒体还制定了自己的内容评价体系，划分为多项指标，以期进行多方面的考核与评估，目前主要有英美两种模式。英国广播公司 BBC 由于是公共电视，实行的是一种持续性绩效的评价体系，包括了触达率、品质、影响力和投资价值四个维度，每个维度之下又进一步细化出多个二级指标。美国的 CNN、FOX 等商业电视评价则包括了播前评价和播后评价这两个方面，其中，播前评价为预测性质，为节目定价、交易和编排等提供参考，结合客观数据进行主观的描述与分析；播后评价则是以收视率指标为核心，包括收视率、市场份额、观众构成等收视分析，同时结合节目满意度的调查结果评判。①

3. 打造高质量的内容品牌

媒介内容品牌是国际一流媒体外在传播形式与其内在传播品质的综合，因此成为它们在内容发展中一直努力塑造的方面。媒介其实可以被看作一个注意力的富集物，拥有广泛而丰富的受众群（或用户群）就是媒介实现其各种功能和目标的基础。媒介以信息内容为核心竞争力，所以内容品牌建立的过程可以简化为提高信息内容质量的过程。更进一步看，内容品牌的效应和影响，在帮助国际一流媒体在获取经济利益的同时，也获取了良好的形象与声誉。

第三节　国际一流媒体的运营战略

国际一流媒体既要考虑传媒社会影响力的建立，也要关注传媒经济效益的获取，尤其是发展进入公司集团等企业形式的传媒形态阶段后，其运营的方式、出路、手段也成为其整体发展战略中不可或缺的一部分。对于国际一流媒体来说，其运营战略是一整套综合战略，包括了内部的组织架构与运行、人才培养与管理，以及外部的产品服务的营销推广、版权保护等诸多方面。

---

① 文卫华：《电视节目评价体系：英美模式和中国实践》，《中国电视》，2011年第11期。

一、国际一流媒体的组织运行策略

1. 采取扁平化的媒体组织结构

国际一流媒体作为企业或社会组织，其组织运行的实现，首先有赖于对整体组织架构进行设计。当前，媒体内部管理的基本趋势是朝着扁平化方向发展，即打破冗余的、繁复的、多层级的行政管理运行体制，使组织结构变得更加精简，以提升工作效率。扁平化的组织结构之所以被国际一流媒体广泛采用，有两个原因：一是因为知识因素、人才因素在信息产品的生产中变得越来越重要，员工积极性的调动需要赋予其更平等的机会和地位，等级优势正在被知识优势所取代，职位权威也正在被知识权威所替代，去层级化成为必然结果。二是随着信息技术的发展，组织内部的沟通交流变得更为重要，而扁平化能够提升沟通的效率，便于部门之间的协调。

CNN 是扁平化组织结构的一个代表，其核心枢纽是国际国内总任务台。总任务台一端连着从世界各地提供的新闻素材的记者站，另一端连接着栏目的各种需求，总任务台有10条通道可以同时接受新闻素材并进行数字化处理。在 CNN 扁平化的结构中，总任务台相当于指挥部，工作人员对新闻素材提供方和需求方的状况一目了然。总任务台有权将需求合并，也有权拒绝与 CNN 利益或立场不相符的要求。CNN 分布在各记者站的记者，并不属于特定的某一个频道、某一个部门、某一个栏目，而是属于整个媒介组织。

从 CNN 就能看出媒介组织扁平化减少了层级，提升了核心部门（决策部门或是指挥部门）的地位，这对于调配、组织、安排员工任务也相对更简介，尤其是应对外部环境变化的反应速度也随之提高。虽然在结构上显得松散，但是传统的部门界限和壁垒却被打破，更有利于相互竞争、共同发展的各个业务团队开展工作。综上所述，国际一流媒体正在从多层化的组织结构演进过渡到扁平化的组织架构，这一演化趋势可以用图4-1表示。

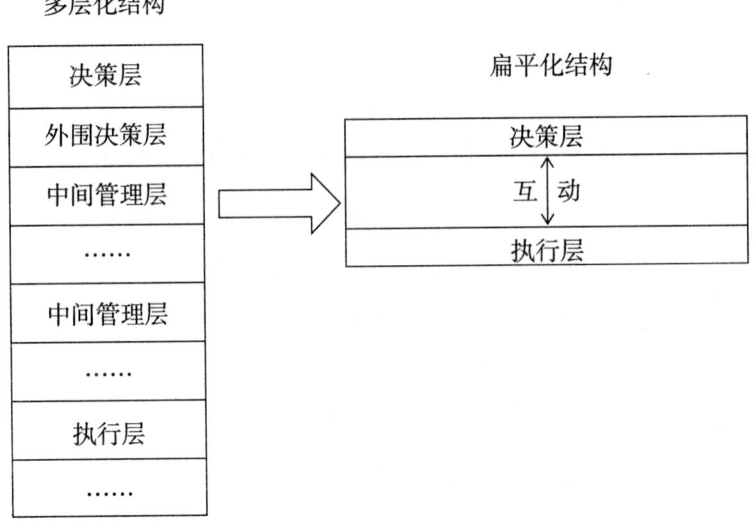

图4–1　多层化结构与扁平化结构

2. 建立股权制和高效财务制度

股权制和财务制度是国际一流媒体组织运行中特殊而重要的组成部分。两者都牵涉到组织资金、资产的运转，直接影响发展的经济基础，因此得到国际一流媒体（尤其是大型的公司或集团）的普遍重视。以新闻集团为例，其股权制主要是服务于默多克对集团运营权的掌控。新闻集团总部是在澳大利亚注册的“新闻有限公司”，默多克持有公司48%的股权，其余股权分散在大量的小股东手中。新闻集团在英国的资产完全属于总部位于伦敦的“新闻国际公司”，澳大利亚的“新闻有限公司”又持有该公司48%的股权。“新闻国际公司”在纽约注册“新闻美国出版有限公司”并持有50%的股权。[①] 正是通过这种环环相扣的持股方式，默多克取得了对媒介组织运行的绝对掌控。

在财务制度方面，美国CNN比较重视媒介产品的预算工作，由部门管理者做好预算并认真执行。各栏目组会严格根据预算购买新闻素材。收

① 周小普：《全球化媒介的奇观》，中国社会科学出版社，2006年版，第254页。

视率高和经济收益好的栏目会占用最优秀的记者和新闻资源，收视平平的栏目如果预算出现漏洞只有自谋出路。无独有偶，新闻集团每年要花半年时间进行财务预算，以更好把握投入产出的关系。此外，新闻集团每周还会推出反映财务损益情况的"蓝皮书"，包括了本周经营预测、本月经营报告、全年经营预测等诸多财务内容。这种财务汇报制度，需要财务总监收集世界各地、各级公司的损益表，通过这种稳健的财务管理，新闻集团决策层能够密切掌握公司的运行情况，对市场变化做出反应。

3. 强化组织运行的科学与平衡

媒介集团发展到一定规模时，就意味有较多的组织层级、较多的员工和较多的部门分工及合作，而要保持媒介集团的高效运转，就需要强化组织运行的科学性与合理性。这方面，国际一流媒体大多都设立了一些基本的组织运行原则。比如，应对媒介进行权力制衡，新闻集团在公司治理结构上，核心是由股东、董事会和高级执行人员三方组成的一种组织结构，这三者之间有各自分工，形成一定程度的制衡。又如，应有明确的结构分层，《纽约时报》虽然有多达上千人的庞大编辑部，但是内部层级分明，形成了一个个构成顺序流转的工作流程，使《纽约时报》已有的惯例得到强化。此外，还应有专门细致的分工，CNN 就是按工作区域对记者进行分工的，在分管的区域内，不管发生哪一方面的事，都由这里的记者负责报道。时效性对新闻而言尤其重要，记者按区域分工比按领域分工更有利于保障时效，提升工作效率。而编辑只需作为派送与指挥中心，对各类新闻资源进行整合及分配。

国际一流媒体的组织部门也需要依据现实变化进行创新和调整。比如，为了应对传媒领域内的数字化趋势，新闻集团就从2010年起对集团的高管层职位设置上进行了调整。作为内部管理的新举措，新闻集团新设立一个专门负责数字化发展的高管职位——首席数字官。2009年4月，新闻集团委任前美国在线首席执行管乔纳森·米勒（Jonathan Miller）担任此职。新闻集团对米勒的工作描述是，他对新闻集团遍布全球的各类数字业务直接负责，目前正在对 MySpace 和其他数字媒体机构如视频网站 Hulu 等进行重组工作，同时还将带领整个集团建立新的经济模式，以实现新闻集团所有的印刷媒体向可赢利的数字化媒体的转变。①

又如，路透社也对其业务部门进行过大规模的重组和改动。以往，路透社的部门分为路透信息（提供财经与时政新闻）、路透空间（向媒体提供新闻服务）、路透交易解决方案（提供金融产品交易的硬件和软件）。但为了更好满足用户的需求，后来依据用户的不同类型，重新划分整合为四个新部门，分别为政治证券部（面向外汇和国债交易商）、金融经纪部（面向各种投资银行和经纪机构）、资产管理部（面向金融投资管理咨询机构）、公司和媒体部（面向各类非财经公司、媒体、网络用户），这种做法提升了路透社的专业化程度。

二、国际一流媒体的人才管理策略

1. 注重人才的多元背景

在国际一流媒体中，人才的多元背景是其人才组成的一个特色。这种多元背景包括多个方面，如员工专业的多元，如不仅仅有科班出身的新闻专业，也有政治、经济、法律、历史等其他人文学科人才。又如员工岗位的多元，在路透社中，新闻产品的业务运营只占其中一小部分，因此新闻采编岗位的从业者只有15%，而技术岗位（33%）、销售岗位（40%）则是多数员工从事的工作。②

另外，员工国籍的多元也是人才背景多元化的一种体现。仍以路透社为例，它拥有来自110多个国家的员工，多元国籍是其人才结构的上的一大优势。尤其在近年来，随着路透社业务中心不断向亚洲转移，亚洲籍员工数量从2004年至2006年连续三年增长。人才来自不同国家有助于提升一流媒体的国际化程度，也便于媒介在全球各个地区开展业务。在2003年的伊拉克战争报道中，路透社就派出了五名伊拉克籍的全职记者，他们熟悉伊拉克的环境、社会、文化，可以直接以本地人的眼光进行报道。在

---

① 韩晓宁、王鑫:《新闻集团经营困局下的数字化战略调整》,《青年记者》，2010年4月（上）。

② 赫静:《通讯社市场影响力评估研究》，中国人民大学出版社，2008年版，第40页。

战争爆发后，路透社也基于此赢得了新闻的首发权。

在多元背景方面，今日俄罗斯电视台也是持相似的招聘要求。它曾经刊登广告，计划组成一个包括社会名流、资深外交官、记者、艺术家、科学家和商人在内的公共理事会，以借助更多元的智力资源完善电视台的发展。同时，在管理上也敢于使用有不同国籍背景的国际化人才，以帮助今日俄罗斯更好地在世界上发出声音。

2. 建立人才激励的机制

在人才激励与约束方面，有学者在考察国际一流媒体的人力资源管理制度后，总结了四种高校的人才激励机制，分别是：一是以企业文化开展精神激励。日本 NHK 就是采取这一方式，实行的是员工终身雇佣制度，并努力创造友好、和谐和愉快的工作氛围，使员工有充分的安定感、满足感、归属感。二是用薪酬激励，采用固定工资和弹性工资制。美国电视媒体中员工的薪水是刚性的，其收入的90% 是按小时或工作量计算的固定工资。美国新闻节目主持人年薪在20万 ~ 40万美元之间，在一些较大的电视传播市场，有名的新闻节目主持人年薪可达50万美元。在日本实行的是弹性工资，员工收入的25% 是根据媒体经营状况得到的红利。三是对特殊员工突出职位重要性，比如用主持人名字命名节目。主持人的地位在 CNN 新闻类频道中十分突出，CNN 的名牌节目几乎全都冠以主持人的名称，这既是美国商业化的明星体制的直接产物，也是主持人的重要地位的集中体现。四是重视对残障员工给予同等待遇。如路透社给残障员工同样的受聘、培训和升职机会，为此它获得了英国政府颁发的“英国身心保障者徽章”。

此外，国际一流媒体通常都给予人才充分的发挥空间。比如实行“制作人自主制”和“制片人中心制”。美国 HBO 采用的“制作人自主制”，即“找到你，给你一笔钱，放手让你做”，而拍电影、电视剧涉及的投入风险，则全部由制作的决策者来承担。美国探索频道（Discovery）的特点是实行“制片人中心制”，节目在拍摄过程中，一切以制片人为中心，制片人并不参与具体拍摄事宜，在筹备初期对纪录片的选题进行把握，根据内容的不同，在全世界挑选导演。导演确定后，就由该导演在全世界选择拍摄团队，组建队伍，申请频道拨款。这种机制使得节目主创人员多样化，能够充分借鉴世界各个纪录片创作思想的主要成果。①

3. 把好人才招聘与培训关

这方面一流媒体也都有各自的策略与方法。比如，《纽约时报》很重视人才管理，从记者的招聘环节开始就有严格而繁琐的程序，目的就是从源头保证人才质量。在使用人才前，还要对其进行专门培训，以熟悉报社的运作规范，传承其专业化的新闻报道准则。CNN 则在人才招聘与雇佣上应用成本优先的策略，大多数记者编辑和技术人员工作经历不满5年，而相应地保持低水平的薪水。但是一旦成为新闻或媒介生产领域的精英，待遇则立刻有所不同。比如，在 CNN 总部亚特兰大就汇聚了一流的精英记者、精英编导，以及政府咨询师、公关专员等。

由于传媒行业的生存压力较大，受众需求和社会环境变化也非常快，因此对人才要求也是越年轻越好，越有思想和活力越好。国际一流媒体的人才招聘也青睐于招收才干与活力兼具的年轻人。CNN 雇佣记者大多数是年轻人，这不仅可以节约人力成本，也有利于培养自己的人才。而其雇佣的原则是，不管你是否出身名校，也不管你是否有从业经验，最重要的是考察其是否拥有对新闻的激情和热爱。CNN 偏爱那些执着、坚定、自我激励的人，大胆使用新人，并且流行实干的思潮，一个想法如果得到了管理层的认可，那就可以放手去做。

三、国际一流媒体的营销推广策略

1. 创新广告发行的手段

国际一流媒体的广告和发行在传媒运营中占有重要位置，广告收入是其收入结构中很重要的一部分，而发行量折射出媒介产品的受众的使用数量。广告商通常会依据发行量来决定在媒体上的广告投放，发行服务的质量与效率也体现着传媒对受众的沟通与重视程度。广告与发行作为促进传

① 根据刘旸《例析世界一流电视媒体人力资源管理制度及其启示》(《电视研究》2011年第10期）总结，略有改动。

媒销售的两种手段，对于国际一流媒体来说，都是其发展历程中一直重视的运作内容。

许多传媒公司有着丰富多样的发行终端，且发行网络较为完整。《纽约时报》在确立全国范围的发行策略后，就不断增加扩展其发行终端。比如，与分散全国的地方性、地区性报纸的16个印刷厂签订合同，让地方报纸处理送报事务；与全美200多家超市、200多家星巴克咖啡店联销报纸。这些不仅拓展了其发行的渠道，也提升了发行的速度，使得各地区的读者拿到《纽约时报》的时间比《华盛顿邮报》早了一个小时。①

此外，发行策略的定位影响着广告的来源和数量。对国际一流媒体来说，它们多将发行定位在全国发行，还有一些公司开拓了海外发行。《纽约时报》的全国发行策略直接吸引了很多全国性的广告，由此带来其广告总收入的80%以上来自全美领域的计算机、金融、航空等行业。而像美国《国家地理》杂志则热衷于海外发行，这是因为它在全世界各地区拥有数量众多的对地理知识感兴趣的受众，如今它已经用包括英文在内的23种语言在60个国家出版发行。②

一些国际一流媒体的广告策略，也比较注重广告传播的便捷性，并努力降低广告的成本。CNN的"一揽子广告"就是如此，将在CNN播出的广告同时放在包括Headline News和CNN国际在内的子机构播出。因为它们都是新闻频道，受众群体的构成、特征具有相似性和共通性，所以这样的方式既降低了广告成本，也避免了广告商重复投放广告。

2. 蓝海战略实现差异化竞争

经济学中的"蓝海战略"在国际一流媒体的营销中也有体现，这种战略在于发现并有人曾涉足的商业"蓝海"，对潜在用户进行开发以实现企业与用户的共赢。比如，CNN近年来就已将营销目光投向了那些正在削减对无线电视的广告投入但在增加对有线频道的广告经费的广告商身上。CNN也正在努力把潜在用户转化成现实用户，就如其销售总监格阿尔巴

---

① 储信艳:《<纽约时报>百年老报彰显经营风范》,《传媒》，2005年第8期。

② 杨欢:《解读美国<国家地理>杂志品牌策略》,《当代传播》，2004年第5期。

所说的，CNN 要做有线电视网潜在广告商的开发者。

蓝海战略是一种差异化竞争的思想，以不同和独特取胜，往往销售思维的转变就能带来这种效果。比如，美国《国家地理》就突破了以往“传者—受者”的关系，趋向于建立“内容提供—用户”关系，就此开创了建设人性化销售渠道的先例。它对所有的用户实行订阅会员制，让每一位订阅者不仅可以享受到价格优惠，而且还能成为国家地理学会的会员，更加注重消费者的感受。会员制的销售网络，保证了杂志的发行量与订阅收入。在此基础上开展的相关地理兴趣活动，让媒介经营者和读者分别成为活动组织者与参与者，增进对用户更多的了解。

又如，美联社开拓的“蓝海”则是推出收费的“优先信息发布”服务。美联社总裁汤姆·库利（Tom Curley）说:“在微软和谷歌两个巨头你来我往争夺时，美联社作为内容生产者可以利用这个机会有所作为。比如我们可以稍稍放缓某些产品的投放，而且可以制定一些特殊服务，比如说从发布时间上区分产品，购买了这类产品的用户可以比其他用户提前20~30分钟获得相关文字、数据和多媒体内容等。”美联社基于新闻发布时间的产品收费方案有多种。针对新闻订阅机构，可以提前发布新闻全文供其使用，而针对搜索引擎公司，通讯社则可以提前发布新闻标题，这样该搜索引擎可以帮助用户更快地搜索到相关新闻。

3. 数据库营销与精准营销

数据库营销也是国际一流媒体使用的营销策略策略。数据库营销的核心是精准营销，符合市场环境中讲求效率的规律。它使传媒产品的发行可以直接面向消费者，省去诸多环节，但前提需建立在对消费者信息全面、准确把握的基础之上。传媒领域拥有世界上最大的私人消费者数据库的是华莱士创办的《读者文摘》，它的数据库文件能够不断地反映有关公司的杂志、书籍、交互式光盘、音乐光盘及录像带的订阅者的最新信息。《读者文摘》每年都会更新2/3的读者，要售出500万份杂志给新订户。[①] 用户数据库已经成为《读者文摘》的生命线。

---

① 马建平、卞华:《媒介经营管理创新思维》，中国传媒大学出版社，2008年版，第250页。

数据库营销所体现出的精准营销理念在其他媒体还有着更出色的应用。例如，《华尔街日报》依据自身传媒特殊的受众市场，在广告投放方面做了特意的改变。由于阅读该报的受众基本是高学历、高收入、高职位的商务人员，这样的群体在生活工作需求上也聚合了大量的分类广告内容。因此，针对他们商务需求的求职、会计、商业保险、贷款、培训、奢侈品等广告，占据了报纸主要的广告版面。在做好主流商业广告的同时，设立"时尚版"对商业模式予以适时的调整，即在稳定B2B（商家对商家）市场的同时，争取B2C（商家对个体终端消费者）类广告，实现盈利结构多元化。

精准营销还可以发展为会员制，贝塔斯曼传媒集团的起家就是如此。它在公司发展初期于1950年成立了"贝塔斯曼书友会"。当时采用客户直销模式正式一种精准销售，这一方式致力于将图书直接送到德国读者家中，读者不必再亲自去书店买书。由于找准了市场切入点，赢得了消费者的认可，而获得了商业上的巨大成功。在其成立一周年的纪念日到来之时，"书友会"已经宣布拥有十万会员。创办10年后，"书友会"迎来了300万会员。贝塔斯曼在德国的"书友会"，成为了贝塔斯曼这个现代媒体公司获得进一步成长的制胜法宝。

四、国际一流媒体运营的其他策略

1. 经营目标集中化

国际一流媒体之所以要采用集中化的经营目标，是为了方便其确立自身的核心竞争力，将传媒运作的目光、精力、注意力集中投入到一个最值得投入的方向（主要指特定的产业，也可是特定业务、特定产品、特定市场、特定受众人群）。例如，时代华纳的经营目标所聚焦的是其娱乐业，它集中力量将娱乐业打造为公司的支柱产业，并一直保持其在众多业务中的核心地位。1969年华纳公司通过市场调查，就已经将娱乐业定位为最主要发展的产业。20世纪80年代，又进一步将娱乐业集中在电影、唱片、有线电视这三种主打业务上。围绕它们，华纳公司淘汰了一些关联度不大的业务，并整合内部资源，使所有资源都为这几种娱乐业务的产品生产和销售提供支持。时代和华纳合并后，仍旧秉承以娱乐产业作为支柱产业的战略，并进军欧洲市场。至90年代中期，依靠着经营目标的集中，时代华纳集中使用全集团的资源为娱乐业服务，销售总额稳居美国有线电视、电影和唱片业首位。①

集中的经营目标，体现的是国际一流媒体的专注力与战略眼光，同时还便于其根据市场需求来培育品牌产品。如《华尔街日报》重点供应的是金融报道，路透社集中关注的是财经资讯和商情报告，CNN的核心产品则是国际新闻。不同传媒都有着自己不同的品牌产品，而它们征服受众的"第一利器"也正来自于此。正是通过经营目标的集中化，国际一流媒体集团提高了资源利用率，避免了不必要的成本扩散，并取得了良好的市场成绩。

2. 用户分级的经营模式

用户分级的策略来自于对受众市场的把握和调控，主要适用于付费用户。这方面做的好的是路透社，它将其各类信息产品按照价值分成若干等级，不同等级的订户依据自身权限，来获得相应的信息。具体分类是：第一类为基本订户，按月或按年交费，可以得到所有采集的照片和文字电讯稿。第二类为中级订户，交付更多的费用，获得进入通讯社数据库搜索背景资料的权利。第三类是高级订户，不仅可以得到文字新闻和图片新闻，可以查阅背景资料，还能够查阅视频资料，相应的收费也更高。许多电视媒体都成为了路透社的高级用户，成为长期订户后向路透社订购视频则可以低价甚至免费提供。这一种分级管理用户的制度是路透社保护长期付费订户，或者鼓励潜在用户成为它的长期订户的重要举措。例如，某用户是它的长期合作伙伴，它平时不需要视频，偶尔需要一次，业务经理先低价甚至免费提供，进而与用户洽谈一个框架协议，以优惠的条件吸引用户成为更高级别的订户。②

《华尔街日报》则和广告商联合起来开展这种用户分级的策略。该报

---

① 张辉锋:《传媒管理学》，中国传媒大学出版社，2009年版，第165页。

② 李海东:《英国路透社视频发稿业务模式浅析》,《电视研究》，2012年第2期。

将用户划分为不同种类，允许广告商锁定对特定主题感兴趣的特定用户来做广告。比如说电子、旅游和汽车等，划分的标准是根据它们访问网站相应版面的次数和频率，一般来说在过去一周内共访问了5次某版面的用户就将被分在该类。《华尔街日报》共向广告提供了8个特定用户群板块，包括科技、投资和健康等。每一个板块都有自己的标准和要求，信息每隔30天更新一次。比如说，旅游类的广告商可以将目标锁定在那些经常访问wsj.com网站旅游版的用户，直接将广告信息传递给他们，而不必在旅游版特别做广告。①

3. 强化版权保护意识

对于一般的国际公司或集团来说，获得资产和塑造品牌的最终目的都是获取超额利润。但当这一道理在国际一流媒体这里有些不同，生产精神产品的属性决定了其除了利润外更重视知识产权。知识产权可以以书籍、电影、音乐、多媒体游戏和教育产品的形式出现，而且正日益成为全球经济进行贸易的交换媒介，如果知识产权的完整性得不到充分保护，那么传媒公司应用这种新兴技术所开辟的市场，都会因为缺乏内容而一蹶不振。维亚康姆的总裁雷石东就认为："不管传媒公司是在波士顿还是在北京，确保版权保护是迅速有效地运行国际传媒企业的关键。"②

比如，维亚康姆旗下的MTV所使用的运作模式就以版权保护为特别重要的前提。做法是每年付给五大唱片公司版权费，然后利用在全世界各国24小时播放的频道播出，每增加一个频道，就增加一笔收入。因为版权保护，每产生出一个原创作品，成本基本是一次性支出，但却可以无限多次的重复使用，而每重复使用一次，就会产生利润。这就是传媒娱乐业不断地重复使用固定资本把规模做大的运营模式，也是其成为知识产权保护最忠实、呼声最高的力量之源所在。

---

① 王亿本:《"二八"拥抱"长尾"——解读<华尔街日报>数字化时代的微内容建构策略》，《传媒》，2008年第3期。

② 雷晓艳:《维亚康姆的经营战略以及对中国传媒的启示》，西北大学2006年硕士学位论文，未出版。

4. 进行版权开发与利用

电视媒体尤其是国际一流媒体都特别注重自身的版权保护，通过各种形式开发和利用电视节目版权，努力使其版权经济最大化。在美国，节目辛迪加[①]是各大电视公司开展节目版权贸易的一个独特渠道。辛迪加组织购买节目再向市场销售其播出权，通过开发电视节目多轮次播放的市场价值来获得利润，并力争使节目市场效益最大化，在每一轮次的销售中，节目制作商都可以从中分得利益。

美国各大电视公司的节目版权贸易中，还有一系列的衍生业务，即以电视节目或内容为衍生源，依托电视节目的影响力，带动其他相关产业的发展与经营。这方面，19娱乐公司（19Entertainment）就是利用《美国偶像》的节目版权拓展衍生品收入。在唱片等音像制品制造和分销上，19娱乐公司与索尼BMG合作，BMG向其支付使用费，并对销售收入分成。从2002年以来，《美国偶像》的唱片销量以及音乐下载产生的收入加起来已经超过6亿美元，平均每一年前十名选手参与的夏季巡回演唱会收入就达3000万美元。《美国偶像》的影响力还深入零售行业，福莱蒙特（Fremantle）传媒负责《美国偶像》产品的授权和管理，其中包括Dreyer的美国偶像雪糕和麦当劳的开心餐玩具，预计价值在4亿美元左右。[②]这种方式不仅使得国际一流媒体较好地维护了自身版权，而且利用版权获得了更多的经济收益。

第四节　国际一流媒体的国际传播战略

在全球化趋势日益明显的当代，国际一流媒体要真正成为“国际”中媒体的翘楚，就必须开展国际传播，既要走出去也要引进来，只有与世界沟通交流，突破本国的界限，传递、表达代表本国力量的声音。但是国际传播不仅是时髦的口号，而且是国际一流媒体发展的战略之一。在美国，

---

① 辛迪加：（法语 Syndicat），“组合”的意思，是一种较稳定的低级垄断形式。

② 朱曦：《美国偶像：TV 选秀经济学》，《良品杂志》，2009年6月。

甚至成立了国际传播协会，召开年会关注国际传播的问题。因此，研究国际一流媒体的国际传播战略，有着现实而紧迫的意义。

一、国际一流媒体发展国际传播的核心目标

对于国际一流媒体，全球化是其发展的基本战略之一。在麦克卢汉提出的“地球村”从概念走向现实之际，跨国跨区域跨文化的传播交流正成为常态。无论是从为本国受众采集国际新闻的角度，还是对外传播增强国际影响力的角度，国际一流媒体毫无例外地将国际传播作为其发展的重要组织部分。具体来说，开展国际传播主要有两个核心目标。

1. 以国家力量为后盾，争夺国际话语权

争夺国际话语权也意味着争夺国际舆论权。过去将这种争夺看做是意识形态领域的斗争，但现在随着世界交往范围的扩大，争夺话语权则成为一种在国际表达本国声音、打造国家软实力的必要途径。当然，这一目标往往与国家战略联系在一起，通过强大的国家力量作后盾来实现。这从西方媒介集团的发展历程就能看出，政府的支持（态度或者行为上的支持都很重要）从来都影响着传媒业的走向。

第一次世界大战时各国传媒在政府支持下开展的宣传战就是利用传媒进行国际政治斗争的典型案例。20世纪80年代以来传媒的集中化变革，与政府的社会改革、产业调整、法律修订几乎绑在一起。国家或政府传播政策、规定的变革，成为国际一流媒体发展海外传播的必要前提。例如，1996年美国《新电信法案》就为不同形态的电子媒介进行兼并和重组提供宽松而自由的环境。这之后，美国的一系列大型传媒集团出现，垄断加强，海外扩张跟进，国际领先的传媒地位以及与之相符的话语权也都逐渐确立。

在目前的国际传播格局中，西方发达国家利用历史上传统媒体积淀的传播优势，以强大的软实力为后盾，居于世界话语的霸权地位，一直是“西强东弱”、“英美统治”的局面。世界范围内70%的国际新闻都是由发达国家的国际一流媒体提供的，与发展中国家之间的“信息沟壑”在进一步拉大。包括中国在内的许多发展中国家的媒体无法进入西方话语体系，

因而难以将自己的声音传递出去，在国际话语权的争夺中处于不利地位。加上中国的国家形象在西方传媒的语境下并没有得到真实全面的呈现，遭受误读与负面评价的情况频繁发生。国际舆论的整体氛围使得中国传媒亟须提升自身的国际传播能力。

2. *以经济利益为动力，扩张海外新市场*

加速进行“跑马圈地”的国际一流媒体，本着做大做强的初衷，往往在完成本国的传媒兼并后，会将目光投降更加广阔的海外市场。不仅是传媒集团会这样做，放置在任何的大型跨国企业的身上，对占领其他国家的新市场都会充满相似的渴望，因为这是从经济利益和产业经营的角度做出的自然选择。因此，当把国际一流媒体看做是跨国公司或企业等经济实体时，就会发现国际传播的脚步，其实是伴随着资本扩张的步伐一同前进的。

在推行国际传播中，国际一流媒体能够通过出口的方式，将媒介产品和服务推及到最大限度的受众身上，从而获取规模经济优势，增加利润空间。从经济学的“规模经济”原理来看，规模大的媒介组织更容易获得投资和吸引人才，进而让传媒公司有更顺畅的资本流转、带来更高的生产效率。国际传播发展得越好，就意味媒介组织的规模扩展得更广泛，这样在制定媒介产品价格时就会拥有更主动和强势的地位。这也正是为何传媒的国际传播实力与经济利益甚至话语霸权都存在关联的原因。

在这一过程中，值得注意的是，早期进行国际传播的媒体是从通讯社开始，后有报纸、杂志、图书、广播电视等传媒组织跟进，近年来则是更多以跨国传媒集团的形式出现。尤其处于全球经济一体化的浪潮之下，传媒间的激烈竞争也是国际传播的促进因素。尤其当先进的传媒集团进驻传播业欠发达地区的时候，本土的传媒集团或公司的国际化策略思想被激活，出于维护自我利益的需要，也开始重视海外市场，如近年来发展中国家崛起的一系列传媒集团就正在发展国际传播力量。于是，当下呈现出各国传媒纷纷重视国际传播的景象。

二、国际传播策略之一：因地制宜的本土化传播策略

如上所述，国际一流媒体集团在开展国际传播时，实际上也是进军海外市场的一个过程。它们首先面临的问题就是如何赢得目标受众的认可支持。因此，从受众市场的角度出发，依据海外不同国家或区域的受众的不同需求，相应地调整媒介产品内容以及传播方式，就显得尤为重要。讲求因地制宜的策略，才能提升国际传播的效果。纵观世界上各个国际一流传媒的做法，它们在进行国际传播时，在传媒资本控股上虽保持着绝对控制，但在传播的信息内容上则采用“本土化传播”策略。这一策略具体在三个层面展开。

1. *宏观层面：选择本土的传媒公司合作*

国际一流媒体集团出于尽快占领市场的考虑，经常选择本土的传媒组织经营者作为合作伙伴。这有利于在最短的时间里熟悉所在地的人文环境，适应其经济运行模式，了解其市场需求、消费心理和消费水平等，降低跨文化传播可能造成的各种障碍。维亚康姆旗下的尼克罗迪恩（Nickelodeon）媒介公司进入中国时，就选择了与中国本土的唐龙公司合作。默多克新闻集团决心在中国进行国际传播前，其下属的星空传媒也与湖南广播影视集团结成了战略联盟，进行内容合作。南非 MIH 传媒集团则是通过与北青传媒、腾讯公司、安徽日报报业集团的合作走进中国。诸如此类的淡化资本色彩、注重业务本身的合作行为，其实也可视为国际一流媒体整体经营策略的一部分。

除了在经营管理和媒介产品制作等领域外，国际一流媒体还有另外一种重要的合作方式——新闻信息资源的交换。为了追求新闻时效性，它们纷纷在世界范围内建立了大量的驻外记者站，这些记者在采集驻地新闻时，仅仅依靠自身的采编力量是不够的，所以面向驻地的本土传媒交换新闻稿件或视频，是经常使用的做法。BBC 从20世纪90年代起，就开始在欧洲之外的其他大洲建立多个合作频道。CNN 也与全球多个国家的地方电视台（广播网附属台）签署互惠协议，交换国内和国际新闻，直接从合作的电视台获取当地新闻，省去了异地采访的麻烦并且节约了新闻的制作

成本。半岛电视台近年来的异军突起，同样得益于其在全球各地都有地方新闻供应商向其供应报道资源。而美联社依据地缘优势，将这种合作交换模式应用在了移动新媒体，它将业务辐射向整个美洲，与加拿大、巴西、阿根廷等国的地方强势传媒合作，对接网络传输信号系统、交换地方新闻，制作发布覆盖整个美洲信号的手机媒介产品。

2. 中观层面：使用本土记者编辑等媒介从业者

国际一流媒体进行国际传播时使用本土的记者编辑及主持人，主要是鉴于这些人更熟悉本土的文化与生活习惯，易于把握媒介生产的过程和效果。尤其是自2008年以来在全球金融危机影响下，由于新闻采集成本的限制，多数大型的传媒集团都尽可能地控制了驻外记者站的发展规模，对非重点区域的记者进行调配，并减少驻外记者的数量。替代性的措施则是更大幅度地使用驻地本土的采编人员。

CNN在伦敦和香港就分别设立了“制作中心”（production center），直接聘用当地出色记者及撰稿人，负责区域的节目制作。在CNN的亚太中心甚至选用亚裔主持人主持节目，并在亚洲地区的黄金时段集中播出亚太地区新闻，以提升本土化水平。在BBC的驻外记者站中，聘用的当地人数量已经超过BBC派出的专业记者。由这些外聘记者按照本地视角采集和报道新闻，记者站则主要承担后期编辑和加工工作。还有一些国际一流媒体尤其是通讯社，并不将本土的人员聘用为正式员工，而是采取“迂回战略”，以特约记者、自由撰稿人、签约摄影师、通讯员、新闻线人等多样化的非正式身份使用当地的优秀人才。如在法新社，非全职摄影报道员达到1000人并遍布全球，是职业摄影报道记者人数的近三倍，这一人群的图片采用量也达到全社图片发稿量的30%以上。

另外值得注意的是，由于淡化了外来身份，国际一流媒体可以有效规避许多本地法律障碍，以更加隐蔽的方式融入了对象国。美国哥伦比亚广播电视网就是绕开中国市场准入政策限制，通过“低调渗透、待机发展”的战略，以收购、合作的方式控制了大量与电视内容无关的技术和服务类网络，积累了相当规模的稳定用户，为下一步建设内容制播平台打下基础。[①]

3. 微观层面：传媒产品内容贴近本土语言文化

传媒产品的内容本土化，则是更为具体微观的层面，包括了语言风俗、历史传统、心理习惯等方面的本土化改造，落脚点是制作符合所在国本地人媒介消费口味的内容。这样一来，在国际一流媒体国际传播中就更强调对受众需求的把握。

最基本的一种策略就是，节目播出的语言应与当地受众的母语相一致。这是信息传递和理解的基础前提。为此，各个国际一流媒体的国际传播进程中，都少不了对语言播出尽可能多样化的建设要求，尤其是对非英语国家的传媒来说，既要开设英语媒体，也要开设小语种媒体。如CNN有英语、西班牙语、土耳其语等多个语言频道；BBC有英语、印度语、阿拉伯语频道；半岛电视台有英语、阿拉伯语频道。2006年由俄罗斯政府全额资助的RT国际新闻电视台，从开办之初就包括英语、俄语、阿拉伯语、西班牙语四种语言频道。法新社也采取了“小语种战略”，在保持原发稿语种的基础上，与当地媒体合作推出了印尼语、乌尔都语以及泰国语、缅甸语等小语种新闻线路。

除了语言，本土文化背景也是国际一流媒体迎合本土受众时重视的方面。美国迪士尼早在1998年就已为各国的影视片量身制作了35个不同的地方版本。美国主要制片厂也随之转向在欧洲、亚洲和拉丁美洲制作更为便利的本地产品。影片《花木兰》、《功夫熊猫》就是融入中国文化元素面向中国市场的本土产品的典范。贝塔斯曼传媒集团在2002年与国内文学网站“榕树下”结成了战略联盟，借助“榕树下”中文互联网文学及相关产品的资源优势，拥有了海量的本土化内容，继而迅速占有市场，扩大影响力。[②]维亚康姆旗下的MTV音乐网为了打入中国市场，特别依据中国观众口味制作了MTV天籁村、MTV学英语、MTV光荣榜新节目等。

---

① 文建：《西方媒体海外传播网络建设的新趋势》，《中国记者》，2012年第4期。

② 胡凌霞：《跨国传媒集团：全球化传播新攻略》。http://media.icxo.com/htmlnews/2005/09/06/661734.htm。

BBC在各地不同的电视台中，节目也非常具有本土的针对性，如《印度饲养》仅在印度播出，《欧洲档案》只在欧洲播出，《亚洲商业报告》只在亚洲、澳洲播出，《今日亚洲》是针对亚洲观众的日播新闻专题节目等。[①]这种为一个国家或地区量身订做的节目从当地人的视角、思维方式出发，贴近区域文化和欣赏习惯，在国际传播中自然受到当地观众的欢迎。

三、国际传播策略之二：信息输出的多层次组合策略

对于国际一流媒体来说，由于其经营业务的多元化，所生产的媒介产品也是丰富多样的。根据其国际传播力量的配置以及进军海外市场规划的不同，不可能在短时间内将所有类型的媒介产品输出国外。因此，做好信息产品的分层，按照“核心——边缘”的逻辑，区分出重点领域与非重点领域，才能在国际传播中以巧实力获胜，取得四两拨千斤的传播效果。纵观各个国际一流媒体的信息产品体系，投入最多力量的往往是最基础的新闻报道，而那些辅助输出的则各不相同。这一策略的具体运作分析如下。

1. 核心方式：做好重大事件的国际新闻报道

在各类媒介信息产品中，新闻报道一直居于核心地位。而有关重大事件的新闻报道，则成为国际一流媒体打响国际声音的重要契机。做好这些事件，则考验着传媒对时效性的比拼能力、对独家新闻捕捉能力、对事件解读视角的把握能力等。要么争取第一，要么争取唯一，成为历来衡量国际新闻报道的两项“金科玉律”。

以法新社为例，它在1972年最早抢发了德国慕尼黑奥运会上以色列代表团被袭击的消息，在1984年最早抢发了印度总理英迪拉·甘地（Indira Gandhi）被刺的新闻，在1995年俄罗斯的军队攻占车臣首府格罗兹尼（Groznyy）时，则是唯一发出现场报道的媒体。三个事件中，两个第一，一个唯一，使法新社开始确立世界级通讯社的地位。在电视传媒领域，国际新闻报道的典范首推CNN。因为它是世界上第一家以国外受众

---

① 李燕吉：《市场细分视角下BBC电视新闻节目的运营策略》，《电视研究》，2011年第7期。

为目标，通过国际卫星向其他国家有线电视系统播出的电视台，加上其以新闻作为主要内容，所以被视为开启“国际新闻台”的先河。CNN 对重大国际事件的掌控与把握也非常突出：1985年直播“挑战者”号航天飞机失事，赢得世界的关注；1989年因连续报道苏联和东欧巨变而影响日隆；1991年春天对海湾战争的连续独家报道，成为全世界公认的最快信源；1992年又追踪报道美国出兵索马里行动……CNN 的可贵之处在于不错过任何的世界大事，对新闻报道一直保持冲锋的姿态。另外，它对本国与国外新闻并无特意区分，有助于其国际美誉度的积累。

同样，因对“大事件”给予“大手笔”报道而快速崛起的国际一流媒体还有半岛电视台。它在重大国际事件中打破了西方国家话语垄断局面，发出阿拉伯世界的声音，因此更具突破意义。1998年伊拉克战争爆发，半岛电视台是唯一在伊拉克境内展开报道的媒体，带有“火焰岛”标志的视频截图被世界各国媒体转载。在21世纪的第一个十年里，几乎有关阿拉伯国家的每项重大事件中，半岛电视台都及时跟进。它在全球“反恐”及中东事务上的国际影响力，甚至能够与 CNN 相抗衡。半岛电视台能够在国际传播领域中独树一帜，归功于它充分有效地利用了阿拉伯世界的信息资源，向世人展示了阿拉伯世界的媒介视角，为人们消除信息不对称提供了有独特价值的信息渠道。

2. 辅助方式：输出电视节目与影视剧

电视节目和影视剧均为非严肃的媒介产品，在内容上与一国的历史文化、道德风俗有着更广泛的联系。它作为新闻报道的辅助产品，成为国际一流媒体在国际传播中愈加重视的一部分。虽然许多学者的研究证明，西方一流媒体的新闻报道中也有隐含的立场，以框架、隐喻等话语策略绑定着意识形态的印迹。但一旦聚焦国际传播中的价值观输出问题，声称客观中立的新闻报道毕竟没有电视节目、影视剧更具传播优势。

这方面日本 NHK 走在了世界的前列，早在1990年就推出“电视日本(Television Japan)”计划，作为一项国家战略将目标定于在全世界范围内播放 NHK 的电视节目。1991年4月它从纽约开始了此项计划，同年7月又从伦敦开启覆盖欧洲的电视播放业务，后来逐步覆盖除非洲西部、南部以外的全世界所有地区，以全天24小时播放日本的电视节目。[①] 由于NHK的国有属性，这种策略本质上即是日本的国家文化传播策略，只不过主要以电视节目的形式体现而已。风靡全球的美国好莱坞也是将自由、人权等价值与电影产品绑定到了一起。

相应的，由于在采编报道的基础设施、传输技术上存在差距，许多发展中国家的跨国媒介转而投向以影视剧的方式开展国际传播，这也是一种策略性选择。这方面做的好的当属巴西和墨西哥的国际传媒公司：环球电视台（Globo）与特莱维萨电视台（Televisa）。它们制作的电视剧或肥皂剧出口到了世界上130多个国家和地区，这些电视剧实际上翻拍的是拉美的小说，所以又称作“电视小说”。由于剧本脱胎于小说，节约了制作成本，并且多选择情感故事，容易在国际传播中引起更多的共鸣。无论是1980年代流行《女奴》，还是2007年被翻拍成多个语言版本的《丑女贝蒂》，都反映出拉美国家电视剧传播的成熟。

3. 其他方式：举办大型的媒介活动

媒介活动也是国际一流媒体常用的一种文化输出方式。与前两种媒介产品的开发相比，媒介活动的灵活度更高，更容易拉近与受众的距离，一定程度上接近于公共外交的方式。以日本NHK为例，它常年在国际上举办各种形式的传媒活动：邀请世界一流指挥家和管弦乐团，联手举办“NHK音乐节”活动，主办“NHK杯国际花样滑冰锦标赛”等等。在各类媒介活动中，较有影响的是三个国际性赛事——NHK亚洲电影节（NHK Asian Film Festival）、圣丹斯/NHK国际电影工作者奖（Sundance/NHK International Filmmakers Award）和“日本奖”（The Japan Prize）。[②] 这些活动成为媒介报道内容本身的一部分，也是媒介国际传播的重要载体，NHK的影响力和公信力在举办这些大型活动赛事的过程中自然得到跃升。另外，贝塔斯曼传媒集团所开创的全球“书友会”的模式，也同样将大众传播与人际传播结合在了一起，更灵活也更易保持和受众的联系。类似以媒

① 龙一春：《20世纪90年代后NHK发展战略的变化》，《现代传播》，2006年第1期。

② 李宇：《日本NHK国际传播的“文化战略”及启示》，《传媒》，2010年第12期。

介活动等讲求灵活性的传播方式，适合传媒在快速扩展海外市场时考虑使用。

四、国际一流媒体国际传播的其他策略

1. 拓展传媒的信息服务功能

传媒除了要履行监测环境变动、传播信息的基本职能，现代新闻传播业的发展对媒介功能提出了更多新的要求。在国际一流媒体国际传播中，由于地理、人力、资金等因素的限制，派驻海外的传媒分公司或者记者站，除了完成基本的报道任务外，利用接近市场的优势发展信息服务、产品营销等其他功能，有着“近水楼台先得月”的优势。

例如，作为公营媒体的BBC，其驻外记者站除了进行基本的新闻采编，还承担着商业、信息收集、外交等多种任务，甚至会对所在区域做报道的舆情评估，并建立起关于当地政要的信息库。[①]无独有偶，路透社在海外网络的职能也主动进行了拓展，目前已经从单一的新闻信息采集站点转变为具有海外营销、技术支撑、用户服务、新媒体终端建设等多种职能的混合型实体机构。[②]

海外传媒机构职能的扩展，也直接对国际传播人才的能力提出了新要求，也往往是身兼数职。这时配套的传播系统（包括硬件与软件）都应当跟上。在此方面，国际一流媒体已有成熟的经验。比如，CBS、NBC、BBC、NHK等都添置有直升飞机和电视直播车、数字采编系统、海事卫星等最先进的设备来辅助国际传播。

2. 赋予海外传媒机构更多自主权

海外传媒机构在国际传播中实际上相当于特殊的中介，一面连接着传媒公司或集团的总部，一面连接着所在区域或国家的新闻信息资源。这种情况下，赋予它们更多的独立性和自主权，减少行政命令式的控制，将有

---

① 任永雷:《BBC与CNN的驻外记者站发展特色及趋势分析》,《电视研究》，2011年第12期。

② 文建:《西方媒体海外传播网络建设的新趋势》,《中国记者》，2012年第4期。

利于其在陌生文化环境下开展业务。加之如前所述的功能转型的现状，海外传媒机构同样需要有更多自主空间、走出独特的发展道路来。特别是对于一些国家或政府所属的传媒来说，独立性能够使其既享有国家传媒的体制优势，又在一定程度上规避体制化造成的弊端。

以今日俄罗斯为例，于2007年5月开播的阿拉伯语频道（Rusiya Al-Yaum）就有较高的自主采编权。频道的新闻采编团队主要来自俄罗斯新闻社，虽然采取与国际频道相似的运营方式，但彼此间的相互制约并不明显。同时，阿拉伯语频道节目设置也并未仿照国际频道模式，或简单将国际频道的英语新闻翻译成阿拉伯语，而是独辟蹊径创立独具特色的节目。[①]BBC 的美洲中心站也同样具备独立的采编播权力，以及相对独立的财务收支体系。它作为 BBC 总部和下属驻外记者站之间的二级管理机构，能够在当地直接建设地方台，或与美国、加拿大等国家和地区的电视台进行业务合作，甚至包括建立合资台等。

3. 加强新媒体在国际传播中的应用

国际一流媒体在传统媒体领域取得垄断地位之后，依然希冀在网络时代能够保持原有的技术、资本及行业标准方面的优势地位。因此，新媒体在国际传播中的应用成为其近年来重视的方向。以美国之音的国际广播为例，在其2012财政年度预算中，将在数字媒体转换和新媒体开发方面再增加380万美元投资。针对中国等国手机用户的激增，美国之音已建立了20个手机多媒体网站。这一措施主要是配合美国广播理事会新颁布的《应对创新与融合的影响——2012—2016战略规划》，其中就提出要加强对中国的传播，特别强调要扩大互联网、社会化媒体以及手机的使用。[②]

具体在国际传播中，各个国际一流媒体机构都有对新媒体独特的设计。例如，法国全球频道就自行开发了不同的检索播放器软件，利用社会媒体（socialmedia）来使传播渠道更为精准。今日俄罗斯电视台则选择直接与全球知名的视频网站 YouTube 合作，开设播放 RT 电视节目的网络频

---

① 常江：《发达国家电视国际传播策略与经验》，《中国记者》，2011年第10期。

② 刘瑞生：《新媒体时代的国际传播转型》，《中国社会科学报》，2012年1月4日。

道。BBC 则提供了数字电视服务 iPlayer，观众可以通过它即时观看和回放点播 BBC 的音视频流媒体节目。

4. 重视国际传播人才的选拔培养

国际一流媒体从事国际传播的人才分为两类：第一种是前文所说的在对象国选拔本土新闻采编人员，这是从便利性的角度考虑；第二种则是自己挑选跨文化沟通与新闻传播技能兼具的本国人才，这是从专业性的角度考虑。对于后一种人才的选拔培养，是一项长期工程，既需要与高等院校联合发现有潜力的人才，也需要在传媒内建立人才储备的阶梯机制。

比如，20世纪在美国媒体派驻俄罗斯的49名记者中，有18人接受了超过一年的培训，10人有苏联或国际关系研究的高等学位，还有10多人曾进行了这个领域的研究生学习。CNN 在选拔驻外记者时，不仅要经过严格正规的专业化培训，而且要考察其对驻在国媒体、文化的了解。CNN 更乐意使用“一专多能”的记者，在采访、编辑、导演、制作、融合媒体业务等方面都要求精通，对主播们的要求也不满足于读稿，还需具备新闻评论的能力。

第五章
国际一流媒体的新媒体发展研究

第一节　国际一流媒体面对新媒体的机遇和挑战

发轫于20世纪60年代、膨胀于90年代、滥觞于21世纪的新媒体，依靠技术优势实现信息传播的多渠道、多方式和多向度，迅速分流传统媒体的影响力，造成传统媒体严重的生存危机；尤其是受众深度参与、共享体验的社交网络，已经成为人与世界信息对接、人与人交流沟通的基本工具。但技术理念的升级也为传统媒体的品牌塑造提供了另一种发展空间，由此，媒体融合的浪潮席卷全球。从这个意义上说，新媒体的出现，反倒成为传统媒体扩展影响力的另一种延伸。

一、国际一流媒体面临新媒体挑战

技术进步是推动媒介发展的根本动力。从印刷术的发明催生报业带领人类进入文字时代，到电力革命的成功以声、光、线的广泛应用引领广播、电影、电视的兴盛；每一种技术突破都会产生采集与传播信息的新介质，从而以传播方式的革命影响人类生活、更改媒介版图。

新世纪十年，3G技术、移动互联网技术的兴起与滥觞，使得新的视听媒体能够以随时随地的便捷性与此时此刻的即时性消除固有的信息终端，也将传统媒体单向度的点面传播更改为多维度的点点传播，从而以更丰富的信息与更现场的呈现与更灵活的交流，形成高效、互动的信息传输。内容呈现的碎片化与终端使用的灵活性，以更适应快速生活节奏和全新生活空间的优势，迅速分流传统媒体的受众群，导致广告投放的转向，并逐渐改变围绕传统媒体建构起的价值观念。

1. 受众群体分流

据美国《纽约时报》5月3日报道，尼尔森收视率结果显示，2012年4月CNN收视降至2001年8月以来的最低水平，其美国观众人数一年流失超过1/5，降至35.7万。

如果我们将CNN的收视情况放置在新世纪十年时间段里审视（见图5-1），不难发现，除了2008年，CNN黄金时段的观众人数始终保持下降的态势。收视率的持续走低甚至迫使总裁吉姆·沃尔顿（Jim Walton）7月27日宣布于12月31日辞职，以谋求新的思路解决收视困境。

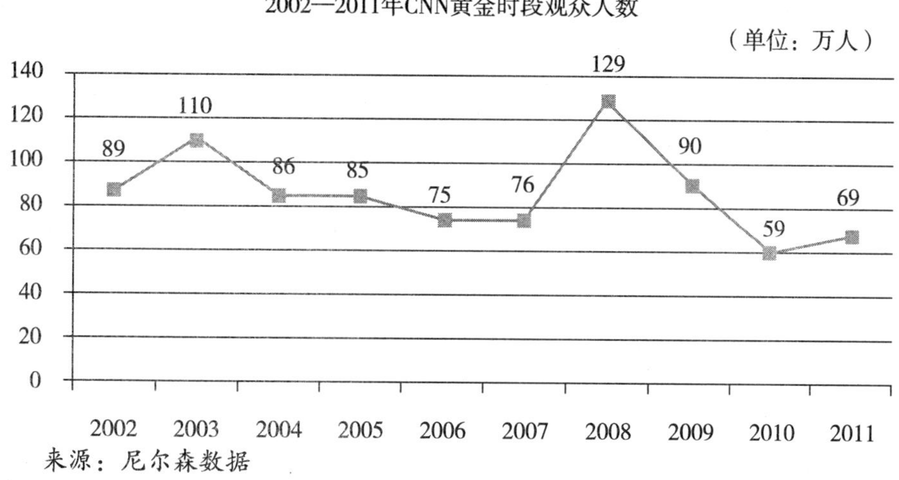

图5-1　CNN黄金时段观众变化

事实上，对于拥有8800万用户，进入89万家酒店、覆盖全球200多个国家和地区，拥有1.84亿家庭用户，全世界大概有10亿人可以收看的CNN来说，收视率下滑不仅是自身节目制作和创新不足的体现，更是在新媒体冲击下美国付费电视和电视新闻产业面临挑战的一个缩影。

CNN的立台之本就在于新闻捕捉的敏感、及时、大容量。但在技术迅猛发展的新时期，CNN的传播优势逐渐褪色。1991年，在其他媒体陆续退出伊拉克的情况下，CNN通过交涉继续留在战场，通过对海湾战争

17小时的直播、对多国部队进攻态势的持续报道奠定了其新闻第一台的地位；但是在2011年，美国特种部队袭击拉登成功的消息，最早却是由推特（Twitter）发出，这也标志着对重大新闻事件的报道优势从电视转向网络。尽管观众获得可靠消息与深度评论仍然需要通过电视媒体，但消息来源的多渠道，已经开始冲击电视媒体的新闻地位。比如在2011年3月日本地震和海啸等重大新闻事件的报道中，CNN在黄金时段赢得平均110万观众和最高360万观众的收视成绩，但从4月起至12月黄金时段平均观众人数即降至63.6万。而在没有重大国际新闻事件的时期，CNN主要节目观众流失问题更加严重。2012年4月，早间新闻节目《Starting Point》和晚间新闻节目收视较去年同期下降了26%，《Erin Burnett Outfront》下降了22%。

CNN面临的收视困境并非特例。从2002年以来的收视数据来看（图5-2），MSNBC、福克斯新闻的收视情况与CNN相似，观众人数下降可以看做是美国整个有线电视新闻产业的普遍现象。

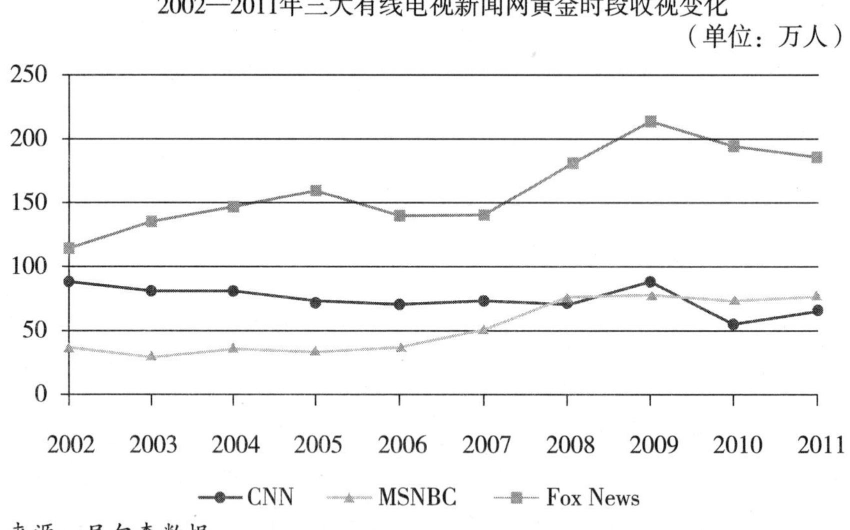

来源：尼尔森数据

图5-2　美国三大有线电视新闻网收视变化

新世纪十年，网络、手机等新媒体以使用规则的改变，不断冲击传统付费电视的固定受众。由于 Netflix、Youtubu 等视频网站提供了大量在线电影和电视节目，且收看方式更为灵活，服务费用更低，传统电视频道服务的弊端逐渐显露。据了解，2011 年美国共有超过 100 万的付费电视用户终止了合同，选择在线观看影视内容。按照此趋势，五年后美国将会有 25% 的观众取消有线电视订阅。更为严重的是，相比于使用不便、无法携带的电视，追逐新潮的年轻人更愿意选择时尚、便利的移动网络媒体，这也使得新媒体在客户群体的长远使用中占得先机。

网络媒体分流传统媒体受众的情况在中国同样存在。网络使用者的迅速增加改变了中国观众收看电视的传统习惯，甚至导致电视开机率的下降。根据中国互联网络信息中心 (CNNIC) 发布的《第 27 次中国互联网络发展状况统计报告》显示，截至 2010 年 12 月，中国网民规模达到 4.57 亿，互联网普及率攀升至 34.3%。全年新增网民 7330 万人，年增幅 19.1%（见图 5-3）。

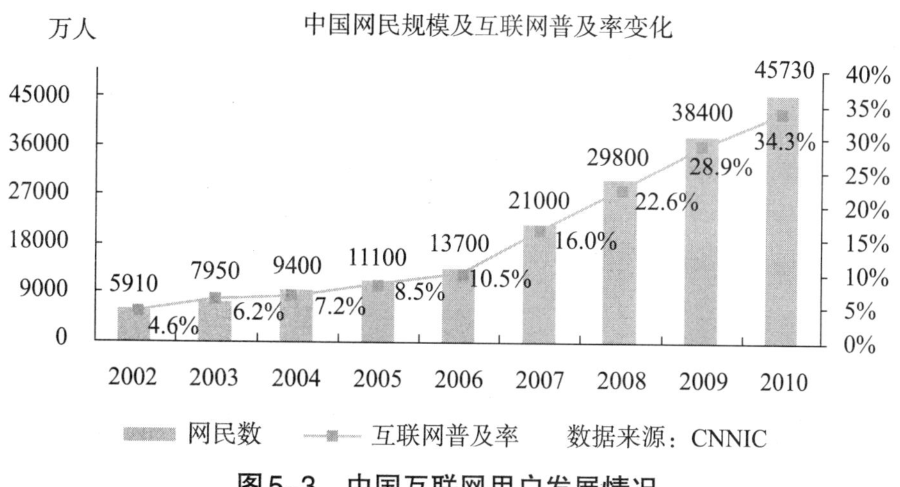

图 5–3　中国互联网用户发展情况

而据 CNNIC 的数据显示，截至 2010 年 12 月，国内网络视频用户规模达到 2.84 亿，比 2009 年 12 月底增长 4354 万人，年增长率 18.1%（见图 5-4）。

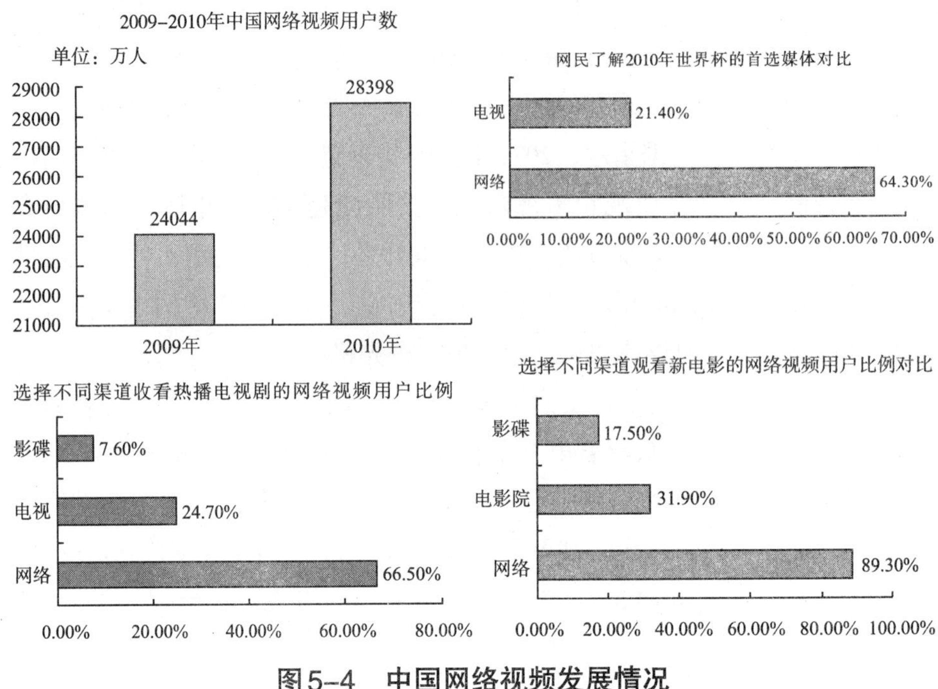

图5–4　中国网络视频发展情况

如今，网络视频已成为中国观众收看电影、电视最常用的渠道。根据艾瑞咨询机构发布的《2010年世界杯热点营销研究报告》显示，64.3%的网民首选网络媒体了解世界杯相关资讯，远高于首选电视的网民比例。就全国观众的收视习惯来说，55%的年轻观众最喜欢通过网络收看节目，北京电视台的开机率在2011年下降到30%。

2. 广告投入转向

受众的分流导致广告商将资金的投入从传统媒体逐渐转向新媒体。日本、美国及全球市场网络媒体的广告收入均于近年陆续超过或即将超过报纸。2010年，美国网络广告规模达258亿美元，而报纸为228亿美元；日本早在2009年就出现网络广告规模超出电视、报纸的局面。2005—2011年，中国电视广告年均增长率12%，网络广告年均增长率则为53%。另据艾瑞咨询机构统计，2010年中国网络广告市场规模达356.3亿元，比去年增长71.8%。艾瑞咨询机构分析，未来3—5年中国网络广告市场将以50%

的速度发展，其吸引的注意力份额已稳居各类媒体第二位，成为传统媒体的强力竞争对手。而CTR市场研究公司发布的数据显示，2010年上半年中国电视广告只有15%的涨幅。

广告投入的转向导致新媒体的市值与传统媒体不相上下。据2010年12月3日消息，美国科技博客Business Insider总编辑亨利·布罗吉特（Henry Blodget）和编辑杰伊·亚罗（Jay Yarow）分析了美国传媒业的现状，称“新媒体”公司的总市值已与“旧媒体”公司的总市值大致相等。美国主要新媒体公司的合计市值已达到2890亿美元，而主要传统媒体公司合计市值为2960亿美元，两者旗鼓相当，新媒体在短短几年间实现了“二分天下”的结果（图5-5）。

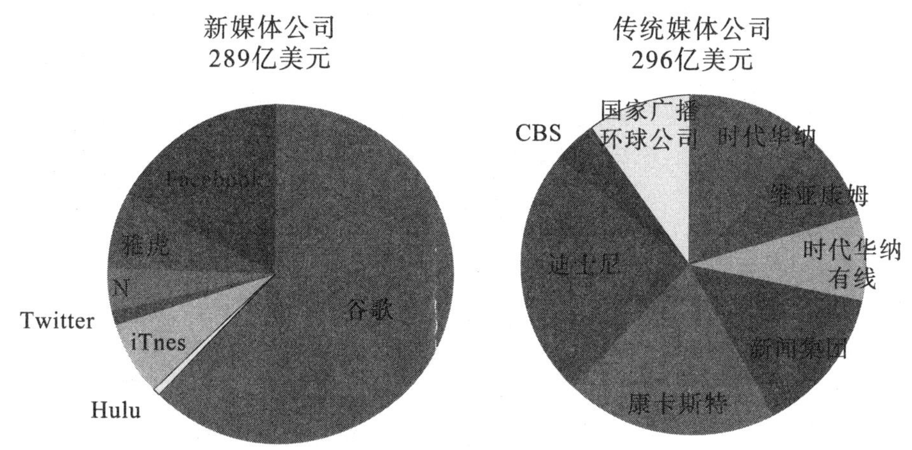

图5–5　美国的新旧媒体发展对比

随着移动网络在年轻人市场中受到青睐，新媒体利用网络的优势会继续推动自身市值的增加。腾讯、新浪、百度等国内一流新媒体公司继续扩展互联网业务；3G门户、优视科技等新兴移动互联网公司发展迅速；苹果公司则通过ipad的生产与使用打造新的移动生态环境。据美国知名调研机构Gartner的最新数据表明，到2014年，全球的移动语音和数据收入将超过一万亿美元，而2009—2010年的中国，移动互联网市场规模已经增速至51.1亿元（图5-6）。

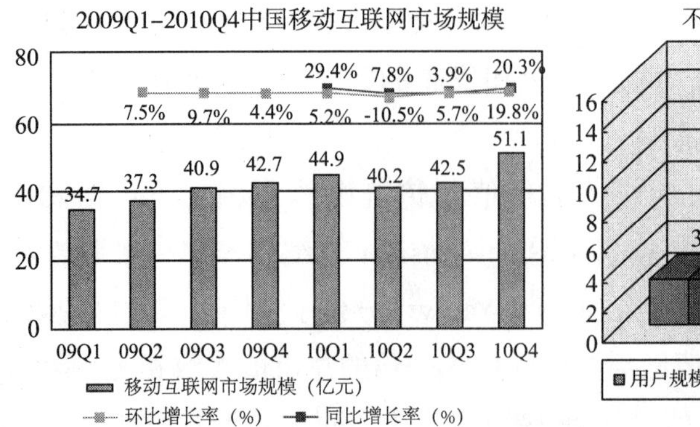

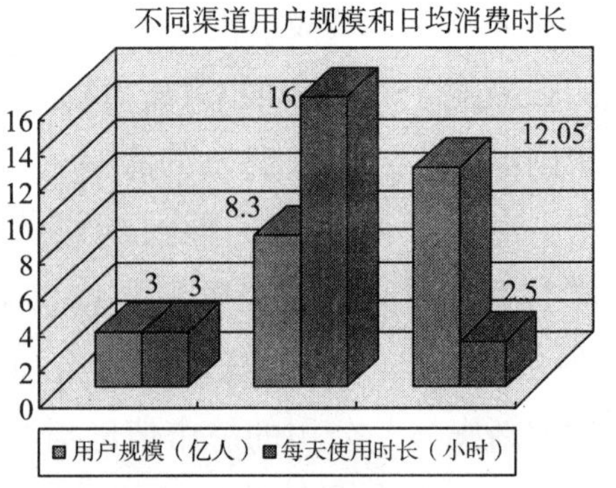

图5–6　中国移动新媒体发展情况

最近几年新媒体行业在强化与移动、本地、社交和电子商务相结合的同时，开始注重原创节目的研制，从初期购买电视、电影的单纯播出平台，升级为返销电视台的制作、播出、销售的一体平台，对传统媒体内容的分流，无疑会进一步分流观众增加市值（表5-1）。

表5–1　国内视频网站发展一览

土豆	推出“趣喝‘美汁源’，一笑赢千金”综艺节目，重金打造网络剧《欢迎爱光临》、《爱上微笑》、《爱缤纷》、《异事录》
搜狐	网络剧《钱多多嫁人记》、《疯狂办公室》累计播放均超6000万次推出《大视野》、《军情前哨站》、《微言大义》《心灵讲堂》、《微辩会》和《综艺马后炮》等十档深度类或娱乐类自制栏目
酷6	娱乐频道“芭乐台”，“综艺七点档”一口气打造4档综艺节目；网络剧《新生活大爆炸》
优酷	选秀节目《让梦想飞——中国最牛人》点击率超过6000万次，自制系列电影片《十一度青春》
爱奇艺	推出“奇艺出品”战略，全线发力自制。《恐怖！健康警报》、《爱 Go 了没》等专业级综艺节目已成功发行十几家电视台，耗资千万的13集电视剧《在线爱》还未开播，仅广告收入就已过千万元

3. 舆论阵地转移

从报纸到电视，传统媒体依靠单向度的传播方式，建构起单一发声的权威信息发布与解释阵地，以控制舆论导向。但在新媒体传播手段的持续翻新下，微博的出现转移了固有的舆论阵地。

据上海交通大学舆情研究实验室发布的《2010中国微博年度报告》显示，微博已经成为继网络论坛、博客、跟帖之后，最强大的网络舆论载体，也是网友在需要发布信息时的第一选择。据统计，在2010年舆情热度靠前的50起重大舆情案例中，微博首发的有11起，比重约占22%。从河南考生被落榜事件、上海胶州路火灾，到江西宜黄拆迁事件、“李刚门”等，微博都发挥了重要作用。在甘肃舟曲泥石流灾害中，19岁男孩王凯第一时间在微博上呈现灾情，成为第一个对灾情进行图文“报道”的人，被媒体称为“一个人的通讯社”。

艾利艾（IRI）网络口碑咨询有限公司相关研究报告同样指出，在2010年影响较大的74起舆情案例中，微博在舆情事件中发挥着巨大的“意见领袖”影响力。从微博在最短时间内的发布信息，到网友转发、评论形成“围观”态势，事件会在极短时间内成为舆论中心，甚至还可以设置议题，改变公共舆论议题走向。微博的关注层面不仅仅局限在社会现象与文化事件，政府形象与官员行为同样会成为微博的焦点。这种自下而上的观察与讨论方式，以前所未有的民主气质带动着越来越多人关注、加入微博，形成民间视角与政府发言的张力地带。

从受众群体分流遭受收视群体下降，到广告投入转向升值网络空间，再到舆论阵地转向、意见领袖民间形成。新的传播方式与传播介质的出现不仅仅改变了传统的传播方式，更是对人类生活、认知世界的方式进行了颠覆性的革命。正如中国人民大学舆情研究所主任喻国明教授指出：“新媒体通过改变外部世界的图景在人们心目中的认知比例、形成以我为中心的认知圈；改变人与世界的关系、借助虚拟网络跨越现实的羁绊；丰富和拓展人们的生活体验，使人们的社会决策与社会判断更加感性化；最终改变了传统的传播营销模式。”因此，新媒体的出现，可以说以影响到传统经济与生活方式的深度，对传统媒体提出挑战。

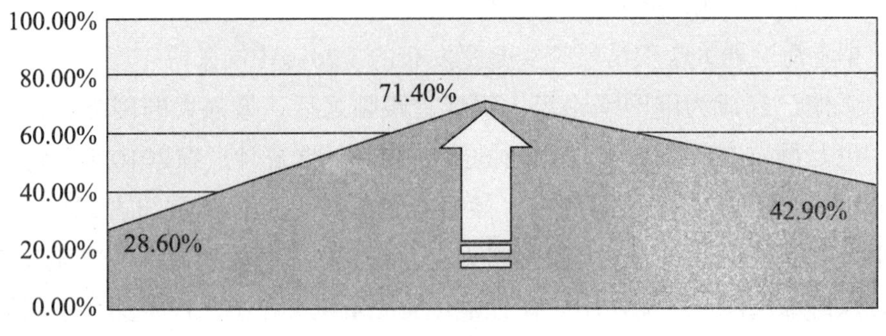

数据来源：艾利艾网络口碑咨询有限公司

图5–7　微博在重大事件中的影响力

二、国际一流媒体迎来新媒体机遇

尽管新媒体依靠技术优势改变了传统媒介的传播格局，造成传统媒体的生存危机，但这并不意味着传统媒体将从主导地位的式衰走向彻底的没落。事实上，数字技术的出现与升级消弭了传统媒体传播介质间的隔阂，为传统媒体间、传统媒体与新兴媒体间的融合创造可能；另一方面，技术创新对信息终端的扩展更改了传统的受传模式，形成受众深度参与的心理与宽泛的社交氛围，优于传统媒体依赖的单向度传播，更符合受众的接受心理和交往需求。因此，技术的进步在可能性与必然性两个层面上决定了传统媒体的融合与转型，也为国际一流媒体的发展，带来机遇。

1. 媒体融合的可能性与必然性

新兴技术不但能够打破丰富单一的信息终端，还能够消弭不同媒体之间的媒介壁垒。具体的说：“在信息传输技术上，现代化的数字压缩技术使信息传输系统可以兼容文字、图片、声音、影像等不同媒体形态，具备了超强的加载能力。此外，光纤通信技术和卫星通讯技术的发展极大地提高了信息传播的速率，不同形式的内容可以被合并、存储或处理，而且可以快速有效地在同一网络上传输并由相应的设备来接收。过去，信息处理技术和媒体传输技术这两种技术是各自独立的，相互之间有明确的界线。随着数字化进程的推进，这两种技术之间的界线正在迅速变得模糊起来，因而计算机、电视和电话在终端及网络方面开始走向融合。”

因此，新的数字传输技术不仅催生出新的媒介形态，也为新旧媒体之间、传统媒体之间的融合，提供了技术支持。这也决定了“全媒体”概念的根本，即运用新型的技术手段，从信息的采集到资源的整合再到内容的传输与呈现，是新旧媒体、传统媒体之间的资源共享与平台互动。

新技术在扩充信息终端的同时，也将传统媒体单向度的点面传播更改为多维度的点点传播，从而以更丰富的信息、更现场的呈现与更灵活的交流，形成高效、互动的信息传输。

另一方面，在传统媒体的传输过程中，由于对信息终端的垄断，接受者处于被动位置。以传统电视为例，信息的大容量与快节奏在为观众提供无限精彩的同时，也因为传播的单向度压缩了观众的辨别思考空间。这是诸多电视研究者抨击电视危害的重要一点。尽管包括电视在内的各种传统媒体早已开始注重观众的参与性，以求通过形式的变化与文化意义上的合理性优势聚拢更多的受众、赢得更广的市场，但无论是纸媒开辟读者来信，还是广播开通观众热线，都因为版面、节目设置的限制，存在受众参与范围的狭窄性。电视增加短信发送环节虽然扩大了观众参与的范围，但是屏幕对观众信息的直接呈现只能是人与机器的简单连接，缺乏参与者之间的互动性，进而影响到参与的深度。

建立在数字传输技术之上的新的视听媒体如交互式网络电视（IPTV）、互联网、网络视频、手机视频等，则为使用者提供了无限广阔的参与平台与深入交流的机会。从信息的采集来看，由于终端的丰富，信息的采集更加具有即时性，未经处理的画面增加了事件的真实性与现场感，而且每个人都有采集信息的能力，无形中增加了使用者的参与感；观看者还能够针对同一事件观看不同角度拍摄的信息，也为辨别思考留下更大的空间。更重要的是，在信息传输的过程中，每一位使用者都有机会发表自己的看法即发帖，成为信息传输的一员，并能够和同样关注者交换意见，形成互动。这种互动不受时间与距离的限制，更不受人数的限制，往往某一事件的最终结果恰是在这种互动讨论中最终呈现，也就说，正是因为使用者的参与决定了事件的最终定论，从而比传统媒体中的互动更有深度和广度。而这种深度参与又能够聚起对某一事件感兴趣的群体，形成一个无线广泛的社交网络，这个网络中的参与者又因为资源的共享往往更容易形成话题讨论互动，从而在循环式的关系中吸引更多的参与者。

2. 电视节目的社交化策略

社交网络的兴盛为国际一流媒体影响力的扩展提供了新的工具。为了避免新媒体对电视观众的分流，欧美各大电视台在推出重点节目时都注重借助社交网络的力量，运用社会化手段，开展线上全媒体推广，组织线下巡演和招募等多种活动，开发衍生产品，实现节目的社会化传播和产业链打造。

（1）福克斯《美国偶像》（American Idol）

设置独立的节目官网——americanidol.com

《美国偶像》首先开设独立于福克斯的官方网站。网站的设置注重内容的多样与丰富。从节目表排列、选手背景介绍、粉丝论坛版块、Q&A问答编排到演出过程中音乐的记录、视频、照片的拍摄以及各种花絮的介绍，大而全的特色掩盖了版块的界限。比如照片就分为首页图片、比赛结果、参赛选手、演出、幕后花絮、往季图片、以往选手7个大类；视频的分类更是多达15类。

图5-8 《美国偶像》官方网站拥有独立域名，内容也非常丰富

在做好内容展示的同时，官网还与社交性网站对接。登录网站的方式除了正常途径的注册，受众还可以使用已有的 Facebook、Twitter 直接登录，并随时在社交网站上分享自己在 americanidol.com 上看到的任何信息。

建立 SNS 社交网络粉丝群——IDOLNATION

IDOL™ NATION FAN HUB
Fan Hub · Forums · Fan Wall · Live Q&A
Follow the Action on

图5–9　关注《美国偶像》Facebook、Twitter、Google+、Youtube、Pinterst 账号就可以成为 IDOL NATION 的一员

成为 IDOL NATION 的一员之后，《美国偶像》的粉丝可以通过 Twitter 发布消息，经过审核后便可以出现在节目官网的首页上，Facebook 的使用者则可以通过《美国偶像》设在 Facebook 上的投票选项，为自己喜欢的选手聚拢人气。如此一来，《美国偶像》中的选手与粉丝之间的互动性更强，这种互动也进而带动着整个节目影响力的扩大。

同时，《美国偶像》还开设 @AmericanIdol、@IDOL_Insider 两个官方微博账号，并为每个网站赋予不同的特质。@AmericanIdol 主要用来发布官方信息，较为正统；@IDOL_Insider 则侧重挖掘或者爆料节目中不为人知的细节，以及选手的新闻等娱乐信息，趣味性更强。

开发移动应用软件（App），创立品牌线下活动

《美国偶像》还在苹果 ios、安卓手机平台上推出多款专属应用软件，包括选手专属软件。手机和平板电脑用户可以通过下载这些软件获取节目内容、信息、参与互动，或者直接获取自己喜欢选手的相关内容。同时，受众还可以通过苹果在线商店下载选手节目单曲和获奖选手专辑。

《美国偶像》对网络社交化的使用不仅仅停留在线上，还注重将节目本身的能力以选手巡演的方式延续品牌影响力。在一季节目播出后，《美国偶像》旋即推出品牌活动 Live Tour，让《美国偶像》中前十名的获奖选手在全国巡演。2012 年的巡演活动从 6 月 6 日开始，到 9 月 21 日结束，三个月的时间共在美国和加拿大演出 46 场，票房收入超过 1400 万美元。全国巡演不仅带来丰厚的经济回报，同时也拉近了选手和受众之间的距离，全面提升节目人气。

（2）独立电视《英国达人》（Britain's Got Talent）

建立官网

独立电视同样也为《英国达人》设立了官方网站 talte.itv.com。

受众可以在这个网站上获得节目的相关新闻、花边、选手信息、节目精彩段落剪辑等相关内容，也可以在网站报名参赛。如果要收看节目的全部内容，受众则可以这个网站链接到 ITV Player 官网收看。ITV Player 在苹果或者安卓上有相关的客户端应用，通过这些应用，受众就可以在其他的电子设备上随时观看节目。

图5–10 《英国达人》官方网站页面

社交网络多平台互动

《英国达人》在 Facebook、Twitter、Youtube 三大平台均拥有官方账号，并很好地利用了这些社会化平台提升影响力。2009年，《英国达人》中的苏珊大妈的一段演唱荣登2009年 Youtube 点击年度冠军。截止到2012年10月，这段视频的点击量已经超过1亿次。

图5–11 《英国达人》中苏珊大妈演唱视频观看次数已经超过一亿次

正是网友们自发的收看、分享，才成就了苏珊大妈的传奇，成就了《英国达人》的传奇。因此，《英国达人》非常重视社交媒体推广，同时非常善于使用多平台互动技巧。具体而言，就是在 Facebook、Twitter 发布的信息中置入 Youtube 视频链接，而在 Youtube 的页面上则有非常明显的 Facebook、Twitter 的图标。

图5–12 《英国达人》的 Youtube 页面有非常明显的 Facebook、Twitter 关注按钮

图5–13 《英国达人》苹果应用

制作精良的移动应用——包含节目核心元素红按钮

《英国达人》在苹果 ios 平台上发布了功能强大制作精良的移动应用。这个应用除了获取节目信息和收看视频之外，更重要的功能就是直接移植了节目的核心元素红按钮（buzzer）。在节目中，如果某位选手的演出让人不满，评委就可以按下红色按钮发出声音终止选手的演出。而这款手机应用同样有这个功能。在节目播出的同时，用户也可以在自己的手机上按下红色按钮表示对选手演出的否定，应用会发出与现场同样的声音并统计所有使用者按下按钮的次数。如果受众使用自己的Facebook账号登录应用，还可以和好友分享自己的感受。

（3）BBC《厨艺达人》（Master Chef）

厨师博客与官方美食博客吸引人气

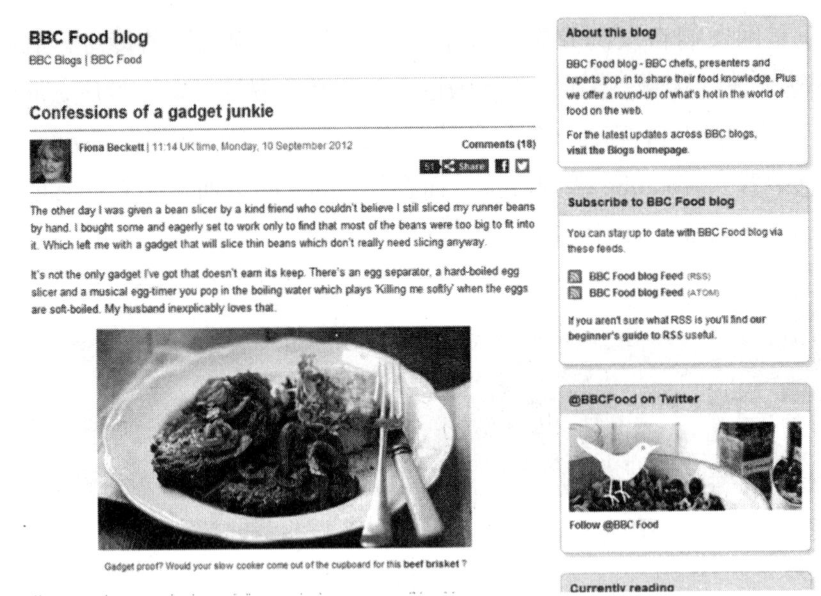

图5-14 BBC官方美食博客

作为开播20多年的BBC老牌厨艺节目，《厨艺达人》有着非常高的知名度和忠实的观众群体。同时，该节目在创办以来也一直在不断创新、不断变革，适应时代发展的趋势。其中最为有效的一项创新就是开设BBC官方美食博客和厨师博客。同时，

图5-15 ipad版《厨艺达人》应用界面

博客的内容也可以通过一键分享到社交网站，受众也可以直接在博客上评论，实现全方位互动。

官方网站成为线上、线下互动的重要平台

除在首页非常清晰地标注下次节目播出时间外，《厨艺达人》的官方网站非常强调线上线下的互动。官方网站在线招募参赛选手、志愿者、观众，让访问网站的受众立刻产生非常强烈的参与感。同时，网站还有在线问答功能，解答受众可以直接在网页上留言，询问节目中播出的菜谱的相关问题。同时，受众可以通过该网站或者 BBC 的 iPlayer 客户端应用收看《厨艺达人》的相关节目。此外，还有一款名为“厨艺达人学苑”的移动应动，提供节目上播出的菜谱等相关内容。

第二节 国际一流媒体的新媒体举措和经验

一、国际一流媒体的新媒体发展举措

1. CNN：依靠科技，全面铺设传播网

1995年8月，美国有线电视新闻网（CNN）创立了CNN.com，成为美国第一个上网的电视媒体。经过十几年的发展，CNN 已经发展成为全世界闻名的新闻电视台，其首创的24小时新闻直播、以最快的速度对重大新闻及突发新闻进行现场采访，开创了电视新闻的一个全新时代，并给自己带来了巨大的成功。从海湾战争到美国的“9•11”恐怖袭击，CNN 都以最快的速度、深度的报道和全天候的不间断报道执全球新闻界之牛耳。[①] 据 CNN 官方说法：CNN.com 每月有3800万独立访问者，17亿的页面访问量，以及1亿视频浏览量。而其全部访问页面数则达到1210亿。[②]

在2008年美国大选的“新闻战”中，CNN 大胆尝试了被称为魔术墙

---

① 胡理文:《CNN 网络新闻频道的互动特色分析》,《东南传播》，2009年第10期。

② 参见：http://www.dianshangren.com/edu/UIUE/2011/0114/xMMDAwMDAwNTkxMg.html。

(MagicWall) 的触摸屏技术，应用界面化的屏幕设计、多视窗对话、虚拟现实等高科技手段，充分利用互联网和手机进行媒介融合报道。这一切新技术的运用使 CNN 在美国大选中的收视率创下新高。

目前，CNN 主网站下有 video、international、iReport 等14个频道，其中2006年8月开辟了 iReport，并于2011年11月发布了新版 iReport，该频道旨在征集全球民众针对发生在周围的突发事件提供照片或影像。CNN iReport 至今已刊出18万件的影像和照片资料，其中约有一成左右被 CNN 新闻采用，放到 CNN 网站上。iReport 网站浏览率比去年同期增加176%，点阅率每月230万人次，注册为市民记者的有85000人。①

CNN Money.com 是 CNN 的财经网，其制作的视频流量超过美国网络财经新闻的40%。分网站的页面结构和主页面一样，简洁合理，给用户留下了良好的使用体验。此外，CNN 主网站下还有 RSS 订阅、Blog、CNN Mobile 等11个功能设置。主网站页面简洁而富有特色，既有按政治、体育、科技、专题进行类别划分的新闻信息，也有“编辑推荐”（Editor’s choice）版块和 CNN 一些自有品牌的介绍。CNN 网站上既有视频、音频广播等传统媒体形式，也容纳了桌面新闻（Desktop Alert）、播客、互

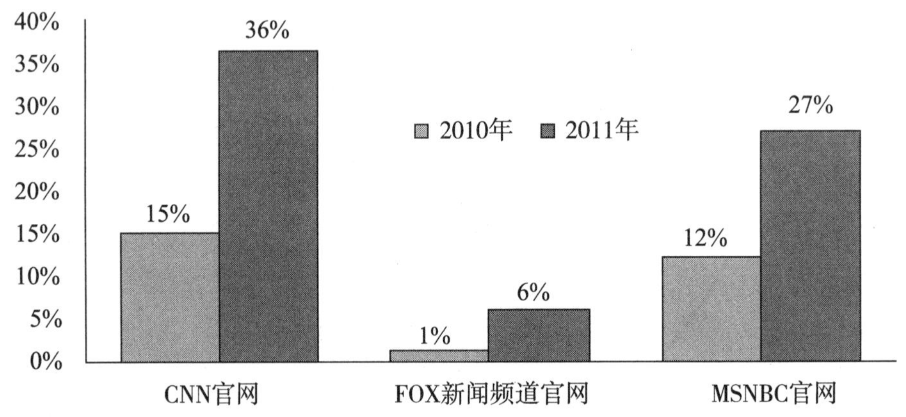

图5-16　近年来美国三大新闻频道官网的多媒体内容比例

---

① 胡毋意:《从美国 CNN ireport 看市民报道之利弊》,《新闻传播》，2010年第5期。

动新闻（iReport）等新媒体形式。线下服务包括旅行信息服务（Hotel Partner）、Twitter、手机服务（CNN Mobile）等。

事实上，美国三大电视新闻频道都在积极发展多媒体业务，其中CNN和MSNBC官网的多媒体内容比例逐年提高，CNN官网的多媒体内容比例已经超过1/3，MSNBC官网的多媒体内容比例也超过了1/4。FOX官网在多媒体方面起步较晚，2011年多媒体内容有较大幅度的提升。从某种程度上来说，CNN是电视领域进行媒介融合的先行者之一，并形成了“线上互动”、“电视网播出”和“线下服务”相结合的“三点多面”的传播网络。

在与众多新媒体的融合中，CNN与社交网站Facebook的合作也算得上经典。2009年，CNN与Facebook共推网页报道了奥巴马就职，上演了一场老牌内容媒体与新兴社交媒体的绝妙合作：网页左上侧的Facebook connect嵌入了来自CNN的直播视频画面，右侧是Facebook网友的个人状态信息，Facebook用户能够在直播同时即时评点，在页面下侧，则是其他好友和有关就职典礼的信息。结果，CNN大获全胜，在奥巴马就职报道中傲视群芳。

2. BBC：坚持内容为王，抢占新兴信息接收终端

广电巨头英国广播公司（BBC）算得上多媒体融合变革中的翘楚。在数字广播和数字电视这两个领域,BBC占据着全球最新传播科技的制高点；在新媒体业务方面，BBC更是成为电视台模仿的对象。

BBC一直积极推行UGC策略，创新内容生产方式。为了聚合全民生产的微内容，BBC大力推广其“共享”理念。该理念鼓励用户在BBC网站上建立自己的博客，并将自己的视频及音频作品发布到BBC站点上。在2005年和2006年,BBC先后推出名为“共享时刻”（In our time）和“口水战”（Fighting Talk）的播客节目。这两个节目成功后，BBC又增加了20个播客节目。

2006年，BBC开始实施跨媒体计划“创造性的未来”。2007年，BBC对网站进行了改版，充分体现了Web2.0的功能和特征，用户可以定制主页上的信息、改换颜色、添减首页新闻、随意拖放关闭等，也可以上传博

客、播客及视频。2007年以后，BBC正式步入了全媒体时代。

2007年12月底，BBC发布了iplayer播放器，利用iplayer播放器，英国的用户不但能够在线实时收听、收看BBC的广播电视节目，还能通过播放器直接检索自己需要的BBC节目，同时还能在节目首播一周之后直接下载BBC广播台、电视台、网站上的所有音频、视频，然后使用收音机、电视机、电脑、手机或者其他移动终端收听或收看。自此，BBC第一次从技术上融合了各个不同的媒介，实现了广播、电视、网站、移动终端等传播渠道的大融合。

此外，BBC还专门针对苹果iPhone手机推出了一个APP应用，它融合了视频、文字、图片，并结合手机的功能提供方便的新闻体验。

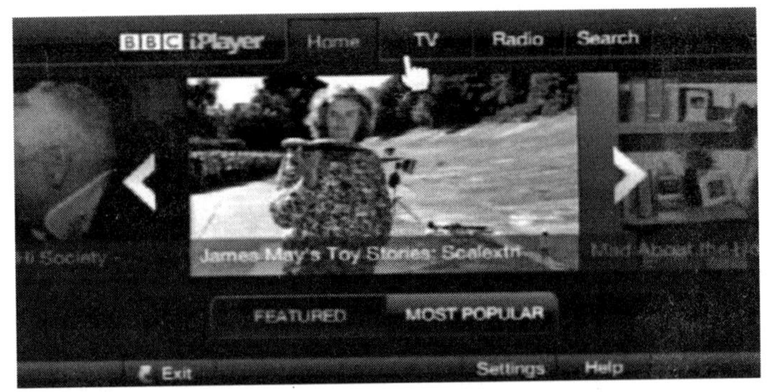

图5-17　BBC的iplayer播放器页面

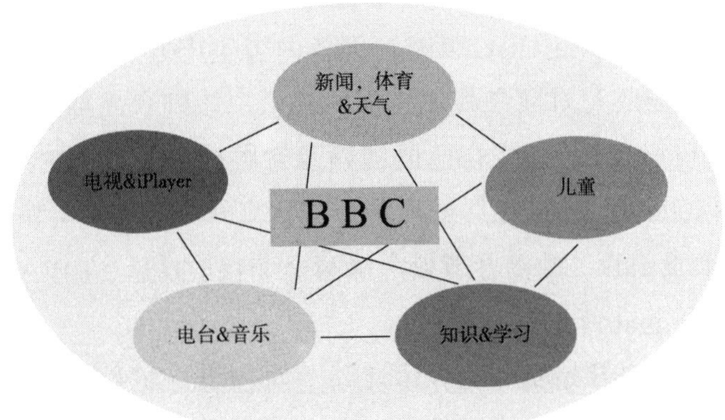

图5-18　BBC在线网络业务示意图

3. NBC：多平台整合传播，实现传播最大化

NBC在历届奥运会报道中都表现出众，素有美国“奥运电视网”的称号，2008年NBC转播的北京奥运会版本成为不少家庭的珍藏。2010年，康卡斯特收购了NBC环球公司，随后成立了“NBC体育集团公司”，这个公司将数字体育节目、广播和有线电视结合在一起，旗下包括NBC体育网、NBC奥林匹克部门、高尔夫频道及11个地区的体育电视网和网站。在2011年的瑞士竞标中，NBC以43.8亿美元的赢得了2014—2020年共四届奥林匹克运动会（包括夏季奥运会和冬季奥运会）在美国的电视转播权。

为了更好地呈现2012年伦敦奥运会盛宴，NBC设立了奥运网站（http://www.nbcolympics.com/），并采用了多平台策略，让在线视频流以及广播电视网和有线电视网多重覆盖，实现了传播的最大化。NBCOlympics.com不仅通过网络、电视、手机电视播放长达5535个小时的比赛盛况，还为用户提供有关奥运会各种服务和历史档案查询。

为了有效防止电视观众的流失，NBC采取两种方法：一是有线电视或卫星电视的付费用户只有通过认证，才能观看NBCOlympics.com站点的流媒体直播；二是针对部分热门赛事，BNC在电视转播后再视频归档重播于网络，或在网上直播后，电视进行重新编辑重播。

NBC还十分注重受众调查和反馈，NBC环球在伦敦奥运会以前委托谷歌和ComScore（美国的知名市场调研公司）使用全新的方式追踪这次奥运会转播的受众，包括电视、互联网及移动终端的受众。此外，NBC与爱立信合作，后者为NBC奥运频道提供了MPEG-4 AVC编码器、专业接收机、多路转接器和卫星调制器等系列产品，并在伦敦和纽约部署了支持工程师团队，从而帮助NBC奥运频道从奥运场馆向美国观众传送最高品质的画面。

4. 半岛电视台、今日俄罗斯等新媒体举措

（1）半岛电视台

作为国际竞争力迅速崛起的新军，半岛电视台也具有自身的特点。半岛电视台的影响力迅速提升，这与其新媒体的传播策略密不可分。为获取信息源，满足播出要求，半岛电视台在全球共建立了近70个记者站，这

个数字基本上是BBC与CNN的总和。半岛电视台采用的是“一人一站”式的迅速扩张战略。它雇佣的从业者多为一专多能的复合型人才。

半岛电视台采用了“跟着太阳跑”接力式的新闻报道策略。它在多哈、吉隆坡、伦敦、华盛顿设立了制作中心，以一种“追赶太阳”的方式接力生产新闻，为全球观众提供24小时新闻时事报道。在时间分配上，大致是多哈负责11小时，伦敦负责4小时，华盛顿负责5小时，吉隆坡负责4小时。它的每一个新闻中心都是半独立的，各自对播出的新闻内容和评论负责，并注重加强新媒体的传播报道。

2011年5月，半岛电视台开办了一档基于社交媒体的新栏目《流媒体》（The Stream），该栏目是半岛电视台采用一定信息审核制度收集并使用来自Facebook、Twitter、Youtube等网络社区与视频网站的内容与信息制作而成的。在节目征集和播出的同时，节目制作人员通过互联网与受众开展的互动，这种让普通网民深度参与的节目制作和播出过程，对新媒体时代的受众吸引力巨大。

表5–2　今日俄罗斯电视台频道组成

频道	内容	语言	开播时间
今日俄罗斯国际频道	以俄罗斯的立场分析国内和国际新闻事件的24小时新闻频道。	英语	2005年
今日俄罗斯美洲台	立足于美国本土、传递俄罗斯立场的24小时综合频道。节目内容包括新闻、脱口秀、经济、天气、纪录片和体育等。	英语	2010年
今日俄罗斯阿拉伯语台	总部设在莫斯科的24小时综合性频道，节目包括政治、经济、文化、体育、电影、纪录片等。	阿拉伯语	2007年
今日俄罗斯西班牙语台	总部设在莫斯科，但主要节目在迈阿密、洛杉矶和布宜诺斯艾利斯的记者站制作完成，节目包括新闻、体育、电影等。	西班牙语	2009年
今日俄罗斯纪录片频道	24小时的纪录片频道，节目主要是关于俄罗斯的纪录片。	英语	2011年

（2）今日俄罗斯

今日俄罗斯（RT）是俄新社下属的，由俄罗斯杜马全额拨款的对外宣传电视平台。2005年开播，目前RT已经在激烈竞争的国际媒体市场中站稳了脚跟，它的电视信号通过230多家运营商在全球100多个国家落地，入户收视率也不断提升。

2007年6月，RT与视频网站YouTube进行官方合作，不到半年，RT在Youtube上的收视率便高居该网站合作电视频道的第6位。截至2012年3月，RT在Youtube上合作频道观看次数已经超过6亿次。同时，还在Facebook、Twitter上建立官方主页，推广节目和频道，粉丝保持稳定增长。

表5–3 RT在三大新媒体平台上的关注数据

YouTube	视频数15637，订阅数272686，观看次数691352720
Facebook	关注次数380206，讨论话题数29094
Twitter	关注数164839，微博数25940
（数据来源于youtube、facebook、twitter，截至时间2012年3月5日）	

二、国际一流媒体的新媒体发展经验

1. 树立战略意识，按新媒体规律发展新媒体

传统媒体和新媒体有本质区别，新媒体具有自己的发展规律，“用传统媒体的思路去做互联网是行不通的”[①]。MySpace的失败或许可以作为这方面的典型案例。

MySpace一度是全球最大的社交网站，2005年被新闻集团斥资5.8亿美元收购。如今，MySpace已经被Facebook超越，面临着被拆分、裁员和出售的尴尬局面。专家分析，新闻集团收购MySpace的遭遇，值得当前争相进入新媒体领域的我国传统媒体反思。[②]

经过分析，不难发现问题的症结在于，MySpace运营中渗透着很多

① 参考http://tech.ifeng.com/remark/detail_2011_01/10/4208515_0.shtml。

② 引自中央电视台发展研究中心产业与新媒体内部资料。

传统媒体的习惯和方式。在内容开发方面，MySpace 参照传统媒体方式对页面进行频道划分，将音乐、视频放在和社交同等重要的位置，这使其更像新闻集团的门户网站。在运营策略方面，新闻集团将股东利益放在Myspace 的用户体验之前，急于和新闻集团已有的资源对接，这种发展思路严重低估了 SNS 发展中的不确定性。相比之下，作为 Facebook 第一产品经理，马克·扎克伯格（Mark Zukerburg）不断优化用户体验，不断地进行微创新的过程。[①] 直到2007年才发布第一个广告计划。

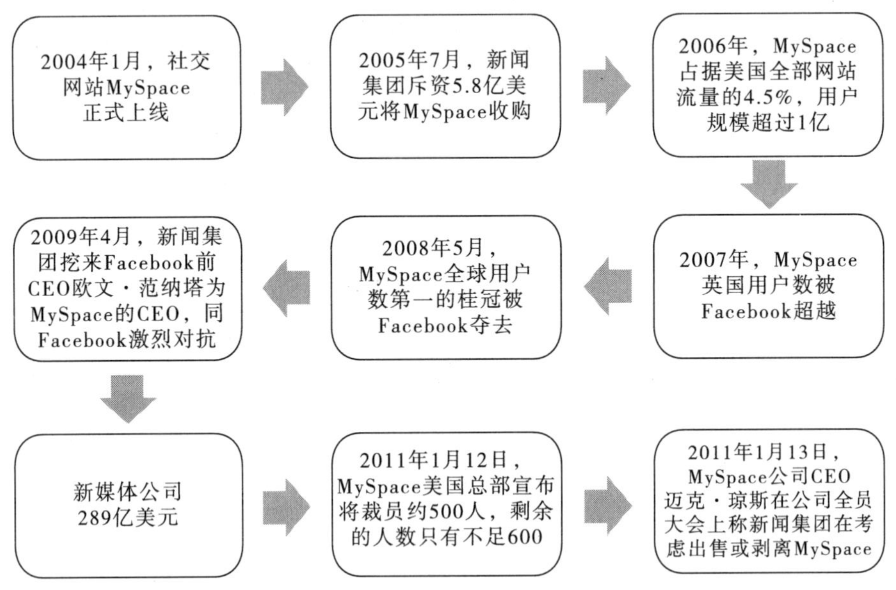

图5–19　MySpace 兴衰史简图

实践证明，新媒体拥有自己的客观规律。默多克不了解互联网，不明白 SNS 公司打造产品阶段可能会更长，因为它的产品与用户是绝对的“长尾”。[②] 这才导致了 Myspace 的“滑铁卢”。

---

① Myspace 兴衰启示录《商业价值》2011 年 03 月 14 日。

② Myspace 兴衰启示录《商业价值》2011 年 03 月 14 日。

2. 把握年轻受众，积极拥抱下一代用户

以 BBC、CNN、半岛电视台为代表的国际一流电视媒体均将受众喜好作为创新的核心——根据受众需求制作新闻产品，为受众收听、收看栏目提供各种细微服务。BBC 为不同用户提供了多种下载终端服务，提供不同视频格式，适应手机及平板电脑等终端使用。

2011年5月，半岛电视台更是开办了一档基于社交媒体的新栏目《流媒体》，该栏目是半岛电视台采用一定信息审核制度收集并使用来自 Facebook、Twitter、Youtube 等网络社区与视频网站的内容与信息制作而成的。这一栏目被半岛电视台英文网站列为六大主打栏目。该栏目会在互联网上设置一个主题，引导受众积极提供信息与相关内容，并以此为基础制作电视节目。在节目征集和播出的同时，节目制作人员通过互联网与受众开展互动，这种让普通网民深度参与的节目制作和播出过程，对新媒体时代的受众吸引力巨大。

BBC 的“用户生成内容”服务同样也是这个思路。受众能够将自己制作的节目内容通过网络进行上传，同样也可以收看别人上传的内容。BBC 从而将自己从传统广播电视内容提供商变成一个聚合型开放媒介平台，进而吸引更多的受众参与节目内容的制作，交流讨论和创造。

3. 利用资本手段，借力转型实现突破

购并是市场经济发展到一定阶段后由于资本的逐利特性而自然出现的产物，当今世界大的经济集团包括传媒集团在内，都通过购并实现产业扩张，国际市场上传媒间的购并行为方兴未艾，频频成为经济亮点。一个主要原因就是购并是一种低成本的企业扩张方式。

1989年，经营杂志为主的时代集团与经营电影为主的华纳集团合并，1995年，时代华纳集团又兼并了美国有线电视新闻网 CNN，到2001年，时代华纳集团又以“天价”与互联网公司美国在线合并。通过购并，可以获得专门的资产、技术、人才、商誉、特权等资源，从而以低成本获得传媒自身功能以及相关市场领域的扩张。

第三节　国际一流媒体建设的新媒体前瞻

一、国际一流媒体向全媒体、一体化转变

如前所述，数字技术的出现与升级消弭了传统媒体传播介质间的隔阂，为传统媒体间、传统媒体与新兴媒体间的融合创造可能；另一方面，技术创新对信息终端的扩展更改了传统的受传模式，形成受众深度参与的心理与宽泛的社交氛围，优于传统媒体依赖的单向度传播，更符合受众的接受心理和交往需求。因此，技术的进步在可能性与必然性两个层面上决定了传统媒体的融合与转型。

1. 传统报业的转型

以文字为媒介、注重线性思维的报业在电视的冲击下早已危机四伏。信息量的有限、内容呈现的单一和消息发布的滞后，显然更不能适应新世纪以来信息爆炸的大容量、多渠道与快节奏。原本赖以生存的新颖角度与深度报道，也在无孔不入的视频技术的冲击下丧失了抵抗力。因此，报业成为全媒体融合浪潮中首先谋求转型的传统媒体。

创刊于1851年的《纽约时报》一直以对重大事件报道视角的独特与评论的深度，成为美国具有相当影响力的平面媒体。但在技术飞速发展的世纪之交，这位以严肃著称的报业巨人也意识到网络对于自身发展的威胁与机遇。1996年，《纽约时报》率先建立自己的网站 www.nytimes.com，并在网站的设计上注重直接呈现的消息与相关报道之间的联系，从而利用网络的联系性扩展了纸面报道的全面性和深度，有效弥补了报纸版面缺乏造成的信息狭隘的窘境。2002年，《纽约时报》收购了美国最受欢迎的十大站点之一的 About.com 公司，在不断拓展信息内容与深度的同时，强化了与读者的互动性，并为读者搭建了社交平台。

从传统的平面媒体到借助网络数据再到社交领域，《纽约时报》的成功转型在保留报纸实体的同时，无限延伸了他的业务范围。以至于公司董事长苏兹伯格曾作出这样的评价：“《纽约时报》是什么？如果你只回答是

报纸，那么，你不能得满分，因为，今天的《纽约时报》，除了是报纸外，还是网站、电视台、广播电台，它们都是《纽约时报》。”

相对于《纽约时报》对网络数据和社交功能的综合运用，国内平面媒体的转型更注重报纸与网络在采、编、刊、播一体化过程中的配合，以扩大报纸的覆盖面和影响力。比如转型较为成功的《南方都市报》，在扩展报纸报道领域、坚持内容深度的同时，借助期刊、网络、手机等各种新式，以“无处不在”的质量结合，形成“南都”的品牌效应。

2. 通讯社、广播电台的转型

和报纸同样处于尴尬地位的通讯社和广播电台，也在保留各自业务主干的基础上，借助数字技术，着力发展电子业务，以应对新兴媒体的挑战。

作为世界上最大的新闻通讯社，有着百年历史的美联社始终坚持借助技术创新，实现新闻发布的有效与影响力的扩大。早在20世纪90年代，美联社便建立了互联网服务部和电视服务部，通过不同媒体之间的联合扩展新闻发布的渠道。新世纪以来，美联社针对受众获取信息方式多样化的特点，在媒体联合的基础上借助技术支持，实现媒体融合，制作网络视频新闻并建立移动新闻网，实现传播技术的升级和传播平台的扩展。

2009年，美联社推出“新闻注册”系统，以跟踪新闻稿件在网络中的使用情况，在规范新闻使用的同时，也能够通过数据分析了解使用者的关注点和使用范围。为了更好的吸引信息机构和使用受众，美联社还以“分众服务”的理念接连推出“将新闻内容优先发布给特定群体”的服务和互动新闻服务。尤其是互动新闻服务一种持续的多媒体新闻服务类型，实现媒体与受众的互动性、新闻持续报道的连续性和各种媒介（图片、视频、文字）的协作性。

作为中央三台之一的中央人民广播电台，自2002年以来便调整频道设置，通过主题领域的细化扩展覆盖面，以播出时间的24小时化影响受众，达到适应新时代对广播的要求。同时成立央广传媒，从事中央台全部可经营性资源的开发和经营活动，拥有广播、电视、期刊、网络、新媒体等多种经营性资源。2008年7月，中央人民广播电台手机电视作为第四家手机电视牌照商正式在中国移动网络上线，并已经取得数字付费电视的特许运营资质，力图全方位打造一个内容全面、专业细化，具有视听、互动特色的综合性广播媒体。

3. 电视台的转型

作为电力时代传媒行业的绝对霸主，电视的出现曾以其信息大容量、即时传播的现场感和安置家中的亲近感超越平面媒体和广播的影响力。但在新兴媒体的冲击下，电视依靠的技术优势不复存在，为了继续保持自身的优势地位，电视同样在全媒体浪潮中走上转型之路。

近三年，美国电视台更侧重开发多种新兴传播平台，让观众可以随时随地接触到视频内容。美国广播电视网和有线电视注重开发数字推送渠道，这些数字推送渠道可以简单划分为三类：有线平台 (网站建设)、社交性媒体策略 (Facebook、Twitter 等)、无线应用平台 (手机、平板电脑应用程序)。

美国传统电视在新媒体化方面做出了多种大胆尝试，电视媒体非常注

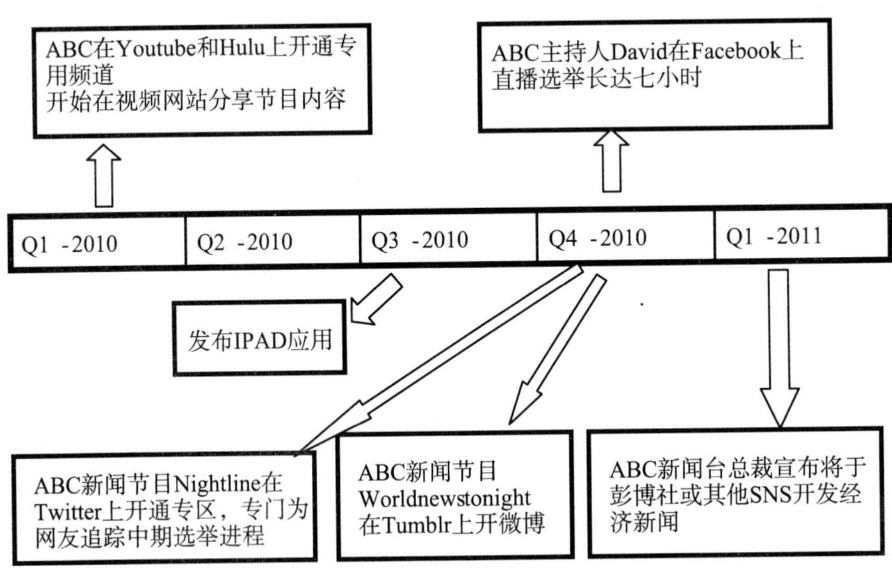

图5-20　ABC 在2010—2011 年拓展渠道方面的措施

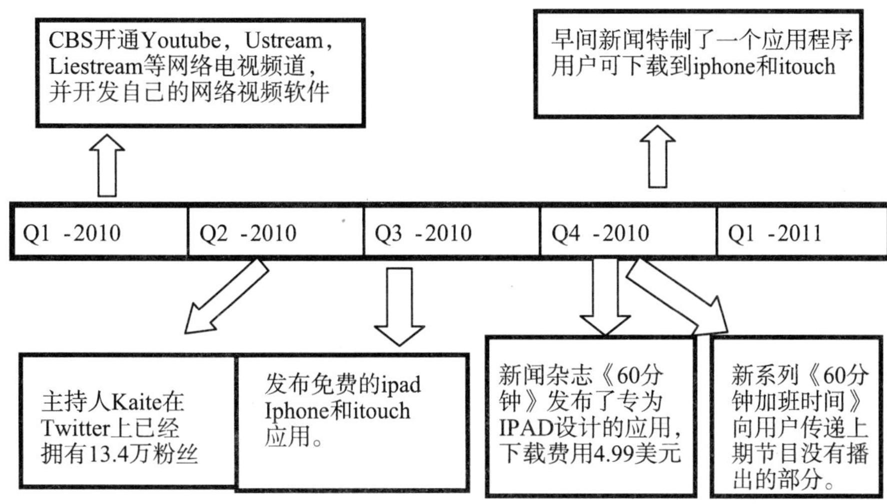

图5–21 CBS在2010—2011年拓展渠道方面的措施

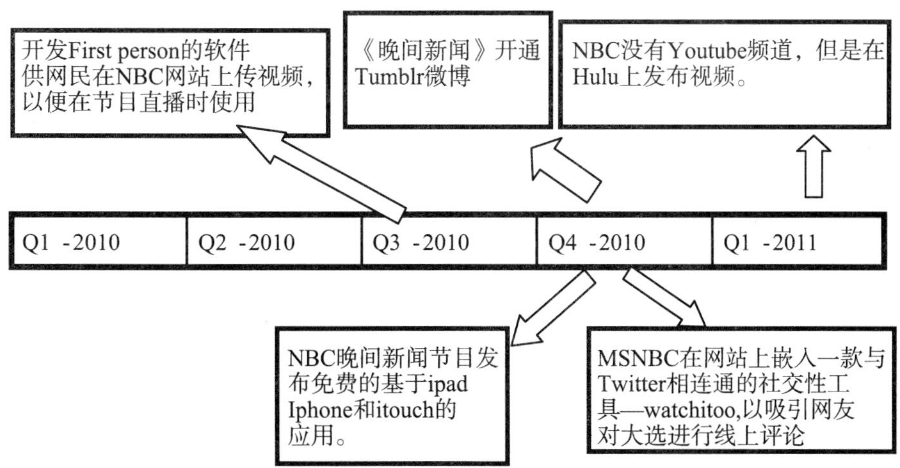

图5–22 NBC在2010—2011年拓展渠方面的措施

重增加其观众的粘连度——当一个观众在电视上看到一个节目时，他可以看见自己的Facebook主页上朋友们正在热烈地评论节目；当他想知道特定领域的资讯，他可以到电视媒体的网站上设置最喜爱的新闻倾向，网站将会收集这些内容发布到他的邮箱、手机应用和新闻订阅工具；当他想知道这一期的新闻杂志中更多的内容，他可以订阅一个特别的应用——里面装着在电视上没能够看到的新闻背景；他还可以浏览节目的微博，在那里他可以看到更多视频、图片和文字介绍。

中国电视行业的转型则经历了建立网站，获取相关新兴媒体经营的牌照资质、建立新媒体电视形态，以及进入移动终端领域三个过程。但是全媒体平台的建立并不是简单的几种媒体形态叠加，重要的是如何将电视的品牌与新兴媒体的技术优势有效结合，实现个性中的共性发展。

作为在华人世界具有重要影响力的凤凰卫视，在互联网飞速发展的时代作出“用媒体的思想遵循互联网的规律来编辑新闻，即为‘海量快速’的互联网注入媒体的魂魄”的转型尝试。事实上，早在1998年，凤凰网（www.ifeng.com）就以企业网站的形式诞生，但直到凤凰卫视集团确定全媒体战略后，凤凰网和凤凰卫视才开始实现资源共享、内容勾连和话题互动。在凤凰卫视的固有品牌中注入凤凰网上形成的舆论导向、网友跟帖甚至网络语言等；或者在凤凰网中延伸在凤凰卫视中呈现的新闻事件，从而以互联网和电视平台的交叉宣传，促进了双方用户量的同步增长。

由于凤凰卫视集团拥有大量的媒体化人才、独家丰富的媒体内容，还有几十年来品牌聚集成的媒体消费用户基础。再加上凤凰新媒体注重选择优质的战略合作伙伴，不仅获得了充足的资金，更获得了用户、技术和内容资源等方面的有力支持。这种借助凤凰卫视母体、结合互联网特点实现品牌共建、发挥共同效应的方式，实现了互联网、无线通信、电视网三网融合的无缝衔接，使得凤凰卫视集团的全媒体运营成为电视行业转型的翘楚，也为其他电视集团转型提供了借鉴。

二、国际一流媒体进军智能、移动和社交平台

移动互联网在全球范围内的发展速度出乎许多人的预料，而智能手机、平板电脑等手持终端恰是网民享受移动互联网服务的重要平台。也正是手持终端从电视、电脑向智能手机、平板电脑的扩展，形成四屏格局，为各种类型的媒体争夺市场带来了机遇与挑战。

1. 国际一流媒体纷纷跟进 iPad，意在争夺最终用户

据中国互联网络信息中心最新发布的数据：2012年上半年，我国通过手机接入互联网的网民数量已达3.88亿，相比之下台式电脑为3.80亿，手机已成为中国网民的第一大上网终端。预计2012年中国网络视频广告规模将超62亿，2015年或超过综合门户网站。2012年网络视频广告的投放量开始大幅攀升，特别是网络视频前贴片广告，更被许多品牌广告主及广告代理商当作电视广告的替代或补充性媒体。iPad 拥有接近于手机的便携性，全屏多点触控，且9.7英寸的高清显示屏使得视频播放效果远远超过一般的智能手机，成为"电视随身行"的绝佳传播平台。此外，它还拥有像电脑一样强大的上网和互动功能。以 iPad、智能手机等为代表的移动互联网终端模糊了电视、电脑和手机的边界，成为集三者优点于一身的新型传播终端。

以 iPad 为代表的新型传播终端凭借其绝佳的用户体验，吸引了一大批高端用户，虽然操作系统有很大的不兼容性，却挡不住全球各大传媒机构纷纷主动针对 iPad 进行专门的应用适配和内容生产。

BBC：推出 iPad 版本的视频应用软件 iPlayer 传播自家电视节目，还为旗下15个杂志发布了 iPad 数字版本；

CNN：推出免费 iPad 应用，并提供美国版和国际版新闻转换功能，三种不同视图，让用户可浏览所有 CNN 新闻、评论和视频，支持分享和评论，可通过社交网站 Facebook、微博网站 Twitter 和电子邮件分享新闻，支持离线浏览模式；

ABC 和 ESPN：为 iPad 用户提供独家内容；ABC.com 网站更是专门为 iPad 设计了最优化界面；

NBC：将网站提升为 iPad 相容格式；

新闻集团：推出专门的 iPad 电子报纸《The Daily》，该报纸通过苹果网络商店独家出售，订阅价为每周99美分；

彭博社：面向普通用户推出免费 iPad 应用；

美联社：积极开发一款针对 iPad 新闻类应用产品，提供美联社及其逾1000家成员的内容。

中国市场份额最大的视频网站优酷网在抢占 iPad 这一新型传播终端的同时，直接将优酷视频客户端预装在诺基亚、索尼爱立信智能手机里。目前，中国市场1/2的新上市智能手机都预装了优酷客户端，诺基亚 N8、索爱 X10i 等机型把优酷客户端作为唯一在线视频应用。土豆网黑莓客户端也已上线，成为第一家也是唯一与黑莓合作的视频应用产品，让黑莓用户可以尽享土豆网近5000万条视频内容。优酷网、土豆网都用排他性的客户端预装，大大提高其手机电视的用户到达率，这必将对我台手机电视的发展带来强有力的威胁和挑战。

事实上，从更深层次而言，全球火爆的不是 iPad，而是移动互联网。手持终端的四屏格局，进一步分流了传统媒体尤其是电视的受众群。数据显示，我国视频用户每周观看视频时长分别为：PC 电脑12.6小时 / 周、电视9.0小时 / 周、平板电脑8.3小时 / 周，智能手机7小时 / 周。尽管 PC 电脑目前仍然是用户观看网络视频的主要终端，但是从数据调查结果来看，近3成用户未来可能不再通过 PC 观看网络视频；相较而言，分别有3成以上视频用户会通过智能手机或平板电脑来观看网络视频。

不难想象，智能手机数量与互联网流量的增长让移动视频观看流行开来，短小轻快的微视频更是填补了用户的碎片时间，与现代社会快节奏的生活方式较为贴切。传统媒体在向全媒体转型的过程中，必须跳出专注于电脑网络媒体的思路，迅速将精力聚焦于移动终端，才是顺应媒介技术发展的必需。

2. 技术演进下的社交电视

尚未得出清晰定义的社交电视，是传统电视在全媒体浪潮中，为适应信息传输方式升级、观众收视习惯转变作出的技术创新；这种将社交媒体与电视无缝衔接的技术创新，已经成为 Web2.0时代，互联网社交业务盛行背景下电视发展的新潮流。

（1）社交电视的出现

事实上，社交电视的出现并非偶然。早在2001年，葡萄牙阿威罗（Aveiro）大学的研究者便尝试将互联网的通信服务与电视收看功能相结合，设计出交互式电视系统“2BeON”。在这个系统的支持下，观看电视的观众可以与好友进行即时的文字、语音和视频通信。2004年，阿尔卡特（Aclatel）公司为 IPTV 开放的 AmigoTV 系统进一步拓展了收看电视时段中间交流的空间和方式，能够在不离开当前节目的情况下邀请在线好友进行文字或语音聊天，能够搜索到好友正在看的频道并加入这个频道等各种功能。

但这两种系统只是解决了“通信”的便捷，或者说，只是实现了电视与互联网的物理性质的对接，并没有实现两者在内容上的融合，不同地域的用户只是在消除空间的基础上实现了观看的同步性，并没有达到对观看内容的参与性与共享性。

近年来一直致力于社交电视研发的麻省理工学院电子研究实验室受邀科学家蒙彼蒂（Marie-José Montpetit），曾和她的学生一起为社交电视勾勒出一个较为完美的模型。即建立一个汇集各种在线视频的中央数据库，共享用户自定的社交网络数据，能够向用户的电视发送视频，并允许用户及其网络好友通过应用程序发表评论和给视频评级，更为精妙的是，应用程序还允许不同的用户之间可以通过约定的方式，在指定的时间弹出同一个节目。在这种系统的支持下，使用者是以主动选择的姿态、以自己的兴趣为出发点、以观看的内容为话题中心，不仅实现了电视节目个人体验的共享，也对电视节目以后的制作策略产生了影响。

首先将社交电视理念落实到频道层面的是新西兰电视台（TVNZ）。2011年3月13日，新西兰电视台和 Facebook 合作建立的免费数字频道 U Channel 正式开播。其中最具社交特色的栏目版块是 U Live，观众可以通过这项应用程序直接将自己针对节目内容的看法呈现在电视屏幕上。而且在每周日晚上，观众还可以通过 U Channel 官方网站和 Facebook 主页，参加海选频道主持人活动，体现出不同于传统电视被动收看与接受的参与性甚至是主导性。

（2）社交电视的形式

社交电视从业务形式可以分为三种类型。

以电视为中心的形式

这种方式主要由电视台、有线电视网络运营商、电视机或者机顶盒生产厂家主导，在交互方式上，这种模式以遥控器为中介，因为遥控器输入不方便，所以在交互应用上会有比较大的局限性。只能做浏览类互动和简单类型的互动，比如投票、竞猜、打分、签到、推荐等。为了克服交互方式的缺陷，手机、平板或者电脑与电视机构成双屏甚至多屏的体验方式更为有效，这种方式下，电视主要用来看，手机或者平板主要用于各种交互。

另外，还可以通过机顶盒方式主要是通过机顶盒中间件(比如 iPanel)来支持这些功能。而智能电视（互联网电视）因为采用智能操作系统，比如安卓（Android），可以方便的在上面添加这些应用。比如美国威瑞森（Verizon）的 FIOS TV 业务，是全球最早部署的 IPTV 业务，目前支持在观看 TV 的时候，浏览和 TV 相关的 Twitter 消息，或是访问自己的 Facebook 账户，及时查看好友动态或是访问好友相册等。

国内新近研发的互联网电视有康佳8000系列、7000系列智能云电视和海尔卡萨帝电视等。

以电脑为中心的形式

通过电脑访问互联网门户形式，是最普遍的社交电视形式之一。用户通过访问特定的门户网站，对正在观看或是观看过的 TV 内容发表评价、推荐或是分享给好友等。这一类门户网站，都能够支持对自己观看过的内容进行“签到”（Check-in），同时支持与第三方社交网站的连接（Connect），可以将自己对电影、节目等的评价或是影片链接分享到自己在第三方社交网站的好友。

这种方式通常由在线视频门户网站或者独立的第三方网站来提供。大氛围直接在在线视频门户网站中增加功能，提供独立的点评、分享类网站（社交电视门户网站），和提供搜索引擎，在引擎的基础上提供点评、分享功能三种形式。比如 Getglue 和由凤凰网推出的卫视通。

和以电视为中心的方式项目相比，互联网的主要优势在于交互方便，同时因为媒体内容是分散式组织的，而不是按照频道、广播式组织的，所以在点播、评论等互动上会更加灵活。

以手机 / 平板为中心的形式

以手机 / 平板电脑作为收看电视的媒介，对应的社交互动功能也在

手机 / 平板电脑上进行或者电脑上实现。比如美国最大 TV 运营商 Time Warner Cable 发布 TWCable TV、迪士尼旗下 ESPN 开放了 WatchESPN 等。

三、互联网变身国际强势媒体，国际一流媒体拓展互联网业务

对重大新闻事件进行全景式、深度性报道始终是传统媒体的优势所在。但2012年的伦敦奥运会已不再是传统媒体一统天下，而成为新旧媒体争夺客户群与话语权的主战场。Facebook、Twitter、腾讯等新兴媒体借助网络传播的技术优势和使用的便利性、交互式，在奥运会报道的传统渠道中开辟出第二现场。

1. 重大事件中网络媒体显现主流媒体地位

6月18日，全球最大的社交网站 Facebook 推出名为"探索2012伦敦"的新网页，为用户提供最新的奥运消息，粉丝还能够通过对文章的评论和相关运动员进行直接沟通，了解到比赛当中不为人知的各种细节和自己关心的方面，不必像传统媒体只能提供运动员的个人采访。此外，Facebook 还专门为记者开辟了奥运服务版块，推出了一个记者指南，帮助记者在 Facebook 网页找到奥运报道和信息。内容包括记者怎样使用 Facebook 的订阅功能；如何使用搜索、链接以及数据库等。实现用户、记者、运动员、赛事的交互合一。Google 和 Twitter 等也推出奥运专版。

为了在奥运会报道上占得先机。腾讯更是将2012年欧洲杯作为伦敦奥运网络互动报道的"练兵场"，围绕全程赛事推出了比分竞猜等一系列的网络互动活动，自6月8日欧洲杯竞猜正式推广到7月2日欧洲杯结束，总共有近1000万网民参与活动；较2010年南非世界杯期，竞猜活动中平均每道题的参与用户数提升近50%。在奥运会期间，腾讯以打造"一站式在线生活"为目标，整合旗下的腾讯微博、腾讯微信、QQ 客户端、朋友网等众多网络互动平台，组合成奥运报道互动平台阵营。此外，腾讯还对腾讯网、腾讯视频、腾讯手机新闻客户端进行跨平台深度整合，直播类、点播类、数据类、互动类伦敦奥运报道平台全面出击。

此外，为获得奥运赛事报道第一手资源，腾讯与参加奥运的热门选手开展合作。参赛选手会在奥运期间通过腾讯微博为广大网友及时带来奥运

前线的消息。奥运选手通过腾讯微博与网友互动已成为腾讯伦敦奥运报道的核心竞争力。

尽管奥运会期间奥委会对网络媒体作出诸多限制，仍然将现场的视频录制和赛事评论授权于传统媒体的新闻机构，但是新媒体在消息传播和网友与运动员互动上的优势，还是较传统媒体呈现出更高的人气。以至于评论家认为，伦敦奥运会是一个真正社交的奥运会。

伦敦奥运会报道中新旧媒体的比拼不过是现实中两者争夺客户源的缩影。过去几年各大互联网巨头相继推出了自己的开放平台，并汇集了大量的第三方应用。苹果商店应用软件已超过30万款，下载量超过40亿次，Facebook 开放平台的各类应用超过55万，Twitter 开放平台上的应用数也已超过10万。而 Twitter 作为实际上最早且最著名的社交工具，截至2010年11月1日注册用户已达1.75亿人，从4月到现在的7个月时间内，Twitter 增加了7000万用户。2009年到2010年的增长率达到惊人的200%。甚至美国总统奥巴马以及麦凯恩、戈尔、施瓦辛格等都是 Twitter 的忠实用户。Twitter 用户的膨胀彻底打破了传统媒体的“记者”编制，遍布全球的信息源使得美联社、CNN、洛杉矶时报等国际传媒机构都在从 Twitter 渠道获取新闻报道的一手材料。

图5-23　腾讯伦敦奥运报道新媒体平台阵营

2. 国际一流媒体转型面向未来，拓展互联网

互联网传播的技术优势迫使传统媒体以转型的方式拓展互联网，以内容的深度挖掘、产业链的打造和新兴业务的延伸谋求未来发展。

（1）增加节目投入、拆分传统业务

2011年，为了应对收视率下滑的困境，美国各大有线新闻频道纷纷加大资金投入，试图以新闻质量的提升对抗新闻传播的效率。整体投入增长5%，达到17亿美元。其中，福克斯新闻投入达到7.32亿美元，位居榜首。BBC的节目制作费用也整体上浮，2011年的电视节目制作费用达18.013亿英镑，同比2010年增加了0.143亿英镑。

传统业务的萎缩迫使传媒集团通过拆分的方式实现市值增加。2012年6月29日，新闻集团宣布将分拆为两个独立的上市公司。其一以传统平面媒体为主，包括《华尔街日报》、《泰晤士报》等传统报业资产。另一则是电影电视资产，包括20世纪福克斯 (Twentieth Century Fox)、福克斯新闻台 (Fox News) 和福克斯无线电视台，仍属于新闻集团。显然，将盈利能力不强的出版业分拆将强化默多克在影视内容方面的优势。

出于同样目的，早在2006年，维亚康姆也曾将公司一分为二，将传统的广播电视网分拆为CBS，新的维亚康姆公司则以原来的娱乐制作业务为主，包括MTV，派拉蒙电影公司以及其他电影制作机构。分拆后的维亚康姆强化了在娱乐制作领域的优势。

（2）合作与并购，打造产业链条

在注重提升内容质量的同时，国际大型传媒集团还通过并购、收购小制作公司等方式，拓展内容制作的范围。比如新闻集团2007年斥资56亿美元收购道琼斯及其旗下的华尔街日报；美国迪斯尼先后收购游戏开发商Mindeye、漫画公司Marvel以及iPhone游戏开发商Tapulous。在2010年第四季度，迪士尼巨资收购playdom工作室，正式进军社交游戏市场。内容范围的扩大丰富了传媒集团固有的产业结构，从而以产业链条的延伸和完善提升自身的实力。

为能使核心内容在更广范围产生影响，各大传媒集团还不断扩展与终端运营商的合作，通过各种渠道影响观众。

2007年，微软和维亚康姆建立了战略联盟，两家公司将在广告、内容发行、活动促销和游戏方面展开广泛合作。2012年，微软为Xbox Live 4000万订阅用户提供的新内容，包括维亚康姆旗下尼克儿童频道的卡通节目等。

HBO公司推出的HBO GO应用，可以通过Xbox兼容电视屏幕，订阅用户可以直接在电视屏幕上获取该付费频道几乎所有的电视剧、电影、纪

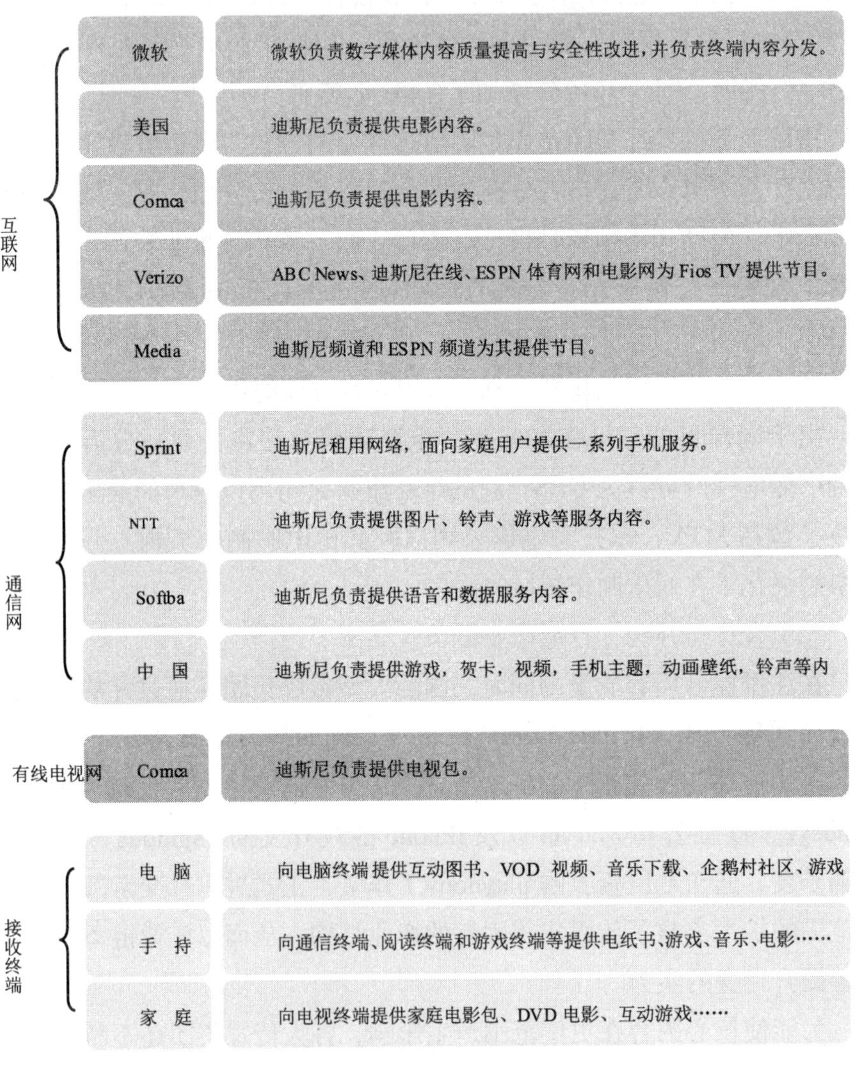

图5–24　迪斯尼数字化内容的分发方式

录片和其他节目。HBO GO 内容库包括在线的1400个节目，还包括经典的节目。用户还能访问电影、连续剧、纪录片和来自此频道的特别节目。

迪斯尼依赖于强大的原创内容，获得了大量的强势合作伙伴，逐渐形成了跨互联网、通信网和有线电视网合作的格局。

2011年11月，谷歌宣布，将来自迪士尼的数百部电影增加到旗下YouTube 电影租赁服务库中。YouTube 就可以提供来自迪士尼、皮克斯动画和梦工厂的电影。迪士尼将为 YouTube 中的迪士尼频道制作原创内容，该频道还将提供广告。

（3）把握核心技术，试水新兴领域

维亚康姆很早就开始开发新媒体软件。2007年下半年，维亚康姆与著名软件设计商 ADOBE 共同开发的手机嵌入式软件投入使用。根据合作协议，这套软件支持手机用户无限收看 MTV 音乐台所制作的手机电视节目内容。这无形中也增加了维亚康姆在进入手机增值服务市场的终端优势。美国互联网用户2010年共观看303亿个视频，其中维亚康姆平台的视频观看次数达到了3.84亿次。

在迪斯尼2012年规划中，将推出10~12款新游戏，而年初数据表明，互动媒体部门开发的游戏《鳄鱼小顽皮爱洗澡（Swampy）》在苹果公司应用商店付费游戏中蝉联三周榜首宝座，第一季度收入即已超出迪斯尼以往30款移动游戏的总和。

投资新兴的网站或公司，成为各大媒体集团近年来最为热衷的“赔”钱买卖。虽然至今，在很多公司的报表中，数字新媒体业务还处于非常尴尬的赤字状态，但这并不影响媒体集团对新兴领域的投资意向。

在众多投资中，以内容为核心竞争力的新兴公司以 Hulu 最为瞩目。新闻集团旗下福克斯广播公司联合 NBC 共同投资创办了视频网站——Hulu.com。该网站创办时并不被看好，但却在创办一年即已盈利。Hulu 与90多家内容提供方签约授权播放其资源，内容涵盖了全美许多著名电视台和电影公司的节目。2011年，Hulu 的收入为4.2亿美元，相比2010年增长了60%。Hulu 网站提供的付费视频服务 Hulu Plus 用户数量在2012年第一季度突破200万。2012年5月，Hulu 在线视频流量位居全美第二。

四、中国主流媒体的新媒体探索

1. CCTV以台网联动为基础，加快台网融合平台建设

作为国家主流媒体，中央电视台顺势而动，不断加快电视与新媒体融合发展的步伐，抓住战略转型的重大机遇，力争在激烈的传媒竞争中继续保持强势地位。

2009年12月，中国网络电视台（以下简称CNTV）正式上线，2010年7月，CNTV完成了与央视网的域名合并，成为中央电视台新媒体业务和媒体融合业务运营总平台。目前，CNTV提供包括中央电视台22个开路电视频道、33个地方卫视频道以及2路数字电视频道的高、标清网络视频直播业务，并为网民提供点播、搜索、下载、互动评论等服务。同时结合论坛、博客、播客、社交化网络应用、访谈、手机报、移动电视等新媒体形式，为中央电视台开拓与受众密切接触的互动平台，营造网络、电视节目、主持人、记者和网友之间的多方互动。

在手机电视方面，“CCTV手机视频节目生产基地”启动了一系列手机视频节目生产工作。通过iPhone手机平台，全球iPhone手机用户都可以在苹果的APP store里下载CNTV的客户端，收看CNTV的节目用户已达200多万。同时成立专门的制作队伍，自行研发在苹果IPAD终端上浏览的自有产品；在移动电视方面，为全国30多个城市的5万辆公交车提供内容，并将延伸至火车、飞机、地铁、楼宇等公共视听载体市场；在IPTV方面，CNTV已成为全国三网融合IPTV内容集成播控平台，负责中央总平台和试点地区分平台建设、运营和管理工作。

未来，中央电视台的新媒体经营预计将围绕成熟的盈利型业务（广告、版权合作、频道合作等）、政策服务型业务（政策性内容报道、海外报道及业务拓展等）、市场开拓型业务（IPTV、手机视频、游戏等）及投资型业务（技术开发、服务器站点建设等）展开。

2. 国内其他主流传统媒体的探索举措

（1）新华社：举全社之力发展新媒体

新华社很早就提出要“举全社之力办好新华网”，并要求“全社各部

门、各分社都要把办好新华网、把搞好网上新闻宣传切实作为一项重要紧迫的工作来抓”，这一决策延续至今。

首先，建立覆盖全球的“五环式”网络新闻采集体系。新华网充分依托新华社国内外150多个分支机构，组成了包括新华网编辑部、新华社各大编辑部门、国内分社、海外分社和协作媒体在内，覆盖全球的“五环式”新闻采集体系。新华社还整合新闻信息编发渠道，建立全社一体化的网络新闻信息发布平台，把各社办报刊网站、各分社地方频道以及手机短信等移动新媒体业务纳入新华网的统一平台。

其次，借助社会资本力量发展新媒体。新华社通过参股、兼并等方式吸纳社会资本（如风险投资、私募基金）共担风险，大力拓展新媒体业务。以新华社手机电视业务的运营主体新华视讯手机电视台有限公司为例，早在2010年就通过增资扩股的方式，拿出45%的股份吸收地产、广

表5-4　新华社新媒体全面布局进程图

时间	事件
1997年11月	新华网正式上线，目前已经推出手机Wap版及3G版
2001年2月	新华网互动交流平台“发展论坛”正式上线，并先后推出了博客、播客等互动平台
2003年3月	在与中国移动的合作下，推出新华短信业务
2005年11月	新华手机报正式推出
2007年9月	金融交易服务平台新华08正式上线，并先后推出电脑终端、视频终端，目前已推出的手机客户端可适用于iPhone、Android、Windows Mobile、Symbian等手机系统平台及Java应用环境
2008年12月	新华社推出视频新闻专线，实现文字、图片、音视频“三位一体”的多媒体报道格局的转变
2009年9月	新华社与中国移动合作打造的新华社手机电视台正式上线，并先后推出了iPhone、Android版本
2010年1月	中国新华新闻电视网（xhstv.com）正式上线，并于5月开通了英文台
2011年2月	新华社与中国移动合作推出盘古搜索，目前已经相继推出手机Wap版以及iPhone和Android手机客户端
2011年4月	新华微博正式上线，同时推出新华微博手机客户端

告、文化和科技等行业的四家公司参与，实现增资9900万元。

再次，引进优质合作伙伴，规避业务短板。新华社充分挖掘自有资源优势，掌控新媒体业务中最擅长的环节，通过选择优质战略合作伙伴，在节省成本的同时，获得用户、技术和内容资源等方面的支持。除此之外，新华社还与中国移动、中国电信、中国金融期货交易所、亚太卫星集团等建立战略合作伙伴关系，在内容、分销渠道、技术支持等进行合作。

表5–5　新华社的合作伙伴

时间	合作伙伴	合作目的
2009年8月	中国电信	新华社与中国电信在上海开通基于天翼3G网络平台的新华电视频道
2009年8月	亚太卫星集团	航天科技集团提供平台和技术支撑，新华社作为内容提供方，双方使用各自资源进行合作，新华网通过航天科技集团公司的卫星平台向世界发布电视新闻
2009年9月	百度	百度协助新华社开发其庞大的新中国多媒体史料库，并推进新华社旗下搜索引擎研发进程
2010年起	中国金融期货交易所、国内各大银行	主要为新华08平台，在金融信息平台建设、金融信息交易、公司金融服务、个人金融服务等业务领域开展全面合作
2010年8月	中国移动	新华社与中国移动合作成立盘古文化传播有限公司，负责盘古搜索引擎的建设和日常运营
2010年11月	中国人寿	双方将在信息咨询服务领域、业务创新、品牌推广、保险业务以及资本合作等方面开展广泛合作
2010年12月	盛大网络	新华社将利用文字、图片、视频等方面的内容优势，结合盛大在网络、视频、互动娱乐等方面的渠道优势建立合作
2011年2月	酷6网	新华社的内容资源可在酷6网各个平台上使用

续表

时间	合作伙伴	合作目的
2011年5月	西班牙电信集团	在欧洲和世界其他地区合作开发手机报、手机电视、网络电视及其他新媒体市场
2011年7月	PPTV	在内容分发、商务、网站运营等方面展开全面合作

最后，大力打造国际一流新媒体产业园区。2011年1月，集传媒高新技术研发、生产为一体的新华网产业园区在北京市大兴区国家新媒体产业基地开园。新华网产业园区已形成以新华网和中国政府网、中国文明网等国家级政府网站为主体，以新华社和中国移动合资建设的搜索引擎为重点，以新一代智能搜索、多媒体技术和新媒体产品为突破口，集网络媒体、搜索引擎、移动互联网、网络视频、数字出版、电子商务等于一体的新媒体产业链和网站集群，努力打造国内一流并在国际上具有较强竞争力和影响力的新媒体产业园区。

（2）人民网：借力资本手段寻求突破

根据ChinaRank的统计，2011年8月22日，人民网在用户访问量规模上位于新闻网站前3名，综合排名为50位，人民网的网络访问指标和本公司的经营指标与新浪、腾讯等商业网站尚存在一定差距。

2012年4月27日，人民网股份有限公司在上海证券交易所挂牌上市，创造了中国资本市场的两个第一：第一家在国内A股上市的新闻网站，第一家在国内A股整体上市的媒体企业。上市首日，人民网开盘价高达人民币31.01元，较20元的发行价大涨55%，首日收盘价34.72元，大涨73.6%，根据其总股本计算，上市首日人民网的增值达人民币40.69亿元。

人民日报社社长张研农表示，人民网成功上市不仅将为自身发展提供更加广阔的空间，也会为我国的文化传媒企业上市探索前进的道路。国家互联网信息办公室网络新闻宣传局局长李伍峰认为，人民网的成功上市实现了国内重点新闻网站上市零的突破，标志着我国网络媒体建设进入了一个新阶段。

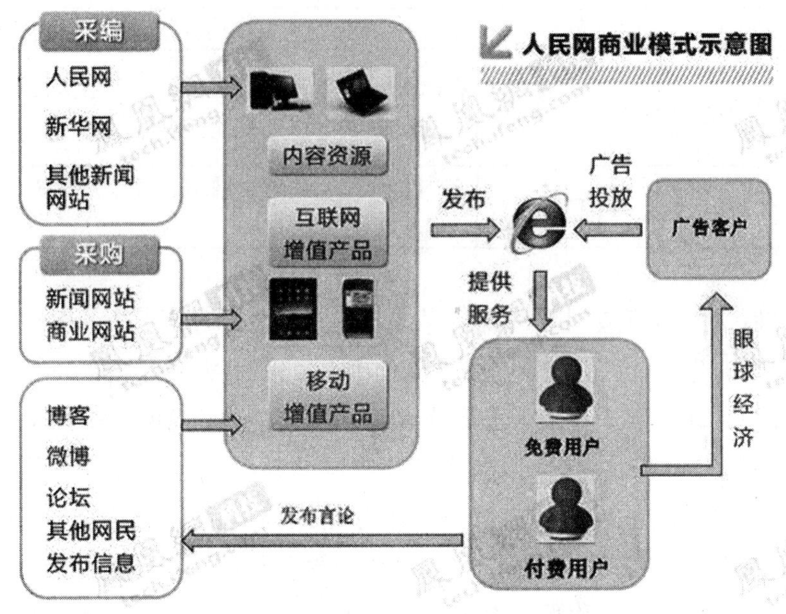

图5–25　人民网的商业运营模式

人民网的主要业务是互联网广告业务、信息服务、移动增值业务和技术服务四个方面，主要收入来源于互联网广告业务收入。从某种程度上来说，人民网的盈利模式仍较单一，广告收入占据营收6成左右，政府采购依然是其利润主要来源。

（3）上海文广百视通：新媒体传播业务国际化

上海文广的媒体融合策略以推动电视与互联网、手机的“三屏融合”为突破口，一方面在技术上，SMG与各大行业巨头积极合作，如与多普达公司签订协议，通过多普达的产品对手机电视业务和内容产品进行推广宣传，与英特尔在无线宽带及移动电视领域进行合作；另一方面与微软签署战略合作备忘录，在个人电脑、电视、手机等领域的信息娱乐应用方面展开全面合作。

上海文广旗下BesTV与各地广电、电信运营商、设备提供商、内容提供商等IPTV产业链各方合作，提供包括直播、72小时直播回看、时移、视频点播、信息点播、专题专区等各种服务。播放的内容除了影视剧、音乐娱乐、新闻、体育、财经，同时还提供如气象、旅游、棋牌游戏等服务，体现出与传统电视的内容差异化，更突出高清互动功能。同时，百视通 IPTV 还不断创新推出新业态，如阳光政务、教育产品、网上银行服务等。

与目前多数视频网站与电视台的一般性台网联动合作不同，SMG 和风行网从节目前端到后端实现全面、深入的台网融合，从内容策划、制播、推广、营销、采购五个维度分别制定战略，通过电视、PC、Pad 和手机四块屏之间的互动，让用户随时随地接触到节目内容，同时也让节目内容随时随地找到用户，致力打造出一个无时无刻、无处不在、无所不包的全媒体电视。

第六章
国际一流媒体个案研究之电视媒体

第一节　英国广播公司

一、发展历程概述

英国是广播电视业的发祥地，而英国广播公司（BBC）不仅是英国广播电视事业的中坚力量，也是西方世界影响最大的公共广播电视公司。BBC 受英国政府资助，却独立运作，一直被认为是全球最受尊敬的媒体之一。今天的 BBC 除了是一家在全球拥有高知名度的媒体，还提供其他各种服务，包括书籍出版、报刊、英语教学、交响乐团和互联网新闻服务。

20世纪20年代初期，BBC 诞生。在1955年独立电视台和1973年独立电台成立之前，BBC 一直是全英国唯一的电视、电台广播公司。

20世纪20年代初期，因过多的电台干扰军事通讯，邮政局决定停止发放牌照，这导致广播电台数量骤减，越来越多的人要求成立一个国家广播电台，在此背景下，BBC 诞生。

1930年，BBC 开始对外国际广播，覆盖大部分英语国家和英国殖民地地区。1936年11月2日，BBC 开始全球第一个电视播送服务。二战期间，英国实行战时体制，BBC 改归英国政府宣传部领导，直到战后再次回归原有机制。

1987年6月，英国广播公司世界电视台成立，这成为BBC向全球市场扩张的开端。①

1991年BBC正式开办BBC全球新闻服务电视频道，1995年1月更名为BBC World。与BBC全球电台服务不同，BBC全球新闻服务是一家商业电视台，通过广告营利。

2001年，世界电视台完成全球覆盖，成为名副其实的世界媒体。

2005年3月2日，英国文化大臣（Secretary of State for Culture, Media and Sport）乔威尔（Tessa Joewll）正式公布政府如何改革BBC公共广播的“绿皮书”，宣布取消历时78年的BBC董事会制度，BBC的独立性受到前所未有的质疑。②

1. 遥遥领先的国际竞争力

BBC是世界上第一家公共广播公司，也是世界上历史最悠久的公共广播电视网。自1936年11月2日正式开播电视以来，BBC就积极地参与重大社会议题的报道与转播，不但在西方世界积累了大量观众，更因迅速、准确和比较公正的新闻报道建立起良好的公信力。它确定了一系列公共广播的基本原则，直到今天，它依然是全世界最有权威和最有实力的国际广播电视机构之一。客观、公正、注重时效的新闻报道传统是BBC保持其公信力长盛不衰的重要原因，BBC的公共服务也逐渐成为英国生活方式的一部分。

BBC的核心竞争力就在于它能一如既往地制作出色而具有创意的不同种类和主题的节目，有很多出色的节目在国内外遍地开花。早在20世纪90年代，BBC就形成了一条围绕电视内容进行投资、研发、生产、销售及配套服务的完整的电视内容产业链。这条产业链在逐步进入数字经济的过程中，由于传播渠道的再扩充而不断增值，成为价值链。

BBC于1998年成立全球营销和品牌开发部门，专门经营BBC品牌。2002

① 徐琴媛：《世界一流媒体研究》，中国广播电视出版社，2011年版，第41页。

② 赵彦华：《谁在操纵BBC——公众？政府？——透视英国政府关于BBC公共广播改革的“绿皮书”》，《国际新闻界》，2005年第2期，第5页。

年，全球营销和品牌开发部已经着手《与恐龙漫步》等电视剧以及音乐节目《流行音乐精曲》等在全球各地的推广工作。[①] 在2009年世界品牌实验室所评估的“世界500强”中，BBC 位居世界电视媒体中的第一位。

2. 当前面临的严峻形势

作为世界上历史最悠久的公共广播公司，BBC 积淀了辉煌的过去，与此同时，在发展过程中，自身也面临着一系列的问题。

（1）BBC 面临巨大财政压力

从20世纪60年代到70年代，BBC 的财政状况一度向负面转变。尽管 BBC 有议会拨给的执照费作为收入来源，然而执照费的增长远远比不上设备更新、人员薪资、引进新技术等费用的增长。在英国，公共电视不能插播广告，靠英国家庭缴纳每年145.5英镑的收视费来经营。收视费占到 BBC 每年总收入的75%。[②] 但由于 SKY 等商业电视的竞争，BBC 新闻频道也面临制作经费不足的问题。BBC 插播广告、增加收入的提议在国会上多次被议员否决，英国公共电视的生存面临危机。受2008年全球金融危机的影响，全球经济至今并未完全摆脱危机的阴影。近年来，BBC 的驻外记者站建设步伐进展缓慢，驻外站点的铺设工作近于停滞。同时，它开始减少驻外人员，并对非重点地区的驻外记者进行调配。[③]

（2）BBC 市场技能亟需增强

英国政府对广播电视的管制逐渐放松，从 BBC、ITV 到第四频道的创立，再到默多克天空卫视落户英国，都加剧了广播电视的竞争态势，BBC 在国内市场中被保护的地位日益受到挑战。

为了提高节目的影响，BBC 已经做出了一系列努力，例如，其新闻频道挑选经验丰富的权威记者来担任主播，像华·爱德华兹（Huw Edwards）、艾米莉·麦特莉丝（Emily Maitlis）、本·布朗（Ben Brown）

---

① 黄玉：《英国广播公司的全球品牌意识与战略》，《电视研究》，2000年第12期，第75页。

② BBC 官网年报，www.bbc.com.

③ 任永雷：《BBC 与 CNN 的驻外记者站发展特色及趋势分析》，《电视研究》，2011年第1期，第36页。

等。[①]

此外，BBC认为个性鲜明的大牌新闻主播能够与观众之间建立起一种相互信任的关系，是最好的收视保证和最省钱的节目宣传方式[②]。《周日晚间对话》的主持人蒂姆·塞贝斯坦（Tim Sebastian）就是这样一个鲜明的例子。他以个性独特、经验丰富和富于侵略性的采访风格著称，而这种鲜明的个性也许是很多世界杰出人物愿意接受他采访的主要原因。

（3）BBC文化理念与组织战略变革的矛盾

制作具有创新性的高质量节目，提高效率、建立联盟和合作伙伴等成为BBC战略改革的重点。但BBC的核心文化是公共服务，信奉服务英国公众的理念以及反商业主义，其文化中潜在的自我封闭和优越感在以某种方式阻碍效率的提高；再加上其种族中心主义倾向，使BBC在建立合资企业方面处于劣势。

BBC管理层提出，缓解商业活动与公共服务之间的紧张关系，就要确立其战略的轻重和先后顺序。其中，商业活动要附属于公共服务活动。另外，最近几年，BBC内部战略任务的复杂性促进了组织高层管理“精英”的发展，通过提高对管理者的重视，以及对战略议题专业经验的重视，来提高本身管理水平。[③]

二、发展战略与关键能力

1. 成为国际一流媒体的关键步骤与核心战略

BBC的“新闻立台”战略主要体现在组织机构层面。诞生初期，BBC成立了专门的“新闻部”，负责整个电视网全部新闻节目的采集。目前，该部门已成为世界上规模最大的电视新闻采集机构，在44个国家设有办

① 李燕吉：《解读英国广播公司（BBC）新闻频道的市场战略》，《电视研究》，2011年第1期，第77页。

② 李燕吉：《解读英国广播公司（BBC）新闻频道的市场战略》，《电视研究》，2011年第1期，第77页。

③ 露西·金-尚克尔曼（英）：《透视BBC与CNN——媒介组织管理》，清华大学出版社，2004年第1版，第199—202页.

事处，近2000名记者遍布世界各地，另有约1500名编导驻守伦敦总部，每天可制作完成长达120小时的广播电视新闻节目。专业化、集中化的新闻生产机制大大提升了信息采集和编辑效率，也使BBC记者在最大程度上免受频道和栏目等非新闻专业因素的制约。

BBC专门设立了三个24小时滚动播出的专业新闻频道：1997年设立BBC新闻频道（BBC News Channel)；1998年从联艺有线电视网（United Artists Cable）收购BBC国会新闻频道（BBC Parliament)；1991年设立BBC世界新闻频道（BBC World News)。其中，BBC世界新闻频道称得上是目前世界上最具影响力的两个国际新闻频道之一，在受众规模和国际影响力方面，唯有美国有线新闻网（CNN）可与之比肩[①]。

互联网时代，有“世界公共广播电视的旗帜”之称的BBC先觉先行，在世界上最早建立网站。从世界范围看，英国在探索媒介融合方面一直名列前茅。2007年12月，为应对媒介融合新趋势，BBC正式推出一个全新的播放器，名为iPlayer。它不仅是一个视频播放器，也是一种打通各种播出终端的工具，是BBC建立新型新闻播出平台的一种创新性尝试。它可以在互联网上使用，也可以使用iPad等平板电脑和部分手机观看，是一种在媒介融合环境中收看电视的全新方式。

值得一提的是，在迈向国际一流媒体的道路上，BBC积极搭建全球性传播机构。1932年BBC帝国服务（BBC Empire Service）开播，成为其国际传播的开端；1991年，BBC将欧洲电视台改为世界电视台（BBC World），加快驻外记者站建设，电视节目开始向全球市场扩张；2002年，BBC合并世界电台、世界电视台、驻外记者站以及国际在线业务，建立一个新的集编辑方针、市场营销、受众研究于一体的全球性新闻机构[②]。

在未来的五年里，BBC的目标是创造一个团结、联合的BBC新闻收集服务，以最好地利用其在英国和全世界的记者资源。BBC国际频道将于

---

① 常江:《发达国家电视国际传播策略与经验——以BBC、RT、NHK为例》,《中国记者》,2011年第11期，第124页。

② 任永雷:《BBC与CNN的驻外记者站发展特色及趋势分析》,《电视研究》，2011年第12期，第35页。

2014年与BBC新闻合并，同时保留其独立身份。同时，BBC高层希望能在BBC内部更自由地共享资源并在有特性的新闻领域投资，以期达到节省的目标，同时向不同的观众提供同等品质的节目[①]。

2. 强大的传播能力

媒体传播能力是衡量国家软实力的重要指标，传播能力包括传播的信息量、传播速度与精度、信息传播的覆盖面以及最后产生的影响效果。

作为目前世界上规模最大的传媒机构之一，世界著名的国际大台，截至2011年，BBC拥有共18个电视频道，其中国际频道数多达9个，为各大媒体之首；包括电视和广播在内的播出语种数达43种，仅次于福克斯新闻频道（FOX News）；播出的电视语种为英语、日语、阿拉伯语、波斯语4种。BBC网站拥有英语、阿拉伯语、中文、法语、葡萄牙语、俄语等28个版本，其开办的国际广播业务遥遥领先于各大媒体[②]。

截至2011年，BBC全球采编站点共46个，其中境外站点42个，设有伦敦总部、北美总社、东亚总社三个全球中心站，海外重点区域为欧洲、美国和东亚。虽然采编站点数量不多，但BBC拥有全球最大的海外记者网，1200人的海外采编阵容（包含驻外记者和当地雇员）远超其他国际一流媒体。

从全球来看，BBC覆盖规模最大，国家和地区数多达223个，超过联合国成员国数，基本实现全球覆盖；2011年，BBC海外受众人数达到2.39亿。

英国的新闻节目在世界范围内被引用得最多，目前大约160多个国家每天都引用或转播BBC的新闻节目《突发事件》的重大新闻报道。BBC记者的快速反应闻名世界，从中东问题到伊拉克战争，BBC的报道无论是时效性还是内容深度，都走在其他国家媒体前面。

2011年，BBC的海外舆论关注度远高于其他各大国际一流媒体，为252162篇（被报道量）；被海外英文媒体报道量高达239724篇，中文报道

① BBC 2011年年度报告，WWW.BBC.COM.。

② BBC 2011年年度报告，WWW.BBC.COM。

量12408篇，仅次于中央电视台（CCTV）；欧美主流媒体对BBC的报道量最大，高达38737篇。

3. 亟待提高的经营能力

（1）BBC的财政收入分析

2010—2011年度，BBC收入规模增至499亿元人民币，增长率为4.24%；支出规模也有一定幅度的增加，达479亿元人民币；投资额15亿元人民币，增长率为1.36%，与迪斯尼、新闻集团、时代华纳等国际一流媒体相比，投资规模相对弱小。①

相比受经济危机打击严重的新闻集团、时代华纳、NBC环球、CBS等，BBC在经济危机环境下表现相对较好，2011年收入增长较平稳，增长率为4.24%；营业利润48亿元人民币，增长率为1.26%；作为公营的电视机构，BBC先天的政策优势以及大量垄断的无形资源为其带来丰厚收益，BBC资产回报率相对较高，达123.93%；在2009年重新评估养老金方案后，BBC相应债务大幅增加，在各大国际一流媒体中负债率最高，达到总资产的90.05%。

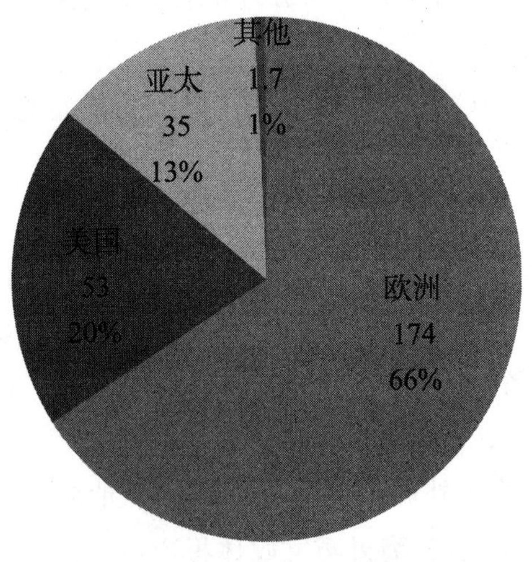

图6-1　2010年BBC环球的收入来源分布

① BBC 2011年年度报告，WWW.BBC.COM。

作为负责BBC全球运营的唯一机构，BBC环球旗下拥有众多国际频道，数个新媒体平台、数十种国际杂志以及多个国际品牌，海外用户总量近10亿，经营收入已经形成欧洲、美国、亚太三大地区共同支撑的局面。其中，欧洲作为BBC影响力最大的地区，其收入所占比例最大，接近2/3；同时，美国和亚太地区在近年来所占比例不断增大，这两个地区的收入已占其全部收入的1/3（图6-1）。

（2）专项分析

收入来源以国际频道为主

2007年以来，BBC环球原来的三大核心业务——杂志运营、节目销售、家庭娱乐方面的收入停滞不前，而国际频道成为BBC环球收入增长的主要来源，2010年BBC环球频道运营收入为2.63亿英镑，比2006年增长近1亿英镑，相继超过杂志运营、节目销售、家庭娱乐等传统业务，成为BBC环球业务中增长最快、规模最大的领域（图6-2）。根据其最近的五年规划，BBC环球重点发展全球电视生产业务，建立新的电视生产基地和国际电视频道业务群，将电视频道作为其运营的核心业务。

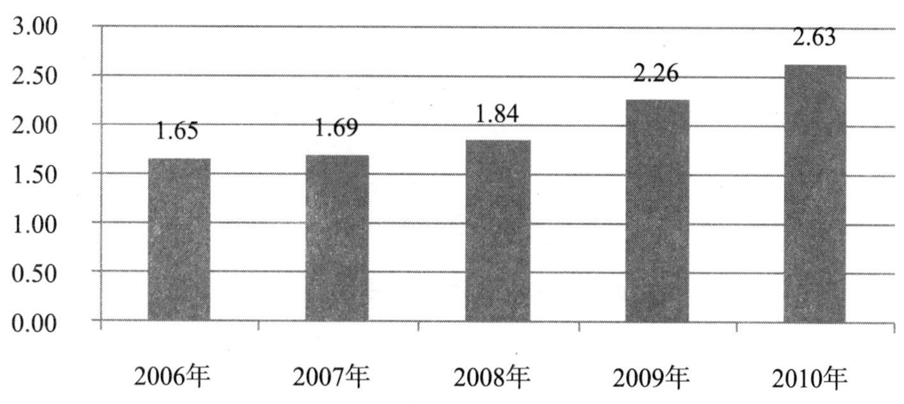

图6-2　2006-2010年BBC环球的频道运营收入（单位：亿英镑）

国内收入以收取电视执照费为主

BBC实行公共和商业相结合又相互补充的双轨体制，根据皇家授权书，BBC可以向每户拥有电视的英国人收取约每年145.5英镑的电视执照费。任何拥有可以接收到电视信号的电视机的家庭，必须依法交纳“电视执照费”（图6-3）。BBC全国性和地方性广播电视机构因为属于公共广播电视机构，不得承揽广告，均依靠向全国电视收看家庭收取电视执照费运营。

公营的英国广播公司实行的是以电视执照费为主体，多种资金来源为补充的公共资金保障体制。法律禁止BBC在提供公共性质服务时插播广告。但公司可以利用有形和无形资产，以推广节目，扩大知名度，争取观众为目的，开展各种节目、音像制品与相关书籍的销售，提供技术服务，所获收入可以作为公司公共服务运营的补偿（表6-1）。

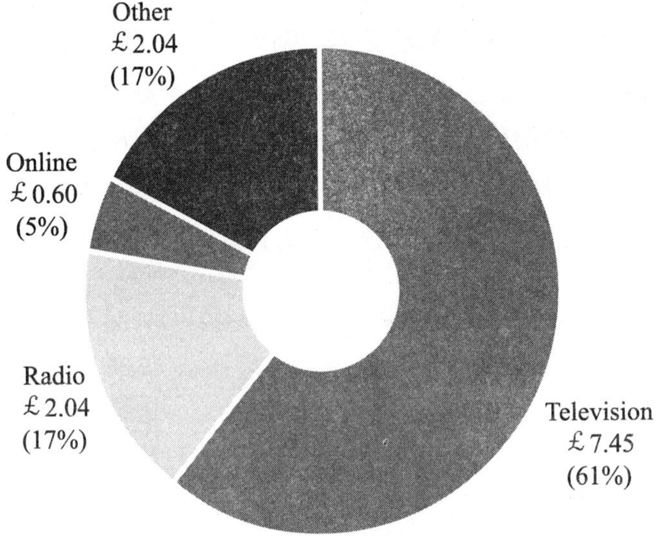

图6-3　2011-2012年度执照费的月支出分布[①]（单位：英镑）

① BBC官网2011年度年报，WWW.BBC.COM.

表6-1　2011年三月底、2012年三月底总收入一览表[①]

单位：百万英镑

类别	2012年	2011年
执照费	3,606	3,513
其他收入	1,480	1,480
总收入	5,086	4,993

强化“内容为王”，重视品牌经营

BBC环球重视内容建设，不断加大内容投入，打造知名品牌。逐年增加的品牌内容制作投入使BBC诞生了一批具有国际影响力的品牌节目，《与恐龙漫步》、《流行音乐精曲》、《孤独星球》、《超级跑车秀》、《神秘博士》等都具有相当强的国际影响力并取得了良好的收益，其背后的支撑是BBC一如既往的对内容制作的高投入（图6-4）。

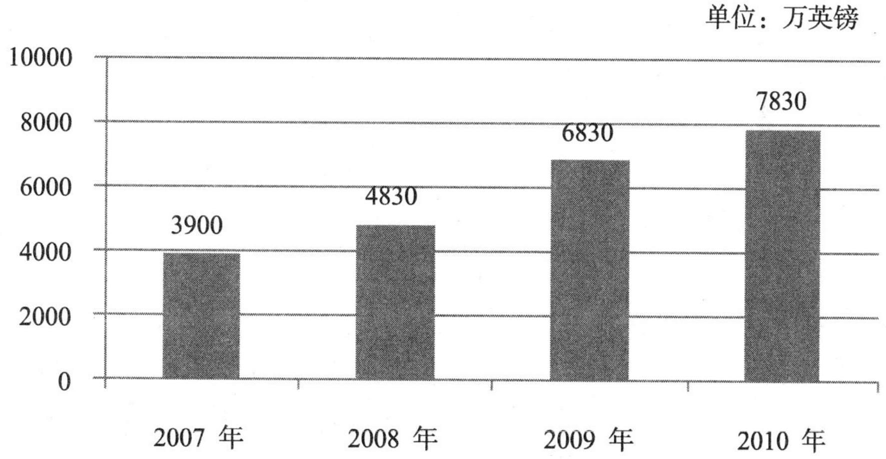

图6-4　近年来BBC环球对品牌运营的投入变化

① BBC官网2011年度年报，WWW.BBC.COM.

4. 强劲的新媒体发展能力

2011年，BBC网站全球综合排名为第44位，在各大国际一流媒体中排名最高。其受众在全球网民中所占比例为2.15%。其中，本地用户比例为38.6%，海外用户比例为61.4%，远超过CNN的32.4%，且海外用户范围基本覆盖了全球主要国家，海外影响力较强，国际化程度较高，在全球主流国家中广受关注。

BBC网站拥有英语、阿拉伯语、中文、法语、葡萄牙语、俄语等28个版本，遥遥领先于各大媒体，主要是因其开办国际广播业务，国际传播影响力大幅提升。

与CNN、NHK、CNTV、半岛电视台等媒体网站相比，BBC网站蹦失率最低，人均页面访问量最高，网站访问时间最长，表现最为突出，对网民的吸引力和受欢迎程度较高。根据BBC环球公布的年报显示，BBC官方网站的用户量达到5亿，其中57%的用户来自海外，网络新媒体已经成为BBC国际传播的一个重要渠道。

BBC推出的在线移动红按钮——BBC在线，完善了BBC笔记本、电视、移动电话等终端在线产品的投资组合，涵盖新闻、体育与天气，其儿童频道CBBC和CBeebies以及现场和点播的节目均可在BBC iPlayer上获得。

BBC在线移动红按钮是完全意义上的网络服务：BBC的十款在线产品中，六款现总部在索尔福德，而无论是在英国还是在全世界，不同版本的创造能够满足不同观众的需求。通过合作，BBC可以确保创造真正杰出的包含创新和个性想法的节目。

近年来，环球公司在全媒体领域呈现出前所未有的收益增幅。2005年，BBC数字媒体经营收入为2700万英镑，亏损约540万英镑，但其发展潜力不容低估。此后，数字媒体业务占总销售额的比例逐年攀升，从2008年的2.7%增至2011年的8.1%。环球公司2012年的战略目标是将数字媒介市场的收入提高到10%。①

① BBC官网2011年度年报，WWW.BBC.COM。

三、机遇与挑战

1. BBC 未来面临诸多挑战

作为一个复杂的传媒组织，BBC 既应是公共广播组织，又要是私人广播组织，既有盈利部分，又有非盈利部分，所以 BBC 的角色一直被各种冲突性所包围。关键公众的复杂性，是 BBC 独特地位和其所承受巨大战略压力的直接结果。与同行相比，BBC 的许多关键公众群体经常有冲突的利益，原本紧张的资源大部分不是用来制作节目，而是用来协调组织与关键公众的关系，成为其很严重的竞争限制。①

BBC 走向官僚主义的趋势十分明显。在发展创造力和出色公益文化的同时，BBC 也形成一种安逸和稳定的官僚思想，而不是管理思潮。在激烈的竞争中保持积极姿态，是 BBC 管理层的迫切任务。

在被保护的国内市场，观众很少有其他的收视选择。BBC 作为这样一个市场中的主要广播组织，它不必每天推销自己的产品或自身存在的组织。而最近广播选择的剧增和来自政府日益具有挑战性的指令，使 BBC 必须在激烈的市场竞争中学会自我推销。

BBC 的独特处境创造了一个少有而复杂的管理任务，它遭遇了外部环境带来的强大、有时甚至相互冲突的压力，包括不断下降的财政收入、日益加剧的竞争②，以及处理自身文化与其战略目标之间的对抗关系等，都给 BBC 管理层带来严峻考验。

2. BBC 面临更多机遇

面对诸多来自外界和自身的挑战，BBC 需要充分发掘自身潜力，将挑战转化为发展机遇。BBC 的卓越竞争力在于，它能一如既往地制作出色而具有创意的不同种类和主题的节目，很多节目在国内外遍地开花。具有创造力的群体、合作的团队、卓越的职业技能、高水准的精英型人才、显赫

---

① 露西·金一尚克尔曼（英）:《透视 BBC 与 CNN——媒介组织管理》，清华大学出版社，2004年第1版，第118页。

② 露西·金一尚克尔曼（英）:《透视 BBC 与 CNN——- 媒介组织管理》，清华大学出版社，2004年第1版，第119页。

的名声和品牌，都成为其核心竞争力的重要组成部分。

另外，从建立世界上第一座电视台开始，BBC 电视台就在总体规模、频道数量、频道种类等硬件建设上走在世界前列。同时，作为公营机构，BBC 力求健康、向上、客观、合理。尽管受到冲击，但它不断改革创新，精简机构，力图打造高效率的媒体平台。在“为公众服务”理念的引领下，它一直以品味高尚、节目优质而“与众不同”；因对公众的人文关怀，卓越的公共关系的营造，而赢得世界人民的心；它开拓多元经营渠道、市场化运作，也因此获得了独立发展的经济基础，BBC 在这些方面都是其他媒体学习的楷模，其造诣也使它成为世界电视媒体的“无冕之王”，树立了其他媒体难以企及的地位，在面对一系列挑战和压力时，这些都成为其坚强而有力的支撑[①]。

第二节　美国有线新闻电视网

一、发展历程概述

CNN 全称为美国有线新闻网（Cable News Network），由美国新闻界狂人泰德·特纳于1980年在亚特兰大创办，全天24小时提供新闻节目，其节目编排、人员组合和使用，以及对新闻素材的独特挖掘和使用都具有开创性。20世纪90年代，CNN 进入发展高峰期，1991年对海湾战争的连续独家报道，使 CNN 成为全世界公认的最快消息来源，成为享誉世界的头号电视新闻媒体。

1. 位居前列的国际竞争力

CNN 对重大新闻和突发新闻的现场报道快速、及时，成为全球知名新闻媒体，是新世纪以来国际公认的一流媒体的代表之一，也是世界上最

① （英）露西·金—尚克尔曼:《透视 BBC 与 CNN——媒介组织管理》，清华大学出版社，2004年第1版，第114—119. 页。

大、最具效益的电子新闻和信息公司之一。从创立之初备受嘲讽到今天覆盖全球的传媒帝国，CNN 凭借其快速准确的新闻敏感性、丰富翔实的内容，在电视界占据了一席之地。①

CNN 以“电视新闻现场直播”报道为主，同时重视新传播技术手段的应用。例如，在美国2008年总统大选的新闻报道中，CNN 大胆尝试界面化的屏幕设计，利用被称为魔术墙 (Magic Wall) 的触摸屏技术，互联网和手机与传统的电视报道同步，保证了 CNN 在新世纪的媒体竞争中赢得一席之地②。

创办初期，特纳提出“新闻至上、人靠边站”的口号。同时，CNN 将新闻从“既成的事实”发展为“正在发生的事实”，引领了电视新闻“现场直播”的潮流，并且已经成为全球重大新闻的引领者之一。由于在1991年的海湾战争和1992年的美国出兵索马里行动中，CNN 的报道发挥了重要作用，甚至一度影响了美国国会决策，1994年4 月美国国会众院对外关系委员会专门开会讨论电视转播与对外政策的互动，会后产生了“CNN Effect”这个词，③ 这足以看出 CNN 对社会主流舆论的引导力和影响力。

CNN 一直坚持国际化视角、新闻至上理念，以独家报道和现场直播为主要竞争手段，这一新闻传播理念使其成为24小时电视新闻的开创者和“领头羊”。同时，视“现场直播”为电视新闻的主流报道手段，也使得 CNN 走在了新闻报道领域的最前沿。

现在的 CNN 已经成为很多人观看国际新闻的头号选择，有较为稳定的受众群和广告商。CNN 一直为坚持打造成为“国际新闻领袖”而努力，重视品牌建设。世界品牌实验室（World Brand Lab）根据企业的运营收入、整体规模、知名度等指标，将 CNN 评为《世界品牌500强》中的第17名，可见 CNN 具有强大的品牌号召力和影响力。

---

① 徐琴媛:《世界一流媒体研究》，中国广播电视出版社，2011年版，第84页。

② 徐琴媛:《世界一流媒体研究》，中国广播电视出版社，2011年版，第84页。

③ 刘笑盈:《国际电视的开创者：美国有线新闻网（CNN）》，《对外传播》，2009年7期，第51页。

2. 重要历史转折

早期的CNN在质疑声中推出24小时新闻频道，每日节目开播的前30分钟专播一系列独家新闻，体现了特纳独特的新闻理念，使CNN成为主要的国际广播组织[①]。

1981年3月20日，CNN记者抢先报道美国总统里根遇刺，比其他电视台早4分钟，从此，CNN声名鹊起。1986年美国航天飞机“挑战者”号升空失事爆炸，CNN是全美唯一进行现场报道的电视网，这一系列事件确立了CNN独家现场实况报道的地位[②]。

1991年，CNN对海湾战争进行实况直播，借此确立了在电视新闻传播中的领先地位，甚至成为美国电视新闻报道的标准。这场战争成就了CNN，使其一跃成为全球新闻传媒界的龙头老大。

1996年，拥有特纳广播公司20%股份的时代华纳收购了剩余的股份，使特纳广播公司成为世界上最大的传媒集团。

20世纪90年代以来，以CNN为代表的国际电视媒体受到国际互联网迅速发展的强烈冲击，传统电视收视率下滑、受众流失。面对严峻形势，CNN及时调整策略，大力发展新媒体业务，实施媒介融合战略。

3. 当前面临的主要问题

（1）波动的收视率和薄弱的节目时间编排能力

CNN在新闻选择上的独特理念也带来一定局限。对全世界都具有吸引力的新闻事件往往是CNN的重点报道对象，但是它们也带来收视率的剧烈波动。重要的新闻使观众数量极度上扬，一旦新闻事件结束，观众数量就急剧下跌，这降低了CNN频道对广告的吸引力。

从许多方面来看，CNN文化对新闻的执著与它提高定点节目收视率的战略野心几乎互斥。如果只专注于重大新闻的报道，而且观众也期望从这里得到全天候的新闻报道，那么就一定不能在频道中“填满”相对固定

---

① （英）露西·金—尚克尔曼：《透视BBC与CNN——媒介组织管理》，清华大学出版社，2004年第1版，第89页。

② 徐琴媛：《世界一流媒体研究》，中国广播电视出版社，2011年版，第83页。

的定点节目，这一困境严重考验着 CNN 的节目编排能力。

因其节目的编排得不到合理解决而产生的另一个相关问题是，CNN 把注意力全部集中在新闻上，而排除其他可能带来稳定收视率的节目的机会。因此，CNN 面临的一大任务就是找到一种科学而合理的方式来稳定其时高时低的收视率，从而在日常获得稳定的观众群①。

（2）“缺乏文化修养”的公众形象

很少看 CNN 节目的人批评它肤浅，这种批评源于 CNN 早期的编辑政策和对新闻的狂热追随——“只要它流血，就能上头条”，尽管 CNN 头号竞争对手 BBC World 承认，CNN 已经在凭借技术和资源，而非对新闻事件的分析来主宰重大新闻报道市场，但批评家和公众对此并不认同。②

CNN 对刺激性新闻的过分追逐体现出一种庸俗主义，可以说这直接源于它自身文化的某些方面，因为 CNN 是一个把吸引观众置于最高位置的组织，这意味着，它将以能取得最大影响的方式来呈现新闻，这也就会导致其重行动而轻分析、以牺牲重要性（但或许是值得的和单调的）来换取人情味或刺激性。

（3）内忧外困，面临发展难题

进入新世纪，CNN 开始面临困境。从内部看，卖给时代华纳公司之后，高层变动频繁，公司裁员影响了士气，CNN 引以为豪的新闻报道也屡出差错。从外部看，美国乃至全球电视新闻市场的竞争愈演愈烈，特别是美国福克斯电视台（FOX）的崛起，直接对 CNN 形成挑战③。

从新媒体战略、人才战略和全球扩张战略来看，尽管出现了激烈竞争，CNN 依然具有优势，但是其“新闻至上”的立台理念发生了变化。在被兼并之后，时代华纳开始抛弃 CNN 原有的企业文化和传播理念，以

---

① （英）露西·金—尚克尔曼：《透视 BBC 与 CNN——媒介组织管理》，清华大学出版社，2004年第1版，第140页。

② （英）露西·金—尚克尔曼：《透视 BBC 与 CNN——媒介组织管理》，清华大学出版社，2004年第1版，第140页。

③ 刘笑盈：《国际电视的开创者：美国有线新闻网（CNN）》，《对外传播》，2009年第7期，第52页。

低俗化来迎合大众口味。

另外，尽管CNN依然具有强大的全球影响力，但是其越来越明显的“政府传声筒”作用和民族主义的立场，使得其强大的影响力正在削弱[①]。

二、发展战略与关键能力

1. 成为国际一流媒体的关键步骤与核心战略

CNN确立了现场报道的方式，把新闻从“新近发生的事实的报道”变成了“正在发生的事实的报道”。1986年，美国“挑战者”号航天飞机在升空不久后发生爆炸，CNN成为唯一进行现场报道的电视网，确立了CNN独家现场实况报道的地位。

对突发新闻的报道，尤其是战争实况独家报道，从CNN成立以来，一直是它的“杀手锏”。1991年，CNN对海湾战争进行了实况直播，使其一跃成为全球新闻传媒界的龙头老大。

大众传媒对某一新闻事件、新闻人物的高密度、大规模报道以及深度报道，往往成为可以设置的“新闻议题”。CNN可谓是美国大众传媒中最深谙此道的媒体。CNN将24小时新闻频道分为6个编辑部，每个部负责4个小时的节目，而编辑部的负责人往往是资深节目主持人，以节目议题为轴心的组织架构确保了CNN新闻的时效性和深度把握。CNN新闻性栏目的“议题设置”，使新闻事件或新闻人物能够立体地展现在受众面前。

在CNN节目表中，每周安排两小时的“世界报道”节目，播出由各国合作电视台选送的电视新闻或记录片，除暴力、性和美国法律禁止的镜头外，CNN一律不作删减，将全球各国不同角度的报道一一呈现在观众面前。目前，CNN在全球几十个国家建立了庞大的国际新闻体系，涵盖150多个电视机构，其中半数以上在发展中国家。

CNN不满足于仅在美国境内发展，而是积极进行全球化运作，组建全球传播网络。1982年CNN头条新闻频道（CNN Headline News）开始在

---

① 刘笑盈:《国际电视的开创者：美国有线新闻网（CNN）》,《对外传播》, 2009年第7期，第52页

加拿大、美国、拉丁美洲部分地区落地。1985年，CNN创办国际新闻频道（CNN International），大举全球扩张，该网络通过23个卫星，将节目传送到全球212个国家和地区，同时，通过合资兼并等方案，CNN仍在向它尚未覆盖的区域扩张。

2000年，美国在线宣布以1650亿美元收购时代华纳公司，这一合并是CNN在没有重大国际新闻时，维持观众数量的重要努力。同时，CNN开播了一系列黄金时间的新闻杂志节目，使观众养成定时收看的习惯，在没有重大国际新闻时吸引了不少受众。

2008年1月，时代华纳总裁杰弗里上任，他专注于制作独家节目，而不仅仅是发布消息，这促使CNN不断进行品牌推广，成为一个独立、无党派、不与政治结盟的新闻源和信息收集的投资者。同时，CNN不断扩大国际新闻网服务，成为许多用户获取新闻信息的首选，甚至美国有些报纸放弃美联社，选择CNN通讯社的服务。

CNN管理层实行采纳型战略，它从来不把重点放在产业分析或宏观计划上，甚至几乎没有任何书面的战略文件。从特纳广播公司的出版物中，可以窥见其未来的发展战略：1. 强化国内节目制作；2. 发展新业务，以应对全球媒体行业中出现的快速变革和不确定性；3. 继续全球扩张，大举进入像拉美或东南亚这样未被开发的市场，同时增加“当地语言”的数量。另外，特纳本人指示CNN提升CNN国际频道的水平，并增加对全球分站的战略投资，并与其他全球有线电视运营商或全球广播组织建立更多的战略联盟①。

2. 精准的传播能力

CNN总部位于美国亚特兰大市，目前有员工近4000人，其中海外记者上千人（包含驻外记者和当地雇员），仅次于BBC。CNN设有美国总部、欧洲总部、亚太总部和中东总部4个全球中心站，海外重点区域分布在美国、欧洲、东亚和中东。其有40家海外新闻机构和近900家附属电视台，

---

① （英）露西·金—尚克尔曼：《透视BBC与CNN——媒介组织管理》，清华大学出版社，2004年第1版，第131—132页。

在全球拥有30多个演播室，同时还有600个新闻网点为它提供节目[①]。CNN强大的采访力量确保了其新闻的重大影响力，它的记者或特约通讯员遍布全世界，为其丰富的新闻资源和独家报道提供了保证。

现在的CNN拥有7个电视频道，包括2个国际频道，播出频道数相对较少；包括电视和广播在内的播出语种总数为12种，电视的播出语种有英语、西班牙语、土耳其语、日语和韩语5种。全球212个国家超过10亿观众，通过16个有线和卫星电视网络及12家网站收看CNN和CNN国际频道，受众遍布全球。

CNN覆盖国家和地区数多达210个，超过联合国成员国数，仅次于BBC，基本覆盖全球，海外用户数达1.2亿。CNN与遍布全球的国家及其地方电视机构、国际和国内通讯社进行合作。同时，CNN旗下的新闻网站也每天24小时不断地把最新的国际新闻直接输送给全球受众。另外，CNN还与国际通讯社如路透社、美联社以及世界各国的国内通讯社之间存在新闻交换与购买关系。

CNN提出了一个口号："做第一个知道的人"(Be the First One to Know)。数据显示，尽管自1996年以来，其收视率不断下滑，但CNN仍然是那些想获取最新新闻的人们的第一选择，而且更能吸引那些偶尔收看新闻的受众。

目前，为吸引更多新的受众，CNN正在实施新的节目策略。例如，加大对新闻的报道力度，如CNN美国频道午间时段中增加了一小时的国际新闻，收视率不佳的"交火"和"政界内幕"两个谈话类节目被取消。另一方面，对新闻进行精心的编辑，挖掘新闻的深度和广度，采用新的播报方式，使报道更具个性、更有活力。此外，CNN开始着眼于对受众的全方位服务，利用移动技术，比如手机、互动电视等对新闻内容进行多平台传播和扩展，即使受众不在电视机或者电脑前，CNN的节目也能传播

---

① 刘笑盈：《国际电视的开创者：美国有线新闻网（CNN）》，《对外传播》，2009年第7期，第51页。

和覆盖到他们[①]。

2011年度数据显示，在各大国际一流媒体中，CNN的海外舆论关注度仅次于BBC，报道量高达186529篇，其中英文报道量180765篇，中文报道量5764篇。

3. 稳定的经营能力

从支出结构来看，CNN将大量的资金投入到管理和运营，直接的节目投入仅占44%。在总体支出和国际扩张的投资上，CNN一直在美国三大有线电视网中位居前列。从1999年到2008年，CNN总体支出不断扩大，并远远超过FOX和MSNBC。2008年的总支出已经超过7亿美元，比2007年增长了5%[②]。

在收视率居美国有线新闻网第二的情况下，CNN得益于其建立起来的品牌优势，盈利额一直独占鳌头。CNN从1997年以来一直盈利，相比FOX和MSNBC，其收益情况一直稳定，并且具有上升趋势。

4. 领跑的新媒体发展能力

1995年8月，CNN创立CNN.com网站，成为美国第一个上网的电视媒体。十几年来，CNN积极进行电视与互联网融合，不断利用新媒体全面改革新闻生产流程、改进传播方式、调整竞争策略，最大限度地拓展了用户群，取得了显著的经济效益，也在一定程度上掌握了未来电视的话语权。近年来，美国三大电视新闻频道积极发展多媒体业务，CNN官网的多媒体内容比例已经超过1/3，MSNBC官网的多媒体内容比例也超过了1/4。

2005年的统计显示，CNN.COM点击率在美国各大新闻网站最高，突破了3000万人次。目前，CNN开展了博客、播客、RSS订阅服务等业务，并与微博Twitter、社交网站Facebook、视频网站YouTube等新媒体积极合作，利用这些网站庞大的用户群推广更多的最新新闻和视频。通过资源互补和整合，不断抢占新的传播阵地，力图在激烈的新闻市场竞争中和媒

① 殷俊、陈维璐、代静：《透视CNN的经营之道》，《声屏世界》，2006年第2期，第63页。

② 徐琴媛：《世界一流媒体研究》，中国广播电视出版社，2011年版，第86—88页。

介融合时代保持领先地位。

CNN 的新媒体已成为美国新闻网站的领导者，根据最新的数据统计，2011年，CNN 官网的独立用户达到7300万，在美国新闻网站中排第二，仅次于雅虎。CNN 网站的全球综合排名平均为62，在国际一流媒体网站中仅次于 BBC。其受众在全球网民中所占比例为1.741%，其中本地用户占67.6%，海外用户占32.4%，海外用户范围基本覆盖了全球主要国家，国际化程度较高。

2011年度数据显示，相比 BBC，CNN 网站蹦失率高出近25%，受欢迎程度略逊一筹；人均页面访问量3.26，在各大国际一流媒体中处于中等水平；网站访问时间5分22秒，仅次于 BBC 的6分20秒，黏性较强。

三、机遇与挑战

作为电视新闻频道的先驱，CNN 在电视新闻报道以及新闻频道运作方面都推出了许多具有开创性的举措。电视新闻频道的价值显现后，多家电视新闻频道相继成立，如 FOX 新闻频道、BBC 世界台、半岛电视台等，都全盘模仿了 CNN 的新闻理念，24小时新闻不再是 CNN 的独有资源，全球的电视新闻频道都向 CNN 发起挑战。

虽然 CNN 的新媒体发展风生水起，但是其也面临巨大的挑战。像 Twitter 这样的微博网站正在销蚀 CNN 的第一时间和独家新闻报道优势，有人说 Twitter 的兴起和 CNN 国际新闻垄断的被打破是同时发生的；像 YouTube 这样的视频网站在侵蚀 CNN 网络视频份额的同时，也开始拓展电视业务，制作电视节目；而像 Facebook 这样的社交网站抢夺了大量的电视用户，把他们吸引住的时间越来越长。

外部环境的挑战已经不容乐观，CNN 内部新媒体发展也面临困惑。比如新媒体发展存在的高风险、新旧媒体理念的融合、复合型人才缺乏等，都是不可回避的问题。如何在四面受困的情况下，实现自身的跨越和发展，考验着 CNN 人应对危机和挑战的能力和智慧。

第三节 半岛电视台(Al Jazeera)

一、发展历程概述

半岛电视台 (Al Jazeera) 是一家立足阿拉伯、面向全球的国际性媒体，被称为“阿拉伯的 CNN”或“海湾的 CNN”。总部位于卡塔尔首都多哈，1996年2月成立，每天24小时不间断播报全球资讯。半岛电视台在报道中坚持与西方媒体不同的独特视角，逐渐成为阿拉伯地区乃至全世界具有重要影响力的电视媒体。

半岛电视台建立之前，整个阿拉伯世界还没有一个24小时连续播报新闻资讯的电视台。创办电视台的想法最初由卡塔尔外交部部长贾巴·阿尔-塔尼提出来，获得卡塔尔新上台的亲王谢赫·哈马德·塔尼的赞同后，卡塔尔决定投资上亿美元创立卡塔尔半岛电视台。

成立之后，半岛电视台以高薪和享有完全自由的双重许诺，从英国 BBC 广播公司阿拉伯语部挖走大批记者，加上从其他渠道招募的人才，半岛电视台集中了众多阿拉伯世界电视新闻界的精英。

半岛电视台在节目中开创性地引入电话采访、电视论战等节目。在“9·11”事件之后，半岛电视台多次率先播放本·拉登和其他基地组织领导人的录像声明，从而声名鹊起，引起全世界的广泛关注。

1. 与世界老牌大台比肩的国际竞争力

由于半岛电视台能够快速地报道世界上发生的各种热点新闻，因此人们都把半岛电视台称作“海湾的 CNN”。

半岛电视台的影响力几乎可以跻身世界前列，在阿拉伯地区，其影响力甚至远远超过美国有线新闻网，拥有300000日访问量的电视台网站已经在北美建立，在美国和加拿大，半岛电视台网站的注册用户正以每周

2500户的速度增加。

在世界品牌实验室编制的2006年度《世界品牌500强》排行榜中，半岛电视台企业品牌名列第497位。

今天，半岛电视台已经在世界上树立起自己的传媒品牌，在CNN、BBC等世界主流媒体的转播画面上，人们经常看到半岛电视台的台标[①]。

卡塔尔是一个人口只有67万的小国，这里的一家小电视台，能够成长为与美国CNN、英国BBC并驾齐驱，并在某些报道中迫使CNN与其谈判、购买其独家新闻画面的国际大媒体，的确令人刮目相看。来自阿拉伯世界的半岛电视台打破了原有的以美国为首的西方世界对媒体的垄断，开始了他们对世界新闻秩序话语权的争夺。同时，卡塔尔的国际形象和阿拉伯的地区形象也由于半岛电视台的崛起而大大改观和提升。

2. 重要历史转折

1996年2月，半岛电视台成立，同年11月，新闻频道正式开播。同时，英国广播公司（BBC）也于当年4月，在沙特阿拉伯开播了经当地新闻审查机构审查后的阿语电视台。但运作两年后就被迫关闭，许多英国广播公司职员加入半岛电视台，为半岛电视台的发展提供了重要帮助。

1999年2月1日，半岛电视台开始每天24小时不间断地向世界各地传送节目，成为中东地区第一家全天候的新闻频道，信号覆盖包括以中东、非洲、欧洲、美洲、远东和太平洋地区为主的世界的各个角落。

“9·11”之前，半岛电视台已经通过报道冲突性和争议性的选题赢得观众，成为阿拉伯地区第一大电视台，其观众人数达到4000万，职员达到500多人，在31个国家拥有50多名驻外记者。

“9·11”之后，半岛电视台真正成为国际性媒体。在“9·11”事件中，卡塔尔半岛电视台几乎与美国CNN同步，用阿拉伯语播放美国遭袭击事件的全过程，并调用它在世界各地的27个记者站进行24小时跟踪报道。借助独特的地理位置，先进的理念和BBC留下的一流的新闻报道编辑团队，半岛电视台一夜成名。

---

① 徐琴媛:《世界一流媒体研究》，中国广播电视出版社，2011年版，第126页。

而半岛电视台真正的成名，源于2001年10月7日（美英空袭阿富汗的前一天）独家播出本·拉登的讲话录像。当时画面的左上角是半岛电视台台标和“Al Jazeera”，这个完全陌生的名字在一夜之间传遍全球，被称为“阿拉伯世界的CNN”。①

阿富汗战争爆发后，卡塔尔半岛电视台成为唯一能够进入塔利班控制区的电视台，利用这一优势，其开始在阿富汗战争的新闻报道中独领风骚。

2003年，伊拉克战争爆发，半岛电视台在报道中坚守自己的立场，受到阿拉伯人的欢迎，被称作“中东的CNN”。半岛电视台通过报道本·拉登而迅速崛起，成为在中东地区和伊斯兰世界最有影响力的电视媒体。

3. 当前面临的主要问题

对于半岛电视台来说，生存下来之后，如何继续保持受人尊敬，将是一个新的问题和挑战。

半岛电视台成立之初，就明确最终要在财政上独立。虽然努力通过增加有线电视订户，进行节目和纪录片交易，扩大广告收益，向其他电视网出租设备和销售卫星时间等手段来改善经济状况，还尝试向西方国家收取半岛独家新闻的重播费来提高收入，但目前半岛电视台只能勉强维持日常的运作，而且依然要依靠政府进行资助来建立英语网站，以及纪录片和体育、英语频道。②

半岛电视台还面临来自其他国家的压力，并不是所有阿拉伯国家都欢迎半岛电视台，某些国家依然拒绝半岛电视台记者进入，例如突尼斯、伊拉克和沙特。半岛电视台在巴格达的办公室甚至在2003年被美军炸掉，有一名记者牺牲。还有些国家关闭了半岛电视台的办事处，但这并不能阻止半岛电视台报道当地新闻，他们依然源源不断地通过其他方式进行报道。

---

① 熊文平：《半岛电视台现状分析》，《青年记者》，2009年第1期，第23页。

② 杨凯：《透视半岛电视台》，《国际新闻界》，2008年第5期，第31页。

二、发展战略与关键能力

1. 成为国际一流媒体的关键步骤与核心战略

（1）关键步骤

1998年12月16日，在伊斯兰开始斋戒月时，英美联军正式向伊拉克发动70小时名为“沙漠之狐”（Operation Desert Fox）的军事行动，“半岛”是唯一在此次军事行动中，在伊拉克境内实地报道轰炸情况的媒体，令全世界媒体纷纷转载，“沙漠之狐”为半岛在国际上打响了头炮。①

“9·11”事件之后，半岛电视台才真正成为国际性媒体，其依靠对本·拉登录音带和录像带的独家播放，在媒体战中独占鳌头，从而在世界范围内声名大振。

2003年的伊拉克战争更是让半岛电视台大显身手。在战争中，许多国家都被CNN、FOX和英国的BBC等西方传统强势媒体的新闻笼罩，半岛则以全面翔实、不偏不倚、客观公正、及时准确的新闻报道，与强势的西方世界话语权相抗衡，发出自己的声音。②

2006年3月半岛电视台更名为半岛电视新闻网（Al Jazeera Network），扩增为国际性媒体集团，旗下包括半岛阿拉伯新闻台、半岛电视英文台、半岛电视纪录片频道、半岛电视体育频道、半岛电视媒体训练与发展中心、半岛电视研究中心、半岛行动电视网等。

到了2006年，“半岛”英语频道开播，正式进军西方主流舆论市场，短短4年，已经与BBC、CNN三足鼎立，成为具有国际影响力的国际新闻媒体之一。

（2）以独立发声、独特视角为核心战略

作为阿拉伯地区的第一家私营新闻电视台，半岛电视台一直致力于打造本地区的新闻自由。开播之初，为增加收视人群，半岛电视台着力于播

---

① 龙景昌:《世界在看CNN, CNN却在看Al Jazeera》,《明日风尚》，2010年第8期，第74页。

② 刘笑盈:《国际新闻学：本体、方法和功能》，中国广播电视出版社，2010年版，第177页。

出海湾各国争议性事件，包括沙特、科威特、巴林和卡塔尔等各国政府以及叙黎关系、埃及司法等。

半岛电视台的准则是“一个观点、另一个观点”，表明电视台允许各种不同声音的存在。它在新闻报道方面秉承西方媒介客观、公正、独立、平衡的报道原则，以快速播送全球各地的即时新闻和组织主题尖锐的国际政治辩论见长，这些成为半岛电视台迅速崛起的关键因素。①

穆斯林和阿拉伯文化，对西方媒体来说是一道难以逾越的鸿沟，阿拉伯世界和欧美民众之间缺乏互相沟通的平台。半岛电视台抓住机遇，即时切入，弥补了这一真空地带。半岛电视台同美国 CNN 有某些相似之处，比如大量的现场直播、与前方记者连线、24 小时新闻滚动播放以及每周固定时间播出的大型栏目等。但半岛电视台又不完全追随西方媒体，它具有更大的独立性，完全以自己所追求的职业化、专业化立场报道阿拉伯世界。他们尤其注重寻找独特视角，以阿拉伯人的观点报道被西方媒体忽视或忽略掉的新闻，发出与西方主流媒体不同的声音。②

半岛电视台深知要想获得成功，就一定要面向世界，成为在国际上有一定影响力的世界级媒体。半岛成立不久就开始了全球扩张的步伐。至2009年，已经拥有30多个海外分社。另外，半岛电视台特别重视与中国的关系，2003年7月10日，半岛北京分社正式成立。2006年6月3日至6月10日，半岛电视台推出“中国周”大型报道活动——“聚焦中国”，用一周的时间全面报道了中国的政治、经济、文化、体育等各个方面，这是半岛电视台首次对一个国家进行如此大规模的报道。③

2. 相对较弱的传播能力

2011年，半岛电视台拥有70个全球站点，其中69个是境外站点，数量仅次于CCTV，居于国际一流水平；在多哈、吉隆坡、伦敦、华盛顿

---

① 刘耐霞、乔哲：《从半岛电视台看发展中国家如何提高国际传播力》，《湖北广播电视大学学报》，2008年第9期，第68页。

② 刘耐霞、乔哲：《从半岛电视台看发展中国家如何提高国际传播力》，《湖北广播电视大学学报》，2008年第9期，第68页。

③ 刘笑盈：《异军突起的半岛电视台》，《对外传播》，2009年第1期，第55页。

设有4个新闻中心，海外重点区域在中东、东亚、欧洲和美国；半岛电视台在包括中国在内的30个国家建立了记者站，尽管全球站点众多，但其海外采编力量相对较弱，只有300人，与其他国际一流媒体相比还有很大差距。

半岛电视台共拥有8个频道，3个国际频道，播出频道数偏少；广播电视的播出语种共有阿拉伯语、英语、斯瓦西里语三种，语种较少。2010年，半岛电视台覆盖了全球70个国家和地区，相比其他国际一流媒体，覆盖率偏低；海外用户数0.7亿，与其他各大媒体也有一定差距。

3. 尚待提升的经营能力

半岛电视台最初1.5亿美元的启动资金来自卡塔尔埃米尔，初始目标是在2001年开始盈利，自给自足。然而这个目标没有实现，随后，埃米尔每年又继续资助。

除广告外，半岛电视台其他主要收入来自有线电视接入、处理其他广播公司的节目、售出新闻影片（据俄罗斯《真理报》消息，“半岛电视台播出的本·拉登录像声明，每分钟售价20000美元”）等。2000年，广告收入已占到总收入的40%。此外，半岛电视台也在考虑融资。

哈马德熟悉和欣赏英国的电视体制，尤其是BBC。BBC一直宣称要致力于创造5种公共价值：民主价值、文化和创造性价值、教育价值、社会和社区价值以及全球价值。哈马德以及半岛的记者编辑们在建立自己的媒体时也是半岛对BBC进行了成功的模仿和本土化，成熟的组织监管机构对人员并不庞大的半岛来说，如虎添翼，提高了工作效率①。

现在半岛电视台多哈总部员工上千人，其中30%是女性，这一比例在阿拉伯国家非常少见。半岛还拥有一支180人的国外分社记者队伍，这些人中很多都有国外留学背景，熟知当地的情况，具备广博的知识。半岛电视台在阿富汗战争和伊拉克战争中出色的报道能力，充分显示了其对信息资源的掌控，这和半岛电视台的员工是分不开的②。

---

① 徐琴媛:《世界一流媒体研究》，中国广播电视出版社，2011年版，第130页。

② 徐琴媛:《世界一流媒体研究》，中国广播电视出版社，2011年版，第131页。

4. 潜力有待开发的新媒体发展能力

半岛电视台采取“分布式发布”的策略，将电视台内容同步到YouTube、Live Station和英国《独立报》等网站上。此外，半岛电视台还通过Twitter发布突发消息。通过互联网，半岛电视台对以色列与哈马斯在加沙地带冲突的报道获得大量关注。

互联网是半岛电视台进入美国市场的主要途径，半岛电视台目前通过YouTube发布新闻片段和全长度的英语电视节目。在加沙地带冲突期间，半岛电视台YouTube频道的流量上升了150%，其中大部分来自北美。

2011年5月2日，AJE（半岛电视台英文频道）开通“网络流媒体不间断直播”（Online Live Stream）服务。该服务既是AJE的一个电视秀又是一个网络社区，完全由国际互联网上的社会性媒体驱动，内容来源也主要是社会性媒体。其运作方式是，该网站收集整理和编辑来自社会性媒体的新闻信息，然后以此为基础制作出一档视频节目，通过Skype等工具访谈新闻当事人和让观众参与。这一内容传播方式吸引了大批美国网民，成为AJE除有线电视和卫星之外的主要跨国传播方式。①

半岛电视台网站2011年全球综合排名平均为1048位，在各大国际一流媒体网站中处于较低水平，与BBC、CNN等网站差距甚大。其网站语种版本数较少，人均页面访问量为2.94，在BBC、CNN、NHK、CNTV等国际一流媒体中访问量最低，表明网页内容对网民吸引力相对较低；蹦失率50.2%，与CNN相同，相比其他媒体网站较高；网站访问时间5分20秒，有较强的黏性，发展潜力较大。

三、机遇与挑战

1. 如何再接再厉

关于当前所面临的挑战，半岛电视台创台核心成员之一扎米尔表示：“我们是从高起点开始的，我们的创始团队都知道一个高水平的新闻频道

① 邓建国:《“半岛时刻”：看半岛电视台如何落地美国》,《对外传播》，2011年第12期，第61页。

需要什么，所以成功的挑战就是我们自己，我们如何能够在一个高起点的基础上继续提高，如何应对新媒体和新技术的挑战。如何能够运用同样的技术，同时保证自己的报道质量，这是我和其他半岛电视台的同事所面临的挑战”。

2. 如何面对受众的不认同

一方面，阿拉伯受众需要从半岛电视台获得与众不同的信息，另一方面，他们又厌恶半岛电视台的风格和模式，即他们的接受行为是积极的，而他们对半岛电视台的情感是消极的。因此，他们不可能以积极的态度去接受半岛电视台广告所推崇的东西。它所奉行的独立、自由、尖锐的风格，与阿拉伯各国传统的政治观念格格不入，绝大部分阿拉伯人并不喜欢。

3. 以新技术寻求新机遇

半岛电视台大量采用西方的先进技术和设备，半岛移动服务用英语和阿拉伯语提供新闻信息，在任何时间、地点，通过手机短信、彩信、移动电视等形式来满足受众对信息的需求。同时，半岛电视台还提供“随身波”服务，即一系列的数字广播音视频服务，包括各类分析性新闻杂志类节目和有深度的纪录片，面向全球受众，涵盖任何具有影响力的国际问题，通过开发多种多媒体服务，寻求更多的机遇①。

第四节　日本放送协会

一、发展历程概述

NHK是Nippon Hoso Kyokai的缩写，通常被称为日本广播协会或日本放送协会，是日本放送广播电视节目频道最多、覆盖面最大、拥有视听者最广的广播电视台，成立于1925

① 徐琴媛：《世界一流媒体研究》，中国广播电视出版社，2011年版，第135页。

年，总部位于以时尚闻名的东京涩谷地区，首任会长为岩原谦三。

NHK 于1925年开始广播，1953年开始电视播出，是亚洲地区成立最早、影响最大的广播机构。NHK 的前身是在1925年3月22日在日本第一次进行广播的东京广播站。最初作为全国范围的播送组织而成立公司的NHK，在1950年以作为公共广播者的名义，在播送法的体例下重新建立。

从成立起，NHK 就没有政府投资，不接受企业赞助，完全依靠视听者交纳的收视费保证运转，是世界公共广播电视台依靠公众交费进行运营的最早广播电视台。NHK 以其对国内外新闻、迅速、准确地报道在国际传媒界占有重要位置。

在其发展史上，NHK 始终把对高新技术的研究与应用放在事业发展的首位，为世界电视技术的发展作出了重要贡献，并成为世界上第一家向家庭播放卫星电视节目的电视台①。

1. 日益提升的国际竞争力

NHK 连续多年入选国际上极有影响力的杂志《国际电视业》世界电视企业百强中的前五位②，经过近八十年的经营实践，已经发展成为亚洲规模最大、影响最大的公共广播电视机构，其与 CNN、BBC 等并列为世界屈指可数的媒体组织。同时，NHK 是亚太广播电视联盟的主要成员，也是欧洲广播电视联盟的准会员③。

NHK 在日本媒介一直扮演老大的角色，其公信度和号召力几乎无人能敌。近年来，面对国内商业电视台的强烈竞争，以及肩负向世界报道日本的使命，NHK 在日本政府与国民的支持下，一直不断提升自己的影响力，从而进一步为本国受众和国际受众以及日本的国家利益进行服务。正如 NHK 国际频道的简介中提到的“要准确、迅速地传达日本在重要国际问题上的立场和主张”。

早在2006年3月，前首相小泉纯一郎就曾向分管媒体领域的总务省提

---

① 徐琴媛：《世界一流媒体研究》，中国广播电视出版社，2011年版，第115页。

② 薛洁：《论公共广播电视体制的优势——日本 NHK 经营模式分析》，《新闻知识》，2004年第10期，第49页。

③ 曹济仁：《“NHK”印象》，《声屏世界》，1998年第9期，第52页。

出“强化国际放送”的指示。时任外相的麻生太郎也主张“成立亚洲版的CNN”。为此，很多NHK的节目制作了外语版，并积极参加国内外的各项比赛活动，获奖“不计其数”。根据NHK的年度报告，仅2008年这一年NHK获得的国际性奖项达29项之多。其中，在2008年的国际媒体节上，NHK分别获得技术和情感两项金奖，自然动物类一项银奖；在班夫电视节上，获得野生动物节目单元第一名；在美国国际电影音像奖上，获得教育单元第一名；在雨果电影节获得纪录片类艺术·人道奖金奖①。

NHK世界是NHK的国际服务。NHK世界电视是一个播放最新新闻节目来展示日本文化与社会的英语频道。一天播放24小时，展示日本最好、最新的内容，这个频道也报导亚洲及世界的时事。NHK世界电视台已经因报导了地震而声名远播，它在2011年9月赢得了“连接世界电视奖”。

NHK的电视报道一向以深度著称，这也是节目质量高的重要体现。“NHK在深度报道上下工夫，使人感到在这方面它绝不逊色于印刷媒介。”

NHK在加强国际化战略的同时，更加积极地参加国际公益事业，提高NHK和日本在国际上的影响力和软实力。NHK在亚洲太平洋广播联盟(ABU)中也发挥主导作用。ABU由来自亚太及中东地区的122个广播电视机构组成，宗旨是探讨广播电视媒体的社会作用并提高电视节目的质量②。

2. *重要历史转折*

纵观NHK电视的发展史，其发展历程可以分为四个阶段：

第一个阶段为初创期。1953年2月1日，NHK第一个电视工作室GTV在东京诞生，开始定时播放电视节目，NHK的电视事业自此开始起步，进入和广播齐头并进的时代③。

第二个阶段是初具规模期，时间是从1955年到1960年。在此期间，NHK地方台纷纷成立，逐渐形成全国性电视网络。1958年，NHK开设了

---

① 徐琴媛：《世界一流媒体研究》，中国广播电视出版社，2011年版，第121页。

② 徐琴媛：《世界一流媒体研究》，中国广播电视出版社，2011年版，第123页。

③ 张学智：《日本电视》，中国电影出版社，2001年版，第22页。

32个地方台（除教育台外），基本上与日本的民间电视台并立，覆盖全国。

第三阶段是日本经济腾飞的时代，这一阶段始于20世纪60年代，此时，也是NHK及日本电视迅速发展的时期。到1962年3月，NHK的签约用户达到1000多万户，而到1967年，NHK的签约用户突破2000万户，每周每人平均看电视7小时以上①。到1982年9月，电视节目接收合同超过3000万户。

第四个发展阶段——“新媒体时代”到来，以1984年5月12日，NHK进行的实验性卫星广播节目传输为标志。1987年7月4日，NHK通过卫星直播系统开办了24小时不间断的卫星电视节目，从此NHK成为全球第一个直接播出卫星成套节目的电视台。

此外，2008年12月，NHK开始实行电视节目点播服务，受众可以通过网络和电缆电视观看错过的或希望再次观看的电视节目，这是NHK电视发展史上的重大突破，进一步满足了不同受众的需求。自1964年起，NHK就开始研发高清晰电视，如今电视综合频道80%左右的节目都是高清晰广播②。

3. 当前面临的主要问题

1995年，为了强化对外传播，促进国际交流，NHK开始面向北美、欧洲的电视进行海外播出，1998年4月，又进一步面向亚洲太平洋地区以数字方式播出NHK World TV(NHK海外频道)，2001年8月，基本实现全球覆盖，但是这种覆盖仅仅是指卫星信号的覆盖。由于NHK World TV主要是通过卫星信号直接落地，需要直径2.5米以上的大型天线，小型天线很难接收到；而且除卫星外，NHK World TV的其他落地方式有限，所以实际入户率不高。根据日本外务省2005年底的调查显示，在被调查的114个国家中，NHK World TV只在12个国家能够看到，而中国的CCTV-9（现CCTV-News)能在78个国家看到。此外，由于NHK只有NHK World TV一个海外频道，无法对除英语区以外的其他语言区产生影响，也无法形成

---

① 张学智：《日本电视》，中国电影出版社，2001年版，第57页。

② 丁汉青：《NHK的经营管理》，《青年记者》，2005年第3期，第35页。

规模[①]。

相对于其他知名电视台网，NHK 国际传播之路并不好走。尽管对新闻节目予以高度重视，却因政策与资金的限制而无法在劲敌诸多的国际传播战场上大显身手，移植国内频道成功的新闻节目也只是讨巧的权宜之计，缺乏专门针对国际受众的新闻节目，是 NHK 树立全球品牌形象的主要瓶颈。

同时，在 NHK 的发展过程中，也面临着承贷解决的问题。2004年7月，NHK 因制作费贪污等一系列丑闻而面临信任危机，被称为 NHK 收视晴雨表的“红白歌会”在2004年的收视率不到40%，跌到历史最低点。此事曝光后，虽然包括会长在内的一批高级主管受到减薪或降职处分，但不满的日本民众已经表示要以拒绝缴纳收视费作为抗议[②]。

虽然 NHK 有许多值得中国广播电视界汲取的经验，但 NHK 本身的广播体制也存在问题。一方面，与美国 CNN 等一流广播电视公司相比显得体制僵化、缺乏活力，如同日本现行的经济体制一样需要变革。NHK 机构庞大，人员众多，分工过细，效率不高。在这里，你很难感受到改革创新的气息。

此外，节目内容比较古板。与其他民间电视台的节目相比，NHK 的节目显得“严肃有余、活泼不足”。据 NHK 放送文化研究所的调查，NHK 节目的观众多集中在中老年，而年轻人对民间电视台的节目更感兴趣。对此，NHK 一直试图改变，但收效不大，这与 NHK 的体制不无关系[③]。

另外，NHK 遭遇的社会困境直接来自于法律定位与民众感知的脱节。尽管“公营媒体”的法律定位是服务公众，但并非每个独立的民众个体都能明确感知到其与自身利益的联系。1980、1983、1989 和1997年的几次调查显示，仅有29%—35% 的受访者将 NHK 理解为“特殊的公共机构”，

---

① 李卫兵:《从 NHK 海外频道看日本对外传播的新动向》,《中国广播电视学刊》，第91页。

② 唐世鼎、黎斌:《世界电视台与传媒机构》，中国传媒大学出版社，2005年版，第223页。

③ 阎成胜:《日本 NHK 的广播体制及其利弊分析》,《环球采风》，第56—57页。

而另有25%—29%的受访者认为它是“国营机构”，23%—31%的受访者选择“半官方半民间的团体”，另有4%—6%认为是民营商业机构，余下的受访者则没有做出明确回答。近年来NHK频频受到来自“个体”的挑战，最直接地反映在两点：其一是“收视费”屡受冲击，其二是近年出现的个人或民间团体针对NHK的诉讼，表明NHK在现实中无法真正超脱社会矛盾冲突。

NHK的社会困境，又与其政治困境相辅相成，其政治独立性也遭遇挑战。2000年的“神国”事件成为NHK与政府关系问题进入公众视野的导火索。2000年5月15日，时任首相森喜朗在“神道政治联盟国会议员恳谈会”成立30周年集会上发表讲话。其中“日本是以天皇为中心的神的国度，为了让国民确实了解到这一点，我们（联盟国会议员）奋斗至今”的措辞，立刻引起了激烈的舆论风波，日本共产党与《朝日新闻》、《每日新闻》等媒体批判其违背国民主权和政教分离的宪法精神。

这一丑闻对NHK造成的舆论形象损害已无可挽回。从这一事件中，我们可以发现其对传统保守的主流的政治依附，其独立性已经在流失。

随着冷战结束，在西方国家内部，“左”、“右”派实质趋于同质化，在具体社会事务上的意见分歧取代了政治立场的根本对立，媒体趋向娱乐化，其大众教育和公民社会的职能都被削弱，这使得作为“公营媒体”的NHK区别于其他私营媒体的特点被弱化，从而也一定程度上否定了NHK的存在意义。这也是日本的私营媒体以“不公平竞争”为由要求NHK民营化的原因之一[①]。

二、发展战略与关键能力

1. 成为国际一流媒体的关键步骤与核心战略

1989年就任NHK会长的岛桂次开始其国际化发展战略，其中最具代表性的就是设立国际媒体公司（Media International Corporation，简称

① 潘妮妮：《日本广播协会：历史定位与当代困境》，《日本学刊》，2012年第3期，第114页。

MICO0)。NHK利用其拥有的丰富的节目资源，计划进军国际节目市场，并动员商业电视台也加入到这一宏伟计划之中。但是，其染指商业市场领域的做法受到各商业电视台的批判和抵制。NHK不得不放弃直接投资的计划，由此，1990年7月设立的国际媒体公司的业务内容大幅缩小，在国际节目市场上购买和销售影像制品成为其主要业务内容①。

与此同时，NHK还积极开展面向世界的节目播出服务。这一国际战略的具体表现是“电视日本(Television Japan)”计划，目的是在全世界范围内播放NHK的电视节目，该节目于1991年4月从纽约开始面向美国播出。同年7月又从伦敦开始了覆盖欧洲的电视播放业务。迄今为止，NHK的国际电视已经覆盖了除非洲西部、南部以外的全世界所有地区，并以每天24小时的播放时间进行全天候播放。

与其他知名电视网一样，NHK也坚持在国际传播中采取“新闻立台”的策略。相较BBC和今日俄罗斯，NHK国际频道既无根基深厚的海外知名度与公信力，也缺乏国家资金的有力支持，因此在操作层面上，更多是将国内频道的优秀新闻节目经“改造”再移植到国际频道，优先打造节目的品牌，再以之为基础，逐渐扩大频道影响力。

NHK在国际新闻传播竞争中的优势，体现在其对突发新闻的快速反应上。日本《广播法》规定，NHK有义务在重大灾难或危机发生时以最快速度向公众发布预警信息。因此，NHK一直与相关机构，如日本气象局和地震局，保持密切合作，以确保能对突发性自然灾难做出迅疾反应。另外，日本于2007年2月建成的全国瞬时警报系统（J-A1ert），也能在重大事件（如地震、海啸等自然灾害，以及军事袭击等其他突发事件）发生时，直接通过NHK电视画面对全国公民发布消息。在日本东北地区大地震中，NHK充分利用这一优势，每每以最快速度发布震情信息，而其他国际媒体采用的电视画面，绝大多数来自NHK。NHK的国际影响力和知

---

① 龙一春:《20世纪90年代后NHK发展战略的变化》,《现代传播》，2006年第1期，第160页。

名度从而得到相当大的提升[①]。

作为公营媒体机构，NHK 开展国际传播的目标主要是传播日本文化，在国际媒体竞争中以文化外交来赢得自己的一席之地，向世界传递日本的声音。NHK 文化外交的一项重要策略就是在文化领域开展国际合作，其形式主要是技术合作以及节目合作。NHK 通过派遣专家和接受对象国对口专家赴日研修等形式，向亚洲、大洋洲、非洲和拉美等地的发展中国家的广播电视机构提供技术合作。派遣专家和接受研修人员涉及的领域广泛，包括广播电视设备的维修保养、信号传输、节目制作技术、广播电台和电视台的经营等。

就节目合作而言，NHK 与海外许多广播电视机构和制作公司保持合作关系。在过去的30年里，NHK 已经通过国际合作的方式制作了750部节目。例如，曾经在中国产生较大反响的《丝绸之路》是中央电视台首次与 NHK 联合摄制的大型电视系列片[②]。

另外，NHK 在加强国际化战略的同时，更积极参加国际公益事业，提高 NHK 和日本在国际上的影响力、打造软实力。从2007年开始，日本政府先后在美国华盛顿、纽约、波士顿等意见领袖和知日派较多的地区，率先与当地的有线电视频道签订接受合约，期待美国政府高官、外交官能看到 NHK 的国际频道。

2. 水平较低的传播能力

从全球采编能力来看，2011年，NHK 拥有47个全球站点，其中37个境外站点，站点数量与 BBC 相当；NHK 在东京、巴黎、北京、曼谷、纽约设有5个全球中心站，海外重点区域在欧洲、东亚、南亚和美国；相比其他国际一流媒体，NHK 的海外采编力量相对薄弱，只有100名驻外记者和当地雇员，不足 BBC 的十分之一。

从全球制播能力来看，2011年，NHK 频道总数为15个，其中有6个

---

① 常江：《发达国家电视国际传播策略与经验——以 BBC、RT、NHK 为例》，《中国记者》2011年第10期，第125页。

② 李宇：《日本 NHK 的“文化攻略”》，《对外传播》，2011年第2期，第57页。

国际频道，略少于BBC，多于CNN和半岛电视台；包括电视和广播在内共有18种播出语种，播出电视语种只有日语和英语。NHK注意开拓国际市场，2008年，NHK共有7516个节目被售给世界43个国家和地区的广播电视机构播放。与世界47个国家和地区、79家电视台和新闻机构有合作关系。

从全球覆盖能力来看，NHK覆盖了120个国家和地区，少于BBC、CNN和CCTV等媒体；海外用户数仅有0.5亿户，在国际一流媒体中处于较低水平。其中，日本NHK电视台24小时英文频道——国际电视频道，全天不间断播出，周一至周五每个整点播出半小时的英语新闻节目，介绍日本经济、社会、科学和文化等方面的节目，开播时全球可覆盖的观众就已达到7000万户。此频道还有可能推出除英语以外的另外几种语言（汉语、阿拉伯语、西班牙语和法语），从而吸引更多的国际受众。

截至2009年3月，全世界80个国家和地区可通过当地卫星与闭路电视服务收看NHK环球电视频道，与此同时，NHK环球电视频道的众多节目可在其网页上与电视节目同步播出①。

3. 表现平稳的经营能力

NHK的管理机制既不同于西方的国家台，又有别于西方的民营台，具有明显的双重性。一方面，NHK根据以国会—其成员是日本民众的代表—为中心的既定程序管理、运营。它每年都要为来年准备预算、运营计划和其他文件，并按照程序提请审批。另一方面，NHK的最高权力机构——“经营委员会”成员来自教育、文化、科学、产业界的十二名人士构成，他们代表民意、体现民心，在重大决策和议题上替广大公众维护权益，也保证了NHK能不断地满足受众的需求，使二者相互支持，相互促进，并使其成为一个既维护视听者利益又对政府负责的半官方性质的新闻机构。

NHK的收入来源主要有两个渠道，即收视费和政府财政拨款，但是来自收视费的收入要远大于来自财政拨款的收入。日本《广播法》第

---

① 徐琴媛:《世界一流媒体研究》，中国广播电视出版社，2011年版，第116—117页。

四十六条明确规定，NHK不得为他人的商业活动播送广告，这就使以公共服务为宗旨的经营目标较之其他的广播电视机构显得更加鲜明。与此相对应，为了保证组织运营及节目内容的自主性，国家制定了收视费制度。NHK的收视费有别于欧洲公共电视台向民众强制征收的“执照费”，NHK的执照费靠民众自觉缴纳，而NHK在民众中的影响也足以使人们自觉缴纳费用。NHK在总体上表现出及时、客观、公正、独立的报道追求，以及服务社会公共利益、保证公正的高质量节目的态度，这在相当程度上应该归功于NHK的收视费制度。

从2009年的收视费标准看，一次性缴纳收视费的月份越多，受众则会得到越多的优惠，多交多省，从而鼓励受众提前缴纳收视费。2009财年预算中，NHK的总收入高达6.699亿日元，其中收视费占到了96.9%。在2010—2011年度，NHK收入规模为532亿元人民币，增长率为0.59%；支出规模也有一定幅度的增加，达到517亿元人民币。

由于在经济危机环境下表现相对较好，2011年，NHK的收入增长较平稳，增长率仅为0.59%；较高的营业性支出和折旧导致了NHK利润的明显下滑，营业利润仅10亿元人民币，增长率为-54%；NHK的资产回报率较高，达79.51%，在各大国际一流媒体中仅次于BBC；负债率仅为34.03%，相对过低，虽然经营风险小，但也显示出其对外部资本的使用程度较低。

4. 积极发展的新媒体能力

NHK把通过因特网传播广播电视节目和信息的服务称为“延伸的数字化广播电视服务”。1995年10月，“NHK在线”网站开始发布关于NHK节目的信息，还发布一些管理性的信息以加强同受众的联系。2000年12月，这个网站开始发布新闻，这期间较为重大的事件是2000年在线报道第27届悉尼奥运会。但新闻的主体内容还是源自电视节目。

2006年至2008年被NHK称为“用户自有服务”的网络时代，网民拥有更大的自由度来选择丰富的广播电视节目，如新兴的视频分享页面里提供了丰富的影视剧集，优质的观赏性使得视频流已成为NHK网站主页的重心。电视和互联网融合的IPTV被日本舆论界称为2009年最具潜力的新媒体业务，普及日本的所有城市[①]。

新世纪以来日本的互联网、通信网步入发展成熟的飞跃期，日本成为全球第一个开通3G商用服务的国家，网络的融合为NHK台网内容的进一步整合创造了条件，同时也为电视内容的多元传播构建了丰富的渠道。

NHK拥有官方的日语网站，NHK在线和一个英语网站，NHK英语在线。NHK在线，致力于PC机和智能手机，提供新闻、节目信息和视频剪辑短片。不同的节目网站，包括在日本各地NHK站点播放的节目以及灾难预告信息的网站，都可以从主页中获得。“NHK在线”目前有300多个网站，发布包括NHK的新闻节目、特别节目和其他电视节目以及地方广播电视台节目在内的大量信息，都向观众提供，被点击的网页数量平均每天为870万。NHK英语在线提供了主页上有英语版本的节目的直接链接，还有NHK安排的信息。

同时，NHK正在用社交网络来传播信息。它不仅通过100多个推特（Twitter）账户传递信息，还通过官方的日语和英语脸谱（Facebook）、NHK网页以及谷歌（Google）、Mixi（日本的社交网站）的官网传播信息。

NHK的移动网站——NHK Keitai，运用移动电话技术来提供最新新闻、天气、节目流程以及信息。用户也可以将照片和评论直接贡献给在线节目，这个网站不仅是一个信息资源，还是让用户直接参与到节目中来的一种方式。

NOD是NHK的有求必应的付费收看服务，可以看到之前已经播出的节目。这种“赶上节目”服务提供观看播放当天的，或第二天的甚至直到两周后之内的。“NHK档案选择”从NHK拓展图书馆中提供节目。NOD在PC机和智能手机，还有电缆电视和网络电视上都能用。当在电视上看的时候，还可以看高分辨率形式的节目[②]。

NHK网站2011年全球综合排名第594位，低于CNTV（413名），与

① 詹骞:《NHK——互联网时代日本公共电视的典范》,《新闻与写作》，2010年第7期，第49页。

② NHK2011年度年报。

BBC、CNN 等网站差距更大；NHK 网站拥有18个语种版本，仅次于BBC，远多于其他各大媒体网站；人均页面访问量3.24，仅略高于半岛电视台；蹦失率高达52.5%，高于 CNTV、CNN、BBC 和半岛电视台，受欢迎程度一般；网站访问时间3分15秒，在五大媒体网站中最短，黏性较弱[①]。

2009年是 NHK“三年经营计划”的初始之年，此计划作为 NHK 全面迈入数字化时代的经营纲领，使 NHK 更加积极地面对数字化时代的机遇和挑战。在这个计划中，NHK 表明，将紧跟日本以及世界媒体的变化不断调整自身机制，向数字科技最新领域不断前进。在此计划提出之后，NHK 全体员工将秉承向观众提供高品质画面的理念，稳步跨入数字广播普及的重要时期。

新的媒体正在诞生，与数字化一道，广播和通信的结合正在加速。NHK 公司迎接这些挑战并展望未来，其目标是完成作为日本在世界范围内散布信息的唯一公共广播者的使命。为了这个目标，NHK 公司在2011年的10月起草了针对2012—2014年的名为“一个兴旺的、安全的及稳定的未来”的计划。这个计划列出了行动的四大支柱：“服务于公众”，“保持信任感”，“创造未来”和“改革与活力”。[②]

三、机遇与挑战

“科学技术是第一生产力。”在NHK的发展过程中得到了最好的体现。日本 NHK 广播技术研究所（即“技研所”）自1930年建立以来，随着广播电视技术的发展，一直在无线电广播（Radio）、调频广播（FM）、电视、卫星广播、高清晰度电视（High Vision）以及数字广播领域，从事着该时代最新技术的研究开发，起着推动广播技术进步的先导作用，成果斐然，备受世界同行的推崇。[③]

---

① 来自 Alexa 网站实时监测数据。

② 来自 Alexa 网站实时监测数据。

③ 韩伟：《NHK 中长期电视研究规划概况》，《有线电视技术》，2002年第18期，第7页。

在先进技术的引领下，NHK 的电视发展迅速、争世界一流。NHK 在公共广播电视机构中个性鲜明，它半官方，但不失独立；它传统，但不失创新；是老大，但不霸道；它公共，但不垄断，积极地参与和商业电视台的竞争。和其他一流的公共广播电视一样，经济上的独立保障了其节目的高质量，但是和其他公共电视相比，NHK 更能用便捷的技术和优质的节目“收买人心”。

值得一提的是，随着数字技术在广播电视领域的应用和普及，现有的收视费制度及 NHK 和商业广播电视的二元体制将会受到愈来愈大的挑战。如果让 NHK 单纯地导入竞争机制并采取以广告盈利的商业模式，势必会引起商业主义的盛行和节目质量的降低，这是包括受众在内的绝大多数人都不愿看到的。而如果以投入税金的方式来解决其财政问题，NHK 必将成为国营电视台，这更是受众不能接受的。唯一的出路就是废除现行的收视费制度，使 NHK 演变成可以自由签约的收费电视台，成为一个独立于政府和商业之外的真正意义上的公共广播电视机构[①]。

第五节　俄罗斯媒体

一、发展历程概述

俄罗斯第一频道不仅是苏联最早出现的电视台，也是俄罗斯的第一大公共电视机构，又称俄罗斯公共电视台，总部位于莫斯科奥斯坦金诺电视中心。第一频道的发展和俄罗斯的历史进程紧密相关。1991年苏联解体，电视业几十年来自上而下垂直领导的管理模式荡然无存。解体后，情形也发生本质的变化。目前，在俄罗斯至少有500家登记注册的非国有电视台遍布全国各地，拥有相当可

① 龙一春:《20世纪90年代后 NHK 发展战略的变化》,《现代传播》，2006年第1期，第162页。

观的收视率，电视台之间的竞争，如同其他行业的竞争一样，愈演愈烈[①]。

1. 世界领先的国际竞争力

俄罗斯第一频道是俄罗斯目前影响最大的三大电视台（其余两家分别为国有国营的俄罗斯国家电视台、国有企业所有的独立电视台）之一。在所有的俄语频道中，第一频道是最具影响力的品牌，被公认为俄语电视节目的领先者，并且与美国的NBC、CBS、英国的BBC等全球著名电视台并列为世界十大电视台。

俄罗斯第一频道是俄罗斯收视率最高、受众最为广泛、影响力最大的电视媒体。2005年全俄罗斯的收视份额排名中，第一频道以23%位列第一。而2008年，根据盖洛普媒体的统计数据，俄罗斯第一频道的收视率依然排在第一位。

第一频道历史悠久，信号覆盖面积广，其节目一直以来深受欢迎，早在2003年秋季节目排行榜上，"第一频道"独领风骚，排行榜前20名的节目中有17个是第一频道播放的。此外，第一频道的节目在俄罗斯和其他独联体国家也有一定影响，尤其是新闻和时事类节目，比较有深度，颇受观众喜爱。其中新闻节目（包括纪录片）一直是第一频道坚持的主打节目，也是获得影响力的关键。

在所有的新闻类节目中，1968年就开始播出的新闻栏目《时间》最具普遍性和影响力，它以时效快、内容丰富生动赢得了俄罗斯观众的认可，成为收视率最高的一档节目。该节目在2002年、2006年和2007年连续三次荣获俄罗斯电视领域的最高成就奖，其地位类似于中国的新闻联播[②]。

2. 重要历史转折

俄罗斯第一频道的发展史，可以说是俄罗斯媒体变革史的一个范例，它的发展经历了三个关键性时期：

国家第一电视台时期：俄罗斯第一频道的前身是苏联时期的国家第一

---

① 董锦瑞：《新闻当家娱乐助力——俄罗斯第一频道因创新而夺目》，《视听界》，2006年第1期，第80页。

② 刘笑盈：《转轨中的俄罗斯第一频道》，《对外传播》，2009年第12期，第56页。

电视台，该电视台成立于1951年3月22 日，它曾经是苏联时期唯一的一个常设电视台。它成立之后数年，苏联的其他电视频道才逐渐出现。第一电视台成立初期，主要播送新闻、音乐节目、电影和一些教育节目。

商业化时期：1991年苏联解体，俄罗斯电视界发生了深刻变化，国家第一电视台开始商业化，并改名为“奥斯坦金诺第一频道”。1995年，俄罗斯电视业开始私有化，电视所有制由以往的单一国有制转变为国有、股份与私营并存的多元体制。同年4月1日，第一电视台改名为“俄罗斯公共电视台”，因此一般认为,1995年4月1日是“第一频道”成立的时间。[①]

回归国有的俄罗斯第一频道时期：2002年9月1日“公共电视台”正式改名“第一频道”，以强调它的成功，是俄罗斯电视的领军者，当时的第一频道拥有1.4亿受众。同时，国家重新取得对第一频道的影响力和控制权，其总裁也由俄罗斯总统任命。目前该台的主要股份组成如下：1. 俄罗斯国家资产管理委员会（38.9%）2. 俄通社——塔斯社（14%），以上为国有企业的51%；此外，俄罗斯商业合作银行还占有24% 的股权，国家处于控股地位[②]。

3. 当前面临的主要问题

尽管俄罗斯第一频道的发展势头良好，但是与其他俄罗斯的电视台一样，第一频道同样面临着一系列的问题。例如政府引导与媒体独立问题、正面宣传与收视率问题、商业竞争与媒体的公共性问题、节目制作能力不足、国际传播能力不强等。[③]

第一频道尽管开始摆脱传统的媒体宣传的做法，开始以受众为中心的转变，但其如何在未来的社会发展中摆正自己的位置，如何在政府与商业化之间建立起媒体的社会公共机构形象，成了其面临的重大考验。例如，第一频道曾经播出的《大洗衣》节目，就因为浅薄庸俗而遭到受众的抛弃。

再如，由于俄罗斯受众对国际新闻的关注度不高，第一频道的国际类

---

① 刘笑盈:《转轨中的俄罗斯第一频道》,《对外传播》，2009年第12期，第55页。

② 徐琴媛:《世界一流媒体研究》，中国广播电视出版社，2011年版，第98页。

③ 徐琴媛:《世界一流媒体研究》，中国广播电视出版社，2011年版，第104页。

节目也乏善可陈，尽管其在2005年与俄塔社联合制作了电视纪录片《美国—俄罗斯：从过去到未来》，美国总统布什为此片做了开播致辞，但这种节目毕竟凤毛麟角，国际传播能力不强成为第一频道升级为国际大台的障碍。另外，就第一频道的收入而言，还远远比不上国际知名电视台，甚至还不到我国中央电视台的1/3，这一方面还有很大的提升空间。[①]

二、发展战略与关键能力

1. 极具创新特色的传播能力

如今俄罗斯电视台覆盖整个俄罗斯联邦，并一直以覆盖面最广著称，全球受众达2.5亿[②]，共有员工1300人，在俄罗斯共设31个记者站。覆盖俄罗斯人口的98.7%和95%的独联体人口以及所有波罗的海沿岸国家。

另外，第一频道电视台可以通过莫斯科—环球卫星转播将自己的电视节目发射到各大洲，尤其是东欧、西欧及中东各国，亚洲、澳大利亚及北美等地区。据估计，第一频道的潜在受众达2亿人左右，电视覆盖率占俄罗斯总人口的98.8%[③]。

第一频道的国际频道建立于1999年，它使第一频道每天在全世界的受众上升为2.5亿，覆盖面达到了五大时区，使用卫星、电缆、移动设备等多种方式和手段与世界各地的受众保持联系。国际频道的建立，使得第一频道成为当之无愧的世界最大的俄语电视频道。

国际频道成立11年来，每天24小时播出，信号覆盖北美、澳大利亚、东欧和西欧、非洲、中东。为方便欧洲和北美受众收看，国际频道开设了两个时区的版本，几乎使世界每个角落的俄语使用者都能看到有关俄罗斯的消息，并了解俄罗斯对世界的看法。

俄罗斯第一频道拥有自己一整套数字频道，它们五花八门、包罗万象，在发展过程中不断地推陈出新，树立自己的特色。其中，电影频道依托国

---

① 刘笑盈：《转轨中的俄罗斯第一频道》，《对外传播》，2009年第12期，第56页。

② 第一频道官网：http://www.1tv.ru/owa/win/ort5-total? p_total_title_id=2326。

③ 徐琴媛：《世界一流媒体研究》，中国广播电视出版社，2011年版，第99-100页。

家最大的电影工作室的珍藏馆，提供数以千计的精心挑选的优质电影来满足受众的需求。音乐频道的音乐视频天天更新，并有高水准的专业人士根据受众的口味和音乐的质量来精心挑选。第一频道还拥有独创性的偶像频道，它介绍当代传奇人物、偶像，尽人皆知的明星大腕、政治人物、历史人物和运动员。该频道24小时播出俄罗斯电视界的最好节目，包括最好的纪录片。第一频道的儿童频道将培养、教育年轻一代作为自己的职责[①]。

2. 注重改革创新的经营管理

第一频道是俄罗斯经营状况最好的电视台之一，但"俄罗斯第一频道"作为公共电视台，有其特殊之处。有学者认为，"俄罗斯公共电视台"并不符合公共电视的要求。首先，在经费构成上，该台从未收取过用户的收视费，并且在该台存在前期，主要接受别列佐夫斯基的经济支持；其次，在俄罗斯公共电视台的发展中，自组成股份公司后，它实际上被别列佐夫斯基个人操纵，在别氏东窗事发后，它又转归国家所有。因此，在前期俄罗斯公共电视台主要代表了别列佐夫斯基的意志，是他的政治斗争工具，而在后期，实际上成为国家电视台[②]。

由于俄罗斯电视业已完全步入市场化，因而广告收入已成为电视台的主要经济来源和赖以生存的支柱，广告量大，制作精美，创意比较新[③]，并且基于对频道的国家所有的实力和深入的从业经验的认可，大批国内外的广告商和国际媒体商业机构纷纷与第一频道洽谈合作。

苏联解体后，面对激烈的竞争，第一频道进行了一系列的改革，包括：把收视人群定位在普通老百姓，保证节目符合大众审美，既不能太前卫，也不能过于落伍；拓展受众空间，采用更先进的设备，调整播出信号，实现更高的收视覆盖率；扩大新闻、时事类节目报道量；着力开发娱乐节目；变革谈话节目。改革后的"第一频道"主要做到了新闻当家、娱乐助力，满足观众多方面的需求，也树立了自身的节目理念。

---

① 徐琴媛:《世界一流媒体研究》，中国广播电视出版社，2011年版，第100页。

② 贾乐蓉:《俄罗斯电视结构的主要特征》,《国际新闻界》，2004年第1期，第50页。

③ 张翔升:《俄罗斯电视业掠影》,《电视研究》，2003年第6期，第80页。

第一频道实行多元化发展，不断寻找新的发展空间，尤其在电影、电视制作方面，第一频道制作了许多电影，并用将近40% 的时间来播放电影，其制作的国产俄罗斯电影中，《守夜人》(2004年)、《守日人》(2006年)、《命运的捉弄2》(2007年)，在俄罗斯非常卖座[①]。优秀的电影进军国际市场有助于打造媒体影响力、知名度、增加社会效益。

在电视剧的制作上，第一频道于2003年推出一部名为《杀伤力》的本土电视连续剧，取得了54.3% 的收视份额。2007年隆重推出战争题材的电视连续剧《列宁格勒》，作品真实再现了1941—1942年那个寒冷悲惨的列宁格勒长达900天的封锁，在俄罗斯产生巨大反响。

此外，第一频道每年一次的新年晚会在俄罗斯的收视率很高。其音乐、游戏、真人秀等节目也都有良好口碑。例如，“明星工厂”是俄罗斯选秀节目中的翘楚，吸引了大量喜爱音乐的年轻观众。2001—2003年，总统普京曾连续三次参加与第一频道的“真人秀”直播，他的音容笑貌一次次通过第一频道传遍俄罗斯，也为第一频道扩大了影响力[②]。

三、机遇与挑战

作为正在努力跻身于民主国家之列的俄罗斯，建立公共电视台在某种意义上似乎成为民主国家的标志，由于俄罗斯大部分民众的收入水平较低，仅以收视费或社会捐助作为公共电视的主要来源恐怕不足以支持公共电视的运作。

俄罗斯电视的发展受到本国经济的严重制约。在向民主国家迈进以及回归欧洲大家庭的过程中，建立公共电视的呼声渐高，但尚未成为现实，反而是国家电视台的稳固存在成为俄罗斯电视业中一个引人注目的现象[③]。

第一频道在俄罗斯的电视发展史上经历了国有、商业化、而又回归国有的几次风波。它的发展和其他世界公共电视一样离不开政府的“支持与

① 徐琴媛:《世界一流媒体研究》，中国广播电视出版社，2011年版，第102页。

② 徐琴媛:《世界一流媒体研究》，中国广播电视出版社，2011年版，第104页。

③ 贾乐蓉:《俄罗斯电视结构的主要特征》，《国际新闻界》，2004年第1期，第51页。

鼓励”，但是经过商业化洗礼后的第一频道更加懂得经营的力量，不断开拓渠道，增加广告收入，虽然目前有限，但也是它的独到之处。从另一方面讲，对于第一频道以及所有的公营电视台来说，公共电视台到底应不应该有广告？这个问题值得考虑，也是它们面临的两难选择[①]。

今日俄罗斯

一、发展历程概述

今日俄罗斯（Russia Today TV 或 Russia Today，或称今日俄国，缩写为 RT）是俄罗斯新闻社下属的一家国际新闻电视台，是第一家全数字化的俄罗斯电视频道，是由俄罗斯杜马全额拨款的对外宣传电视平台。今日俄罗斯于2005年12月10日开播，有将近100名英语记者在全球范围进行报道。

今日俄罗斯由俄罗斯政府全额资助成立，其目的在于提升俄罗斯电视媒体的国际传播能力，与英美等发达国家争夺话语权。电视台从创立到开播总计耗资近1亿美元。目前共有四个专业新闻频道，分别以英语、俄语、阿拉伯语和西班牙语广播，并向全世界派驻100多位精通英语的新闻记者。自2005年开播以来，在短短几年内，RT已经在激烈竞争的国际媒体市场中站稳了脚跟。

今日俄罗斯在新闻报道中坚持自采，很少转播其他西方媒体的画面。2007年8月，今日俄罗斯成为有史以来第一个在北极点完成直播的电视媒体，直播总计进行5分钟41秒。在俄罗斯展开的大量北极圈探险活动中，今日俄罗斯的记者始终如影随形，获得大量独家新闻。

2007年10月，因对切尔诺贝利纪念活动的出色报道，今日俄罗斯在国际广播协会 (AIB) 年度“杰出传媒奖”中荣获三项提名 (仅次于历史悠

---

① 徐琴媛:《世界一流媒体研究》，中国广播电视出版社，2011年版，第105页。

久的BBC和France 24)，并入选2007年五大国际电视频道之一。

二、发展战略与关键能力

1. 成为国际一流媒体的关键步骤与核心战略

与BBC不同，今日俄罗斯的四个频道均拥有较强的独立性和新闻采编自主权。总体来看，由于赋予各频道相对独立灵活的新闻采编权，今日俄罗斯既享有国家电视台的体制优势，又在很大程度上避免了体制化可能产生的弊端。对于开播仅七年的今日俄罗斯而言，选择以频道为单位的分散运营方略，鼓励各频道因地制宜、独立开拓本地新闻资源，无疑是扬长避短的高明之举（表6-2）。

2. 不容小觑的传播能力

目前今日俄罗斯的电视信号通过230多家运营商在全球100多个国家落地，已全面覆盖北美、欧洲、大洋洲等主要发达国家，理论上已覆盖全部欧亚大陆、美洲大陆、南部非洲和澳大利亚。同时，其入户收视率也不断提升。

表6-2　今日俄罗斯电视台频道组成

频道	内容	语言	开播时间
国际频道	以俄罗斯的立场分析国内和国际新闻事件的24小时新闻频道。	英语	2005年
美洲台	立足于美国本土、传递俄罗斯立场的24小时综合频道。节目内容包括新闻、脱口秀、经济、天气、纪录片和体育等。	英语	2010年
阿拉伯语台	总部设在莫斯科的24小时综合性频道，节目包括政治、经济、文化、体育、电影、纪录片等。	阿拉伯语	2007年
西班牙语台	总部设在莫斯科，但主要节目在迈阿密、洛杉矶和布宜诺斯艾利斯的记者站制作完成，节目包括新闻、体育、电影等。	西班牙语	2009年
纪录片频道	24小时的纪录片频道，节目主要是关于俄罗斯的纪录片。	英语	2011年

尼尔森数据显示，2008年今日俄罗斯在美国时代华纳有线电视的月度收视率超过了BBC America 11%；在尼尔森2010年的另一份调查报告中显示，纽约和华盛顿两地，今日俄罗斯成为收视率最高的海外新闻频道。而据思维（Synovate）市场研究2009年的统计，今日俄罗斯在包括德、法、意在内的欧洲六国，拥有700多万观众；在英国的落地率超过90%，观众超过200万。今日俄罗斯收视的成功引起了美国政府的注意，2011年10月，美国广播理事会（BBG）主席沃尔特·艾萨克森（Walter Isaacson，CCN前董事长）甚至公开指责今日俄罗斯："我们不能容许我们自己被敌人过度传播。"

3. 颇具影响力的经营能力

RT在开播之初，就开始有意打造一些品牌节目，培养品牌主播。RT美国台就高薪聘请美国本土著名财经主播Max Keiser主持以他名字命名的Keiser Report财经新闻节目。该节目在CCN、FOX、彭博等众多一流媒体的竞争下，依然能取得不俗的收视和反响，成为RT的名牌节目。

用RT首任总编辑玛加丽塔·西蒙尼的话说，创办RT的目的是为了向世界呈现一个"没有偏见的俄罗斯国家形象"，用俄罗斯的观点报道全球新闻。RT在内容和口径上不盲目与西方媒体求同，强调俄罗斯立场。在许多重要的国际问题上，全球观众都能很快从RT获得与西方几大媒体不同的俄罗斯观点和立场，这正是RT最吸引人之处。

时政新闻主播Alyona Minkovski阿尔约娜·明可夫斯基曾在第一时间回应希拉里对RT的不当指责而声名大振，有效提升了自身影响力和RT的品牌。美国南加州大学公共外交教授Nicholas J. Cull尼古拉斯·丁·卡尔的《在宾馆房间里看今日俄罗斯（Russia Today）》详细描述了2008年美国大选时他收看RT报道时的新鲜感，他说，"在视觉效果上，RT令人印象深刻。我对它的迷恋与日俱增，肯定经常收看RT。"

4. 走在前列的新媒体发展能力

在新媒体化进程中，今日俄罗斯也走在诸多国际电视台前列。早在2007年6月，今日俄罗斯就开始与影响力巨大的视频网站YouTube合作，并以之为平台开设网络频道。不到半年，今日俄罗斯已经在YouTube上积累了超过300万的固定用户，其收视率亦高居该网站合作电视频道的第6位，仅次于CBS、BBC国际新闻频道、卡塔尔半岛电视台、法国France 24和伊朗的Press TV。截止目前，RT在YouTube上合作频道的观看次数已经超过6亿次。同时，RT还在Facebook、Twitter上建立官方主页，推广节目和频道，粉丝数也呈不断增长的态势（表6-3）。

表6–3　RT在三大新媒体平台上的关注数据[①]

YouTube	视频数15637，订阅数272686，观看次数691352720
Facebook	关注次数380206，讨论话题数29094
Twitter	关注次数164839，微博数25940

第六节　法国24小时

一、发展历程概述

法国构建自己传媒帝国的理想始于2002年，希拉克当年就提出创建“法国人自己的CNN”，他认为法国在国际新闻舞台的声音和影响力不够，建议创立国际新闻频道。但在电视台筹办上面临诸多问题：电视台应该私营还是公营；新闻来源有哪些；受众又在哪些地区；法语市场不够大，使用法语还是多种语言，以及巨大的投资压力，一直困扰着政府，致使建立国际频道的事宜搁浅。

2005年巴黎爆发骚乱，英美媒体将骚乱说成是“法兰西模式的失败”，使得法国政府痛感自己没有一个能够产生世界性影响的舆论工具而难堪，最终使法国政府痛下决心，做出立即筹建法国国际新闻电视台的决定。

法国政府当年就投入3000万欧元的预算，2006年又追加6500万欧元。

---

① 数据来源于youtube、facebook、twitter网站，截止时间2012年3月5日。

在政府的大力扶持下，全天24小时连续播报新闻的法国国际新闻电视台“法国24小时”于2006年12月6日起通过卫星、有线电视和因特网面向全球观众开播。“法国24小时”总部位于巴黎近郊的伊希市，电视台的“核心”是个1000平方米的新闻大厅，由法语、英语和阿拉伯语3个工作平台组成。①

二、发展战略与关键能力

1. 出色的采编能力

目前电视台正式编制工作人员有380人，其中包括来自30个不同国家的170名记者，不乏曾经在美国、英国和澳大利亚等英语国家的传媒集团工作过的记者，他们平均年龄只有31岁。电视台非常重视来自中国的信息，因此在北京、上海、广州和香港都将设记者站。②

2. 勇于开拓的新媒体发展能力

法国24小时频道开播的同时，其也在网站 www.france24.com 上同时播出电视节目，法语和英语两个不同频道通过卫星和有线电视在欧洲、中东、非洲和美国东海岸地区播出。在开播之际首先使用因特网播出，可谓开创电视传播史的先河。相关负责人普齐拉克认为，这样的壮举一举两得：既体现了该电视台打破电视和网络界限的办台方针，又能保证电视信号最初无法覆盖的地区的居民能通过网络看到其开播的盛况。

三、机遇与挑战

在发展空间上，法国24小时频道不仅要面临推出英语新闻频道的卡塔尔半岛电视台的挑战，还会引起美国有线电视新闻网 (CNN)、英国广播公司世界网 (BBC World) 等全天二十四小时播出电视新闻的警觉，因此其需要调整自身节目形态来应对这些竞争对手的挑战。从法国的一系列举动和部署来看，其超越 CNN、BBC 的雄心壮志是难以掩饰的。

---

① 曹怡平:《法国人自己的CN N: 法国2 4小时频道》,《新电视》,2007年第1期，第88页。

② 同上。

该电视台负责新闻与采编的官员拉吉尔德·保罗非常自信，认为法语频道存在巨大的发展空间。在接受法新社采访时，他表示，法国的视角更全面，更加多样化，更加开放，我们将以记者特有的公正和好奇心看待这个世界。他认为，美国看待问题的视角“更多趋向于单极化”，不过他强调法国24小时频道绝不是持反美立场，而是希望发出尊重美国、颂扬对手的声音。他说：“我们不是单单来自法国的声音，不是法国政府的传话筒，而是具有独立思想的媒体。”[①]

法国电视一台：法语电视第一频道

一、发展历程概述

法国电视台，简称TF1，正式成立于1974年，是法国的头号商业电视公司，也是法国历史最久、规模最大、观众最多、经营最好的电视台。法国电视一台自转由私人经营以来，一直保持着全国最高的收视率，曾高达42%。[②] TF1的母公司TF1集团，隶属于布伊格集团，是法语视听界的几大多媒体平台之一。

1. 位于欧洲前列的竞争力

事实证明，TF1是法语视听节目受众中最为流行、收看最多的电视频道，是其他欧洲频道无法相比的。2008年，在法国评选出的100个最受欢迎的电视节目中，TF1占到了96个。[③] TF1电视频道在黄金时段的89个节目吸引了800万受众。它的收视群在不断扩大，4岁以上的观众中，有27.2%为TF1的受众，在50岁以下的女性中，有30.9%在收看TF1的节目（图6-5）。

---

① 曹怡平：《法国人自己的CNN：法国24小时频道》，《新电视》，2007年第1期，第88页。

② 刘俐：《德法电视管理体制探析》，《电视研究》，2000年第11期，第66页。

③ 孙卫华：《法国电视频道特色》，《中国记者》，2005年第2期，第61页。

TF1的新闻节目一直大受欢迎。午间新闻的日收视数量为640万人次，占到整个收视群体的47.6%，晚间8点的整点新闻拥有铁杆粉丝受众770万人次，超出它的竞争对手300万人次，多占13.5%的收视群体份额。2008年，TF1的新闻节目收视群体达到800万人次，远远超出其他竞争对手。

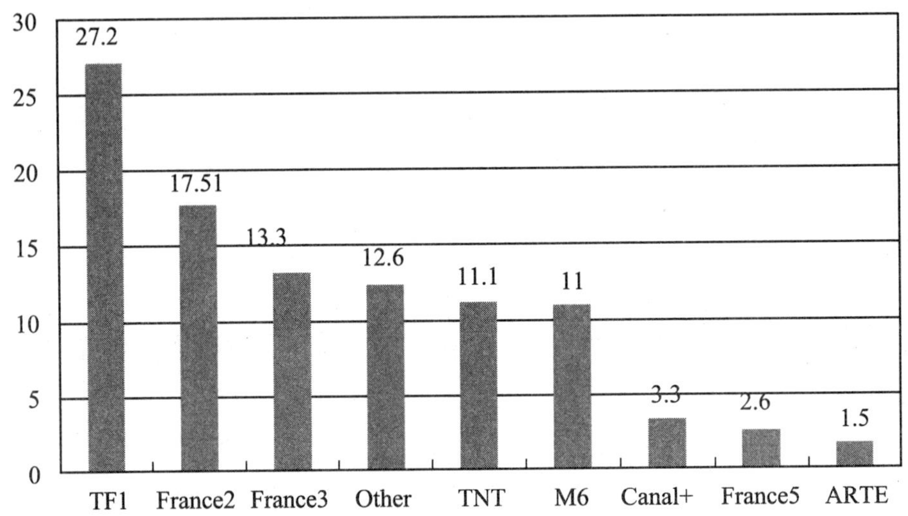

图6-5　2008年法国电视媒体各收视群体所占整体受众份额排名（4岁以上）①

TF1主要走“娱乐立台”路线，游戏、娱乐节目比重相当大，而且游戏节目大多以巨额奖金的高刺激、高悬念而闻名，吸引了众多法国人的目光，在整体上树立了其他电视台无可企及的“第一娱乐媒体”的品牌优势。

法国电视一台为法国头号商业媒体，是最为典型的集团化运作的受益者，媒体集团发展的各种优势在它身上也充分地体现出来——通过合并和收购不断获得新的媒体资源，和更多的盈利空间，各个部分互通有无、和谐发展。旗下各个品牌，都有自己独特的品牌价值和影响力。事实证明，TF1无处不在的品牌频道打造了它无人能及的影响力，它不仅是法语

① TF1官网，http://www.tf1.fr/。

电视的老大，还是欧洲电视媒体的一面旗帜[①]。

2. 重要历史转折

TF1的发展历程中经历了国营到私营两个阶段：

（1）国营阶段：1974年，总理希拉克提出改革视听部门的法律草案并通过了相关法令。根据法令、法国广播电视局划分为七个独立的机构，TF1就在其中。每个公司都在国家的监督之下，维系了国家对媒体的垄断。这个法规于1975年1月6日开始实施，法国电视一台从此正式命名。与法国电台、法国电视二台、三台同时为国家所有，构成法国广播电视的四大支柱，而且TF1在法国最早开办电视节目[②]。

（2）私营阶段：1986年法国议会通过传播与自由法后，法国电视一台于1987年4月正式作为私营商业电视台播出，其私有化初期的市场占有率达55%。该台现为自负盈亏的上市股份公司，办台经费主要靠广告收入，国家不提供任何资助。将国家实力最强的电视台转手私人，这在欧洲广播史上实属罕见，更引起了电视观众对电视一台的特别关注[③]。

私营的TF1实行集团化经营，拥有许多专题有线频道，收视率在法国各电视台中一直保持领先。早在1987年，TF1每周播出约110小时，覆盖全国90%以上。在1991年实行全天候播出。2005年4月，法国包括TF1在内的总共14个免费数码电视台的地面数码电视台（TNT）正式开播，自此，电视观众可以从TF1收看到画面和声效质量均较传统的模拟信号更佳的数码电视台节目[④]。

二、发展战略与关键能力

1. 不断发展中的传播能力

为了应对多频道电视领域的发展、有线电视和卫星频道视听费的下调，以及发行协议中日益苛刻的条款所带来的冲击，TF1通过合并和收购

---

① 徐琴媛：《世界一流媒体研究》，中国广播电视出版社，2011年版，第113页。

② 徐琴媛：《世界一流媒体研究》，中国广播电视出版社，2011年版，第106页。

③ 孙维佳：《法国电视一台私营化》，《国际新闻界》，1988年第1期，第54页。

④ 徐琴媛：《世界一流媒体研究》，中国广播电视出版社，2011年版，第106页。

的方式，不断扩大自己的规模，在欧洲已经成为无人能及的商业媒体网络，它占有全国三分之一左右的整体受众和一半以上的电视市场。

TF1集团共有员工3638人，2008年市场总资本达到22.28亿欧元，营业额为25.947亿欧元，营业利润为1.765亿欧元，净利润为1.638亿欧元。2008年，旗下已经拥有113个独立的广播电台，新闻频道LC1也建立了自己的广播电台。在法国媒体中，TF1正如它所宣传的那样——名副其实的法国头号商业媒体①。

TF1不仅是电视节目的制作者、发行者，同时它也开办各种娱乐频道、新闻节目、电视剧、记录片、电影等。TF1电视台本身拥有3个卫星频道、4个有线电视频道、4个交互式网络电视频道、2个地面电视频道。它还开办了自己的电视购物平台，主要提供家庭购物和电子商务两大服务，到2008年，其已经成功地运作和推广了52个知名品牌的商品②。

多种多样的专业电视频道是TF1规模力上的重要组成部分，通过兼并、融合等方式，TF1不断扩大自己的频道家族。其中包括最为著名的法国第7大电视频道——蒙地卡罗电视频道，简称TMC，是欧洲最为资深、历史最为悠久的私人电视频道。目前，TF1拥有其80%的股权。另外一个品牌专业频道是新闻频道LC1，由TF1创办于1994年6月，是一个24小时提供国内外新闻的频道。

在体育方面，TF1集团拥有欧洲最大的有线和卫星体育频道——欧洲体育频道台，播放各类体育赛事，用14种语言播出，服务26个国家，拥有4个地面频道、48个卫星频道、43个有线频道等。在2008年一年，体育频道的受众达到1.089亿个家庭，增加了360万个家庭，吸引了6640万的交费用户。

TF1集团同时还分别拥有法国AB集团33.5%、《国际都市报》43%的股份，以及电视连续剧频道Srie Club，制作各类电视连续剧。

---

① 徐琴媛:《世界一流媒体研究》，中国广播电视出版社，2011年版，第107页。

② 同上。

2. 颇有成效的经营管理能力

与其他法国电视台相比，TF1的经营管理可能最有成效。该台实行集团化经营，拥有许多专题有线频道，良好的管理水平在一定程度上保证了收视率在法国各电视台中一直保持领先，最高时达到40%—45%之间，而其广告市场份额占整个电视广告市场的54%，往往在黄金时间争夺最高效益。

TF1于1987年4月正式作为私营商业电视台播出，私有化的TF1继续保持在传播市场上强势地位，到1990年拥有40%的电视受众，1996年的营业利润达到1亿美元。在私有化10年以后把营业额翻了一番，1997年的电视经营收入为101亿法郎（其他多种经营收入为20亿法郎），盈利额为5亿法郎。①

集团化之路使TF1收益颇丰而它独特的股权分配模式也科学合理、值得借鉴。在整个TF1中，TF1公司占所有股份的42%、成为最大的股东。TF1现在仍是自负盈亏的上市股份公司，办台经费主要靠广告收入，国家不提供任何资助。广告收入占到每年营业额的六成以上，是TF1的最大收入来源。

其次是其他国家电视台，有利于彼此的交流学习甚至是互相竞争。而TF1本公司的员工和社会公众也占有一定的股份，这对调动员工的工作积极性、激发公众对TF1的热情具有显著效果。虽然是私有化的股权运作模式，但是各方互补的股权结构既保证了TF1公司的权力落实，有利于多种力量的制衡，又有利于媒体的良性发展。

而在电视广告市场上，从2003年起，TF1一直占有最大份额，在2008年，电视广告服务的市场占有率为59%，遥遥领先于其他法语电视频道（图6-6）。TF1在2007年的广告收入高达17.2亿欧元（约占当年总收入的62%），超过中国中央电视台17个频道广告收入的总和②。

---

① 徐琴媛：《世界一流媒体研究》，中国广播电视出版社，2011年版，第113页。

② 徐琴媛：《世界一流媒体研究》，中国广播电视出版社，2011年版，第109页。

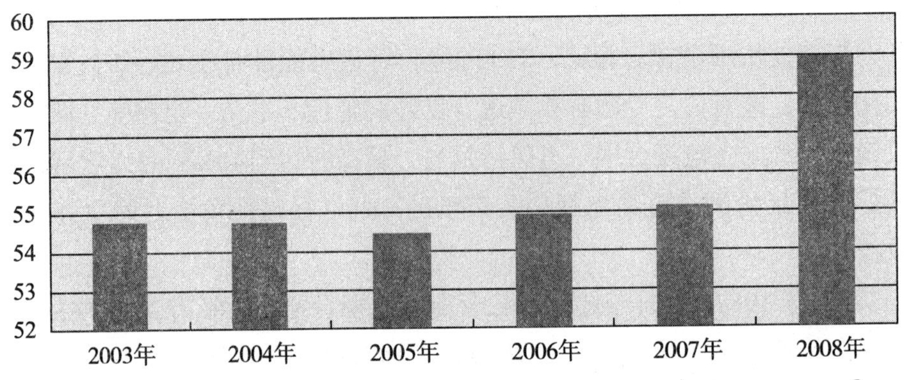

图6-6　2003年至2008年TF1电视广告市场占有率每年的变化[①]

对于TF1在广告市场上居高不下的占有率，权威人士认为，TF1主流频道的地位、高收视率、推荐购买商品的销售额的增长使其在广告市场中赢得了主动权。为了增加广告收入，TF1一直开动脑筋、挖掘商机，这也是其广告收入高的一大重要原因。在法国，每晚有900万到1100万电视观众收看TF1播出的天气预报。TF1精心策划和大胆尝试，在午间和晚间新闻的天气预报之间插播30秒广告，此举分别赚得2.5万欧元和8万欧元，比起该台每年向法国气象台支付的大约50万到100万欧元的费用，这笔收入相当可观[②]。

3. 日益专业化的新媒体

2009年，TF1网站的访问量位居法语电视媒体首位，拥有1700万的点击率[③]。2008年12月，TF1以1570万的点击率，成为法国第八大互联网平台，即每两个互联网的使用者中，就有一个是TF1的受众。TF1还提出了e-TF1的360º战略，通过技术运用和在线市场策略的专业制定，帮助各平台之间的相互合作，以及TF1的各个分支在网络上的发展扩张[④]。

TF1开辟了移动互联网服务的两条途径：通过TF1的各类网站和移动

① TF1官网：http://www.tf1.fr/。

② 徐琴媛：《世界一流媒体研究》，中国广播电视出版社，2011年第1版，第110页。

③ 法国电视一台官方网站 http://www.tf1 finance。

④ 徐琴媛：《世界一流媒体研究》，中国广播电视出版社，2011年版，第112页。

电话，两方面的相结合共同服务于节目的播出和收看。比如，在2008年7月到8月，TF1“秘密故事”节目的视频通过网络上百次地被收看。

此外，TF1拥有自己的多媒体广告经营机构——TF1多媒体广告公司，是运用15个主题频道以及互补性频道，高质量、广泛主题的广告空间平台。TF1还和英国的Carlton通信公司合作成立互联网合资公司，将会把自己的节目扩展到包括德国、意大利和西班牙的网站[①]。

TF1对新媒体的投资不遗余力，2008年，多媒体方面总共投入243亿欧元，其中，互联网的投资为15.7%，比2007年收益上涨28.8%[②]。

第七节　其他国际一流电视媒体
CBS：美式电视新闻的代表

一、发展历程概述

1. 绝对领先的竞争力

美国哥伦比亚广播公司创办于1927年，从1955年开始，就夺得全国电视收视率第一的位置，并把这个荣誉毫无争议地保持了长达21年之久。[③] 从20世纪70年代末至80年代前期，在美国收视率最高的前10个节目中，CBS制作的节目经常占到半数以上。在其八十多年的发展中，CBS以其锐意创新、标新立异的风格闻名于美国广播电视界，并且对美国的新闻传播事业作出了杰出贡献。

在美国广播发展史上，CBS新闻节目具有特殊地位，对美国社会产生了深远影响。CBS的节目《这里是伦敦》在美国新闻传播发展史上、甚至是世界历史上都具有里程碑式的意义。

---

① 徐琴媛:《世界一流媒体研究》，中国广播电视出版社，2011年版，第112页。

② 徐琴媛:《世界一流媒体研究》，中国广播电视出版社，2011年版，第112页。

③ 百度百科，http://baike.com/view/19121.htm.

CBS 为世界电视市场提供了众多高质量、具有创新性的电视节目，成为美国人不可缺少的一部分。早期，由莫罗开创的新闻人物访谈节目《面对面》更是电视谈话节目的楷模，并成为20世纪50年代收视率最高的十大名牌电视节目之一。

2. 重要历史转折

CBS 的发展历程可以分为两个阶段：

第一阶段：佩利[①]时期。1927年4月，哥伦比亚唱片公司买进了一家刚刚成立三个月的广播网络，并命名为哥伦比亚广播公司，几个月之后，费城烟草大王萨姆·佩利用50万美元将其买下，并由儿子佩利担任总裁，小佩利凭借对大众文化的特殊触觉，和超凡的商业禀赋，成为一代传媒帝国的掌控者。CBS 取得一系列骄人成绩，并且在电视时代到来之后动摇了 NBC 商业电视老大的地位。在60年代到80年代末，CBS 处于三大电视网的前列，直至 ABC 在1976年后来居上，它一直位于首位。[②]

第二阶段：莫维斯时期。20世纪80年代末90年代初，CNN 有线电视新闻网的崛起以及 NBC 和 ABC 的创新改革使 CBS 失去了在美国电视新闻界的霸主地位。1995年，时代华纳电视公司的总裁莱斯利·莫维斯成为 CBS 掌门人。1997年，哥伦比亚广播公司和西屋电器公司合并组成哥伦比亚广播公司电视集团。2000年，被维亚康姆公司兼并，在其旗下发展，莫维斯任职至今。

3. 当前面临的主要问题

（1）收视率下滑和观众老龄化难题

这对于一个电视媒体来说是事关全局、影响未来的关键因素，而二者又是相互结合的。如何发扬 CBS 一贯的“激情改革”传统、大刀阔斧的革新现状，充分实现了其“最大范围地吸引最广泛的受众群体”的理念，从而提高节目收视率是 CBS 面临的主要问题。

从图6-7、图6-8可以看出，2008年，CBS 网站的访问量居美国三大

---

① 赵淑萍、王银桩：《美国电视纵横》，华文出版社，1999年版，第33页。

② 陆生：《走进美国电视》，复旦大学出版社，2007年版，第18页。

商业电视网之末，而在美国前十位的新闻网站中，CBS 位居倒数第二位。和 CBS 昔日的辉煌相比，这一点堪忧。而网站的低访问量与媒体自身的发展密切相关，和媒体的收视率、受关注程度密切相关。

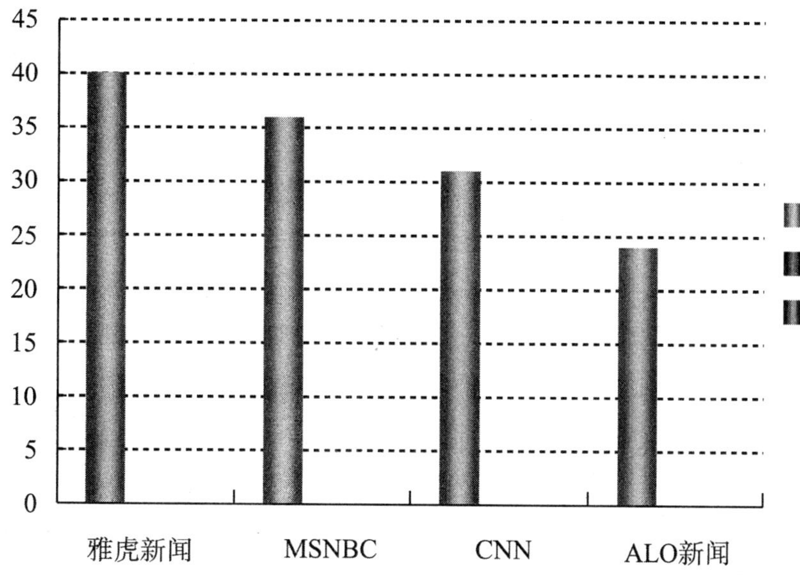

图6-7　2008年度新闻网站平均每月访问量①（单位：百万人次）

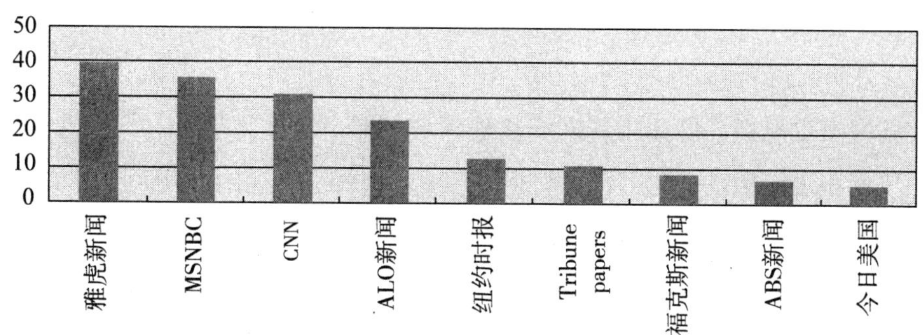

图6-8　2008年度美国新闻网站平均每月访问量排行②（单位：百万人次）

---

① 美国媒体评估，http://www.stateofthemedia.org/2010/network-tv-economics.php。

② 美国媒体评估，http://www.stateofthemedia.org/2010/network-tv-economics.php。

（2）广告花费减少导致电台市场收入严重下滑

哥伦比亚广播电台的主要收入来自广播和基础有线网络、电视台、无线广播电台、户外媒体和企业组合节目以及在线产品的广告销售。广告、总体经济或任何局部的市场经济，尤其是如洛杉矶、纽约或芝加哥的公司拥有并运营大规模商业的主要市场经济前景的下滑，可能改变目前或潜在的广告商的投资重点。由于连续的新闻覆盖和经济的不确定性，自然灾害、恐怖主义活动、政治不确定性或敌对状态，以及逐渐增加的对于观众娱乐时间的竞争，都导致了广告开销的减少。

二、发展战略与关键能力

1. 不断壮大的传播网络

CBS创办以来，在规模力上一直不断发展，步步为营打造成为全美三大商业电视网之一。它刚被老佩利买下时，共有19座附属台，然而到1934年时就达到94座，足以与当时NBC的127座较量。2011年12月31日，公司聘用了大约20915名全职和兼职的薪资员工，并拥有大约5510名额外的项目员工，包括电视、广播、出版、户外活动等领域[①]。总部设在纽约的CBS有5座自营电视台、7座调幅广播电视台、7座超短波电台，分布在纽约、芝加哥、旧金山等大城市，还有200多家联盟电视台和200多家联盟电台。在国内有6家分社、国外有14家分社，遍布亚欧中东地区[②]。

此外，CBS还拥有4个出版公司，出版各种书籍和50多种杂志，它的经营规模以电视、广播为基准向其他领域扩展。在覆盖范围上，CBS主要经营遍布全美国的CBS广播网和电视网，节目包括娱乐、新闻、体育等，覆盖美国每一个家庭。

作为美国三大商业电视网之一，CBS一直孜孜不倦地开拓新的市场业务，在有限的资源上，扩大自己的实力规模，通过多元发展，打造优势品牌，在CBS整个产业链条上添砖加瓦、使其成为CBS整体规模的一部分，

---

① CBS2011年年度报告。

② 徐琴媛：《世界一流媒体研究》，中国广播电视出版社，2011年版，第53页。

并进一步壮大 CBS 家族。

2. 特色鲜明的经营管理

从经济实力来讲，CBS 也是响当当的公司，在全美500家大公司中占有重要一席。在2009年前6个月中，CBS 早晚间新闻节目的广告收入共达1.8亿美元[①]。从图6-9可以看出，2008年，CBS 广告收入为5亿美元，在总体收入中，电视占总收入的65%，其次是户外广告（16%）和广播（11%）。

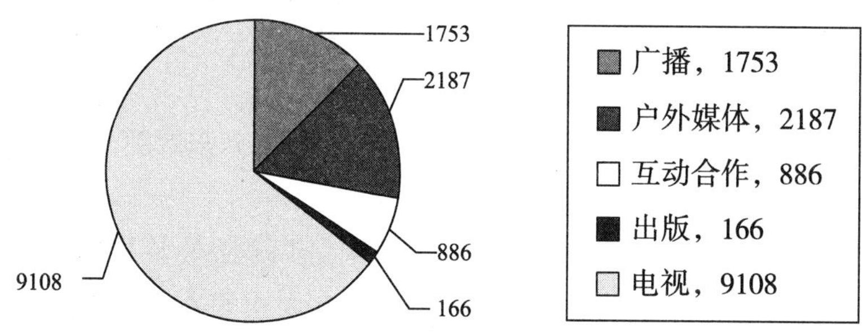

图6–9　CBS 2008年度收入情况[②]（单位：百万美元）

2011年度公司收入来源如下：娱乐为52%，有线电视网为11%，出版为6%，地方电视广播为19%，户外为13%（图6-10）。2011年度公司收入总数的约15%来自于境外地区。约59%和17%的境外收入分别来自于欧洲和加拿大，总价值约为21.9亿美元（图6-11）。

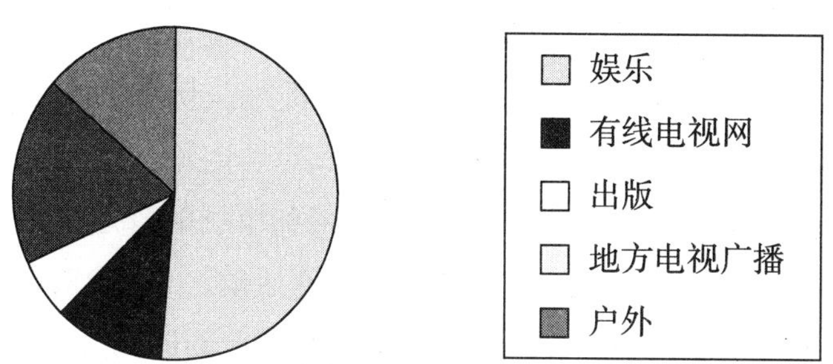

图6–10　2011年度 CBS 公司收入来源[③]

---

① 徐琴媛:《世界一流媒体研究》，中国广播电视出版社，2011年版，第54页。

② 美国媒体评估，http://www.stateofthemedia.org/2010/network-tv-economics.php。

③ CBS2011年年度年报。

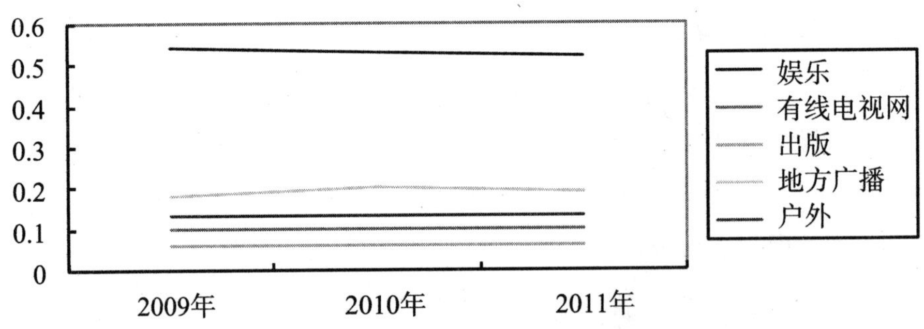

图6-11　2009年到2011年度，CBS公司收入来源变化趋势[①]

CBS在经营管理上的特色之一是，特别强调经济效益与节目质量之间的关系。CBS认为，只有做高质量的节目才能吸引观众、吸引广告，进而产生经济效益。

为了把节目做好，CBS在人才建设上不遗余力。一方面，加强人才的引进力度，比如，聘请专家学者、关注那些能吸引观众和商业赞助的演员，使CBS节目的知名度大大提升。另一方面，注重人才培养，为他们提供具有创造性的工作环境，调动他们的工作热情，产生大量的优秀节目，从而吸引大批受众和广告商。

CBS在经营管理上的特色之二，就是以客户需求为导向，坚持"受众本位"，并且为此不怕破除行业内的常规和惯例。例如，为了联络新广告客户，CBS不顾舆论的批评，将客户购买其广告时间所支付的费用进行公布。这一做法虽然不符合当时的惯例，但得到市场的肯定。正是类似的坚守以客户需求为导向、敢于突破常理的经营活动，使CBS迅速发展成为能与NBC匹敌的强大竞争者，跻身美国三大商业新闻网[②]。

在媒体的经营、节目的运作上，CBS勇于开拓创新。首先表现在它所倡导的会员联盟制。其次，还表现为它于20世纪70年代发起的节目史上

---

① CBS2011年年度年报。

② 徐琴媛:《世界一流媒体研究》，中国广播电视出版社，2011年版，第57页。

“最激烈、最彻底的一次节目大检查”，取消了那些虽然收视率高，但在观众定位上失误的节目，代之以与时代密切联系的现代节目，以争取那些生活态度积极、住在城市、高消费的人群[①]。

CBS是激进的、善于创新的，更重要的在于它敢于创新、在于创新的合理与彻底。

3. 世界领先的新媒体发展能力

CBS互动媒体公司经营着全球领先的网络付费内容发布平台。comScore公司Media Metrix服务于2011年12月的测量数据显示，2011年12月期间，CBS互动媒体旗下的全球品牌单月独立访客访问量超过2.46亿。CBS互动媒体在全球互联网企业范围内处于领先地位。CBS互动媒体公司旗下的品牌包括但不仅限于CNET、CBS.com、CBSSports.com、GameSpot、TV.com、CBSNews.com、ZDNet、Last.fm、 和MetroLyrics.com，为受众提供文字、影像、音像、以及移动内容；内容涉及科技、娱乐、体育、新闻、商业、游戏、以及音乐等众多领域。CBS互动媒体在美国、亚洲、欧洲都有业务。CBS娱乐、新闻、以及体育的在线内容名声日益增长，这些取自CBS和Showtime电视网的节目以及专门为网站制作的内容包括完整的节目视频、片段视频和集锦。

三、机遇与挑战

CBS盛产优质节目，它依靠自己的名牌栏目、名牌主持人打出了江山，打下了天下。随着竞争对手日益强大，CBS在竞争中显得力不从心，但作为曾经的第一号美国商业电视网，它的基础规模、运营能力、新闻节目影响力都不能小觑。只要CBS注重采取措施、吸引人才、引进新的电视节目和形态，并关注年轻群体的需求，重新进行“分众化”的策略改革，它依然在世界一流媒体中绽放异彩。

---

① 徐琴媛:《世界一流媒体研究》，中国广播电视出版社，2011年版，第57页。

NBC：美国商业电视的老大

一、发展历程概述

NBC的全称为全国广播公司，是美国三大商业广播电视公司之一，同时也是美国历史最悠久、实力最强的商业广播电视公司。NBC始建于1926年11月15日，由美国无线电公司成立，并首次将电视引入美国，[①]属于美国通用电气公司下的一部分，向下属两百多家美国电视台提供节目。在美国18岁到49岁的观众群中，NBC的收视率一直稳居首位[②]。它的电视新闻曾经连续12年占据三大电视网收视率之首。

1. 相对强大的竞争力

早在2000年底评选出的18—49岁年龄段最受欢迎的十大黄金时段的节目中，NBC有七大节目入选。在2003年，NBC引起轰动的节目《西翼》，破记录地摘取第55届美国电视艾美奖的九项大奖。

自从获得1996年亚特兰大奥运会的电视转播权以来，NBC就与奥林匹克紧密结合在一起。NBC一直是奥运会转播和奥运经济的开创者，它对第27届悉尼奥运会的转播中，有1.85亿美国人收看，使CNBC与MSNBC的平均收视率上升了80%和115%，为进一步推广NBC节目提供了良机。

北京奥运会期间，NBC派出3000名记者前往北京，旗下的附属电视台和网站转播了3600个小时的北京赛事，平均每天有212个小时的奥运节目。有报道称，NBC的“积累受众数目”不仅远超雅典和悉尼奥运会，甚至也超过原本被认为不可超越的1996年亚特兰大奥运会，NBC证明“一

---

① 刘笑盈：《奥运赢家：美国全国广播公司》，《对外传播》，2009年第2期，第58页。

② 唐世鼎、黎斌：《世界电视台与传媒机构》，中国传媒大学出版社，2005年版，第16页。

切皆有可能”①。

NBC 在新闻节目中最早提出“杂志型节目”，其已经成为世界上所有电视新闻节目的主要模式。NBC 的《亨特利——布林克利报道》是美国电视史上第一个由双人搭档主持的新闻节目，从20世纪50年代到70年代中整整14年，NBC 依靠切特·亨特利和戴维·布林克利的报道，在晚间新闻收视率方面一直处于领先。NBC 晚间的新闻节目是其集团的一档旗舰节目，从1970年开始播出，其收视率一直是新闻栏目中的佼佼者，据美国权威收视率统计公司尼尔森的数据显示，从2004年12月到2007年2月，NBC 晚间新闻的收视人群达到每周1000万人次左右②（图6-12）。

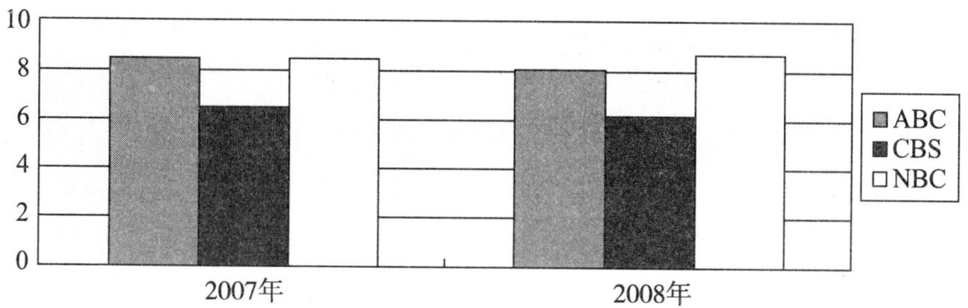

图6-12　三大电视网2007年、2008年度晚间新闻节目收视率排名③（百万人次）

2. 重要历史转折

回顾 NBC 的发展历史，可以将其分为两个阶段：

第一阶段：通用收购前——以革新取胜

在创办者—大卫·沙诺夫的带领下，NBC 一直不断进行技术的开拓创新。1939年5月1日，NBC 推出世界上第一台黑白电视机。1957年，NBC 开始彩色电视播出的历史。

① 徐琴媛：《世界一流媒体研究》，中国广播电视出版社，2011年版，第70页。

② 刘笑盈：《奥运赢家：美国全国广播公司》，《对外传播》，2009年第2期，第59页。

③ 美国新闻媒体评估，http://www.stateofthemedia.org/2009/index.htm。

第二阶段：通用收购后——跻身国际媒体

1986年，美国无线电公司董事会接受了62.8亿美元加入通用电气，被称为美国历史上除石油以外最大的并购。当时隶属于美国无线电公司的NBC在通用电气的全球收入中占据5%。在通用电气从传统的工艺企业，转向高科技、信息、服务业的进程中，NBC逐渐由一个国家电视网向国际性现代传媒企业转变。在2004年，通用电气以140亿美元收购了维旺迪环球娱乐80%的股份，NBC与维旺迪环球旗下的环球影城和有线电视网进行资产重组，创建NBC环球。自此，NBC有了更多的有线电视网，通过打包销售的办法，提高了对广告主的吸引力，并且增加了有线商讨价还价的余地[①]。

3. 当前面临的主要问题

近年来，美国电视市场的竞争非常激烈。首先，由于有线电视、卫星电视、家庭录像及新媒体的兴起，传统电视网的观众在迅速流失。其次，节目成本不断升高，竞争日益激烈。在2006年到2007年，包括福克斯在内的四大电视网中，NBC的收视人数为890万，处于最后一位。年收入从2004年的29亿美元跌落到了19亿美元。

同时，由于90%的收入来自广告，广告的减少，也使NBC举步维艰。此外，NBC的新闻频道和美国其他电视一样存在的问题是，国际新闻报道数量减少、质量下降、充满偏见。据奥运会期间NBC晚间新闻的调查，涉及中国的新闻有41%与奥运会相关，其中，空气质量、人权、网络限制等关键词在新闻中频频出现，关于中国的负面报道多于中性和正面报道；与此相反，NBC在报道美国新闻时正面报道远高于中性或负面报道。这也说明，美国媒体依然受传统思维定式和意识形态的影响，更多地是以自身的价值观来作为参照，如何正确地认识世界、认识自己，是包括NBC在内的美国媒体所面临的挑战。[②]

---

① 陆生:《走进美国电视》，复旦大学出版社，2007年版，第14页。

② 徐琴媛:《世界一流媒体研究》，中国广播电视出版社，2011年版，第71—72页。

二、发展战略与关键能力

1. 日益强劲的传播能力

NBC以雄厚的经济实力和优秀的人才称雄美国电视界，并占有举足轻重的地位。经过多年的发展，NBC已经成长为一家多元化的国际媒体公司，在纽约、洛杉矶等7座城市设有直属电视台，并在全国有附属电视台208座[①]，联盟电视台214座，电台8座。通过无线广播、有线广播、卫星和互联网提供娱乐节目和新闻。此外，在香港、日本、中国、英国等国家和地区设有记者站和办事处。MSNBC的员工数量很少，只有600人，在全球的分支机构有20个，其中，国内7个，国外13个。

NBC不仅和CBS和ABC并驾齐驱，成为美国三大商业电视网之一，它还创办了知名的新闻频道和体育频道，同时还拥有美国三大有线电视网之一的MSNBC、全球一流的财经频道CNBC，触角多方延伸，打造多元的规模优势[②]。

1996年，由美国微软公司与全国广播公司合资成立有线频道MSNBC，它借助NBC全球性的强大新闻资源，每天24小时向8200万有线电视家庭播放重大事件及深度报道，每月有2000万网络用户进行在线观看，目前，MSNBC已经成为和CNN、福克斯新闻频道并列的美国三大有线电视网。

MSNBC目前在美国、加拿大、部分拉美地区以及非洲播映。它的网站MSNBC.COM汇集了NBC新闻家族频道的新闻，包括来自《今日》、《NBC晚间新闻》和《换日线NBC》的内容，也有MSNBC所提供的节目内容。

此外，NBC还注重有线电视的扩展，2002年12月，NBC购得布莱伏有线电视网，该电视网主要播送文化和艺术方面的节目，节目制作精良，不乏高消费层的观众。目前，该电视网在美国拥有超过8000万的观众。

---

① 陈国强:《简析NBC的奥运报道》,《中国电视》，2008年第8期，第52页。

② 徐琴媛:《世界一流媒体研究》，中国广播电视出版社，2011年版，第65页。

在集团化发展方面，NBC通过收购、多方整合资源，扩大自己的规模，最主要的体现就是2004年5月11日，完成对法国维旺迪集团和环球娱乐资产集团的部分收购，合并后的NBC环球公司在2005年收入有10%—15%的提高，净收入实现25%的增长，达到33亿美元。

2. 富于开拓创新的经营能力

从20世纪90年代到21世纪的十几年中，NBC的年利润增长率多次超过两位数，这和NBC独特的经营理念密不可分，即，不断地革新自身、不断发现新的营销途径，从而创造多个传媒领域的第一。它率先和微软、道琼斯合作，创造了信息产业和传媒产业相结合的典范，开启美国电视跨媒介发展的先河。

在广告的经营上，NBC首先发掘并成功地运作了星期四晚上的广告价值，陆续通过情景喜剧《考斯贝老爹》、《老友记》等牢牢占据星期四晚间的黄金时段，并大力宣传、推广，号称“非看不可的电视”。十多年来，NBC在这一时段内的收视率一直居各电视网之首。目前，NBC还是以广告为主要收入来源，NBC环球计划减少对广告的依赖，希望实现只有50%的收入，其余则来自零售、节目销售和网络等。①

在运营策略上，NBC首先提出“分段赞助制”，允许几家企业通过联合赞助一个节目的方式同时宣传各自的商品和品牌，同时也保证了节目制作经费的及时供应。NBC开拓了美国商业电视的新形式——合作发展、产业整合，它的合作发展主要体现在与微软合作的MSNBC和与道琼斯合作的CNBC两个电视频道的建立②。

3. 蓬勃发展中的新媒体

NBC一直致力于网站的建设和完善，2008年度，它的新闻网站（MSNBC.COM）访问量超过雅虎新闻，成为最受欢迎的新闻网站。2008年平均每月的访问量达3890万人次，相当于它任何竞争对手的3倍，充分证明了NBC利用MSN的入口、主页等方式是成功的。

---

① 陆生:《走进美国电视》，复旦大学出版社，2007年版，第14—15页。

② 徐琴媛:《世界一流媒体研究》，中国广播电视出版社，2011年版，第68页。

为进一步扩大自己的网站规模，NBC 在2008年做了三项投资，首先，建立了晚间新闻的视频网站、奥运会独家网站以及美国大选网站，使受众不仅可以重复收看播放过的节目，更可以收看到电视上限制播出的超长节目，这也是 NBC 的有一大创新亮点。同时，有线电视频道 MSNBC 的网站继续保持与《纽约时报》和美国《国家期刊》的合作，来提高它的访问量，NBC 的每月网站的访问量远远高于它的竞争对手，地位牢固而难以动摇。

本章按照国际一流媒体的四个主要评价指标，即，跨越国界的国际影响力，跨越国界的强大的经营管理和运营能力，包括国际覆盖率、受众接收率和制播能力等在内的基础规模，以及不断开拓创新的新媒体发展能力，对现今几大国际一流电视媒体的现状和发展情况进行了介绍和分析。通过对 BBC 遥遥领先的国际竞争力、强大的传播能力、亟待提高的经营能力、强劲的新媒体发展能力的分析，可以看出，其在世界广播电视界的霸主地位依然不可动摇。

与此同时，BBC 自身也出现了一系列问题，其面临较大的财政压力、世界电视媒体行业日新月异的发展，使 BBC 处于严峻的竞争环境，其市场竞争力亟待加强，其文化理念和组织变革之间的内在矛盾也需要及时调整，做到与时俱进，并不断开拓创新，才能在万马奔腾的媒体发展势头中继续保持其强劲的竞争优势和不可动摇的领先地位。

美国的媒体一直处于世界的绝对领先地位，在全球的十大国际一流媒体中，美国的媒体就占据2/3以上，电视媒体中的 CNN、CBS、ABC，都拥有不容忽视的强大的国际竞争力、传播能力、经营能力和新媒体发展能力，都曾对世界的电视媒体行业产生过积极深远的影响，在世界传媒的发展史上留下自己的足迹。虽然在风云变幻的国际传媒业，它们的竞争力和国际地位沉浮不定，自身也面临发展瓶颈，但是只要正视问题，不断开拓创新，其依然可以保持一流媒体的地位和难以赶超的竞争优势。

另外不得不提的是异军突起的半岛电视台，作为中东地区弹丸之地的小国中的一个地方电视台，能在群雄争霸的世界媒体行业中脱颖而出并且引起世界瞩目，并且形成和欧美老牌大台三足鼎立的竞争态势，实在难能可贵。其独特视角、独立发声的战略，成为其成功的关键因素，为它的强势崛起拍手叫好的同时，依然不能忽视其相对较弱的传播能力、尚待提升的经营能力、潜力尚待开发的新媒体发展能力，这些都是不可能在短期内可以赶超英美的现实问题，真正在硬件上实现其国际一流媒体的地位，对半岛电视台来说，任重而道远。

在亚非国家中，日本的NHK可谓是一颗冉冉升起的新星，在国际传媒领域的影响力也不断增强，十分注重科技在传媒领域的应用以及新媒体发展，向国际进军的步伐也不断加快，具有巨大的发展潜力。但是其节目缺乏创新、资金短缺、广播体制僵化、民众的贴近性较低等问题，也成为其发展道路上的障碍，能否转换思路、解放思想、寻找符合自身国情的出路，成为摆在日本传媒界及政界领导人的重大课题。

在俄罗斯，俄罗斯第一频道和今日俄罗斯在国际上也有一定的影响力，但是它们优势和竞争力更多是在国内，俄罗斯第一频道极具特色的传播能力、富于改革创新精神的经营管理能力都成就了其在区域范围内的巨大影响力和竞争优势。今日俄罗斯不容小觑的传播能力，颇具影响力的经营能力，走在前列的新媒体发展能力都是它的优势所在。

但从另一方面讲，两者在发展中也面临一系列挑战，尤其对于今天的俄罗斯第一频道来说，如何平衡商业化和国有化、宣传与收视率、节目制作能力不足、国际传播能力不强之间的关系，这是其发展道路上亟待解决的问题。

作为英国的近邻，法国的一流电视媒体是法国24小时和法国电视一台。出色的采编能力、勇于开拓的新媒体发展能力，都使法国24小时成为法国人引以为豪的一流电视媒体。法国电视一台的竞争力也位于欧洲前列，其不断发展的传播能力、已颇见成效的经营能力以及日益专业化的新媒体发展，都预示着法国电视一台广阔的发展前景和巨大的发展潜力。

当然，它们在发展中也同样存在问题，拿法国24小时来说，它超越BBC、CNN的野心已经引起对方的注意，如何调整自身状态，在合作和借鉴中实现自我的发展，这是摆在法国24小时面前的重要课题。

总而言之，国际一流媒体的地位是动态发展的，在风云变幻的国际发展浪潮中，谁也不能顶着“国际一流媒体”的桂冠高枕无忧，只有不断与时俱进、改革创新、在层出不穷的挑战和问题中寻找机遇，才能永远屹立于“国际一流媒体”的行列并且坚持不倒。

第七章 国际一流媒体个案研究之媒体集团

第一节　新闻集团

新闻集团的前身是澳大利亚新闻有限公司（新闻集团于19世纪50年代在澳大利亚的阿德莱德市成立，现已发展为集有线和卫星电视、电影、报纸、杂志及印刷业多元化发展的媒体集团），目前是全球最大的媒体企业集团之一。它主要的股东和首席执行官是鲁伯特·默多克。

2004年11月12日，在得到大部分股东同意之后，这家公司的总部由澳大利亚的阿德莱德市搬迁到美国的特拉华州，重组成为现在的新闻集团。新闻集团是一家上市公司，分别在纽约证券交易所、伦敦证券交易所上市交易，现在仍然在澳大利亚证券交易所上市交易，但默多克的家族仍然牢牢控制着将近30%的股权。

一、庞大并购项目支撑的快速发展

新闻集团以澳大利亚为基地，通过一系列眼花缭乱的收购和金融手段，创新地利用经营大型企业的方式经营报社，取得了巨大成功。

1954年，传媒大亨默多克接管阿德莱德市的《澳大利亚人报》，开始了新闻集团的早期报纸业务。20世纪60年代后期，新闻有限公司开始向海外市场发展，首先收购了英国的《世界新闻》，然后又买下了英国的《太阳报》。70年代末，新闻有限公司扩大业务范围，首先在澳大利亚的悉尼和墨尔本两地投资电视产业。公司业务逐渐遍及欧洲，美国和澳大利亚。为更好地管理和协调公司日益扩大的业务，默多克于1979年成立了新闻集团。

80年代是新闻集团全球业务拓展的重要奠基阶段。新闻集团在英国收购了当地的两份报纸:《泰晤士报》和《星期日泰晤士报》，以及欧洲最大的图书出版社之一的哈珀·柯林斯出版社。随后新闻集团杀入了竞争异常激烈的美国电影电视市场：其于1985年收购20世纪福克斯公司，并通过并购重组等手段，将旗下在美国的公司业务进行整合，创建了美国第四大电视网——福克斯电视网，从此开始了它在电视市场的大规模投资。

90年代新闻集团的业务网络已经遍布亚洲、欧洲、美洲和非洲，在卫星电视领域形成了“一家独大”霸主地位；此外，通过大规模的跨国、跨媒体并购，其娱乐产业已逐渐成熟；在媒体技术领域，新闻集团也积极探索新的渠道网络，开发应用数字卫星技术，建立自己的互联网传输系统。

1. 庞大的“传媒帝国”

目前新闻集团已经成为全球第二大媒体集团，在世界500强企业中排名371[①]，截至2011年，该公司的总资产已达到619.8亿美元，其中出版占149.15亿，有线网络占126.66亿，电影占80.15亿。2011年集团总收入334亿美元，其中出版贡献了88.26亿美元，有线网络贡献了80.37亿美元，电影娱乐贡献了68.99亿美元[②]。目前集团旗下拥有包括出版社、报纸、卫星电视、制片公司和电视台五大方面业务，包括柯林斯出版社、福克斯电视台、20世纪福克斯、国家地理频道等知名公司、机构。其中福克斯新闻频道自2002年超越CNN以来，连续10年稳居美国电视新闻频道第一位，2011年黄金时段用户量为190万，总收入达到了16亿美元。

目前该集团旗下资产包括出版、报纸、音乐、卫星电视、体育等8大项目，是一个名副其实的“传媒帝国”（表7-1）。2012年6月27日，受“窃听门”事件影响颇深的新闻集团召开董事会，将新闻集团按业务进行了拆

① 森堡:《默多克的媒体帝国——新闻集团》,《青年参考》，2012年7月4日A22版。

② 新闻集团2011年年报。

分，以最大程度减小“窃听丑闻”对新闻集团的影响，并对公司进行战略调整。拆分后新闻集团主要分成了两个分别以娱乐业务和以印刷出版业务为主的公司，资本市场则以股价连续上涨对此次拆分给予了积极评价。

表7–1　新闻集团下属公司分类

旗下领域	公司名称
出版	科林斯图书出版社、Zondervan 基督教图书出版社等
报纸	《澳大利亚人报》、《太阳报》、《华尔街日报》等
杂志	《大联盟》、《旗帜周刊》等
音乐和电台	福克斯新闻电台等
体育	全国橄榄球联赛（澳大利亚）等
制片	20世纪福克斯、蓝天工作室等
电视	英国天空广播公司、凤凰卫视等

2. 几个重要的历史转折

新闻集团从当时国力较弱的澳大利亚发迹，通过首席执行官鲁伯特·默多克“神奇之手”的操作，花了五十多年的时间由一个普通的地方报业公司变成了世界上规模第二、国际化程度最高的综合性传媒公司，其中自然不乏几场关键的战略性之战。

（1）收购《世界新闻报》和《太阳报》，成功将业务拓展到英国

在收购《世界新闻报》前，澳大利亚新闻有限公司（新闻集团的前身）已经成功凭借《澳大利亚人报》和《每日新闻》牢牢占据了澳大利亚新闻界的统治地位[①]，然而要达到巨大的影响力，新闻有限公司必须开拓欧洲和美国的市场。

《世界新闻报》是当时英国最大的日报，默多克通过买下其25%的股权介入《世界新闻报》的董事会，此后成功通过股权收购获得了该报的主导权。为了让报纸迎合读者的口味并使新闻有限公司迅速在英国站稳脚跟，默多克采取了大刀阔斧的改革措施。他一改《世界新闻报》此前的定

① 乔治·芝斯特:《默多克——世界报业大亨》，新华出版社，1991年版，第53页。

位，采取大量报道耸人听闻的新闻，成功使得报纸的发行量猛增而竞争对手的业绩则一落千丈[①]，当时发行份额曾一度超过600万份。

此后，默多克筹集资金以150万美元的价格买下了《太阳报》，并成功将这份销量大幅下滑、濒临倒闭的报纸打造成为世界上最赚钱的日报之一，年发行量达到410万份，超过《每日镜报》100万份，至今仍是新闻集团中收益稳定的“金牛”[②]。

这是新闻集团在全球化战略布局上重要的一环，也是新闻集团在向澳大利亚以外国家拓展地区成功的第一战，给接下来默多克的全面布局和深入全球化战略打下了良好的基础。

（2）成功收购20世纪福克斯电影公司，完成从平面媒体到综合媒体的转型

1985年，新闻集团通过收购20世纪福克斯电影公司，控制了其下的福克斯电视台。默多克只用了一年时间，就将这家名不见经传的小型独立电视台改造成了广泛覆盖的电视网，会员数从最初的12家发展到188家，成为美国第四大电视网。其中福克斯新闻频道日常播出的12个栏目中有7个跃居美国新闻频道同类栏目收视率第一，胜出了首创“新闻频道”的CNN。

市场占有率调查显示，福克斯电视台在收购之初占有率仅有6%，而2010年的占有率则已经达到了20%，与ABC和NBC平分秋色，其出品的《辛普森一家》、《X档案》和《越狱》等电视剧受到了观众的喜爱和欢迎，也因此给福克斯电视台和新闻集团带来了巨大的利润和客户群。不仅如此，作为新闻集团拓展新业务领域、完成综合媒体布局的尝试，福克斯电视台也给新闻集团带来了先进的技术和经验。

---

① 王生智:《新闻集团的经营战略及对中国传媒的启示》，2002年南京师范大学硕士论文，中国优秀硕士学位论文全文数据库。

② 乔治・芝斯特:《默多克——世界报业大亨》，新华出版社，1991年版，第55页。

（3）应对科技创新浪潮对传媒业产生的根本性改变，迅速完成新媒体布局

20世纪末，计算机和互联网的出现大大改变了信息的传播方式和传播速度，以往落后、单一的传播渠道被快捷、多样的网络传递所取代，该现象也在根本上改变了传统媒体的生存之道。

新闻集团在应对新媒体方面，采用了两种渠道扩张方式：一是自建新媒体；二是通过并购占有新媒体市场[①]。

早在1997年第一次互联网高潮时，默多克就决定成立一个数字媒体分部，负责新媒体战略的规划和实施。此后他投资创建了福克斯网，福克斯市场连线网和福克斯新闻网等一系列新媒体网站。2001年新闻集团和迪斯尼公司共同组建在线电影观看网站，以在线点播的方式向个人用户发行电影，包括迪斯尼制作室、美国 miramax film 和20世纪福克斯等制作的电影通过网络方式进入了寻常百姓的家庭。

同时，新闻集团收购了 Myspace 网站，2007年新闻集团又推出了 Myspace TV 站点，在全国传播其电视内容，与 Google 旗下的视频分享网站 YouTube 展开了直接竞争。新闻集团还和其他公司合作，将优质的资源放置在其品牌下，比如华尔街日报网站与 Myspace 的最大竞争对手 Facebook 合作，在网站上加入了一项名为“seen this”的新功能，“允许读者查看哪些《华尔街日报》的故事文章受到自己 Facebook 好友的欢迎”。此外，福克斯公司与 iTunes、Myspace 和其他互联网公司的合作也为新闻集团向新媒体业务拓展打开了渠道。尽管目前新闻集团在互联网、移动传媒等新媒体领域中并未取得巨大的成功，但在该领域的尝试使公司管理层积累了大量经验，并成功进行了传统媒体和新媒体的局部融合。

3. “窃听门”事件持续发酵

当前新闻集团在全球经济危机的背景下业务发展受到了阻碍，但并未从根本上改变新闻集团作为全球第二大传媒集团的综合实力。然而，2011

---

① 王学成、蔡文颖、颜娟：《融合时代：新闻集团新媒体战略解析》，《新闻记者》，2011年第4期，第25—27页。

年发生的“窃听丑闻”的持续发酵正在一步步侵蚀新闻集团和默多克在传媒界的基础。

首先是新闻集团的业务扩张将在很长一段时间内陷入停顿。由于电话窃听丑闻的升级，公众对《世界新闻报》获取新闻的技术手段表示强烈愤慨，导致政府暂时无法批准新闻集团对英国天空广播公司61%股权的收购，《世界新闻报》被迫关闭。截至2011年12月，新闻集团在英国的一批高官被批捕将严重影响新闻集团在英国业务的扩张和持续，美国的联邦调查局也开始对新闻集团进行调查，该集团因此将在很长一段时间内受到各国政府的限制。

其次是民众对新闻集团的反感加深。沃顿商学院的管理学教授约翰·金伯利指出:“我认为目前还无法评估情况有多糟糕。逐层披露的真相越多，情况就越严重。不管丑闻最终发展成怎样，它已经透过新闻界、政界和执法部门传播了‘冲击波’，使得普通民众不再对新闻集团及其旗下的各大媒体抱有信任。”更为严重的是，人们对默多克和其传媒集团的道德底线提出了质疑，虽然此次事件不会影响新闻集团的生命危险，但正在并将持续改变国际传媒业的商业环境，默多克的公司可能不得不采取必要的措施进行重大变革。

最后，根据最新资料显示，默多克等集团高层正在将新闻集团进行拆分来最大程度地减小“窃听门”事件的负面影响。根据《华尔街日报》的报道，新闻集团已决定在2012年底前将集团拆分成两个上市公司，把旗下的报纸、图书出版和教育业务，与电影、电视台等娱乐业务分开，由此构筑一道“防火墙”，防止“窃听丑闻”的余波对电影和电视等新闻集团最赚钱的业务造成致命影响。

二、积极融入全球化的企业战略

作为全球跨国公司体系的一部分，跨国媒体集团在20世纪得到了迅速成长，其中，默多克的新闻集团作为传媒界大鳄，选择了“为快速响应变化而重新配置资源，环境的动态性越强，柔性的动态性也就越高”这一柔性竞争原则，创造了一条适合自己的成长道路。[①]

1. 三大核心战略

新闻集团成为全球一流媒体集团不是偶然的，其创始人默多克独到的眼光和出众的战略思维起了至关重要的作用。综合分析，新闻集团严格执行了全球化的平台整合、注重内容大于形式和积极进行技术创新三大核心战略，才保证了企业在全球化竞争中能始终立于不败之地。

（1）全球化的平台整合

新闻集团从创立之初就开始通过自由并购组建跨地区、跨行业、跨媒体的综合性传媒业务[②]，这也是该集团区别于其他媒体的战略之一。与其他传统媒体相比，新闻集团的全球化程度更深，在海外市场经营的本土化程度也更高，其往往采用金融手段收购当地公司股权并通过制定公司发展战略决策的方式进行管理，而较少插手到公司的具体运营操作中去。新闻集团曾在一份年度报告中写道："作为世界上最垂直一体化的公司，我们得以在好莱坞生产电影，在世界各地生产电视节目，并通过福克斯电视网在美国、星空卫视在亚洲、天空卫视在英国传播。"

（2）注重内容大于形式

从经营角度来看，可以分为内容和渠道两个领域。无论是新闻集团成长为一个跨国公司的过程，还是实践新兴媒体战略方面，默多克都将内容置于公司发展的关键要素上。他认为，只有拥有高质量的电视节目内容，不断扩张的传媒渠道才能吸引观众。

早在他收购《世界新闻报》之初，这一战略便被运用到报纸的经营上来。他重新定位该报，将原本内容难登大雅之堂的既有板块一概抛弃，改而通过大量报道"独家新闻"吸引眼球，销量急剧上涨。同样在新媒体运作上，新闻集团旗下的福克斯电视和电影公司一直致力于制作精良剧作，《辛普森一家》、《越狱》等剧集不仅在美国获得了巨大成功，更风靡全

---

① 李欣：《西方媒体集团跨国经营的柔性策略——以新闻集团为例》，《新闻记者》，2004年第4期第10页。

② 王生智：《新闻集团的经营战略及对中国传媒的启示》，2002年南京师范大学硕士论文，中国优秀硕士学位论文全文数据库。

球，给老东家带来了巨额利润。同样，新闻集团曾推出手机肥皂剧 Hotel Franklin 和在线电影竞争项目 Mymovie Mashup 旨在吸引年轻用户和刚出道的导演，也取得了出色的业绩。

（3）积极进行技术创新

技术创新是新闻集团区别于其他传统媒体集团的又一大特色。该公司旗下的 Myspace 社交网站为其带来了丰富的互联网人才和相关技术，而新闻集团对在线视频、在线服务的重视和反应速度之快也大大超过了其竞争对手。早在2000年，新闻集团就推出了相应的在线视频观看服务，并与 iTunes 合作进行娱乐业务推广，先于同业公司几年试水互联网产业，同时为其以后的发展打下了良好基础。

另一方面，新闻集团也积极在硬件技术方面进行创新。其旗下拥有美国最大的卫星电视供应商 DirectTV，并且英国天空广播公司和星空传媒等旗下娱乐公司大量应用了卫星电视这一技术，不仅在亚洲和欧洲获得了巨大成功，一部分业务还回流到美国，给新闻集团带来了巨大收益。此外，卫星电视系统的迅速发展也给新闻集团旗下的福克斯等公司带来了新的传播渠道，极大促进了集团内其他娱乐公司的全球覆盖面，有效地占据了各大市场。

2. 出色的本土化融合

从目前全球传媒市场来看，国家界限对新闻集团的业务拓展来说已经不是障碍，但是相对于国界来说，文化的鸿沟更难以逾越，特别是对于新闻集团这样与风俗文化息息相关的传媒企业。从企业内部的组织结构上看，分散于世界各地的子公司必须依靠当地的人才运作，面临着文化差异造成的不同工作态度和追求；而传媒公司的产品内容，实际上也是一种文化，根源于又改变着目标国的传统文化。①

新闻集团有着悠久的全球运营历史，默多克在收购新的公司以后，都会汲取该公司企业文化的精髓，同时从新闻集团其他部门调进一批管理人员参与新公司的管理，让新闻集团逐渐吸收该公司独特的企业文化，并着

① 李欣：《西方媒体集团跨国经营的柔性策略》，《新闻记者》，2004年第4期，第10页。

力推动该公司企业文化的加速融合。默多克早在20世纪便充分认识到不同文化的异同点，他通过文化间的相互补充和协调，形成一种全新的组织文化，并建立多元化的交叉文化优势。另一方面，与其他媒体相比，新闻集团在海外市场的经营本土化程度也非常高。

新闻集团对中国一直情有独钟，从20世纪90年代便开始计划开展在中国的传媒业务。1995年新闻集团完全收购卫星电视台星空卫视，1998年还出资帮助创立了《人民日报》网络版。2001年10月19日，中国国家广电总局正式批准新闻集团持股38%的凤凰卫视中文台进入广东珠江三角洲地区的有线网络，此后还成功进入了北京、上海等一线城市。

3. 熟练运用跨媒体平台经营产业

新闻集团的快速扩张和突出的经营绩效很大程度上得益于集团长期以来坚持的低成本、大范围和广泛的资产组合。默多克十分重视集团高层的沟通，甚至经常亲自与儿子詹姆斯·默多克一起，随同集团高管一道制定和执行可加强和发展业务、扩大品牌和建立新特许经营的战略和计划。

首先，新闻集团通过跨媒体的方式实现了经营效益最大化。[①] 新闻集团通过《泰晤士报》、《纽约邮报》等纸质媒体，英国天空广播公司、20世纪福克斯电影公司等现代媒体和旗下的多个娱乐及新闻网站打造了全方位的立体传媒产业。跨媒体的合作给新闻集团带来了集群效益，在渠道、内容、传播等各个方面都降低了成本。而且，由于传媒产业的特色，报纸、电视、广播、杂志甚至是网络传媒业，在整体运作模式上都具有一定程度的一致性，因此在信息、人力、技术设备、传输网络、经营经验的资源上可以实现一定程度的共享，提高资源利用率。

其次，跨媒体平台对广告业务有巨大的促进作用。新闻集团旗下拥有众多的媒体平台，给集团销售“捆绑广告”的空间，即将客户的广告在各类媒体资源上同时播出，实现了接触受众多元化，扩大了广告覆盖面，增强了广告效果，同时带来的广泛客户也给公司贡献了大量的利润和现金流。

① 张辉锋:《默多克的经营思想》,《新闻战线》，2003年第5期，第10—13页。

正是通过对跨媒体平台的熟练运用，新闻集团才能不断提高收益率，例如在媒体行业陷入不景气的2011年，新闻集团仍然在成本基本不变的基础上，将营业收入从327亿美元提高到334亿美元，净收入同比提升2.5亿美元，升幅将近9%，而营运开支仅增加4300万美元，升幅只有0.2%。①

在可以预计的将来，随着新闻集团在互联网和移动媒体等新兴媒体渠道上的不断扩张，该集团的经营效益将进一步得到提升，综合竞争力也将得到加强。

4. 拓展新媒体业务

从媒介经营的角度来说，媒体并购是实现传媒集团快速扩张的最佳方式，新闻集团成长为一个全球性的跨国传媒集团的历史可以说就是一个并购的历史，这种并购战略也同样体现在新闻集团的新媒体发展战略上。②

新闻集团十分重视建立新的传媒渠道，并且一直通过收购新型科技公司扩充原本的传媒形式，其在新媒体发展上也采用了相同的思路，积极利用互联网、手机等形式加强公司在新媒体渠道建设上的发展。

2005年新闻集团以5.8亿美元的价格收购了Intermix Media公司，其旗下的Myspace网站是美国最成功的社交网站之一，在被新闻集团收购之后曾一度超越雅虎和Google成为美国流量最大的网站。同年，新闻集团收购IGN娱乐、Scout Media网络体育等公司后，旗下已拥有30多个网络娱乐、游戏和新闻公司，大大扩张了新闻集团的多媒体版图。

三、新闻集团的拆分将给公司带来极大挑战

自新闻集团高层决定一分为二之后，外界对新闻集团的未来充满了担忧，但同时资本市场则以连续上涨的股票对默多克给予了充分的支持。

新闻集团在新闻稿中表示，出版公司将由新闻集团旗下位于英国、美国和澳大利亚的报纸和信息业务组成，其中包括报纸、图书出版、营销服

① 数据来自新闻集团2011年年报。

② 王学成、蔡文颖、颜娟:《融合时代：新闻集团新媒体战略解析》,《新闻记者》，2011年第4期，第25—27页

务公司、电子教育集团以及其他位于澳大利亚的资产。

传媒与娱乐公司（以下简称影视公司）将包括该集团旗下广播与有线电视网络、电影与电视节目工作室以及电视台，例如20世纪福克斯电影公司、福克斯广播网和福克斯新闻频道，以及在欧洲和印度的收费电视业务等。

外界普遍认为，拆分后影视公司甩掉出版包袱将再次迎来高速发展期，且将继续拓展中国、印度等新兴国家市场。而出版公司脱离影视公司后，将获得更多现金流和技术支持。同时默多克也明确表示了他对出版业的发展充满信心，并以此提出“数字化”战略，意图将旗下的纸质媒体业务全面搬上互联网。此外，由于出版和影视公司的分离，将帮助新闻集团完成对英国天空广播公司的全面收购。

当然未来的新闻集团也面临着几点挑战。首先，拆分会导致新闻集团回购公司股票的进度放慢，拖累公司的整体策略。其次，出版公司失去影视业长期以来的资产缓冲保障，短期内可能出现资金短缺，并出现大规模裁员的现象。最后，尽管新闻集团在财经、娱乐等新闻领域已占据大量市场份额，但在体育、网络等领域的竞争力仍相对较弱，下一步应加大对该两个领域的投入和技术支持。

第二节　时代华纳

一、强强联合的历史历程

时代公司同华纳兄弟公司共同建立于1923年，时代公司主要以创办杂志为主，华纳兄弟则因1927年制作长篇有声电影《爵士歌手》而声名鹊起。20世纪50年代开始，时代公司将触角延伸到其他领域，相继投资广播电视和有线电视网HBO以及Cinemax公司，并于1990年以140亿美元收购华纳公司，最终形成时代华纳公司。2000年，时代华纳公司宣布与美国在线（AOL）合并，成

为当时首屈一指的传媒业巨头。两家公司合并后，事业触角同时扩及虚拟与实体的媒体通路，成为当时全世界最大的媒体财团。然而，这场联姻于2009年以美国在线的分离而告终。

1. 多领域业务铸就国际竞争力

时代华纳是美国大型媒体集团，业务横跨有线电视网、出版、影视娱乐、数字媒体、互联网、通讯等多重领域。在2000—2003年期间，美国当时最大的因特网服务提供商“美国在线”同时代华纳合并，被称为“美国在线—时代华纳”。时代华纳旗下拥有包括TBS、CNN、HBO、《时代》、《人物》、《财富》杂志、华纳兄弟公司等一系列极具品牌价值的公司（表7-2）。华纳音乐集团旗下的唱片公司包括大西洋(Atlantic)、Elektra、London-Sire以及Rhino。华纳音乐公司旗下明星包括麦当娜、Kid Rock摇滚乐队等。

目前，时代华纳集团最具竞争力的业务主要包括：影视娱乐业务、有线电视业务、出版业务等。从影视娱乐业务来说，时代华纳是全球最大的电影院拥有者，诸多全世界家喻户晓的经典影片都出自该公司，如《卡萨布兰卡》（华纳公司）、《黑客帝国(Matrix)》、《老友记(Friends)》、《蝙蝠侠(Batman)》；此外，时代华纳旗下的New Line Cinema公司也是著名的独立制片商及发行商。有线电视业务方面，华纳拥有众多广受1280万美国用户欢迎的电视网络。CNN有线电视新闻网、HBO(Home Box Office)以及Cinemax都是集团旗下家喻户晓的品牌。出版业方面，时代华纳拥有60余种杂志，包括美国最畅销的《时代》、《人物》、《财富》以及《体育画报》四本杂志。

在收入方面，近年来时代华纳的收入总体呈上升趋势，2011年度营收287.4亿美元。该公司在2007年和2008年两度出现巨额亏损后，于2009年开始扭亏为盈，连续三年营业收入增长，年均增长率达到12%。[①] 时代华纳的三大经济支柱分别是订阅收入(subscription)、内容收入(content)以及广告收入(advertising)。

① 数据来源于2011年时代华纳年度报告。

表7-2　时代华纳下属公司分类

旗下领域	公司名称
影视娱乐	华纳兄弟公司、New Line Cinema 等
有线电视	CNN、HBO 等
出版	《时代》杂志社等

2. *三次重要历史转折*

作为世界上最重要的传媒集团之一，时代华纳公司的发展经历了三次重要的转折。

第一次转折是时代公司与华纳公司的合并。时代公司和华纳兄弟公司同时建于1923年，时代公司以发行纸质出版物为主，而华纳兄弟的收益则主要来自电影。从20世纪50年代开始，时代公司开始拓展自身业务，向有线电视网 HBO(home box office) 投资，逐渐成为有线电视业的领军公司。1990年，时代公司又以140亿美元收购了华纳公司，时代华纳公司最终形成。1996年，时代华纳完成对特纳广播公司 (Turner Broadcasting) 的并购，TBS 的加入使得时代华纳成为世界上最大的传媒集团。

然而，随着人类进入21世纪，新媒体的发展迈上了一个新的台阶，传统媒体在竞争中的劣势逐渐暴露出来，时代华纳由此迎来了第二次转折。时代华纳作为传统媒体集团很想介入新兴市场，并积极寻找推动力量。2000年1月10日，美国在线（以下简称 AOL）与时代华纳公司合并，成为“美国在线—时代华纳公司”，这在当时成为世界上最大的企业合并案例。美国在线成立于1985年，在合并前是世界上最大的互联网接入服务提供商。AOL 虽然在营业额上不及时代华纳，但是利润上却远超时代华纳公司。抱着互利共赢的愿望，美国在线和时代华纳作为新老媒体强强联手，完成了合并，成为当时世界上最大的跨媒体集团，被人们视作媒体集团的又一里程碑事件。这一合并案也标志着时代华纳正在从一家传统型的娱乐媒体公司向着数字型媒体集团转变。

第三次转折是在2009年12月，AOL 宣布脱离时代华纳，长达十年的联姻就此宣告结束。互联网泡沫的破灭，双方企业文化的差异，以及内部在管理结构方面不能有效地衔接沟通都是导致这一结果的因素。时代华纳是以传统媒体业为主的公司，强调经验，注重把握受众需求，管理相对保守；而美国在线则是新媒体行业的代表，是典型的新经济型的开放式管理，强调灵活迅速的策略。二者合并后依旧秉承各自原来的企业文化，难以很好地融合，美国在线许多重要管理人员相继离开。此外，时代华纳与美国在线合并后二者同样持两种完全不同的商业运营模式。[①]时代华纳惯以受众需求为制胜武器，而美国在线则以快速占领市场为经营导向。两者赢利模式不同，合并后时代华纳同美国在线也并未将不同模式有效融合。随着整个互联网的衰退，合并之后美国在线—时代华纳的市值不断缩水，据了解，2002年公司亏损987亿美元，创下了美国企业亏损最大的不光彩记录。

3. 臃肿庞杂的机构造成巨大压力

在欧债危机持续发酵的背景下，尽管时代华纳并未在收益方面受到太大影响，但是仍然面临受众分流等挑战。与AOL分拆后，时代华纳重组之路首先面临的就是持续精简业务和机构，厘清战略方向。2009年将业务剥离到只剩下电视网业务、影视娱乐业务和出版业务三大类。而且，对保留的业务部门进行了大规模裁员。2009年裁员1500人，该年员工人数比2007年雇员总人数减少11%。时代华纳正在不遗余力地减少成本、提高运营效率，提高企业资源整合的能力。

此外，在2003年7月3日，当时的美国在线—华纳公司宣布把麾下华娱卫视64.1%的股份出售给TOM集团，时代华纳也不得不承认它在中国市场上投资受挫。究其原因，主要是由于定位模糊，未实现本土化[②]：当时的华娱卫视经营不善濒临破产，是一个缺乏品牌的频道，而时代华纳急于进军中国内地电视市场，完成战略上的布局，对于如何经营华娱卫视缺乏

---

① 陈国权：《以美国在线—时代华纳为例反思媒介融合兼谈媒介分化的意义》，《新闻记者》，2010年第12期，第17页。

② 戚咏梅、周必勇：《一样的选择不一样的结果——时代华纳、新闻集团的中国战略之比较》，《新闻界》，2005年第2期，第9—10页。

全面深入的考虑。在一个受众品味日益多元化并且挑剔的时代里，媒体没有准确的定位和详细的市场规划很难取得成功。

二、综合布局战略成就今日影视巨头

1. 全球化战略刺激自身发展

时代华纳在全球范围内拥有200多家分支机构，1996年，时代华纳2/3的收入来自美国，然而公司对这一数字的期望是最终低于1/2[①]，可见时代华纳对自身的定位已经是全球化的传媒集团，它希望能够借助全球化的战略来刺激自身的发展。

时代华纳能发展成为今天全球首屈一指的传媒集团，得益于其全球化战略。这种全球化战略可以细分为传播范围的全球化、受众的全球化以及传播内容的全球化。

首先，从传媒集团的规模上来看，近年来时代华纳通过兼并、收购等方式，将触角渗入到世界各个角落，让自己的产品尽可能多地覆盖全世界[②]。2001年美国在线—时代华纳合并成功后，新老媒体强强联合，不同媒体发挥不同作用，美国在线—时代华纳公司在电视、网络、杂志、影视娱乐等领域都抢占了制高点，使得同一内容在不同媒体形式间得到广泛传播，大大提高了媒体的传播能力。

受众的全球化，即时代华纳力求所推出的产品在全球范围内拥有尽可能多的受众。隶属于时代华纳公司的CNN甚至打出“精英受众”的口号以求影响不同地域中更多的受众，通过影响各地有影响力的人群和媒体，公司很容易让自己的产品为世界所接受。在伊拉克战争期间，CNN甚至成为全球主要的新闻来源。这不仅有赖于CNN高质量的新闻内容，也是其利用新媒体发展技术的结果。CNN充分利用其庞大的驻外记者队伍及优秀的电视制作团队，在内容生产制作方面抢得先机。[③]与此同时，利用

---

① 邵培仁:《大众传播学》，高等教育出版社，2006年版，第153页

② 陈芳:《发挥主力军作用不断提升国际传播力——访中国国际广播电台台长王庚年》，《中国记者》，2010年第8期，第34页。

③ 刘笑盈、张聪:《CNN的新媒体战略》，《电视研究》，2011年第8期，第29页。

新媒体技术的优势，CNN也将新闻以网络和数字化形式推送给用户。这种推送方式备受“精英们”的青睐，既调动了用户的积极性也在无形中推广了自己的品牌。

在传播内容方面，时代华纳不断加大电视剧制作、电影制作、出版等内容生产的投资，打造大量的内容品牌，大大拓宽了内容方面的产品线。近年来不间断地推出了一系列备受大众青睐的作品。其电视网业务中的《太平洋战争》、《生活大爆炸》、《绯闻女孩》等都广受好评；影视娱乐业务中的《哈利波特与死亡圣器（上）》、《盗梦空间》分别获得了9.5亿美元和8亿美元的辉煌成绩；《大侦探福尔摩斯》和《欲望都市2》也在全球市场分别造就了5亿美元和3亿美元的票房。这些作品剧情设计巧妙，在编写上精耕细作，所宣扬的美式价值观也极易为受众所接受。此外，《人物》、《体育画报》、《时代》以及《财富》这些高质量的杂志不仅长期占据着美国纸媒市场的前列，同时也销售到世界各地，成为全球精英群体获得资讯的首选。

时代华纳之所以能成为传媒行业巨头，除了与其全球化战略密不可分，也得益于新媒体技术的发展。然而归根到底，公司的核心战略是将受众的需求作为发展的根本。对受众的需求感知得越细致，所做出的产品就越符合受众的口味，时代华纳正是凭借对受众的体察入微才能做出满足市场多元需求的产品，从而也造就了自身的成功。

2. 加大在新兴市场的传播投入

作为传媒行业的巨头，时代华纳从未停止在全球范围内业务的扩张。美国在线—时代华纳的机构曾遍布全世界各地。[①] 所涉及的杂志、有线电视、影视唱片等业务所拥有的分支达200多家。美国在线—时代华纳成功地让其有限的资源在世界范围内达到了优化配置。

为了进一步加强电视网业务的核心地位，时代华纳加大对外投资，巩固欧美市场的同时积极向亚非拉等新兴市场扩张，收购HBO拉美集团

---

① 尚恒志：《美国在线时代华纳对传媒发展的启示》，《新闻爱好者》，2007年第6期，第43页。

（HBO LAG）、HBO亚洲集团（HBO Asia）、HBO南亚集团（HBO South Asia）和智利Chilevision电视台，全面提升了时代华纳在亚非拉的制播能力。2010年时代华纳在海外的收入增加了8.3%，已经成为其新的利润增长点[①]。

此外，美国在线—时代华纳对于中国的传媒市场投资也曾表现得非常活跃，在互联网、电视运营、影视制作、院线建设多个领域有所建树。[②] 2003年，美国在线—时代华纳触角正式伸向了中国影院业。2003年6月，上海永乐影院宣布，美国在线—时代华纳已投资1396.5万元人民币，购入上海永乐影院49%的股权。上海永乐影院注册资本达到2850万元。[③]除此之外，时代华纳还开始介入中国的电影制作，2004年11月，美国时代华纳与中影集团以及横店集团正式签约，组建中影华纳横店影视有限公司。中影集团是中国最大的国有电影公司，横店集团是目前中国最大的民营电影企业，有亚洲最大规模的室外实景拍摄基地。新成立的公司全称为“中影华纳横店影视有限公司”，中影集团、华纳和横店集团分别以4∶3∶3的比例持股，涵盖了外资、国资和民资三种不同资本形式。

3. 三项经营优势奠定胜局

可以说，时代华纳集团目前良好的经营状况得益于三项优势：雄厚的资本、丰富的经营内容以及以电视业务为主的经营策略。

时代华纳雄厚的资本是保证集团运作的基本条件。根据数据显示，2010—2011年度，时代华纳的收入和支出规模都位列全球第三，收入规模为287.4亿美元，收入增长率在5.91%，支出规模为1445亿元人民币。从投资规模来看，2010—2011年度，时代华纳并购了HBO多个区域集团、智利的Chilevision和ShedMedia电视台，投资总量达92亿元人民币。时代华纳也由此提高了在海外的收入。去年，尽管在欧债危机的阴云笼

---

① 搜狐IT网，《时代华纳第四季度净利大增22%至7.69亿美元》，http://it.sohu.com/20110203/n279204499.shtml。

② 刘晓磊、夏吟秋：《国际传媒巨头的中国投资》，《中国高新技术企业》，2005年Z1期，第15页。

③ 相关数据摘自百度百科。

罩下，时代华纳仍然实现了较大幅度的收入增长。在2008—2009年期间，时代华纳的收入增长率一度达到了42.95%，而到了2010—2011年度，公司实现了14%的营收增长率，资产回报率达40.42%。[①]

在全媒体时代，各种各样的媒介形式层出不穷，但是不论形势如何变换，传播内容依然是传媒集团的主要卖点。近年来，公司不断推出包括《欲望都市》、《蝙蝠侠》、《盗梦空间》等一部又一部影视剧作品，这些作品不论是在院线还是电视订户中都获得了不错的口碑。《哈利·波特》系列作品更是为公司赢得了一场出版物和电影同时获得暴利的漂亮战。此外，以《时代周刊》、《财富》为代表的传统杂志也让时代华纳集团在传统媒体行业屹立不倒。

2009年，受到金融危机的影响，美国在线AOL脱离了时代华纳，时代华纳公司的主要业务由此精简为有线电视、影视娱乐以及出版三大类。到2010年，有线电视网业务更是成为时代华纳的支柱业务，其收入也占到了公司的46%。目前，公司旗下的电视频道(TBS)和电影频道(HBO)均拥有大量丰富的片源和广泛的收视用户，有线新闻频道CNN在其鼎盛时期更是成为全球新闻的代名词。

4. 有待加强的新媒体发展能力

2009年，美国在线同时代华纳合并，这在当时堪称传媒业的头条新闻，也是迄今为止全球最大的合并案。美国在线—时代华纳把有线电视网、影视娱乐、出版、数字媒体和互联网等诸多服务融为一体，成为当时美国最大的媒体娱乐集团。二者的融合代表了传媒业未来的发展方向：渠道服务商和内容供应商的结合[②]，传统媒体与现代媒体的融合。可以说，双方的“联姻”得益于飞速发展的互联网行业。在此后的几年中，时代华纳积极同网络服务商进行合作，利用互联网的即时性、交互性等特点，为用户提供不同的视频、数据等互联网服务。此外，《人物》、《财富》、《时代》

① 2010—2011年数据均来自时代华纳2011年年报。

② 24陈国权：《以美国在线—时代华纳为例反思媒介融合兼谈媒介分化的意义》，《新闻记者》，2010年第12期，第17页。

等杂志相继推出电子版，借助网络发布杂志内容，吸引广告商，更是为集团带来了丰厚的利润。尽管由于经营理念、企业文化等因素，美国在线最终脱离时代华纳自立门户，但是这并不能否定新媒体对传统媒体所带来的冲击，以及新媒体发展能力在建设国际一流媒体中所起到的作用。

三、经济危机阴霾下的机遇与挑战

欧债危机持续发酵，这为欧美国家的经济形势蒙上了一层阴霾，欧美受众的购买力随之受到一定影响。这并不利于时代华纳拓展市场。然而中国等新兴经济体的发展势头不减，人们物质生活水平提高，正逐渐成为全球精神娱乐消费市场的主力军。时代华纳需要抓住新的商机，拓展自身市场。

随着新媒体时代的不断发展，任何一个传媒集团都不能脱离互联网媒体而只专注于其他领域的业务。对于时代华纳这样的传媒业巨头来讲，即使拥有一系列极具价值的品牌，并在有线电视网、影视娱乐等领域处于全球领军位置，也应当适应不断发生变化的媒体环境。要坚持以市场为导向，以受众的需求为导向，利用多媒体技术对产品进行推送，不仅要为受众提供电视新闻、影视剧作品，还要提供个性化定制、高质量高品质的作品。

一方面，互联网是一个代表融合趋势的媒介[①]，它可以将文字、视频、音频等不同形式的产品全部囊括其中；但另一方面，互联网所提供的服务也在不断分化，包括新闻、邮件、娱乐、购物等。这种现状要求时代华纳更加了解受众的需求，满足受众需求不断分化的趋势。也只有这样，时代华纳才能在传媒业激烈的竞争中长青不败。

---

① 陈国权:《以美国在线—时代华纳为例反思媒介融合兼谈媒介分化的意义》,《新闻记者》，2010年第12期，第18页。

第三节　迪斯尼

一、动画王国的“缔造”

成立于1923年的迪斯尼公司总部设在美国加利福尼亚州的伯班克，其名取自公司创始人华特·迪斯尼。公司在20世纪三四十年代依靠米老鼠起家，40年代开始涉足真人电影领域，并先后收购了独立电影界巨头米拉麦克斯（Miramax Films）和皮克斯 (Pixar Animation Studios)，从而巩固了自身在电影界的地位。1955年，加利福尼亚阿纳海姆迪斯尼乐园建成开放。1964年公司开始筹建奥兰多“迪斯尼世界”。经过5年营造，迪斯尼世界终于在1971年10月向公众开放了。它耗资7.66亿美元，位于佛罗里达州的奥兰多郊外，是一座老少皆宜的游乐中心。此后迪斯尼乐园又相继在东京、巴黎和香港落户。成为全球最具影响力的主题公园。1981年，公司宣布开始有线电视网络计划，迪斯尼频道也于1983年在美国有线电视网开播。公司现任首席执行官为罗伯特·艾格，乔治·米切尔任董事会主席，运营领域横跨影视、音乐、主题公园、度假酒店、玩具、儿童书籍等。

1. 今日的娱乐“航空母舰”

迪斯尼全称为 The Walt Disney Company，是一家集娱乐节目制作、主题公园、玩具、图书、电子游戏以及传媒网络业务为一身的大型跨国传媒集团。其旗下品牌包括皮克斯动画工作室，好莱坞电影公司，ESPN 体育、Miramax 电影公司以及美国广播公司 (ABC) 等等（表7-3）。

迪斯尼公司靠影视动画起家，公司创始人华特·迪斯尼本人创作的米老鼠与唐老鸭的形象经久不衰，至今仍受到广大儿童的青睐，其经典动画片《白雪公主》、《美女与野兽》、《星际宝贝》、《玩具总动员》、《花木兰》不仅家喻户晓，同时拥有广阔的市场。然而作为一个娱乐品牌，迪斯尼除从事影视动画这一行业，还将业务拓展到服饰、箱包、毛绒玩具、家居用品、电子产品多个领域。由于消费者对该公司所创作出的卡通形象颇为熟悉，对影视动画片以外的衍生品也十分钟爱，迪斯尼因此能够在影视行业以外的其他领域也收获颇为丰厚的利润。

作为迪斯尼传媒集团产业链条中最重要的部分，迪斯尼主题公园在这一传媒帝国中占有举足轻重的地位。迪斯尼乐园是世界迄今为止最具影响力的主题公园。公园中的主题同迪斯尼动画片中的场景一致，将迪斯尼动画中的场景真实再现。[①]目前全球已建成5座迪斯尼乐园，分别位于美国佛罗里达州和南加州、日本东京、法国巴黎以及中国香港。主题公园是迪斯尼真正的摇钱树，2006年，迪斯尼乐园收入就占了公司总销售额的27%——254亿美元，利润为32亿美元，占当年公司总利润的一半[②]。

2011年度，迪斯尼集团收入高达408.03亿美元，净利52.58亿美元，在各大媒体集团排名中位居前列。2011年，迪斯尼总资产规模达721.24亿美元，员工数量超过了15万人，首次超过了时代华纳[③]。2008年，迪斯尼品牌在《商业周刊》(BusinessWeek) 同 InterBrand 评出的世界品牌价值100强中位列第九，品牌价值评估值达292.51亿美元。[④]

表7–3　迪斯尼集团下属公司分类

旗下领域	公司名称
广播	美国广播公司、ESPN 体育等
动画	皮克斯动画工作室、惊奇漫画公司等
电影	Miramax 电影公司、Touchstone 电影公司等
娱乐	迪斯尼乐园及迪斯尼周边产品

① 王倩茹:《造“梦”=造“钱”——迪斯尼公司经营策略探析》,《科技风》,2008年第17期,第26页。

② 《迪斯尼简介》，腾讯网 http://finance.qq.com/a/20091102/005333_2.htm。

③ 相关数据来自迪斯尼2011年年报。

④ 《迪斯尼简介》，腾讯网 http://finance.qq.com/a/20091102/005333_2.htm。

2. 重要成长阶段

创立于1923年的迪斯尼公司，最初只是一个规模不大的动画电影公司。迪斯尼的品牌发展也经历了三个不同的成长阶段，即华特·迪斯尼同其哥哥罗伊·O. 迪斯尼领导下的品牌成长阶段；罗伊·E. 迪斯尼的品牌低迷阶段；迈克·艾森纳对品牌的复兴阶段。

1928年，有声动画片《汽船威利号》的问世让米老鼠成为了家喻户晓的动画形象，迪斯尼公司随之迎来了事业上的朝阳。二战结束后美国经济得到了发展，迪斯尼相应迎来了它的黄金发展时期，随着动画片制作技术的发展，华特·迪斯尼还发明了多层次拍摄技术、宽银幕技术，新型吸引技术、立体电影等，创造出了许多优秀的动画片，巩固了它在卡通帝国的霸主地位。此后，在迪斯尼的电影事业蒸蒸日上时，总裁华特·迪斯尼又把目光投向一个全新的领域。20世纪50年代，他力排众议，在加利福尼亚买下一块地皮，创建了一个充满迪斯尼经典卡通角色的主题公园，并运用了当时最先进的全息照相和三维动画自动控制技术，实现了游客与迪斯尼卡通的现场互动。①

在开发迪斯尼乐园的同时，华特·迪斯尼还把电视业的兴起看做是公司拓展业务的另一个机会。1955年10月，《米老鼠俱乐部》作为迪斯尼的第一部电视节目登陆美国广播电视网。此外华特·迪斯尼还亲自操刀制作一档名为《迪斯尼奇妙世界》的电视节目，并担当节目的主持。这两档节目将迪斯尼在电影院的辉煌延续到了电视上，仅仅播出两期后，便受到美国数百万儿童的狂热追捧。

然而随着华特·迪斯尼的逝世，公司的创作源泉渐失，产量减少，公司陷入了长达18年的低谷期。直至1984年，迈克·艾森纳出任迪斯尼新总裁，公司开始才逐渐驶入正轨，迎来了迪斯尼公司历史上的第二个黄金时期。在这段时期中，迪斯尼公司开创了新的业务，走向了多元化发展的道路，迪斯尼成功地把它的经营重点从主题公园和度假胜地的建设转到电影和电视业，从产品制造转向传媒工业。到90年代中期，迪斯尼逐渐成

① 刘北辰:《迪斯尼的成功之路》,《价格与市场》，2005年第6期，第31页。

为北美娱乐传媒的中心，最终形成了全球范围内的传媒帝国。

在迈克·艾森纳掌管迪斯尼期间，公司在广播电视业、教育业以及出版业也逐渐拥有了举足轻重的分量。截至2004年，迪斯尼公司总利润较1984年相比上升1600%[①]，这样的成绩同其上台后大刀阔斧的改革是分不开的。迈克·艾森纳上任后对动画电影和真人电影的质量实行了更为严格的把关；积极开辟同其他行业的合作，涉猎不同领域；加强影视配套产品的生产销售。1995年，迪斯尼斥巨资收购了美国广播公司(ABC)，开始了在有线电视领域的发展。这次并购之后迪斯尼公司成为世界上最大的娱乐传媒公司，然而ABC的收购案也使迪斯尼财务状况开始恶化，其负债率从20%上升到32%。2006年，皮克斯被迪斯尼以74亿美元的价格收购，成为华特·迪斯尼公司的一部分[②]。

3. *文化差异造成扩张瓶颈*

迪斯尼制胜的法宝是公司对其企业文化的推崇，迪斯尼所有的产业链也基于文化认同。可以说，迪斯尼对文化的强调造就了梦幻王国的辉煌，企业文化为品牌的全球扩张加重了成功的砝码。[③]然而，过于拘泥固有文化也会影响公司运营的灵活性与应变能力。对于迪斯尼公司自身而言，文化策略虽然帮助各部门的经营活动保持空间和时间上的一致性，但是文化与经营过于紧密的结合也会在一定程度上影响公司运营的灵活性和自由度。当文化与现实需求互相排斥或违背的时候，便会造就公司经营的经济低迷，如果补救措施不力的话，甚至会影响公司的生存。在网络数字传播时代，迪斯尼公司也应适应新媒体的发展进程，在传统同创新之间实现完美的结合。

此外，迪斯尼主题公园在海外拓展的过程中，也面临着文化冲突。迪

---

① 陈静华编著:《迪斯尼乐园——贩卖欢乐》，对外经济贸易大学出版社，2007年版，第48页。

② 《沃尔特·迪斯尼公司：娱乐帝国》广东工业大学网上课件中心 http://glxy.gdut.edu.cn/Teaching_Results/view/sources/zuopin/anli/10.htm。

③ 张政方:《迪斯尼公司“文化首位”文化经营策略解析》，2004年上海大学硕士论文，万方论文数据库。

斯尼乐园在入主法国和日本前期，都在不同程度上受到了质疑。在建造巴黎迪斯尼乐园时，谈判伊始，迪斯尼代表和四个小镇镇长就因跨文化差异及补偿方式发生严重分歧。对于即将落户上海的迪斯尼乐园，国人也发出了担心中国文化被侵蚀的质疑声。迪斯尼公司如何将这种“文化入侵”的担忧降到最低，是值得认真思考的问题。

二、坚持品牌核心战略，发展综合产业

1. 打造国际一流媒体品牌

迪斯尼公司能够从一间小小的动画工作室发展到今天这一娱乐传媒巨头，主要得益于历任总裁对企业品牌的高品质打造、所施行的品牌多元化战略以及其优秀的企业文化。

从1923年华特·迪斯尼同哥哥一同创办公司至今2012年，迪斯尼公司已经走过了89年。在这89年的历程中，迪斯尼的品牌核心始终没有改变，即创新、品质、共享、故事、乐观以及尊重（迪斯尼中国将其翻译成“诚信”）。这些要求是迪斯尼在成为国际一流媒体的过程中必须遵守的原则，也是公司每位员工都须铭记在心的准则。迪斯尼历任总裁对品牌的重视和维护让公司所推出的每一部作品都经过了精致的推敲，而这种高品质高水准的要求为公司赢得了源源不断的客户。品牌的知名度得以让迪斯尼在世界范围内得到了认可，也就为其扩大业务范围打下了良好的基础，换句话说，品牌营销加速企业的扩张，而这种扩张甚至可以摆脱地域的限制，依靠品牌自身也能够形成产业聚合效应。

迪斯尼能成为国际一流媒体，关键在于其能够借助多媒体融合的时代背景，将自身最初的动画影视制片业务同电视、网络多媒体以及旅游业相结合，在全球化的品牌经营中逐渐形成自己特有的文化。这便是迪斯尼的品牌经营策略：不仅能够让受众在众多纷繁复杂的媒体公司中一眼辨识出迪斯尼的产品，也让公司在无形之中扩大了在其他领域的市场份额。作为电影行业的衍生品，最成功的案例非迪斯尼主题公园莫属，主题公园的人物、布景、道具均出自迪斯尼出品的影片。乐园基于迪斯尼卖座的电影及其视觉形象的基础上，采用高科技手段涉及游乐项目内容，以互动性

游戏为载体，让游客在电影的气氛环境下身临其境地去参与体验。[①] 主题公园的建立为受众带来了影视作品之外的新鲜感，也成为公司获利的重要来源。

除此之外，优秀的企业文化是迪斯尼在市场竞争中经久不衰的又一法宝。为消费者提供优质、高效、细致的服务则是迪斯尼企业文化中重要的一部分。迪斯尼从1923年创立至今，有着悠久的历史，在企业创立初期，华特·迪斯尼曾对公司提出了4C要求，即好奇心（curiosity）、信心（confidence）、勇气（courage）以及执著（constancy），这在后来慢慢演变成迪斯尼的文化精髓。迪斯尼正是凭借这种注重梦想、信念、勇气的执着精神不断推陈出新，最终建立了其在主题公园以及电影动画中不可动摇的地位。事实上，公司对企业文化的重视不仅能够使其巩固发展消费群，也很容易渗透到异域文化当中[②]，迪斯尼的卡通人物以及品牌在全世界被熟识就是最好的佐证。

2. 向全球市场推广

迪斯尼的有线电视网覆盖了全球一亿零二百九十万用户，其旗下的ESPN网络更是遍布五大洲。除此之外，迪斯尼还致力于制作和发行电视节目，并将自制的节目扩散到世界各地。[③] 以中国为例，早在1986年，迪斯尼就与中央电视台少儿节目《大风车》合作播出迪斯尼系列动画片，同时还推出了一档播放迪斯尼节目的少儿电视栏目《小神龙俱乐部》，伴随了一代中国儿童的成长。此后，还在中国兴建迪斯尼主题公园，开通迪斯尼中文网站，发行迪斯尼卡通杂志及音像制品以深入拓展中国市场。现任总裁罗伯特·艾格还将迪斯尼消费品亚太区总部迁往上海，任命张志忠为迪斯尼中国区董事总经理兼迪斯尼国际执行副总裁，并确认在上海开设迪

① 于一可:《浅析当代欧美文化传媒企业的文化营销策略——以美国迪斯尼公司为例》，《青春岁月》，2011年第20期，第11页。

② 张政方:《迪斯尼公司“文化首位”文化经营策略解析》，2004年上海大学硕士论文，万方论文数据库。

③ 张政方:《迪斯尼公司“文化首位”文化经营策略解析》，2004年上海大学硕士论文，万方论文数据库。

斯尼乐园。

在影视剧制作方面，迪斯尼的影响力更是不言而喻。公司出品的《狮子王》、《海底总动员》、《加勒比海盗》等众多耳熟能详的影片都在全球范围内取得了不俗的票房成绩。伴随着影视作品而来的，是能为公司带来更大利润的衍生品，也是能够让迪斯尼这个名字在全世界范围内家喻户晓的迪斯尼主题公园。目前，迪斯尼在全球范围内共有五家迪斯尼乐园，分别位于美国、日本、法国和中国香港。据统计，2010年，迪斯尼乐园在全球的营业收入高达107亿美元，获利13亿美元，盈利率高达12%[①]。

其实，不论是票房叫座的影片还是主题公园，能拥有广阔市场的根源是迪斯尼所宣扬的文化价值观易于让全世界接受。看过迪斯尼出品的动画片的人都知道，这些影片在剧情编排上并不一定让人拍案叫绝，但是其蕴含的道理多为积极正面，倡导积极向上和成员共享的家庭观念。影片无一例外地渗透着诚实、共享、尊重等企业品牌核心，体现着追求梦想，宣扬自由以及依靠努力终能达成目标的迪斯尼精神。迪斯尼公司正是通过不断向人们宣传希望和坚定乐观的信念，释放积极的正能量来渗透着老少皆宜的价值观。与其他传媒公司不同的是，迪斯尼能够在现实生活中再现影片场景，供人们进行奇妙的体验。在这里，游客可以忘记现实中的一切烦恼，尽情体验着如梦境一般的经历。“制造快乐”是迪斯尼乐园在经营中使用的重要理念。除了这里独一无二的卡通形象会为游客带来其他公园无法体验到的奇妙之外，迪斯尼公司还极力营造快乐的氛围，处处让消费者感受到员工热情、礼貌、周到的服务，甚至最终会留恋这种美好的经历。

3. 将品牌作为资产经营

2011年度迪斯尼公司营业利润位居各大国际传媒集团前列，高达408.9亿美元，同比增长5.2%，资产回报率达到56.7%。[②]2010至2011年度中，迪斯尼持续大规模投资旗下的公园、度假村等实体产业，并先后并购了Marvel奇迹娱乐和Playdom两家娱乐公司。拥有钢铁侠版权的奇迹娱

---

① 郭特利:《迪斯尼的童话营销》,《现代企业教育》，2011年第11期，第23页。

② 相关数据来自迪斯尼2011年年报。

乐公司不仅为迪斯尼带来无形资产的增值，同时漫画收入增长也使公司在出版业务中扭亏为盈。

与时代华纳和美国在线的合并不同，迪斯尼对ESPN（娱乐与体育节目网）的收购和经营从一开始便打上了迪斯尼文化的烙印。在收购ESPN之后，迪斯尼公司除了拓展ESPN频道的传播业务之外，十分注重品牌的打造并对其实施连锁经营：以ESPN为品牌成立了散播美国各地的ESPN“zone”体育休闲酒吧和专售体育用品的ESPN专卖店；将ESPN的体育传播领域衍生到了纸质媒体，发行“ESPN the Magazine”杂志；与电子游戏巨头SEGA合作开发一系列ESPN电子体育游戏；结合ESPN的体育节目发行ESPN系列体育歌曲CD，并且继续扩大X-GAMES的全球影响力，目前已经成功举办了四届X．GAME全球锦标赛，同时还在继续开发另一ESPN赛事-ESPN户外运动大赛(ESPN OUTDOORS)。在迪斯尼的经营下，ESPN的品牌价值迅速上升，成为另一个迪斯尼创造力与财富的来源。

迪斯尼公司注重对品牌的打造，在经营过程中也无一例外地渗透着其全球化的策略。迪斯尼公司的影片在世界各地的影院上映，迪斯尼的各类衍生品通过遍及全世界的特许零售店销售，其主题公园更是受到来自世界各地的儿童追捧。不难看出，迪斯尼公司可能“不追求主题乐园在产业界的第一或第二，也不追求电视产品在产业界的第一或第二，它所追求的是每个商业活动都有迪斯尼的品牌，通过品牌把各种商业联系起来”①。

4. 试水新媒体

20世纪末互联网的高速发展为新媒体提供了一个绝好的平台。迪斯尼对于新媒体之路的探索可以追溯到1994年。1994年，迪斯尼开始尝试从传统传媒向新型传媒转型，开通了迪斯尼网站，不但利用网络媒体宣传自己，还在拓展自己的网络业务。为了推出Go.com门户网站，迪斯尼在1998年斥巨资收购了Infoseek。1999年迪斯尼投资“GO Network”网站，但是由于自身技术的落后，无法与竞争对手相抗衡，出现了巨额亏损，因

① 高振强：《全球著名媒体经典案例剖析》，中国国际广播出版社，2003年版，第177页。

此在2001年的时候，迪斯尼被迫关闭了GO网络。迪斯尼在这一次的转型中，付出了惨重代价。

同传统媒体相比，数字化的第四媒体具有难以比拟的优点。信息综合性和丰富性、充分的互动性与开放性、信息传递的快捷与超时空以及信息的大容量和灵活性造就了网络媒体的别具一格。因此，迪斯尼公司并未放弃对这一领域的探寻。迪斯尼移动在2011年出品的移动游戏《鳄鱼小顽皮爱洗澡》一经问世就受到了大众的青睐，成为人们移动工具中必不可少的休闲产品。尽管在迪斯尼乐园、ESPN、ABC电视台等业务面前，迪斯尼移动游戏的收入及规模可能不值得一提，但是，公司推出的《鳄鱼小顽皮爱洗澡》游戏三个月内带来的收入，已经超出迪斯尼过去推出的三十款移动游戏总和。据了解，2012年一月《鳄鱼小顽皮爱洗澡》在中国的下载量已超过160万次。[①] 对于迪斯尼而言，移动游戏业务的重要性不在于盈利性。移动互联网、社会化网络是大势所趋，智能移动设备平台对新一代的影响力已经越来越重要，因此迪斯尼的目的是通过这个平台将品牌与产品传递给更广泛的受众。

三、文化融合面临挑战

迪斯尼成功的品牌营销策略让其在消费者心中建立了良好的形象，迪斯尼这一品牌也同梦想、自由和希望等字眼相联系。依靠品牌优势，迪斯尼获得了相当强的市场竞争力，公司将借助自身实力继续拓展在全球范围内的业务。近年来，迪斯尼的业务逐渐向亚太地区倾斜，同中国的合作也不断加深。这同中国广阔的市场前景是分不开的。然而，在激烈的市场竞争中，迪斯尼公司永远不可能高枕无忧，满足于已经取得的影响力。以主题公园的建设为例，随着全球化的发展，世界大多数地区的旅游事业已经发展得较为成熟，旅游市场也渐趋饱和。尤其是在世界性的主题公园和度假村业务不断趋于完善的背景下，迪斯尼想要扩大市场份额也并非易事。

---

① 《鳄鱼小顽皮爱洗澡——意外大热，迪斯尼移动游戏大翻身》，央视网游戏频道，http://games.cntv.cn/2012/news_01_0319/84189.shtml。

虽然迪斯尼公司注重企业文化意识的培养和树立，但是要想进一步拓展业务范围，公司也面临着很多诸如文化融合的威胁。在这种背景下，公司要注重前期调研，对市场形势做出正确判断，坚持实施本土化的策略，并找到公司文化与现实情况的切合点，以降低投资风险，获得更大发展。

第四节　维亚康姆

一、“收购、收购、再收购”

维亚康姆集团起源于1954年，是现任CEO萨姆纳·雷石东继承的家族企业，原名为“国家娱乐公司”。经过30多年的苦心经营，雷石东把它变成了全美最大的连锁影院系统，并在1986年并购维亚康姆公司后归入其中，由此标志着维亚康姆的正式诞生。1986年，维亚康姆从美国运通和华纳公司手里以5.13亿美元的价格收购了MTV全球电视网，1994年对百事达和派拉蒙影业公司的收购，进一步夯实了维亚康姆作为娱乐业霸主的地位，使得维亚康姆的销售额得到迅速翻番。1999年维亚康姆以370亿美元的代价收购了美国三大电视网之一的哥伦比亚广播公司，正式奠定了维亚康姆集团在传媒业的霸主地位。通过“收购，收购，再收购”，维亚康姆公司很快在传媒业后来居上。

1. 当下的主要业务

维亚康姆集团目前已成为美国第三大传媒公司，拥有39家地方电视台的电视集团、制作节目超过55000小时的派拉蒙电视集团、成立于1912年的派拉蒙电影公司（表7-4）。这个规模庞大的传媒文化产业集团，目前拥有员工12万名，拥有版权数50多万个，业务运作涉及166个国家和地区，2011年前三季度利润达到了15.3亿美元[①]。维亚康姆集团目前的主要业务领域有以下五个部分：电视、广播与户外、电影与剧院、因特网和主题公园。该集团还为全世界各地的广告商提供了最大的平台，在广播电视、户外广告和在线等领域都有不凡的表现。

2011年度维亚康姆公司总收入为149.14亿美元，运营收入37.1亿美元，总资产228.01亿美元，收益率高达65%[②]。根据年报测算，维亚康姆目前年收入的大约33%来自它的电影制片，33%来自音乐、录像租赁业务以及主题乐园，18%来自广播，14%来自出版业。[③]目前该集团仍在通过寻求联合、并购、收购、控股等方式，迅速扩大自身的规模及业务范围，使得自己总能处在社会发展的最前沿，得以更好的发展。

表7–4　维亚康姆下属公司分类

旗下领域	公司名称
电视	MTV电视网、联合派拉蒙电视网等
广播	无限广播公司
电影与剧院	派拉蒙电影公司、UIP联合国际电影等
互联网	MTVi集团、CBS等
娱乐	派拉蒙主题公园等

2. 三大关键转折点

维亚康姆从一家汽车影院连锁店发展成为目前全球几大传媒业巨头之一，CEO雷石东功不可没。在他掌权的过程中，维亚康姆一共经历了三次历史转折：一是国家娱乐公司于1986年并购维亚康姆并更名为维亚康姆公司；二是收购派拉蒙公司；三是收购哥伦比亚广播公司。

---

① 谭云明：《维亚康姆：传媒产业巨无霸》，《中国广播影视》，2004年5月号下半月刊，第45页。

② 相关数据来自维亚康姆2011年年报。

③ 相关数据来自互动百科。

（1）收购维亚康姆公司有效拓宽了原有业务渠道

国家娱乐公司在创立之初主要经营汽车影院连锁，经过30多年的经营，雷石东将它发展成为了全美最大的一家连锁影院系统。通过发展影院事业以及对好莱坞电影制片厂的投资，雷石东得以在好莱坞立足。然而随着国家娱乐公司业务的扩张，原有渠道和利润点不断老化，公司发展到了瓶颈期，而此时雷石东发现了拥有MTV等众多电视频道的维亚康姆公司。

在经过长期的谈判和准备后，雷石东终于以34亿美元的价格买入了维亚康姆83%的股权，并在此后成功将维亚康姆打造成为世界级的传媒巨头。到1991年的时候，子公司MTV电视网在全球获得了巨大成功，通过开发欧洲、拉美和亚洲等地区的市场，MTV始终保持了每年两位数的增长，并给维亚康姆公司带来了巨额利润和巨大的现金流支撑。

（2）收购派拉蒙成功整合了维亚康姆的产业链，充实了集团的产业布局

1994年维亚康姆公司为了补充公司在影视制作的短板，成功收购了派拉蒙影业集团和全球最大的录影带连锁店百视达，获得了大量现金和影视制作资源。派拉蒙此后拍摄的《泰坦尼克号》、《星球大战》、《碟中谍》和《变形金刚》等影片不仅给维亚康姆集团带来了巨大利润回报，也成功扩大了该集团的业务范围和影响力，被视为维亚康姆发展过程中最成功的收购之一。

（3）通过收购哥伦比亚广播公司，充实业务渠道，完成传媒全覆盖

20世纪90年代起，默多克旗下的新闻集团开始了在全球的扩张大业，时代华纳的风头也开始逐渐盖过了维亚康姆。雷石东为挽救渐显颓势的维亚康姆集团，果断寻求收购哥伦比亚广播公司，希望以此拓宽渠道，将集团真正打造成“巨无霸”式的传媒“航母”。而同时，哥伦比亚广播公司认为自己拥有丰富的电台和广播电视网资源，维亚康姆拥有大制片公司和丰富的有线网，两者结合能够取长补短，资源得到充分的有机融合。最终，维亚康姆集团以350亿美元的价格收购了哥伦比亚广播公司，雷石东本人担任新公司的董事长兼CEO。收购后，两个公司的股票同时大涨，市场的反应也充分体现了维亚康姆此次收购将大大丰富传统传播渠道，并极

大提升集团的综合竞争力。

3. “大象”困境

尽管维亚康姆在一个世纪以来取得了长足的进展，但面对 YouTube 和 Twitter 等新兴媒体和社交网站的崛起时，维亚康姆就像其他大公司一样反应迟钝，在互联网和新媒体拓展上鲜有建树，最终导致了其面临着关键的发展瓶颈期。当前，维亚康姆面临的主要问题有以下两点：

（1）传统媒体和传统传播渠道正在衰减

随着互联网的兴起和 Web3.0时代的开启，传统媒体和传统渠道正在不断受到挑战。维亚康姆与 YouTube 长达5年的侵权案不仅给维亚康姆带来了巨大的负面影响，也使得该公司的股价承受了巨大压力。尽管2012年维亚康姆成功对该案提起重审，但外界普遍对此感到担忧。而同时，MTV 和百视达公司等在与新兴媒体的市场争夺中纷纷败下阵来，不仅在此事上浪费了大量精力和心血，还让这两个公司在传统领域上的发展一度陷入停滞。

（2）广告收入的大幅下滑将大大拉低维亚康姆公司的综合利润

进入21世纪以来，各大媒体的主要利润都开始依靠广告收入，维亚康姆旗下的哥伦比亚广播公司有近70% 的收入依靠当地公司的广告投资，然而一方面受到新兴媒体对市场的蚕食和对传统媒体集团的打压，二是全球经济危机导致美国大量公司关停、工人失业，都在客观上造成了维亚康姆广告收入大幅下降的基础。尽管该公司的五年预期增长率能达到1.03%，但仍难挡股价继续下跌。

二、强大的风险管控能力是维亚康姆的成功之道

1. ABC 三部曲

维亚康姆是在雷石东坚持的经营思路下获得成功的。雷石东的思路被称为建设国际传媒企业的三部曲——ABC。[①]A，Acquire，购买和开发最好的内容；B，Brand，对内容进行品牌建设，并在经济可行的前提下将这

① 来源于萨姆纳·雷石东在“21世纪传媒业发展研讨会”上的讲话，2002年7月29日。

些内容放在尽可能多的平台和市场中进行经营；C，Copyright，对自己创建的品牌进行严格的版权保护，并以此获得巨大利益。

而维亚康姆集团本身获得成功也有三大要素，也是该公司的经营策略，分别是：全球化和本土性操作的结合，注重品牌和注重“安全”。

（1）全球化与本土性操作的结合

维亚康姆公司的高层具有独到的全球视野，因此该公司旗下的产品无论是影视还是音像，都能博得全球消费者的青睐，并获得巨额回报。MTV和尼克罗迪恩（Nickelodeon）是维亚康姆的两个主要武器。MTV是举世闻名的音乐电视频道，在全球拥有近2.5亿的家庭收视户，一直致力于为全世界不同民族、文化的地区提供廉价高质的音乐节目。尼克罗迪恩是世界儿童电视的领头者，在美国有6800万收视户。它在美国本土以外已经扩张到了70多个国家的9000多万户。①

此外，维亚康姆的管理层还善于推动公司的本土化战略，其中包含了两个方面：一是文化产品的内容尽量做到本土化；二是公司管理与文化产品创作人员的本土化。传媒公司的电视、音像产品若要在目标市场站稳脚跟，扩大市场，其产品必须本土化，即着力于打造符合目标市场大众需求的产品和内容，最大限度地保持自身产品能够快速为当地群体所接受并快速传播。维亚康姆公司认为文化资源本身是不存在界限的，因此该公司十分善于从全球各地的独特文化资源中吸收精华，通过公司内部相关部门的分析研判，加以整合，以生产出兼顾全球市场和地区特色的文化产品，从中赢利。

在管理上，维亚康姆同样注意本身先进的经营管理方式必须与本土的文化背景的结合，才能保证公司在目标市场产生内生性的发展动力，在此基础上获得优质的文化产品和可持续发展的动力。同时，争取目标市场的优秀人才的加盟，也得到该公司的高度重视。例如，维亚康姆中国区总裁李亦菲因为对本土市场和政府政策十分熟悉，帮助公司在运营中规避了许

---

① 《维亚康姆公司》，中国传媒大学网上课件中心 http://course.cuc.edu.cn/course/huzhr/File/viacom.htm。

多不必要的麻烦，同时保证了维亚康姆在中国发展的较为顺利。

（2）以品牌赢得市场

维亚康姆与其他大型传媒娱乐公司一样，特别注意品牌经营，并且实行公司范围内的相互竞争策略以刺激销售额。一个较为突出的例子就是MTV频道对电影《独领风骚》和《泰坦尼克》两部重量级电影同时开展大规模的宣传活动，使合并派拉蒙公司和百视达的构想变成现实。

MTV品牌的经营则是维亚康姆最为成功的案例。MTV庞大的收视群和它对青少年的巨大影响力使它本身成为了今天全球最知名的15大品牌之一[①]，是塑造品牌的最佳代表。由于MTV的观众大部分都是青少年，而这类群体又是比较活跃的消费者群体，因此MTV频道的广告瞬间成为了各个商家竞相追捧的对象。而维亚康姆与这些国际品牌由此形成牢固的利润同盟，并给他本身带来了巨大商机。美国资本研究与管理公司副总裁戈登克劳福德说："在MTV和尼克罗迪恩的共同推动下，维亚康姆肯定能够在今后10年取得15%到20%的年均增长，因为它享有巨大的长期性全球商业机会。"

此外，维亚康姆的另一个重要战略就是旗下品牌的交互促销和协同合作。比如，1995年，派拉蒙出品电影《独领风骚》的同时，维亚康姆尝试在MTV电视网上不间断播出该影片的广告和宣传片；电影上映后不久，《独领风骚》的相关影视产品就能在维亚康姆旗下的百视达连锁出租店轻易找到……集团内部交叉促销，默契合作不仅节省了大量市场成本，还推动了集团内部的资源优化配置，并为将来打造一流的综合性媒体平台打下了基础。

（3）寻求"安全"的发展之路

维亚康姆在美国拥有很多知名的品牌，再加上派拉蒙等旗下公司的，使得公司拥有了一支出色的内容制作团队。为了使企业的产品获得更多的收益，就需要不断开发新的市场，因此维亚康姆公司非常注重在这个过程

① 北京大学光华管理学院编纂："萨姆纳·雷石东的生命之泉"，《实战MBA》，新华社音像中心，2005年版，第382页。

中保持良好的风险控制。

为了使旗下更多的节目产品进入中国消费者的视野，但同时又不至于引起政府监管层的反感和限制，维亚康姆公司采取了小心谨慎的方法，避免不规范的大动作给自身带来不必要的麻烦。在暂时还无法在中国建设独有传播渠道的情况下，2003年维亚康姆在把旗下的尼克罗迪恩儿童频道的节目引入中国时，选择了与中国唐龙公司合作，由唐龙公司负责引进，维亚康姆直接将节目制作完成，并放在唐龙的发行网络上，形成了外资传媒制作、中国本土发行商推广、中国电视台播出“三位一体”的合作方式。从操作层面上看，只要“三位一体”的合作不以公司形式存在，就完全不会因为违反“政策规定”受到处罚。最终，“尼克知识乐园”儿童频道没有受到较大干预，就得以进入了中国100多家电视台。

2. 多渠道传播能力

维亚康姆另一条成功之道就在于其打造了完整的传媒产业链，并通过积极的并购、融合，实现了各个传媒渠道和上下游的有机整合，兼顾传播业务的广度和深度，极大提升了自身的有效传播力和传播范围，并为客户提供了良好而又庞大的广告平台。

维亚康姆的业务是多样化的，包括电视网、电影推销、录像租赁、电视节目推广、图书出版、在线、影剧院业务和户外业务。同时，维亚康姆的业务范围也相当广，在其向海外的发展过程中，MTV已在140个国家和地区拥有3亿多的用户，并仍在继续发展中。尼克罗迪恩也在海外拥有了近3亿的用户。①

目前维亚康姆已经确立了下一阶段的全球发展计划，明确了近年来40%的收入必须来自美国以外的国家和地区的目标。②

（1）多平台共同推进战略。

雷石东执掌维亚康姆集团以来，一直想让自己的公司与新闻集团、时代华纳等世界一流媒体集团竞争。1996年，雷石东及维亚康姆的高管层奔

① 相关数据来自互动百科。

② 吴飞：《维亚康姆集团的全球发展观》，《新闻实践》，2003年第4期，第33页。

赴全球各地寻求合作。最终，他们在以15亿美元的合作价格，为柯斯的欧洲电视网，包括该公司旗下的DF1数字电视服务网络提供节目。

目前，维亚康姆在欧洲已经拥有了一个庞大的发行站网络，一次输出自己的产品。20世纪90年代以来，维亚康姆用于国际扩张的投资数额已经超过了7.5亿到10亿美元，大大高于同等规模的竞争者。百事达（Blockbuster）计划到2000年会单独花费6亿多美元把美国以外的音像店从1000家增至4000家[①]，以此有效地控制全球音像租赁零售市场，然后拓展到其他零售领域。

由于和环球影业合资成立联合国际影业，维亚康姆已经成为了欧洲最大的电影院网络持有者之一，雷石东还计划将这一优势继续向世界的其他地区扩张。此外，维亚康姆还在创建一系列派拉蒙公司的新频道以拓展传播网络，以便于派拉蒙的各类型的影视和传媒作品得以占领更全方位的市场。维亚康姆的战略就是要整合合资公司、本土合伙人及其他传媒巨头，建立多方位的平台。

维亚康姆拥有两件重要的武器：分别是优质的电影节目和全面的音乐电视（MTV）。派拉蒙的电影节目在全球一直很有影响，该公司旗下的电影作品自从20世纪90年代以来便风靡全球，直到如今依旧是全球最知名的电影院线公司之一。音乐电视（MTV）则是全球优秀的音乐电视频道，已覆盖了全世界的95000万用户及几十个国家。1996年维亚康姆宣布进一步着重拓展全球运作的计划。音乐电视还以“极限”运动作为特色，以与新闻集团及迪斯尼的娱乐体育网（ESPN）相竞争。[②]

（2）传播的本土化（以中国市场为例）

维亚康姆经营策略是“全球化经营，本土化落实”，目前在中国累计已经有上亿美元的投入，也带来了丰厚的硕果。

1995年成立北京办事处，其旗下的MTV全球网即开始以与中国开展

---

① 《媒介经济学》，浙江大学人文学院本科多媒体课程 http://www.cmic.zju.edu.cn/old/cmkj/web-mjjjx/1/1.htm。

② 《传媒行业分析报告》，中经通行业分析报告 http://reportold.cei.gov.cn/doc/zh34/2004052015281.pdf。

节目交换的形式进入中国，同年获得了在中国500万户三星级以上酒店和涉外小区的落地权。“MTV 中文频道”是该公司专为华语受众制造的音乐电视频道，它在中国内地通过各个有线电视台深入到数千万户家庭，是中国内地最大的外国音乐节目提供者，同时它还利用 MTV 全球网络将中国本土音乐推广到全世界。不仅如此，MTV 在中国每年的业务增长率可以达到30%~40%，年收入可以保持在4000万到5000万[①]之间，给公司带来了巨量的现金流。

目前，维亚康姆在中国的收益主要来自三个方面：首先是广告收入，占利润构成中的80%到90%；其次是收视费，约占利润构成的10%；最后是特许经营费，即利用既有的品牌派生其他的产品或进行合作，约占利润的5%。

3. 整合资源战略铸就经营神话

维亚康姆公司的发展过程适应了业界合并的趋势。对娱乐业发展趋势的准确判断和果断收购是维亚康姆公司发展的要诀。

维亚康姆公司把自己定义为一个内容提供商。而内容提供商要拥有长远而稳固的发展前景，必须要有向上下游资源的整合，而其中对传播通道的占有显得尤其重要。正如雷石东所说，“大一点并不意味着好一点，但是大一点总比小一点好。面对市场的时候，大一点总可以使更多的人知道你，尤其是在市场竞争这么激烈的情况下”。维亚康姆公司版图不断扩大的历程，实际上就是一部企业的兼并收购史。

同时，维亚康姆集团执行了一种闯劲十足的方针，利用公司内部合作推广的方式来提高销量。1995年，该公司第一次尝试了通过音乐电视为电影《独领风骚》的宣传造势活动，此后，同样的战略被广泛应用于以电影为基础业务的派拉蒙电视节目。

对此，维亚康姆集团总结了三条经验：一是注重开发各个市场的潜能并进行完全融合；二是保持内容的独特化并进行市场细分，使推广的品牌和对象的文化品味、感受相吻合；三是紧跟潮流，积极利用新技术为用户

① 来自中文百科在线。

提供内容服务。

4. 新媒体发展的“先行者”

维亚康姆在新媒体、新技术使用方面，走在了世界传媒娱乐业的前列。维亚康姆旗下的 MTV 开通了“MTV 直播”，这一宽带服务使 MTV 通过个人电脑这一途径，来到更多的受众中。维亚康姆为新媒介平台量身定做了内容服务，它认为 PC 宽带的内容服务对象是我们的下一代，这使得年轻人对互动娱乐充满了兴趣。宽带服务运用最先进的互动技术，使观众在一天中任何时间都可看到演唱会、演奏会现场。观众只要点击鼠标，便可了解到音乐新闻、艺术家近况，或是欣赏最新流行音乐。甚至通过“MTV 直播”，观众可以自己制作音乐录音或录像，将合成的音乐传送给“MTV 直播”里的主持人，在这样的一个过程中，观众是节目组成的一部分。①PC 宽带服务将给维亚康姆带来新的经济增长点，这其中包括加入宽带服务申请费、CD 和音乐会门票销售等收入，同时 PC 宽带服务也扩大了维亚康姆与广告合作伙伴的合作机会。

三、发展中存在的短板和机遇

维亚康姆在近年来开始重视在中国的发展，其董事长雷石东计划在未来几年内与中央广播电台和某些电视台开展广泛合作，将更多的美国电视节目卖到中国。中国快速增长的市场将给全球的传媒公司都带来巨大的利益，而国内本身薄弱的技术和制作方法也给跨国媒体集团带来了诸多机遇和挑战。而此前该公司旗下的 MTV 进入中国后取得的巨大成功，也给维亚康姆带来了巨额利润。

尽管如此，维亚康姆公司在渠道拓展上仍然无法与新闻集团或者时代华纳相媲美，由于该公司一直在基础和渠道建设方面存在的短板，导致维亚康姆的全球化进程一直落后于其他媒体公司，但在本地媒体数字化的发展上，维亚康姆却一直保持着较为顺畅的发展。雷石东表示，未来的一定时间内公司将会将重心放在拓展中国等新兴国家的业务上，并将进一步

① 沈也夫:《维亚康姆的几点策略》,《新闻传播》，2005年第12期，第29页。

助推该地区媒体的现代化和数字化。

第五节　维旺迪集团

一、传统公司的转型之道

法国维旺迪集团是法国一家巨型媒体跨国集团，业务范围包括音乐、电视、电影、出版、电信、互联网和电子游戏等行业，至今已有150多年的历史。

维旺迪公司原名法国通用水务公司，1983年其帮助建立了法国第一家收费电视台Canal+，从此开始进入媒体和娱乐领域。1998年，法国通用水务公司改名为“维旺迪”（Vivendi），并开始在意大利、西班牙、波兰、斯堪的纳维亚、比利时和荷兰播放数码频道。2000年维旺迪分拆公司后，正式成为专业的媒体集团，而且并购了Canal+电视网、环球影业和西格拉姆（Seagram），成立维旺迪环球娱乐（Vivendi Universal Entertainment）。2007年维旺迪旗下的暴雪游戏公司与美国动视公司合并命名为动视暴雪，成为了全球最大的游戏出版商之一。

1. 六大主营业务

2011年维旺迪集团总营收为288.13亿美元，其中SFR贡献了42.3%的营收，法国地区的收入则贡献了超过58%，净收入为29.52亿美元，同比2010年增长了2.6亿美元。目前该公司拥有员工5.8万多名，主要集中在法国、中南美洲和非洲地区，主要集中在GTV、摩洛哥电信集团和SFR公司。维旺迪集团目前主要经营6个行业：电视业、音乐、出版业、电信业、互联网和环保业（表7-5）。①

① 胡正荣:《外国媒介集团研究》，北京广播学院出版社，2003年版，第199页。

表7–5　维旺迪下属公司分类

旗下领域	公司名称
电视	Canal+ 电视网
电信	摩洛哥电信、SFR 公司等
电影	环球影业
娱乐	动视暴雪公司等
环境	维旺迪环保公司等

（1）影视

维旺迪环球公司的影视部分由两大集团组成：环球电影制片公司和法国 Canal+ 有线电视网。拥有欧洲最大的电影公司和美国第二大电影公司，世界第二大影视片库；控制着80% 的法国电影制作；2012年8月就提前实现全球、北美票房双双突破10亿美元的纪录[①]；Canal+ 有线电视网是欧洲最大的付费电视和数字电视运营商，拥有欧洲11个国家的1550万用户[②]。

（2）音乐

维旺迪环球音乐公司拥有85万版权产品，业务覆盖全球63个国家，占据着全球音乐市场的22.5%；是世界最大的爵士乐和古典音乐唱片发行商，大约占据全球古典音乐市场的40%。[③]维旺迪环球音乐公司的分公司有 Decca, Geffen, A&M, Motown, Polygram, Universal 等。公司还致力于数字音乐的开发，如 Universal Music, Vivendi Universal Net, MP3.com 等都提供数字音乐服务。

（3）出版

维旺迪环球出版公司的前身是法国哈瓦斯出版集团，2001年并购了美国霍顿·米夫林出版社（Houghton Mifflin）。目前是世界第三大图书出版商，第二大教育图书出版商。出版公司的业务包括文学、参考书、教育以

---

① 环球公司2012年8月季报。

② 胡正荣：《外国媒介集团研究》，北京广播学院出版社，2003年版，第203页。

③ 胡正荣：《外国媒介集团研究》，北京广播学院出版社，2003年版，第200页。

及教育软件、游戏等。公司在法国、美国、西班牙、巴西和阿根廷等国家都拥有著名的出版社；是全球最大的教育软件生产商、最大的在线游戏提供商和第二大电脑游戏开发商。

（4）互联网

维旺迪互联网集团是欧洲和美国的第二大互联网内容提供商（ICP），在欧洲8国提供互联网接入门户网站服务，包括 Vizzavi, MP3.com, Allocine, Flipside, Education.com, i(france), RollingStone.com 等。

（5）通讯

维旺迪环球通讯公司拥有法国两家主要的移动通讯运营商：Cegetel 和 SFR，在欧洲、地中海沿岸和非洲提供固话和移动通讯业务。

（6）环保

维旺迪环保公司是世界最大的环境服务公司，在100多个国家拥有业务。目前维旺迪环球持有环保公司63%的股份。公司的业务分为4部分：水处理、垃圾处理、能源和交通。有5个分公司：维旺迪水处理公司，Onyx 垃圾处理公司，Connex 客运公司，Dalkia 能源公司，Fomento de Construcccionsy Contratas(FCC) 公司。

2. 从传统到现代的关键转型

从维旺迪公司的创立之初到1998年，人们印象中的维旺迪公司都是精于水务处理的传统型公司，没有谁会把它与传媒业联系在一起。1998年，公司迎来了史上最重要也是最为关键的转型：开始大量收购欧洲各国的电视频道，进军传媒行业。这一转型的重要推动者就是1996年上任的公司前任公司主席让·马里·梅西尔（Jean-Marie Messier）。

梅西尔和公司董事会成员们认为在风起云涌的信息时代，被称为“朝阳产业”的传媒业比公司原有的水处理和建筑等“夕阳产业”更加富于前景，于是梅西尔进行了大刀阔斧的业务重组。[①] 他首先进行私有化改革，把公司变成控股集团；卖掉赔钱的废水处理部分，集中精力发展电信业；先后买进法国传统的出版社、音乐公司、通信公司和法国著名的有线电视

---

① 胡正荣：《外国媒介集团研究》，北京广播学院出版社，2003年版，第199页。

公司 Canal。

梅西尔的宏伟计划是让公司脱胎换骨为数字时代的全球顶级娱乐、教育和个人消费服务的生产商和提供商，把维旺迪打造成媒体与娱乐的代名词，从法国走向全球，成为与美国在线 - 时代华纳、迪斯尼比肩而立的世界媒体巨人。梅西尔在接受法国经济大报《回声报》采访时，这样表述他的战略构想："我认为21世纪是电信的世界。我的想法很简单：集团拥有的出版、电视和音乐这些文化产品，需要通过电信和互联网向世界传播。"

经过此次转型，维旺迪公司成功进入了传媒娱乐业，并在此后的几年间顺利将产业布局延伸到电视、电影、娱乐城、电子游戏等行业，构建了一个庞大的娱乐帝国。

3. 扩张过快带来的问题

维旺迪公司连续收购的结果是公司规模迅速扩大，同时公司的负债额也迅速扩大。2012年以来，该公司增长持续放缓，股价大跌，管理层面临着巨大考验，甚至只能靠出售旗下的动视暴雪公司缓解金融市场的顾虑。

盲目追求股市效应是维旺迪环球的一个失误之处。为了追求股市效应，公司分别在巴黎和纽约上市。在时任总裁梅耶看来，上市可以使其获得资金，有了资金就可以进一步扩张，只要通过资本扩张，增加自身的重量级，把所收购企业的业绩展示在股市上，就能赢得股市投资者的信任。然而，维旺迪公司在近10年来收购了太多"巨无霸"式的企业，不仅公司业务无法融合，而且对管理层的能力水平提出了巨大挑战。

在"新经济"泡沫被"消肿"后的今天，当投资者冷静观察上市公司行为时，就会对债务累累的维旺迪环球提出质疑，从而使其股价一落千丈。①

二、多元化战略带来丰厚回报

1. 资本并购开启多元化发展之门

维旺迪集团从一个传统行业的中型公司，转型成为传媒行业巨头，主

① 胡正荣:《外国媒介集团研究》，北京广播学院出版社，2003年版，第201页。

要遵循了资本并购和多元化的发展战略。

众所周知，资本并购能有效扩大公司的规模和产能，同时迅速拓展公司的业务范围和产业领域。维旺迪集团在公司发展过程中采取了快速有效的资本并购策略，将一般公司需要几年甚至十几年的发展轨迹缩短到几年甚至几个月完成，通过资本运作迅速扩大公司的资产，并利用收购来的公司的现金流反哺母公司。尽管该方式在后来受到广泛批评，认为维旺迪公司过快的发展忽视了公司的基础性建设和本职业务的拓展，然而，相当一部分的学者仍对该公司早期的一系列对传媒、广播公司的收购大加赞赏，认为其成功地从传统公司迈向了紧跟时代的现代公司。

维旺迪公司另一个发展战略就是多元化。公司目前经营着六大领域、数百家公司，其中影视领域的 Canal+ 公司是全欧洲最大的付费电视和数字电视运营商，而环球电影制片公司则是全欧洲最大的电影公司，世界第二大影视片库。维旺迪在环保领域则拥有全球最大的水处理公司，为100多个国家的1.1亿个人服务。而在娱乐领域，该公司拥有世界上最大的电子游戏公司之一的动视暴雪，凭借着《魔兽世界》、《星际争霸2》和《暗黑破坏神3》等系列游戏，横扫全球游戏市场，年收入可达数十亿美元，并在年轻人中积累了众多忠实粉丝。尽管近年来有传闻指出维旺迪公司可能拆分环境业务和娱乐影视业务，然而维旺迪在多元化经营方面已经持续了近20年，拥有着丰富的经验。一方面，该公司在并购其他方面业务公司之后仍能够保持传统环境业务的健康发展，从1998年至今，维旺迪旗下的环境保护公司成功将业务拓展到了非洲、亚洲等区域，规模也逐年增长。另一方面，维旺迪在收购影视公司和互联网公司等新业务后，通常并不直接介入公司的管理，而通过宏观掌控和调整的方式对公司的运营进行介入和规范，同时又保证公司一定的独立性，也是多元化经营的经典案例之一。

2. 强大的蛛网式传播渠道

维旺迪公司在传媒领域的业务主要通过 Canal+ 实现。

Canal+ 目前拥有付费电影频道、老节目频道、体育频道、高清频道、少儿频道和3D 频道。这些频道在卫星接收上进行捆绑销售，在法国积累了大量忠实观众。进入2000年以来，Canal+ 还参与了大量电影拍摄和投资，成功将影响力从电视媒体向电影娱乐产业拓展。此外 Canal+ 不断拓展海外业务，如 Canal+ 西班牙、Canal+ 波兰等电视台，并同样通过卫星进行传播。该公司十分重视传播渠道的建设，拥有着覆盖全球大部分的卫星电视网，保证全球各大洲的观众都能收看到该电视台的节目。

3. 稳扎稳打的经营方式

维旺迪公司的经营能力并不是十分完美，通过资本市场进行扩张固然能够有效地解决公司业务上的短板，但同时也给公司长期的发展带来了潜在的风险。然而，究其根本来讲，维旺迪在电视网络和娱乐产业的经营是相当成功的。Canal+ 在被维旺迪收购之后，稳扎稳打，成功突破了原先由法国国有企业垄断的电视市场，并取得了良好的业绩。而随着新世纪的到来，该电视公司又在国际化和卫星网络建设方面取得了惊人的突破，战线进一步拉伸到了欧洲以外的地区。

4. 新媒体领域的“短板”

维旺迪在欧洲的电视、通信等传统媒体行业占有较大市场份额，然而由于公司管理层过于注重收购、并购等资本手段，而忽视了对传媒行业的深入理解。目前该公司在新媒体发展上存在着较大不足和明显的短板，只有动视暴雪公司能与“新媒体”沾边，但由于游戏这一娱乐产业的相对封闭性，与维旺迪的影视、电视等产业不能进行较好的融合，给维旺迪的发展带来了不利影响。

此外，由于公司管理层受到资本市场的压力，决定将于2012年内将动视暴雪出售，这一消息虽然对维旺迪的股价起到了提振作用，然而在可预见的未来一段时间内，维旺迪的新媒体发展仍然将受到制约。

三、欧债危机使公司陷入泥潭

该公司在20世纪末、21世纪初曾经经历了一段快速增长期，通过并购 Canal+ 和欧洲各国电视台等方式，迅速扩大了自身的影响力和业务范围，然而由于2000年互联网泡沫破裂和2007年全球经济危机的影响，维旺迪公司的发展都遇到了巨大的阻碍。尤其是在2003年，该公司一年的亏损就达到了数十亿美元，以致2004年被迫出售80%的环球影业公司的股票。而由于美国次贷危机和欧元区债务危机的影响，该公司在近年来的业绩表现一直不甚理想，欧洲经济的疲软和欧元的贬值，以及全球市场的萎缩都给维旺迪公司的业务拓展带来了阻碍。2012年该公司又将计划出售动视暴雪公司，“以缓解公司面临的股价压力”。然而，由于维旺迪并未从根本上改变公司的运转模式和运转体系，且在各项业务融合统一的道路上一直没有取得长足的进展，导致该公司的创新能力进一步遭到遏制。尽管近年来维旺迪公司的业绩并未产生急剧下滑，然而业务拓展的限制和创新能力的不足正在一步步蚕食该公司的经营发展空间。

然而，维旺迪公司也面临着良好的机遇。据消息人士透露，2012年初开始维旺迪便启动了公司业务拆分进程，计划通过完全隔离的方式将维旺迪拆分成两个公司：其中一个实体以环球音乐集团的媒体资产为主进行改组，加入动视暴雪公司的视频游戏业务；另一个实体将会是维旺迪集团现有的通讯和内容发行业务。根据目前维旺迪公司的战略，将娱乐业务拆分出去的一大考虑是要保持维旺迪在资本市场的股价平稳，同时给予通讯和内容业务更好的融合和发展空间。而股票市场也通过积极的反应回应了该项传闻。

尽管维旺迪公司面临着业务前景潜在的萎缩和多元化发展不利等威胁，但目前管理层正在积极应变，可能在较短的时间内将稳定局势，为维旺迪公司的再一次蜕变做好铺垫。

国际一流媒体集团的建设，不仅需要建立全面的业务渠道网络，更重要的是要利用自身特色，打造独特的传媒内容，提升公司综合实力。以上几个国际一流媒体集团的例子表明，至少有三点是传媒集团壮大的必由之路：

第一，利用现代的金融工具进行收购、重组，迅速扩张。不管是新闻集团还是时代华纳，都经历了一段纷繁复杂的收购、重组、并购时期，给公司带来了全新的传播渠道外，也弥补了公司内容制作上的不足。由于渠道建设、内容补充等工作需要花费大量精力，简单的收购、重组带给公司的不仅仅是丰富的物质资产，更重要的是节约了大量时间成本。

传媒行业与其他行业有不同之处，又有类似点：由于传媒的传播速度快，分布广，其产品有很大的覆盖面，因此受众对部分传媒产品并不具有偏好性；但同时，由于各地文化存在明显差异，传媒产品的内容具有明显的地域性。因此相较于公司出资在当地建设新的公司而言，通过收购、融合和兼并的手段吸收本土公司在渠道建设和内容制作上都达到事半功倍的效果。此外，兼并后原公司的硬件设施和员工等大量无形资产也为之后的业务开展带来了极大便利。

第二，“用户为王”是渠道分布和内容制作的核心战略。虽然几大媒体公司在经营理念上有所不同，例如维亚康姆的“渠道为王”和迪斯尼注重内容的战略，然而在根本上，丰富的渠道和出众的内容都是为用户服务，世界一流的媒体公司永远将用户体验放在公司经营的首要位置。

在目前互联网快速发展的 Web2.0 时期，新闻传媒的重要性已经大大不如以前，每个人甚至自己都能成为单一的传播渠道和内容提供商。然而，有价值的新闻、内容并没有失去市场，其重要性反而在纷繁的信息流中得到了突出体现。例如，在线上传媒娱乐提供商的大举入侵下，新闻集团、维旺迪等公司的业绩仍然得到了提升，就表明其提供的丰富线上线下传媒产品依旧受到大众的广泛欢迎。其背后就是维旺迪旗下的 Canal+ 和新闻集团下属的几个子公司牢牢把握“用户为王”的理念，在扩充渠道的同时，勇敢尝试拓展线上业务，并坚持保证公司传媒产品的质量，通过自身公司的渠道“传递价值”，赢得了用户的好评。

第三，坚持全球化战略，赢得未来的主动权。传媒行业的全球化开始已有一段时间，但距离完成仍很远。在全球化中，新闻集团、时代华纳和迪斯尼等公司都取得了非凡的成绩。

对世界一流的传媒公司来说，全球化是集团发展的重要历史机遇，同时也是一项基本战略。相较于传统行业，传媒行业由于渠道的更新换代和传播的迅速便捷，全球化必然将更加深入和全面，因此，在历史潮流中提前做好准备，以充足的资源应对全球化的挑战和机遇，是赢得当下和未来的主动权的必要方法。

“失败的经验总是相似的，而成功的经验各有各的不同。”每一个一流传媒集团的产生，都没有十全十美的客观条件，其背后都有一代甚至几代媒体人的共同努力，在有限的基础设备、传播渠道和内容材料的背景下，如何“带着脚镣跳舞”，制作出一流的作品并得到市场的广泛认可，这或许就是一流传媒集团成功的原因。

第八章　国际一流媒体比较研究

第一节　公营与私营的国际一流媒体对比

西方社会的传媒机构按照所有权不同，主要归属为两大类别：公营媒体和私营媒体。就其内涵特征来看，公营媒体和私营媒体是适应不同经济环境，有着不同组织形态和价值诉求的两种不同性质的传媒机构，其衍生出的传媒活动能力也有着相对的差异性和独特性。

一、公营媒体和私营媒体的对比分析

1. 所有制形式不同

（1）公营媒体：公共所有、服务公众

公营媒体的创立主要来源于英国“BBC之父”约翰·里思的思想，他认为“英国广播事业必须能够‘独立的’向社会大众传播教育、新闻、娱乐等信息并避免来自政治的干扰和商业压力”[①]，正是这一思想最终产生了有别于商业体制的公共传播体制，以及这一体制之下的公营媒体。

公营媒体在所有制上“既不属于私人，也不属于政府，而属于全体公民，公营台的管理机构或由政府首脑提名、议会批准，或由原先的管理机构提名经议会批准。但公营台的管理机构一经成立，就独立运转，不受政府的领导或控制，从电视台的办台方针到财政预决算、节目制作、播出，都由管理机构最终决定”。[②]目前，公营媒体主要流行于美国以外的西方社会，以英国的BBC、日本的NHK为典型代表。

① 李磊：《外国新闻史教程》，中国广播电视出版社，2001年版，第394页。

② 李良荣：《当代西方新闻媒体》，复旦大学出版社，2004年版，第150页。

（2）私营媒体：个人所有、追求利润

私营媒体最早出现在美国本土，这与其高度发达的市场经济之间有着密不可分的关系。在美国，几乎所有的主流电视传媒机构都是私营媒体，例如：美国著名的三大电视网 NBC、CBS 和 ABC 以及有线电视网 CNN，同时也是世界范围内有广泛影响的私营媒体的典型代表。而在20世纪80年代波及全球的私有化浪潮中，私营媒体开始广泛出现在美国以外的西方世界，并进而和当地已有的公营媒体并存，形成独特的公私兼顾的双轨体制。

私营媒体在所有制方面有别于公营媒体，属于个人所有。这使得它在经济上、进而在政治上获得相对超然的独立地位。"不管私营媒体在暗中和政府、财团有什么默契、交易，至少，它们在名义上不依附于政府、政党，也不依附于财团"。[①]

2. 收入来源不同

（1）公营媒体：以视听费为主要收入

公营媒体由于不播放商业广告，其收入源比较单一，主要依靠视听费。较为单一的收入结构给公营媒体的生存和竞争带来压力，面对越来越多的竞争对手，尤其是市场适应能力更好的私营媒体的挑战时，公营媒体往往显得力不从心。目前，大多数的公营媒体都采取公私兼顾的双轨体制，其收入来源在以视听费为主的基础上，囊括一部分商业收入。

例如，英国广播公司（BBC）80% 的收入来自于收视执照费，20% 来自于商业收入；日本放送（NHK）基本上完全依靠收视执照费；加拿大广播公司（CBC）主要来自于加拿大政府的拨款，其他收入包括广告、订阅费、合作、产品服务等。

（2）私营媒体：以商业广告为主要收入

私营媒体的企业定位以及完全商业化的运营模式，使其有着较好市场适应性，收入来源比较丰富，其中商业广告占据其收入构成的主要部分。以美国 CBS 为例，2011年，CBS 的总收入为37.84亿美元（约合人民币

---

① 李良荣：《当代西方新闻媒体》，复旦大学出版社，2004年版，第148页。

238.39亿元，按2011年12月31日汇率6.30计算），其中广告收入为25.08亿美元（约合人民币158亿元），占总收入的66.28%，其余为电视费和版权内容费等收入。

表8–1　2011年BBC、CBS收入情况（单位：亿人民币）

	BBC	CBS
总收入	493.85	238.39
广告等经营性收入	143.71	158
占比	29.1%	66.28%

注：英镑按2011年12月31日汇率9.71计算；美元按2011年12月31日汇率6.30计算。

目前，在媒介融合趋势的日益发展下，私营媒体的收入渠道也随着新技术条件下传播模式的变化而呈现出更为多元化的发展。来自新媒体渠道的收入，已成为越来越多传统媒体新的收入来源和利润增长点。例如：2011年，迪斯尼出品移动游戏《鳄鱼小顽皮爱洗澡》。

3. 组织架构不同

（1）公营媒体：事业部制

一个媒体究竟采取哪种形式的组织架构，在根本上由其所有制形式决定，同时还承担着实现其宗旨和发展目标的功能和使命。由于公营媒体既不属于私人也不属于政府，而是以某种特定的形式实现公共所有。因此，其发展目标首先体现在满足公共利益上，对商业利益的获取建立在有效行使其公共使命的基础之上。除了新闻业务外，还重点发展与文化传播相关的公益事业，其组织结构就自然以事业部制为主。

例如，NHK的基本组织结构是由三大委员会和20个局（部门）组成，包括职能管理部门11个，节目运营部门6个，受众服务部门3个，还有13个子公司和17个社会性团体。各个媒介平台是在经营委员会的统一管理下，形成平行的电视、广播等业务事业部，在各事业部中实行纵向管理。其中，经营委员会是NHK的最高权力机构，决定着每年度的预算、事业计划、节目编排等有关的经营方针和业务运作；理事会是业务执行部门，由会长代表NHK根据经营委员会的方针，总领NHK的所有业务；监查委员会作为独立机构，负责对管理层人员的业务进行监查，并向经营委员会汇报。

再以BBC为例：其最高机构是监管委员会，由总裁办公室负责具体执行。监管委员都是社会上有名望的人士，包括苏格兰、威尔斯、北爱尔兰和英格兰的首长，由英国首相提名，英女皇委任，以公众利益的信托人的身份管理BBC。监管委员会下辖执行委员会，负责BBC的日常营运工作，委员会主席为行政总裁，并兼任总编辑。

总裁办公室负责公文流转以及其他行政事务。设有总裁一名，对节目运营、发展规划、国际合作等全面负责；副总裁一名，协助总裁处理日常事务，并负责新闻报道，包括本地新闻、海外新闻和体育新闻。监管委员会负责管理新闻部、视频部、音频音乐部和未来媒体部四大内容部门，运营部、北美部、财务和业务部等七大部门等（图8-1）。

（2）私营媒体：董事会领导制 + 扁平化组织结构

私营媒体在组织管理上实行完全的商业化运营模式，一般来说，采取董事会领导制，董事会是其最高决策机构，也是监督机构，由它任命总裁，决定媒体的根本方针和具体执行策略，并进行日常的管理和监督。近年来，为提升管理效率并优化组织结构，私营媒体开创扁平化的组织管理模式，即打破冗余的、繁复的、多层级的行政管理体制，减少管理层级，使组织内部的结构变得更为精简，部门之间的沟通和协调更富于效率。

以CNN为例，其总部设总裁，整体机构分为国内、国际两个部分。国内部分下设电视部门、新媒体部门、面向美国市场的资料馆3个部门以及10个国内采编站点。国际部分管理两类国际频道，一类即CNN International国际新闻频道，面向拉丁美洲、欧洲、非洲、中东及亚太三个地区播出；另一类为附属台，只在土耳其、德国、智利、印度、日本这些特定国家播出，有相对独立的运营组织，规模较小。此外，CNN国际部分还在全球设立了四个节目制作中心，分别为国际总部（亚特兰大）、亚太制作中心（香港）、欧洲制作中心（伦敦）和中东制作中心（阿布扎

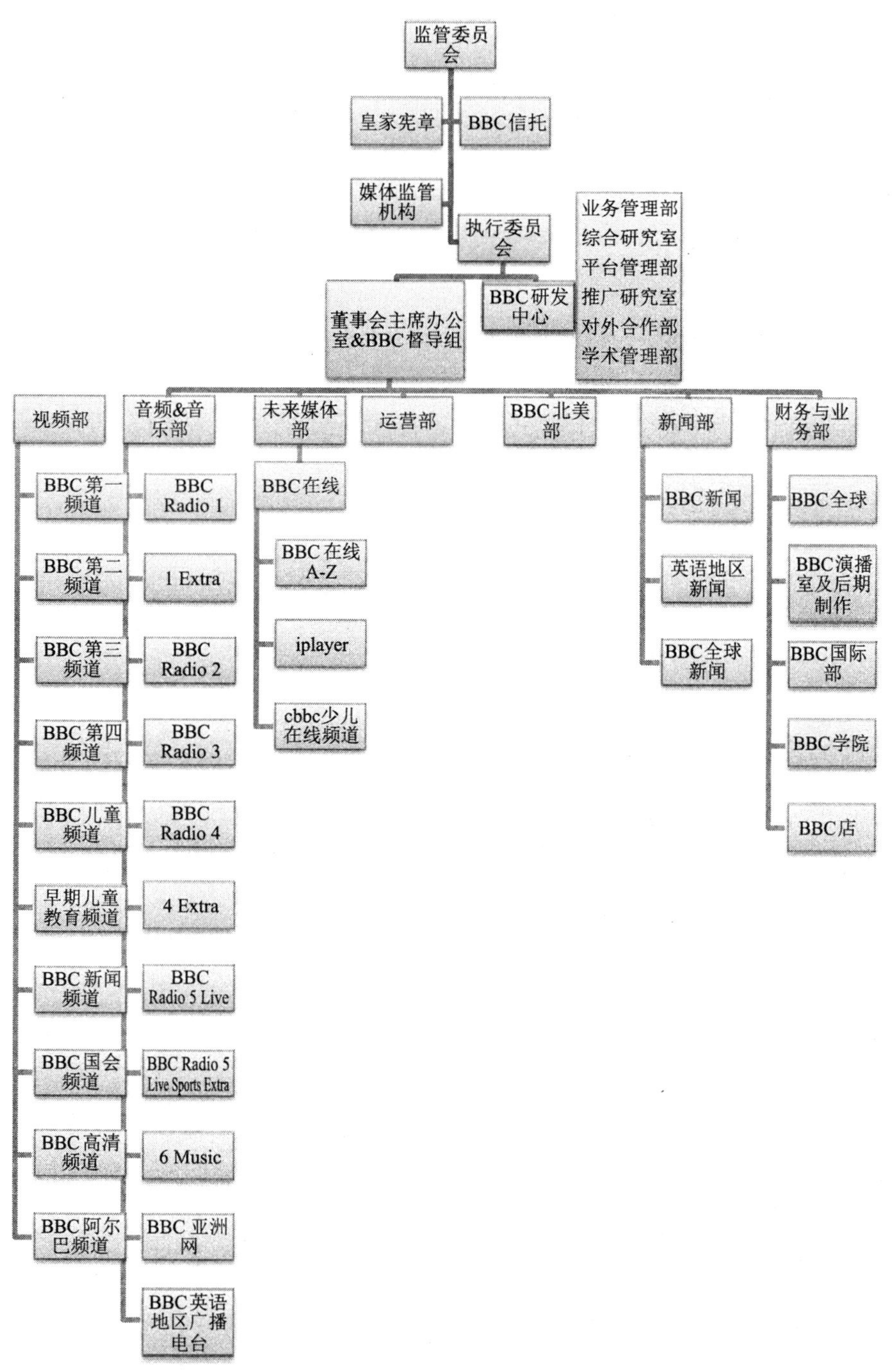

图 8–1　BBC 组织机构图

比），见图8-2。

CNN是以新闻业务为主的电视媒体，其机构设置完全服务于主营业务，实行资源共享的新闻报道系统，从而“实现了三大资源的整合：全球公用信号、全球记者站自采素材以及CNN各频道编排及串联单。根据用户级别及需求的不同，有限制地向其员工提供各类资源。[①]”。其分布在各记者站的记者，并不属于特定的某一个频道、某一个部门、某一个栏目，而是属于整个媒介组织，一组记者采集回来的新闻素材在整个机构内部实现共享。扁平化的组织结构减少了管理层级，使核心部门的地位得以提升，传统的部门界限和壁垒被打破，更有利于团队的整体竞争和共同发展。

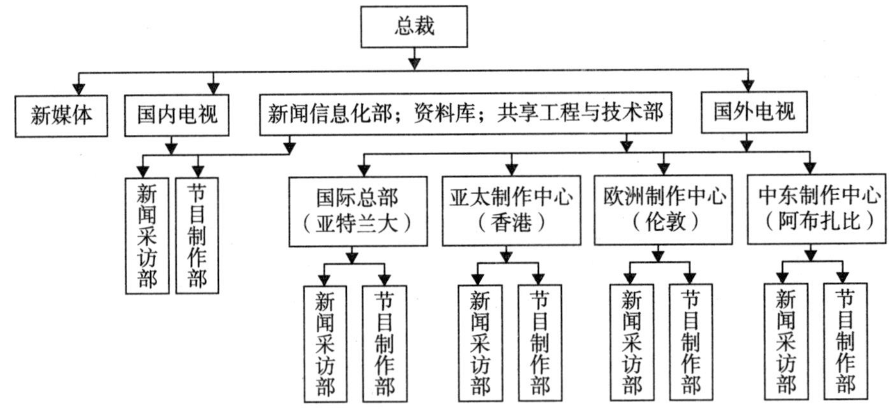

图8–2　CNN内部机构设置

二、公营媒体的国际传播发展举措

1. 语种扩张，实现多语种传播的全球覆盖

语言也是一种媒介，“二次编码”理论认为，国际传播则需要二次编码，涉及语言的转换和文化的对接，即将“可被一般受众接受的信息”再次转换成可被他国受众或国际受众接受的信息。近年来，BBC、NHK等公营媒体都纷纷增加多语种的传播渠道，加强在全球范围内的语言传播

① 张欣:《国际电视媒体海外中心记者站运行模式初探》,《中国电视》，2008年第11期。

能力。

2008年3月，BBC开通阿拉伯语频道，每天播出12小时，次年实现全天候24小时播出；2009年1月，又创立波斯语频道，为伊朗、阿富汗、塔吉克斯坦及全球的波斯语人群提供新闻资讯。在短短不到两年的时间里，BBC相继开通两个小语种频道，通过这一举措，BBC进一步提高了它在全球的覆盖范围。更为重要的是，近年来由于海湾地区包括泛阿拉伯地区战争频发、冲突不断，已经使这些区域成为了“新闻”事件的高发地带。通过增加对这些地区的报道，并以其母语进行报道，无疑可以增强媒体的传播效果，最终提升媒体在国际舞台上的竞争力和影响力。

2009年2月2日，NHK正式推出面向海外观众的24小时英语电视频道——NHK World TV，这是亚洲第三个全英语的电视频道。该频道每小时的节目包括半小时的新闻（周末为1 0分钟）和半小时关于社会、文化、经济或科学等的固定节目，其报道内容以日本为主，亚洲其他国家和地区次之，目前只提供国际新闻的最新资讯，而把主要精力放在日本文化的积极推介方面。NHK World TV采取单一的英语播出，改变了之前掺杂日语、英语的双语播出方式，其收视定位也由原先的主要面向海外日本人改为面向世界各国、尤其是亚洲的外国人。

由此可见，以适应不同的国际受众，用不同的语言展开国际间的新闻大战和文化外交，正在成为当下世界传媒业发展和竞争的重点。

2. 彰显公共品质，打造创新性和多样性的优质节目

公营媒体从发展宗旨、制度设计以及资金来源等多方面对其公共品格的彰显予以保障。从新闻的专业主义出发，以公共服务为最终落脚点，尽管这一理想化的传媒理念在实施的过程中有诸多困难，但相对于私营媒体，公营媒体在这一点上体现出了更多的自觉与自制。

如BBC认为，多样性对于创新非常重要。只有来自不同背景、区域，有不同经历和观点的人们在一起才能碰撞出有创意的火花，从而为受众提供更多新鲜、有特色的原创节目。为此，BBC于2008年起积极推进“多样性战略”。

这是一系列贯穿于人才培养、节目制作、观众覆盖、公共服务等各个

方面的综合性发展战略，其核心内容是促进人员队伍构成的多样性，包括多样性的利益群体、性别、年龄、种族、宗教信仰、社会背景、性取向、政治派别等。[①]BBC认为，多样性对于节目创新非常重要，只有来自不同背景、不同区域，有着不同经历和观点的人们在一起，才能碰撞出有创意的火花，从而为受众提供更多新鲜、有特色的原创节目。据悉，在“多样性战略”的推动下，英国已成为世界上最大的节目模式出口国，其原创节目的数量已远超美国，占世界所有原创节目数量的45%。[②]

3. 适应媒介融合趋势，发展数字传播模式和产业链

当前新技术推动下，媒介融合趋势势不可挡。新媒体正以其特有的传播方式和特点，成为传统媒体全球化传播的重要补充，跨越国与国之间的政策和技术壁垒，真正让“传播无国界”成为现实的图景。目前，国际一流媒体都大力发展新媒体，打造媒介融合产业链，拓展其在国际社会上的传播版图。公营媒体也不例外，反而在这方面发展得独具特色。

BBC的数字化服务包括广受欢迎的BBC在线（BBC Online）和BBC红钮（BBC Red Button）。BBC在线完善了BBC笔记本、电视、移动电话等终端在线产品的投资组合，其现场和点播的节目均可在BBC iPlayer上获得；BBC红钮提供互动节目以及面向数字电视观众的内容。年报显示，2010年平均每周有2000万人使用BBC在线，1250万人使用BBC红钮，而BBC iPlayer每周节目的点播量超亿，有16亿节目常年播放。随着BBC数字媒体的迅速发展，其所带来的收益也节节攀升，从2008年至2011年，BBC的数字媒体业务占总销售额的比例从2.7%增至8.1%。环球公司2012年的战略目标是将数字媒介市场的收入提高到10%。[③]

NHK把通过互联网传播广播电视节目的服务称为“延伸的数字化广播电视服务”。新世纪以来，日本的互联网、通信网迈入飞速发展时期，日本成为全球第一个开通3G商用服务的国家，融合技术为NHK台网内

① 来源：BBC官方网站。

② 来源：安徽电视网 http://www.ahtv.cn/special/09study/2009-10/27/cms139568article.shtml。

③ 来源：安徽电视网 http://www.ahtv.cn/special/09study/2009-10/27/cms139568article.shtml。

容的整合和利用创造了条件，同时也为电视内容的多元传播构建了丰富的渠道。目前，“NHK 在线”拥有300多个网站，发布包括NHK的新闻节目、特别节目和其他电视节目以及地方广播电视台节目在内的大量信息，平均每天被点击的网页数量为870万。同时，NHK还用社交网络来传播信息，不仅通过100多个Twitter账户，还通过官方的日语和英语Facebook、NHK网页以及Google、Mixi（日本的社交网站）的官网传播信息。社交媒体的开发和使用在年轻人中获得了积极响应，同时也进一步细化和延伸了NHK的传播触角。

三、私营媒体的国际传播举措

1. 强化内容生产，提升信息输出和舆论影响能力

“内容为王”还是“渠道为王”曾是传媒界争论不休的话题。在信息传播的链条中，渠道更多地表现为工具理性问题，内容则更多地表现为价值理性问题。那些同时在内容和渠道方面都拥有强大优势的媒体，无疑将成为市场上的强势媒体。但内容的优势在任何情况下强调都不为过，而渠道的优势却随着当今技术发展、媒介资源的日趋丰富日益衰减。新闻集团董事长默多克就说过：“没有创新的内容，这些电子设备不过是昂贵的玩具。”

近年来，CNN推出一系列打造内容新举措，暗含了其历来的传媒理念：更加注重内容生产和采集能力；提升独立、无党派的新闻品牌。2008年4月，CNN从时代华纳有线电视公司拆分出来，将更多的精力集中于内容生产而非发行业务。2008年8月，CNN宣布向费城、西雅图、哥伦比亚、丹佛、休斯顿、拉斯维加斯、奥兰多、凤凰城、纳罗利和明尼阿波利斯10个城市，分别派驻一名“多平台全能型记者”，同时向CNN的有线电视频道、网络及附属的广播提供地方新闻。这种“一人制”分社不仅颠覆了传统的分社系统，还加大了对地方的渗透。2008年11月，CNN成立通讯社（CNN Wire），扩展其使用已久的内部系统，为全国各地的报纸和广播提供文字、视频等形式的国内新闻和国际新闻。通过这些举措，CNN强化了它一直以来的品牌形象：一个具有更强大采集能力、更广泛国际覆

盖，以提供纯新闻为主的电视新闻机构。

2. 泛娱乐化，最大限度扩展传媒产品的商业利益

娱乐化是席卷全球的商业化所带来的消费主义的伴生物，其所诉诸受众的基于快感的感官体验，使其日益成为传媒操作的准则之一。娱乐内容往往是拥有最庞大受众群体的内容形式。对于逐利本性的私营媒体来说，泛娱乐化就成了其重要的传播手法和手段，同时也是获取最大限度商业利润的法宝。但娱乐化同时也是最为新闻专业主义以及公共理念所诟病的私营媒体最显著的问题之一。

新闻集团倡导："没有热情，一切都才只是半成品。……我们所做的每一件事情都是为了给观众提供优质节目，不仅使他们得到信息，还得到娱乐。"① 一句话，"以热情娱乐大众"一直以来都是默多克所领导的新闻集团所秉承的理念。以新闻集团旗下的FOX news为例，它继承了美国新闻史上曾泛滥一时的煽情主义报道路线，在内容上，追求一种小报式的以犯罪、名人、灾难、媒体四大议题为主的报道模式；在报道方式上，大肆渲染感情色彩以打动观众，甚至不惜借用爱国主义与国家利益的名义。最明显的例子是在"9·11事件"中，FOX news的屏幕右上角打出了一枚美国国旗，其主持人更公然将美国的军队称为"我们的军队"，并宣称"我们不仅是记者，我们更是美国人！"这种明显具有主观立场的报道在当时却奏了效，使其收视率扶摇直上，一举击败CNN高居榜首。

在FOX news看来，它所做的一切都围绕利润，都是为了收视率，那么达到这一目的的最佳方式就是为大众提供娱乐。娱乐是笼络大众最有效的手段。但福克斯的商业化运作是一把双刃剑，人们一方面称其为"不道德的电视网"，"不能和孩子一起看的电视网"；另一方面，大量的年轻受众、感觉被主流媒体抛弃的人、狂热的保守主义和爱国主义者却趋之若鹜。②

---

① 来源：2008年新闻集团年度报告。

② 刘笑盈、徐琴媛：《当代商业电视的领头羊：福克斯新闻网》，《对外传播》，2009年第8期，第60页。

法国电视一台（TF1）是法语视听节目受众中最为流行、收看最多的电视频道，是其他欧洲频道无法比拟的。不同于以新闻为主营业务的电视传媒机构，TF1以“娱乐立台”作为办台宗旨和发展路线，在它所有的电视节目中，游戏、娱乐节目占有相当大的比重，而且游戏节目大多以巨额奖金的高刺激、高悬念为诱饵，吸引众多法国人的目光。2008年，在法国评选出的100个最受欢迎的电视节目中，TF1占到96个。[①]娱乐化的传播理念为TF1赢得了广泛受众，同时也为它塑造了其他电视台无可企及的“第一娱乐媒体”的品牌优势。

3. 进军亚非拉美新兴市场，抢占舆论制高点和市场洼地

在当前的国际传媒市场中，在主流市场日益饱和、竞争趋于惨烈的情况下，以私营媒体为首的国际一流媒体纷纷把目标指向以亚非拉美为代表的新兴市场，不断通过各种方式渗透到新兴市场的竞争当中。

新闻集团：2011年，印度成为新闻集团发展前景看好的新兴市场，其旗下的印度星空台采取多种措施开拓该市场的电视订阅价值，目前从受众人数及广告收入方面，印度星空台已成为该国付费电视平台的“领军者”。

时代华纳：近几年为进一步加强其电视网业务的核心地位，也加大了对外投资力度，时代华纳在巩固欧美市场的同时积极向亚非拉等新兴市场渗透。通过收购HBO拉美集团（HBO LAG）、HBO亚洲集团（HBO Asia）、HBO南亚集团（HBO South Asia）和智利Chilevision电视台，全面提升了时代华纳在亚非拉地区的制播能力。2010年，时代华纳在海外的收入增加了8.3%，已经成为其新的利润增长点。

贝塔斯曼：作为目前世界上最国际化的传媒公司，贝塔斯曼仍在不断地审视自己的战略，稳固欧洲、北美成熟的核心市场，而具备“可以长期持续发展及高增长的业务”前景的新兴市场如俄罗斯、印度及中国市场，也早在贝塔斯曼的规划之内，准备通过加快重组、并购和转型来重新占领在新兴国家的市场优势。

---

① 孙卫华：《法国电视频道特色》，《中国记者》，2005年第2期，第61页。

第二节 美国与欧洲的国际一流媒体对比

目前，国际一流媒体基本上都集中在欧美，但美国和欧洲的媒体运营又有很大的区别。

一、美国与欧洲的国际一流媒体对比

1. 运营体制对比

（1）美国：商业电视体制占据主导地位

美国实行的是以商业媒体为主导、公共媒体为补充的媒体运营体制，美国的商业媒体已经发展成为一个成熟的体系，既有强大的市场运营能力，又有庞大的社会影响力，美国的公共媒体无论从规模实力、资金实力还是受众数量都无法与之相匹敌。其中，地面商业电视媒体以广告费为主，有线电视媒体以收视费为主、广告收入为辅，直播卫星电视以频道订购费为主要收入来源。商业媒体依靠市场获取利润，同时，必须接受外部机构监管、履行公共服务义务。联邦通讯委员会是全美统一的媒体监管机构，具有相对独立的行政管理权、准司法权和准立法权。

（2）欧洲：公营、商营的二元电视体制

在经历了公营媒体垄断、商营媒体崛起两个阶段后，欧洲媒体业的共识是：双元媒体体制下造就公营和私营电视频道共同繁荣是欧洲文化多样性的体现。为此欧洲出台多项法案，一方面保护公营电视资金来源的多渠道和公益性，另一方面也保护私营电视媒体的市场地位。欧盟15家主要公营电视频道的收视份额一直占据三分之一左右，欧盟通过公营基金帮助公营频道进行资金管理、稳定节目质量和制定长远规划等工作，公营频道的观众到达率得到提升，从20世纪90年代起，公营、商营媒体在欧洲的影响力基本实现平衡发展。

2. 机构模式对比

表8–1　欧美主要国际电视媒体对比

美国四大电视网		欧洲国际电视媒体	
媒体名称	所属播出机构	媒体名称	所属播出机构
NBC	7座直属台、208座附属台、214座联盟电视台	BBC	18个电视频道
ABC	8座直属台、220座附属台、	今日俄罗斯	5个国际频道
CBS	5座自营电视台、7座直属台、200多家联盟电视台	法国24小时	3个国际频道
FOX	29座直属电视台、200多座联盟电视台		

（1）美国的电视网模式

美国大型电视机构均采用电视网的播出模式。

全国广播公司（NBC）是美国第一家广播机构，在纽约、洛杉矶等7座城市设有直属电视台，并在全国有附属电视台208座[①]，联盟电视台214座，电台8座。通过无线广播、有线广播、卫星和互联网提供娱乐节目和新闻。

哥伦比亚广播公司（CBS）有5座自营电视台、7座电视台，分布在纽约、芝加哥、旧金山等大城市，还有200多家联盟电视台。

美国广播公司（ABC）经营8座电视台，分别在纽约、芝加哥、底特律、洛杉矶、休斯顿、费城、弗雷斯诺和旧金山，并有220座附属电视台。1995年，该公司被美国迪斯尼公司收购。

福克斯广播公司（FOX），1985年新闻集团成功收购福克斯影业，并且于90年代初成立了与美国电视三大巨头：哥伦比亚广播公司、全国广播公司、美国广播公司比肩而立的电视传媒王国——福克斯电视网。

（2）欧洲的频道制模式

欧洲的国际媒体普遍采用频道制形式进行播出。

① 陈国强:《简析NBC的奥运报道》,《中国电视》，2008年第8期，第52页。

英国广播公司（BBC）共拥有18个电视频道，其中国际频道数多达9个；包括电视和广播在内的播出语种数达33种，仅次于FOX News；播出的电视语种为英语、日语、阿拉伯语、波斯语4种。

今日俄罗斯（RT）目前共有四个专业新闻频道，分别以英语、俄语、阿拉伯语和西班牙语广播，并向全世界派驻100多位精通英语的新闻记者。主要频道包括今日俄罗斯国际频道、今日俄罗斯美洲台、今日俄罗斯阿拉伯语台、今日俄罗斯西班牙语台、今日俄罗斯纪录片频道。

“法国24小时”总部位于巴黎近郊的伊希市，电视台的“核心”是个1000平方米的新闻大厅，由法语、英语和阿拉伯语3个工作平台组成。①

3. 运营模式对比

表8-2 欧美主要国际电视媒体收入来源对比

美国媒体		欧洲媒体	
媒体名称	主要收入来源	媒体名称	主要收入来源
CNN	收视费和广告收入	BBC	英国政府资助
FOX	收视费和广告收入	今日俄罗斯	俄罗斯政府全额资助
NBC	广告收入	法国24小时	法国政府资助
CBS	广告收入		
ABC	广告收入		

（1）美国主流媒体完全市场化运营，主要靠广告收入和收视费

美国主要电视网基本上都完全按照企业运营模式，通过广告收入或收视费收入支撑起整个运营。

福克斯广播公司（FOX）是美国一个民营电视网，其所有者是福克斯娱乐集团，再上一层为默多克拥有的新闻集团，政治立场偏向保守。哥伦比亚广播电台的主要收入来自广播和基础有线网络、电视台、无线广播电台、户外媒体和企业组合节目以及在线产品的广告销售。

全国广播公司（NBC）是传媒联合大企业NBC环球的一部分，向下

---

① 曹怡平:《法国人自己的CN N：法国2 4小时频道》,《新电视》,2007年第1期，第88页。

属200多家美国电视台提供节目。从20世纪90年代到21世纪初的十几年中，NBC的年利润增长率多次超过两位数，在广告的经营上，NBC首先发掘并成功地运作周播节目的广告价值。目前，NBC主要收入来源还是广告，其余则来自零售、节目销售和网络等。

哥伦比亚广播公司（CBS）经费来自广告收入。2011年度公司收入的媒体来源主要是娱乐节目，其中，娱乐52%，有线电视网11%，出版6%，地方电视广播19%，户外13%。2011年度公司收入总数的约15%来自于境外地区，集中在欧洲和加拿大地区。

美国广播公司（ABC）在美国除了精彩的电视剧和自办节目能吸引观众眼球之外，大型赛事或者庆典的直播一直以来也都能取得非常高的收视率，在这些"大事件"当中，"超级碗"和奥斯卡颁奖典礼无疑是最有分量的两个。

（2）欧洲的国际传播基本上都依靠政府资助

从欧洲的国际媒体来看，其主要资金来源都是政府支持，即使BBC也不例外。

英国广播公司实行公立和商业相结合又相互补充的战略，对国内保持公立性质，可以向每户拥有电视的英国人收取约每年145.5英镑的所谓电视执照费。BBC全国性和地方性广播电视机构因为属于公共广播电视机构，不得承揽广告，均依靠向全国电视收看家庭收取电视执照费运营，该部分收入占据其总收入的四分之三。今日俄罗斯由俄罗斯杜马全额拨款的对外宣传电视平台，由俄罗斯政府全额资助成立，其目的在于提升俄罗斯电视媒体的国际传播能力，与英美等发达国家争夺话语权。电视台从创立到开播总计耗资近1亿美元。法国24小时（France 24）是在政府的大力扶持下，全天24小时连续播报新闻的法国国际新闻电视台，法国政府在筹备当年就投入3000万欧元的预算，2006年正式开播时又追加6500万欧元。[①]

① 曹怡平:《法国人自己的CNN：法国24小时频道》,《新电视》,2007年第1期，第88页。

二、美国媒体在国际一流媒体建设方面的发展特点

1. 媒体垄断化、集团化趋势日益明显

美国媒体市场经过多年的发展，已经形成了区域垄断、市场集中度高的局面，大量的媒体资源被控制在媒体集团手中。在美国有线电视市场中，规模较大的占总数10%的有线电视机构占有79%的美国电视用户，规模较小的占总数56%的有线电视机构总共占有4%的用户，其中，全国有3000多个有线电视机构是不足250个用户的小媒体。美国最大的六大电视网归属于五家最大的媒体集团——时代华纳、新闻集团、迪斯尼、维亚康姆、康卡斯特，其中NBC属于康卡斯特、ABC属于迪斯尼、CBS属于维亚康姆、FOX属于新闻集团、CNN和HBO都属于时代华纳。从美国媒体集团的发展历程中，主要表现为：兼并、联合、重组，走集团化道路，是媒体集团发展壮大的主要途径。

综观当今美国传媒集团的发展态势，不难发现几乎大的传媒集团都在实施吞并中小传媒公司的战略，以迅速扩张自己。导致媒介集团化迅速发展的原因是：媒介经济的丰厚利润像磁石一般吸引着财团的投资，而媒介集团本身对利润的追逐使兼并进一步加剧。美国五大媒体集团的发展历程中，兼并和收购是重要手段。根据相关统计资料，中国广播电视产业在2011年的经营规模达到3000亿元人民币，仅相当于美国的一个传媒集团的经营规模。

跨媒体、跨行业、跨区域、跨国界是媒体集团发展过程中的主要特征。美国媒体集团不仅在推行多元化的产业运作方面硕果累累，而且在推进产业的纵向一体化，形成上中下游紧密联系的产业价值链条上，其成功的运作模式也令人折服。信息资源的一次、两次乃至多次的开发利用在其产业运作中发挥得淋漓尽致。与此同时，它们都加紧了跨国经营的步伐，以实现其规模经营的目的。

2. 强大的经济实力是媒体提升竞争能力的关键

美国媒体的经营规模和获利能力十分惊人。以时代华纳为例，它旗下的130种期刊的营业收入达到45.14亿美元，其中仅《时代周刊》年收入

就达9.21亿美元，《人物周刊》年收入达到7亿美元。拥有全美发行量最大的发行达220万份的报纸《今日美国报》的甘尼特公司是全美最大的报业公司，仅在美国就有日报101种，它的杂志《美国周末》的发行量高达2370万份，另外这家集团还拥有22家电视台，在美国和英国拥有210多个网站，年收入近70亿美元。《华尔街日报》每年的赢利高达数亿美元，而NBC、ABC不仅规模巨大，营业收入高，赢利能力也很强。如NBC电视网下属有230家电视台和29家自营电视台，年营业收入也近70亿美元，他们身后还有通用电气和迪斯尼这样实力强大的财团支持。FOX所属的美国新闻集团更是在美国、英国、澳大利亚等国拥有数百家有巨大影响力的报纸、电视台和互联网业务。

强大的经济实力使得美国传媒在参与市场竞争方面有了雄厚的物质基础，帮助他们成为世界传媒业的领导者。他们可以快速引入世界上最先进的技术，可以购买和使用最先进的设备，可以引入最合理的新闻业务生产流程；可以向全世界派出常驻记者，可以在突发事件发生的第一时间向事发点派出得力记者；可以投入重金打造王牌新闻节目，可以投入巨资培养和挖来最有人气的王牌主持人等。

庞大的经营规模、多元化的媒体结构、强大的经济实力还使美国传媒在抗击市场风险时显得游刃有余。美国媒体在面对市场风险时，往往都会及时组织力量，研究新的传播技术，发掘新的市场需求，迅速决策，快速转型，从而化解被动局面。

3. 岗位“瘦身”，提高效率

规模效应和强者为王曾是传媒经营的铁律。然而自2002年以来，全球媒体集团却悄然兴起一股“瘦身”热。延续至今的这股“瘦身潮”不仅是为了应对金融危机，更重要的是，在新技术全面发展的时代，新闻传播的方式发生了变化，以采编和制播新闻来盈利的模式也在变化。新竞争与“瘦身”大势下，留下的都是具有更高竞争力、集多种采编能力于一身的精锐。

2009—2010年度，新闻集团遭遇了最严重的发展危机。曾经市值高达590亿美元的公司，仅一年时间股价就下跌了69%。因为营收下滑，默多克不得不违背承诺，开始精简人事：MySpace在美国裁减420名员工，裁员幅度约为员工总量的30%。450名海外员工中也有300人被裁。

时代华纳与AOL分拆后，时代华纳重组之路首先面临的就是持续精简业务和机构，厘清战略方向。2009年将业务剥离到只剩下电视网业务、影视娱乐业务和出版业务三大类。而且，对保留的业务部门进行了大规模裁员。2009年裁员1500人，该年员工人数比2007年雇员总人数减少11%。

CBS历来注重节目为受众服务的宗旨。为此，取消了那些在观众定位上失误的节目，即便是一些在当时看来收视率相当高的节目也被删去。取而代之的是与时代联系紧密的现代节目，目的是争取那些生活态度积极、住在城市、高消费的群体。在这次节目改革中，CBS取消了14个黄金时段的节目，引进8个全新的节目，并且重新安排了11个节目的播出。

2010年6月，CNN宣布结束与美联社长达20年的资讯战略合作，不再使用美联社资讯或服务。这项决定是CNN战略部署的一部分，以便能够更充分地利用CNN自身的全球新闻采访资源，节约成本。CNN与CBS News正进行深入商讨，把两间公司的新闻资源进行整合。双方可以互相交换新闻素材，共用在华盛顿及海外的办公室，以及分享昂贵的采访器材。这样做，既能大幅削减采访开支，又能维持新闻生产的高水平。

三、欧洲媒体在建设国际一流媒体方面的发展特点

1. 新媒体成为国际传播的重要平台

在新的数字环境下媒体的国际传播更加倾向于借助新媒体。如欧洲最大电视广播集团RTL集团向网络领域进攻，收购德国领先的社交网站wer-kennt-wen，该网站被誉为德国的“Myspace”，是德国最大社交网站之一，目前拥有550万用户。RTL集团此前已经拥有该网站49%的股份，此次收购剩余的51%股份，实现100%控股。

2011年，BBC网站全球综合排名为第44，在各大国际一流媒体中排名最高。其中，本地用户比例为38.6%，海外用户比例为61.4%，远超过CNN的32.4%，且海外用户范围基本覆盖了全球主要国家，海外影响力较强，国际化程度较高，在全球主流国家中广受关注。BBC网站拥有英语、

阿拉伯语、中文、法语、葡萄牙语、俄语等28个版本，遥遥领先于各大媒体。

在新媒体化进程中，今日俄罗斯也走在诸多国际电视台前列。早在2007年6月，今日俄罗斯就开始与影响力巨大的视频网站YouTube合作，目前，今日俄罗斯收视率亦高居该网站合作电视频道的第6位，仅次于CBS、BBC国际新闻频道、卡塔尔半岛电视台、法国France 24和伊朗的Press TV。截止目前，RT在YouTube上合作频道的观看次数已经超过6亿次。同时，RT还在Facebook、Twitter上建立官方主页，推广节目和频道，粉丝数也呈不断增长的态势。

法国24小时频道开播的同时，其也在网站www.france24.com上同时播出电视节目，法语和英语两个不同频道通过卫星和有线电视在欧洲、中东、非洲和美国东海岸地区播出。在开播之际首先使用因特网播出，可谓开创电视传播史的先河。体现了该电视台打破电视和网络界限的办台方针，又能保证电视信号最初无法覆盖的地区的居民能通过网络看到其开播的盛况。

2. 欧洲媒体加快兼并、融合发展

近年来，欧洲传媒市场风起云涌，不同国家、不同媒体之间的兼并融合中产生出传媒领域的庞大巨头。欧洲电视广播产业集中趋势愈加明显，在电视市场诞生了两大集团：

一是贝塔斯曼的RTL集团，RTL全称卢森堡广播电视公司(Radio-Tele-Luxembourg)，贝塔斯曼通过与蓝博特布鲁塞尔集团(GrouPe Bruxelles Lambert，简称GBL)的股份交易，得到RTL集团中90.4%的股份。目前，贝塔斯曼RTL已成为欧洲受众最广、赢利最多、规模最大的广播电视集团。它在欧洲十个国家拥有39个电视频道，32家广播电台。另外，RTL集团还是世界最大节目内容制造商之一（每年一万小时以上的节目）和美国以外最大的电视独立发行公司，在全球40个国家拥有大约30个节目制作公司。

二是德国最大的私人电视台Prosieben-Sat1收购了荷兰SBS电视集团100%的股份，合并后的集团总部仍设在德国慕尼黑，公司名称不变，其销售额将上升50%。合并后的Prosieben-Sat1将在欧洲13个国家开展业务，重点放在荷兰、德国和东欧。它在欧洲12个国家拥有24个免费电视台，在5个国家的24个收费电视台以及七个国家的22家广播网络和8家自动广播电台，电视节目覆盖率将达到7700万个家庭用户，成为欧盟国家第二大电视和广播公司。其业务也深入到在线和移动领域，并在荷兰出版一家杂志。在德国，该集团旗下的电视台包括：Prosieben-Sat1、Kabel 1和N24电视台。不过，和RTL集团相比，ProSieben在内容制作市场上略逊一筹。

3. 资源调配，提高竞争优势

战略管理的理论认为，媒体产业的资源调配需要最大化地满足四个目标：（1）盈利能力；（2）对受众、消费者提供的媒介产品和信息服务；（3）员工需要和报酬；（4）社会责任。欧洲的一流媒体纷纷围绕这些目标对资源配置进行了调整，以增强自身的市场竞争能力。

BBC通过资源调配来应对财务危机。由于商业电视的快速崛起，BBC也面临制作经费不足的问题。BBC插播广告、增加收入的提议在国会上多次被议员否决，英国公共电视的生存面临危机。近年来，BBC的驻外记者站建设步伐进展缓慢，驻外站点的铺设工作近于停滞。同时，它开始减少驻外人员，并对非重点地区的驻外记者进行调配。BBC旗下各广电网络将重整，在提升品质的同时，关闭表现不佳的业务部门；2011年底关闭radio 6 music，把流行音乐的制播集中在radio1及越来越有特色的radio 2上；因成本过高，关闭Asian Network；对进口节目与影片的支出减少20%；限制对体育节目版权的支出；出售公司旗下“BBC全球”的部分杂志业务。

维旺迪公司通过资源优化打造传媒王国。首先进行私有化改革，把公司变成控股集团；卖掉赔钱的废水处理部分，集中精力发展电信业；先后买进法国传统的出版社、音乐公司、通信公司和法国著名的有线电视公司CANAL。经过此次转型，维旺迪公司成功进入了传媒娱乐业，并在此后的几年间顺利将产业布局延伸到电视、电影、娱乐城、电子游戏等行业，构建了一个庞大的娱乐帝国。

第三节　媒体集团与单一电视网对比

在国际一流媒体中，媒体集团和电视网占有相当大的比重，我们特意将这种类型进行对比，以更好的体现出各自的发展特点。

一、媒体集团与单一电视网的发展异同

1. 运营体系对比

（1）媒体集团：董事会制下的公司化运营

媒体集团普遍采用现代化企业制度，以董事会为领导核心，下设众多媒体公司，其中以时代华纳最具有代表性。

管理机构：董事会制

董事会由11位成员组成，分别从事商业、金融、学术和公共服务等领域的职业。

董事会主席：负责监督委员会的相关事宜，与首席独立董事协商，主持年度股东大会。

首席独立董事：负责主持董事会的行政会议，加强董事会主席和其他董事之间的联系，建议董事会主席关于董事会召开的时间、议程和具体信息；合理建议主席董事会人员任留、与公司股东适度沟通等。

首席独立董事和董事会主席互相协作，共同管理。

董事会领导和委员会结构：董事会有三个常设委员会：审计和财务委员会；薪酬与人力发展委员会；提名和公司治理委员会。各委员会完全由独立董事组成。

媒体集团的业务机构设置

时代华纳根据各自的业务重点，由不同的媒体公司组成。

特纳广播网系统：是美国媒体人泰德·特纳创办的有线电视频道经营者，建立于1970年。1996年被时代华纳收购，成为其子公司。其创设的频道有CNN、卡通频道、Boomerang等。

华纳兄弟娱乐公司：是全球最大的电影和电视娱乐制作公司，包括华

纳兄弟影业、华纳兄弟制片厂、华纳兄弟电视制作、华纳兄弟动画制作、华纳家庭录影、华纳兄弟游戏、华纳电视网、DC漫画和CW电视网。

家庭票房（HBO）：是一个美国的付费有线电视联播网。美国之外，HBO的业务扩展到全球151个国家。HBO播出的内容主要为院线电影、原创电视系列剧，以及电视电影、纪录片，拳击比赛，以及偶尔播出的喜剧脱口秀和演唱会特别节目。

时代公司：是时代华纳旗下的一个最大世界品牌媒体公司。该公司每个月在印刷、网络和移动上网设备使用上吸引超过1.38亿的美国消费者。目前发行的杂志超过了64种。全美最畅销5本杂志中，时代华纳公司就占据了4本——《时代》、《人物》、《体育画报》和《财富》，这也是时代旗下最具影响力的品牌。

（时代华纳的机构设置如图8-3所示）

（2）单一电视网：董事会制与频道制相结合

在单一电视网中，充分借鉴欧美电视网运营模式的半岛电视台，2006年3月更名为半岛电视新闻网，将董事会制与频道制相结合，体现了单一电视网的运营特点。

管理机构：董事会、台长、编辑委员会

半岛电视台的决策机构是半岛电视台董事会，由7人组成，其职责为负责总体方针的制定和业务运作的监督，为半岛电视台制定长期的发展战略和计划。董事会任命一位台长，具体负责各项业务工作的开展。台长又领导一个编辑委员会，负责台内各项事务的决策，它的成员包括总编、副总编和资深新闻专业人士。编辑委员会具体负责各业务系统，如遇重大、敏感问题的报道需要由编辑委员会来讨论决定。

运营机构：频道制+研发中心

在节目方面，强化频道制。除了新闻频道外，还开设有体育频道、生活频道和儿童频道，另有英语频道、国际频道和乌尔都语频道，其中乌尔都语频道以乌尔都语纪录片为主，主要针对南亚地区，正在拟建之中；此外，音乐频道和一份国际报纸有可能在列入筹建之中。

在整体运营方面，强化研发职能。除了各个媒体平台之外，半岛电视

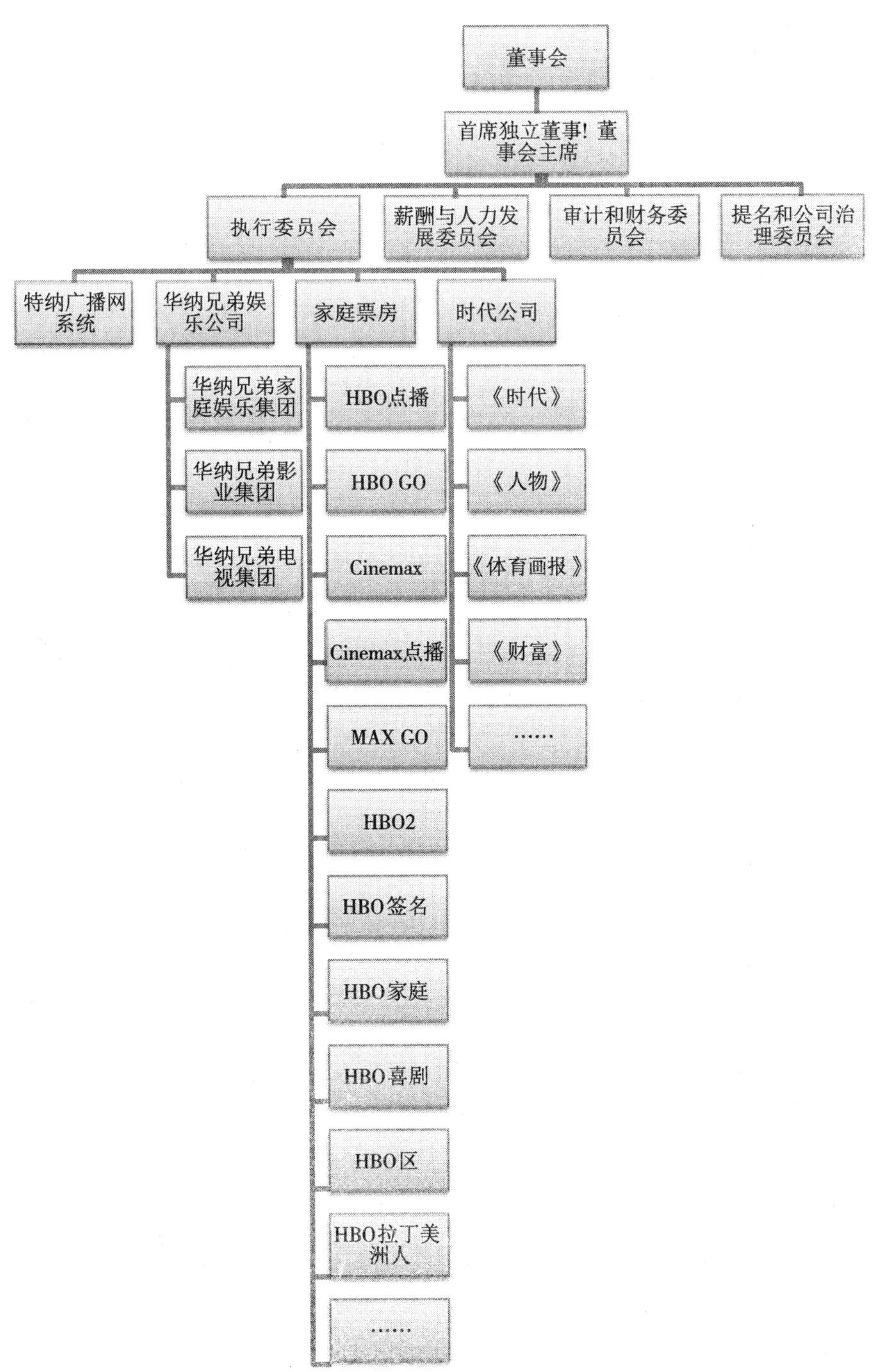

图8-3 时代华纳机构设置图

台还设立了研究中心（负责节目规划、受众研究）、媒体培训与发展中心（负责员工的培训及制定发展计划），强化了半岛电视台的规划、研究职能。半岛电视台机构设置如图 8-4 所示。

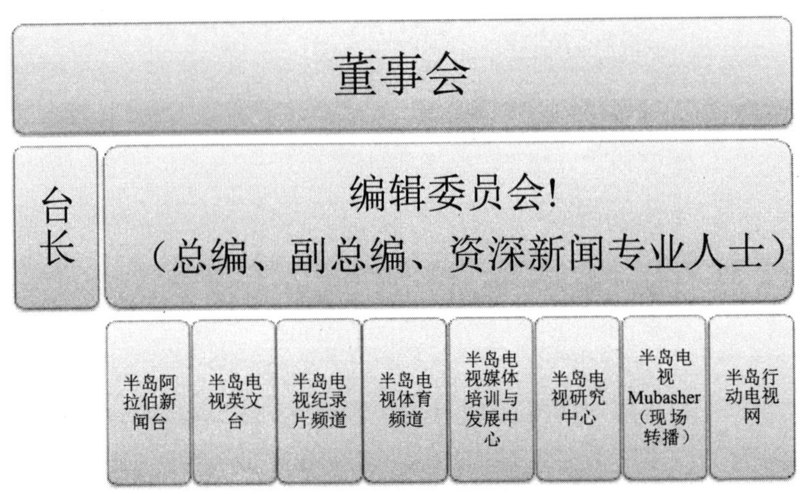

图 8–4　半岛电视新闻网内部机构设置

2. 经营规模对比

经营规模是衡量一个企业经济实力大小的基本构成方面，从收入规模、支出规模等两个方面来衡量传媒企业的整体经营规模，并以此对媒体集团与单一电视网进行对比。

（1）收入规模①

收入是企业在日常经营活动中所形成的、会导致所有者权益增加的、与所有者投入资本无关的经济利益的总收入，包括商品销售收入、劳务收入、让渡资产使用权收入、利息收入、租金收入、股利收入等，但不包括为第三方或客户代收的款项。收入规模是评价一个企业经营能力的重要指标。

---

① 数据的选取以各自财年为准：时代华纳、NBC 环球、CBS 为 2011 年全年；BBC 为 2011 年 4 月 1 日至 2012 年 3 月 31 日；新闻集团为 2010 年 7 月 1 日至 2011 年 6 月 30 日；迪斯尼为 2010 年 10 月 1 日 -2011 年 9 月 30 日。在此统一表述为 2011 财年。所有数据均已按当期汇率换算为人民币。

数据显示，单一电视网与媒体集团的收入规模相差非常悬殊。在2011财年，收入规模位居前三位的都是媒体集团，分别是迪斯尼、新闻集团和时代华纳。其中，迪斯尼的收入规模高达2589亿元；单一电视网的收入规模都在1000亿元以下，不及迪斯尼的1/3。

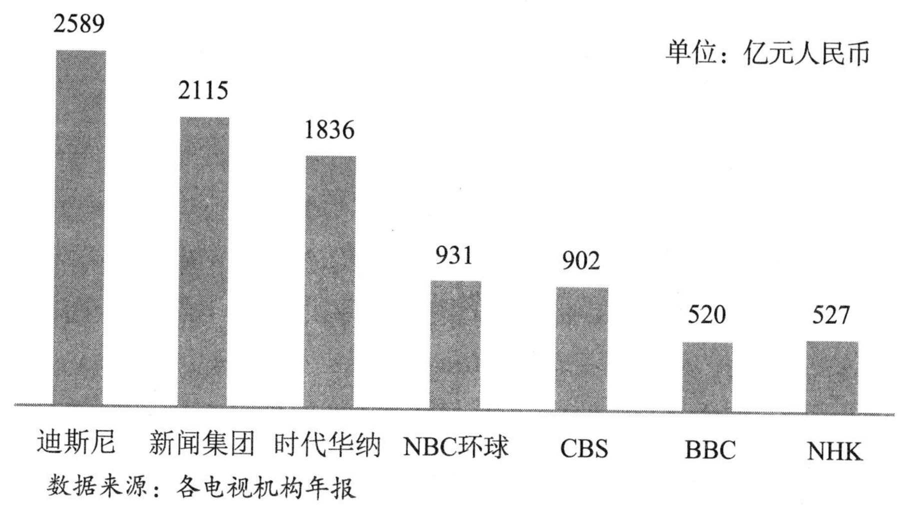

图8–5　2011年度部分国际一流媒体的收入规模对比

国际一流媒体集团的业务收入呈现多样化，已经形成内容收入、广告收入、销售收入等多个收入支承点；而单一电视网的主要收入来源往往来自于某一项业务，例如有以广告收入为主的，如CBS；有以发行 / 视听收入为主导的，就如BBC、NHK等。

（2）支出规模

支出是一个企业进行生产经营活动的经常性业务，是为达到特定的目的而由经济主体的支付行为而导致的资源减少，包括偿债性支出、资本性支出、收益性支出、权益性支出。支出规模即是衡量企业为实现特定经济目的而发生的资源流出的多少。

2011年度，国际一流媒体中支出规模占前三位的依然是媒体集团，分别是迪斯尼、新闻集团和时代华纳，其中迪斯尼的支出达2006亿元，新闻集团和时代华纳的支出分别为1861亿元和1445亿元。而NBC、CBS、

NHK 和 BBC 的支出规模相对有限，处于千亿元之下。

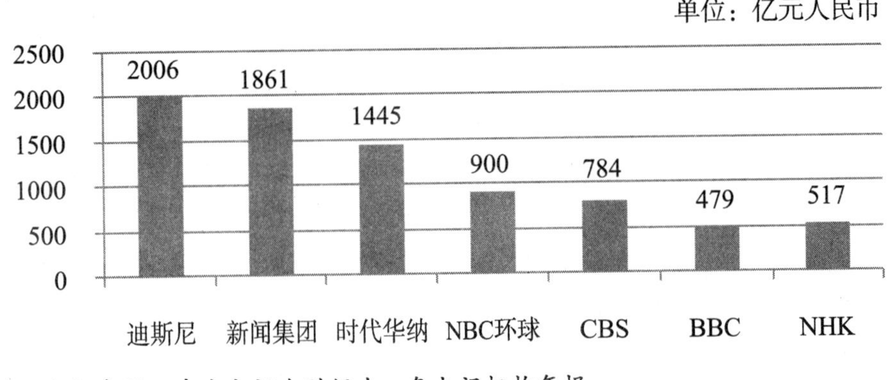

数据来源：中央电视台财经办、各电视机构年报

图8-6　2011年度部分国际一流媒体的支出规模对比

3. 业务类型对比

20世纪80年代以来，在全球化浪潮的推动下，传媒业涌现出越来越多的媒介集团。这些集团通过企业兼并、重组，将自身触角延伸到书籍出版、期刊、音像制品、电影电视、有线电视网络、零售商店、主题公园、休闲娱乐等各个领域，媒体集团的业务逐渐涵盖了文化的各个领域，成为名副其实的“文化娱乐公司”。

国际一流媒体集团往往有着复杂的业务结构，有的是横跨影视、广播、出版等各种业务类型，有的是以单一业务为主，辅以不同的相关业务作为支撑。例如：时代华纳等媒介集团的业务就涉及电影、付费电视、出版等，主营业务范围较广，且发展均衡，抗风险能力较强。

和国际一流媒体集团相比，单一电视网目前的业务类型局限于媒体领域，跨文化领域发展的程度也较低，这些都会影响其内部运营体系的结构优化和国际化的进程。比较而言，单业务、同行业多业务或相近行业多业务的单一电视网，其业务架构相对简单，直线职能制偏多，内部管理流程也相对简单，财务实行集中管理；而多元化、尤其是涉及行业跨度很大的多元化传媒集团，其集团总部的管理职能一般相对集中，但对各业务单元的授权也比较充分，财务方面可能开设内部结算中心，划小核算单元。

表8–3　国际一流媒体的业务结构对比一览表

集团名称	国家	业务运营领域
时代华纳	美国	有线电视网、出版、音乐、电影娱乐、数字媒体、互联网、通讯等
新闻集团	美国	报纸、电视、杂志、书籍、电影娱乐、卫星电视、互联网、其他业务（包括数字业务，如 MySpace.com）等
BBC	英国	电视、广播、出版、互联网、手机媒体、英语教学、乐团等
CNN	美国	电视、广播、互联网、通讯社等
半岛电视台	卡塔尔	电视、互联网等
NHK	日本	电视、广播、电影、交响乐、出版、互联网等

当然，任何运营体系都是随着企业的发展而发展的，没有哪一种结构是绝对合理的。任何组织结构都是企业经营和管理过程中的一种制度安排，且都是根据现实需要建立起来的，其存在都是为了便于管理，实现企业宗旨和目标。

4. 对外投资对比

投资是将货币转化为资本的过程，它可以充分利用企业的现有资金，拓展新的业务领域和方向。媒体机构的投资规模是衡量其资本运营能力的一项重要指标，投资规模的大小在一定程度上反映一个媒体机构的经营实力和经营策略。

从2007年至2011年，国际一流媒体由于经常发生机构自身的兼并与剥离，其投资总量会在不同年份出现巨大变化。总体来看，在国际一流媒体中，2010—2011年度迪斯尼、新闻集团、时代华纳等媒体集团的投资总量处于领先地位，其中迪斯尼和新闻集团的投资总量均超过200亿元，前者更接近300亿元，远远超过其他国际一流媒体。与上年相比，迪斯尼的投资增长率高达157.72%，位居第一，新闻集团的投资增长率为18.87%。这主要体现在2010年至2011年迪斯尼持续大规模地投资旗下的公园、度假村等实体产业，并先后并购了 Marvel 和 Playdom 两家娱乐公司；新闻集团也在这一年度，投资了众多发达国家的媒体公司。

此外，值得注意的是，当前在海外传媒市场中，世界各大主流媒体纷纷把目标指向以亚非拉美为代表的新兴市场，不断通过各种方式渗透到新兴市场的竞争当中。例如：2011年，印度成为新闻集团发展前景看好的新兴市场，其旗下的印度星空台采取多种措施开拓该市场的电视订阅价值，目前从受众人数及广告收入方面，印度星空台已成为该国付费电视平台的“领军者”。

而时代华纳近两年为进一步加强其电视网业务的核心地位，也加大了对外投资力度，在巩固欧美市场的同时积极向亚非拉等新兴市场渗透。通过收购HBO拉美集团（HBO LAG）、HBO亚洲集团（HBO Asia）、HBO南亚集团（HBO South Asia）和智利Chilevision电视台，全面提升了时代华纳在亚非拉地区的制播能力。2010年，时代华纳在海外的收入增加了8.3%，已经成为其新的利润增长点。

由于国外兼并、购买等方面的投资较少，单一电视网的对外投资规模相对较低，往往都在百亿元，并且集中在自身的海外分支机构上（图8-7）。

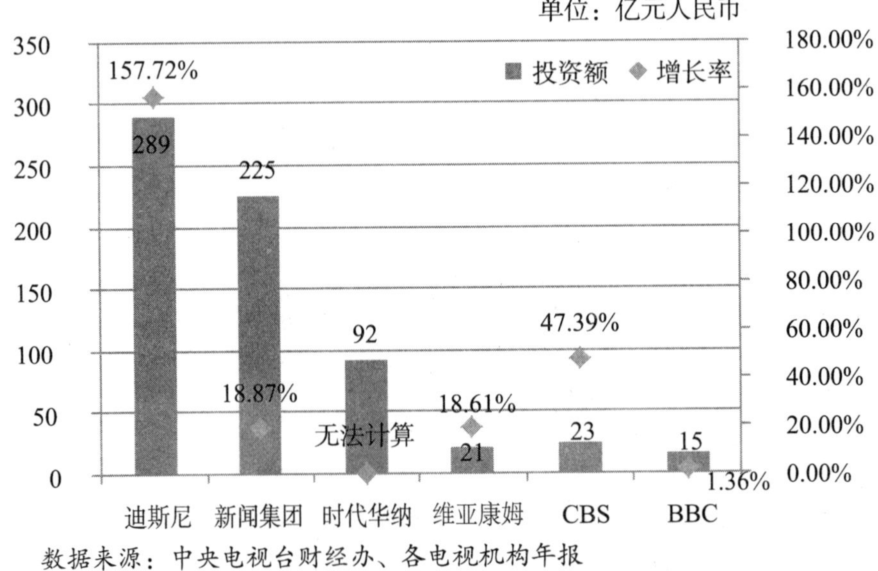

数据来源：中央电视台财经办、各电视机构年报

图8-7　2011年度部分国际一流媒体的投资总量对比

二、媒体集团建设国际一流媒体的主要举措

1. 全球扩张和并购成为主要手段

当前，国际一流媒体海外扩张的一个重要特点就是全球化战略和本土化经营。并购是媒体集团产业扩张的主要方式，通过并购扩大企业规模，可以取得规模经济效益。

在新闻集团庞大的资产中，默多克只创办了《澳大利亚人报》、福克斯新闻频道等少数媒体，其他大部分的重要资产是并购得来的，如在英国的报业资产、在美国的20世纪福克斯公司等。新闻集团在全球的扩张中呈现高价大规模和纵向合并的特点，将内容公司和载体公司进行合并。通过这种大规模的垂直一体化的并购战略，默多克将新闻集团打造成了国际顶级的传媒集团。

时代华纳加大对外投资，积极向亚非拉等新兴市场扩张，收购HBO拉美集团（HBO LAG）、HBO亚洲集团（HBO Asia）、HBO南亚集团（HBO South Asia）和智利Chilevision电视台，全面提升了时代华纳在亚非拉的制播能力。2010年时代华纳在海外的收入增加了8.3%，已经成为其新的利润增长点[①]。

维亚康姆从一家汽车影院起家，通过并购维亚康姆、并购派拉蒙、并购CBS三次标志性并购，将业务领域拓展到了电视、广播、电影、娱乐、户外、出版、主题公园各个领域，成为世界顶级的传媒集团。

2. 强化新技术运用，实现跨媒体扩张

新技术可以为企业带来新市场，为其扩张和多元化经营创造机遇。从杂志到电影、到有线电视、到卫星电视、再到互联网，国际一流媒体集团对新技术的运用一直走在前端。

时代华纳正是在各个阶段都重视新技术的应用。首先，时代公司利用图片摄影技术获取出版业的成功，在20世纪二三十年代，时代公司抓住

---

① 搜狐IT网，《时代华纳第四季度净利大增22%至7.69亿美元》，http://it.sohu.com/20110203/n279204499.shtml。

摄影技术这一手段，在旗下的所有杂志中大量使用图片，成为图片新闻的先驱。其次，华纳兄弟利用电影技术成就影业辉煌，1918年建立了华纳制片厂，1923年华纳兄弟影业公司成立，20世纪50年代，华纳公司还推出了立体电影，又一次走在技术的前沿，对电影新技术的及时大胆的利用使华纳兄弟公司得以立足并成为电影业的巨头。再次，时代公司利用电缆和卫星通信技术构建有线网络系统，1972年时代华纳收购了有线电视频道 HBO，并在卫星通信技术出现不久后，转为使用卫星转播使 HBO 获得飞跃性的发展，为时代华纳公司建构强大的有线网络系统打下了坚实的基础。最后，时代华纳利用网络技术打造网络时代的传媒帝国，20世纪90年代，时代华纳积极进军互联网领域，与全球最大的网络服务商美国在线合并，获得了美国在线的互联网平台，成为网络时代的传媒帝国。

新闻集团在自建新媒体平台的同时，通过并购占有新媒体市场。在1997年第一次互联网高潮时，成立一个数字媒体分部，负责新媒体战略的规划和实施。此后投资创建了福克斯网，福克斯市场连线网和福克斯新闻网等一系列新媒体网站。2001年新闻集团和迪斯尼公司共同组建在线电影观看网站，以在线点播的方式向个人用户发行电影，包括迪斯尼制作室、美国 miramax film 和20世纪福克斯等制作的电影通过网络方式进入了寻常百姓的家庭。同时，新闻集团收购了 Myspace 网站，2007年新闻集团又推出了 Myspace TV 站点，在全国传播其电视内容，与 Google 旗下的视频分享网站 YouTube 展开了直接竞争。

国际一流媒体集团借助新媒体技术筹建、并购了杂志、电影、电视及互联网等多种媒体，实现了跨媒体经营。这不仅可以提高同一资源的重复利用率，还可通过不同媒介之间的协同效应增强媒体的传播效果，并利用不同媒体的特性形成优势互补，发挥协同效应。

3. 内容与渠道双管齐下，共同推进国际传播能力建设

在媒体集团的发展中，内容和渠道是密不可分的。强大的内容制作和提供能力是渠道扩张的坚强后盾，只有具备了丰富的内容，传输渠道才能吸引用户；而强大的传输能力也是内容生产前提，只有将生产的内容传送到用户手中，内容的价值才能得到实现。

新闻集团：近年来不断充实自身的内容制作能力，注重投资体育节目。体育节目是全球媒介产业中最挣钱的领域，在美国新闻集团的势力几乎渗透到美国职业体育界的每个角落，它不仅拥有美国最好的棒球队之一的洛杉矶队，还买断了美国四大职业联赛的转播权。目前，新闻集团已有的体育合同有：和国家足球联盟（NFL）签订到2012财年的合同，和国家汽车比赛协会（NASCAR）签订到2014年的直播某些比赛和某些增值内容全权直播的合同，和职业棒球大联盟（MLB）签订到2013年的合同，直播保龄球系列冠军赛（BCS）到2010财年的合同。这些合同都为新闻集团提供了吸引受众的独特内容。

在传播渠道，默多克在澳大利亚办报的时候就始终将报纸的发行权掌握在自己手中，在随后的发展中，他也总是不遗余力的拓展传播渠道。2007年5月，新闻集团以每股60美元的价格收购了道琼斯集团，它看中的正是道琼斯旗下的三大媒体——《华尔街日报》、道琼斯通信社和《巴伦周刊》。而对电视台的收购新闻集团也是不遗余力，2007年底出售8家后其仍然拥有27家电视台，默多克还创建了福克斯电视网，现已成为了美国四大电视网之一，而进入21世纪后对卫星直播电视公司的收购更是进一步拓展了其在全球的卫星传输网络。新闻集团这种内容与渠道双管齐下的产业发展战略使其在全球扩张和多元化的发展中取得了巨大的成功。

维亚康姆：和其他很多媒介集团一样，依托自己拥有的成本优势和多样化的媒介，维亚康姆强调在竞争中加大版权保护的力度。维亚康姆围绕内容为王的核心战略，进行资本并购、品牌经营、版权管理和跨媒体网络的搭建。“内容为王”是维亚康姆经营战略的核心，回顾维亚康姆的几次大的并购，一是MTV的音乐内容，二是派拉蒙的电影内容，其目的都是在于营造“内容为王”的价值核心。雷石东经常说的一句话就是“内容为王”。他认为，内容就是一切，人们看的不是电视台，而是内容和节目本身。

同时，维亚康姆在积极打造MTV音乐产业和电影娱乐产业两大产业链。第一，MTV音乐产业链：MTV音乐集团依托MTV全球音乐电视的核心品牌，通过资本运营，囊括尼克儿童电视网、黑人娱乐电视网、喜剧中心等多个有线电视网，每个子品牌就是一个子公司，子公司内部有自己的制作、包装部门，并从第三方节目制作公司购买引入部分节目，形成自己的节目制作库。第二，电影娱乐产业链：派拉蒙电影投资拍摄2500多部影片，如《勇敢的心》《泰坦尼克号》《碟中谍》等，通过派拉蒙优势等发行公司发行到各院线，维亚康姆旗下院线包括名玩家院线（1920年成立，加拿大最大的剧情片放映院，在加拿大的102个城市或社区拥有884块荧幕）、UCI联合国际影院（在英国、爱尔兰、德国、澳大利亚、西班牙、日本、意大利、葡萄牙、阿根廷、巴西、巴拿马等国家和地区拥有104家影院，近868块荧幕。）2007年维亚康姆收购梦工厂动画公司，扩充了动画电影制作发行，而且梦工厂动画和电视领域的MTV、尼克儿童频道等展开内容合作，实现了电影产业链往电视上的延伸，派拉蒙在家庭和儿童电影市场上将更有作为。

三、单一电视网的主要国际传播举措

1. 强化内容优势，提升媒体品牌

国际一流电视网都是通过内容来建立自身的品牌优势，半岛电视台通过直播阿富汗战争快速崛起，CNN则是在播报海湾战争中异军突起。

FOX news借助娱乐新闻打造收视神话。自2002年1月，FOX news的收视率头一次超过CNN，一跃成为美国有线电视新闻网之冠，这个事实就再也没有改变过。其实和CNN、MSNBC相比，FOX news是开播最晚的有线电视新闻频道，开播时仅有1700万订户，而同期CNN的订户已经达到6800万，MSNBC也至少在5000万左右。FOX news继承了美国新闻史上曾泛滥一时的煽情主义报道路线，在内容上，追求一种小报式的以犯罪、名人、灾难、媒体四大议题为主的报道模式。比较而言，FOX news报道最多的是犯罪，CNN报道最多的是移民，MSNBC则是政治。在报道方式上，大肆渲染感情色彩以打动观众，甚至不惜借用爱国主义与国家利益的名义。

BBC的内容优势主要集中在新闻和创新节目两个方面。BBC在诞生初期，就成立了专门的“新闻部”，负责整个电视网全部新闻节目的采集。专业化、集中化的新闻生产机制，大大提升了信息采集和编辑效率，

也使BBC记者在最大程度上免受频道和栏目等非新闻专业因素的制约。英国的新闻节目在世界范围内被引用得最多，目前大约160多个国家每天都引用或转播BBC的新闻节目《突发事件》的重大新闻报道。创新是BBC保持节目生命力的重要手段。BBC在英国的创造性经济上投资了11亿——超过了同一时期它在自身和第四频道的投资。

CNN注重增强内容采集优势。“新闻至上，让人走开”是CNN自1980年开播以来所秉承的操作理念。作为全球第一家连续24小时播出，并能随时中断信号、插播突发事件报道的专业新闻频道，CNN的确将这一理念发挥到了极致。和后来者MSNBC、FOX news相比，CNN除了拥有更为显著的声誉，还有着一套更加完善的国际化新闻采集网络。尽管个性鲜明的新闻谈话节目获得了成功，但CNN仍将注意力更多地集中在传统的新闻报道方面。更加关注提升CNN独立、无党派的新闻品牌；更加注重对其内容采集能力的投资。CNN向国内十几个城市分别派驻一名“多平台全能型记者”，他们被要求能胜任各种媒体采制新闻的需求，同时向CNN的有线电视频道、网络及附属的广播提供地方新闻。这种“一人制”分社，颠覆了传统的分社系统，是CNN的一个创举。

2. 对外合作成为电视网持续发展的动力

全球化的迅猛发展及技术信息领域的巨大变革，给世界媒体业带来了前所未有的严峻挑战，传统媒体、新兴媒体都概莫能外。在这种情况下，BBC认为只有合作共赢，才是生存及发展的唯一途径。

CNN在全球拥有一个比较健全的采集、编播合作体系。CNN节目资源并不局限于欧美，在CNN节目表中，安排每周两小时的“世界报道”节目，播出由各国合作电视台选送的电视新闻或记录片，除暴力、性和美国法律禁止的镜头外，CNN一律不作删减。目前，CNN在全球几十个国家建立了庞大的国际新闻提供体系，涵盖150多个电视机构，其中半数以上在发展中国家，中国大陆目前有中央电视台、北京电视台、上海电视台、广东电视台和武汉电视台向CNN直接提供新闻。CNN较早提出了建立全球电视信息网的概念，并在全球寻求合作电视机构。合作电视机构按CNN的电视新闻理念节目类别和制作长度，免费提供新闻，CNN则保证在遵守美国法律和栏目要求的情况下，不删节来稿。

BBC也在加快在全球范围的同行业及跨行业合作，实现了向全球2000多个合作伙伴提供新闻及其他节目，其中仅在广播领域的合作，使BBC每周的听众达到5300万人。[①] 为了响应政府“数字英国”的发展规划，BBC在互联网连接和高清晰度电视方面，展开了一系列合作。例如，BBC和ITV以及英国电信BT联合开发网络电视的行业标准和要约，BBC和Google合作建立一个国际iplayer站点，以期实现BBC节目在网络上的全程实时转播。同时，竞争对手有时也可成为合作伙伴，BBC和ITV(英国独立电视台)在地方新闻上达成了一项合作。BBC承诺ITV可以分享其位于英格兰和威尔士的8个新闻中心，并允许它的大部分中小型办公室入住BBC的办公区域。这样做的目的，在于帮助ITV更好地开展地区性报道。

MSNBC利用天然优势，加强和NBC的合作，充分利用后者资源。MSNBC于1996年由微软和NBC合资创办，2006年被NBC独家接管，自此便长期依靠NBC获取资源。对于NBC在横跨多平台、多节目上的新闻采集费用，它采用分期付款的方式予以偿还，由于自身没有分社，它同时分享着NBC的7个分社，2007年，近600名MSNBC雇员离开位于新泽西州西考克斯（Secaucus）市已作为MSNBC十年之久的基地，搬到NBC的总部所在地纽约。新的办公地点拥有美国最先进的演播室和基础设施。NBC新闻和MSNBC将在这里每天进行12.5个小时的电视直播。无从计算这将为MSNBC省下多少费用，但它的员工一直都是最少的，只有600人，而FOX news是1200人，CNN是4000人。

① 来源：新华网 http://news.xinhuanet.com/world/2009-10/08/content_12195545.htm。

第九章　中国媒体的国际发展探索

在现有民族国家作为国际关系主要行为体的背景下，媒体国际发展是一国媒体在全球范围内进行传播内容的采集、发布、机构建设等，以期产生较大国际影响力的过程。

媒体在一国国内的发展是媒体走向世界的重要支撑。这种支撑有几个基本的条件，其一是媒体自身的发展与壮大；其二是媒介生态，特别是制度与政策环境提供的可能；其三是媒介发展过程中的外向型扩张储备。

新中国媒体自身的发展及其制度、国际发展积淀的源头可以追溯到第二次世界大战即抗日战争时期。它的发展虽然在技术基础等各个方面落后于西方发达国家，但是其创建和发展本身就为媒介的国际扩张奠定了一定的基础。

第二次世界大战后，国际社会中两个阵营的对立使得媒介总体上成为了舆论斗争的工具，各国媒体国际发展的步伐受制于此，进展缓慢。冷战结束后，经济全球化的推演，信息技术的发展等使得全球媒体在国际上获得了前所未有的扩展空间，中国媒体国际发展探索成效显著。

第一节　新中国媒体国际发展的开拓与发展：1937—1978

一、新中国媒介海外机构的建立与早期境外探索

新中国的国际传播其历史可以追溯至其在江西瑞金诞生的红色中华通讯社（红中社）。1931年11月7日，红中社无线广播开始播音，这是中国共产党在革命根据地创建的第一个使用无线电台播发新闻的通讯社。当时

使用的电台发射功率只有100瓦，传播范围非常有限。但这些来自红色苏区的电讯，却穿越了敌人的重重封锁，甚至还曾辗转传播到海外，对宣传中国共产党和苏区建设起到了一定的作用。

1940年10月，为向国外介绍宣传我八路军、新四军英勇斗争的事迹和抗日革命根据地建设的情况，中宣部成立了国际宣传委员会。之后，中央决定创办外文对外宣传刊物《中国通讯》。当时在中宣部工作的吴文焘具体负责这一工作。1941年3月，《中国通讯》(Report from China)第一期在延安出版，内容为皖南事变报道专辑，共5篇文章。当时《中国通讯》为每月一期，小32开，用蜡纸刻印，每期约印200份。刊物主要是由“内部交通”带到重庆，再由八路军驻渝办事处散发给外国记者，由他们转发到国外。由于国民党当局的封锁，刊物的发行日益困难，加上延安经济困难，纸张油墨匮乏，《中国通讯》最终停刊，共约出版了10期。《中国通讯》是中国共产党在革命根据地出版的第一个外文宣传刊物。虽然新华社从中宣部接办这一刊物的时间只有短短三四个月，但它却为拓展新华社对外报道和对外宣传的相关业务积累了经验，培养了人才。

早在解放战争时期，新华社就开始在境外创建第一批分社。当时，加强对外宣传、出版发行新华社新闻稿是境外分社的一项主要业务。新华社的英文新闻稿最早是由伦敦、香港等地的分社开始发行的。

香港分社于1947年5月1日成立，社长乔冠华，副社长萧贤法（萧群），除向香港报纸发行中文新华社新闻稿外，同时还发行英文新闻稿。伦敦分社于1947年6月10日成立，负责人为黄作梅，主要任务是出版英文新华社新闻稿，向欧美各国发行。

1947年7月，吴文焘随我青年代表团到布拉格参加第一届世界青年联欢节，之后以新华社记者名义留在布拉格，开展新闻报道活动。布拉格分社于1948年正式建立，吴文焘任社长。分社的主要任务包括对外宣传和对内报道。

新中国成立以前新华社在境外建立还有平壤分社。早期的境外分社是在活动经费紧张、人员力量不足、技术设备简陋等相当困难的条件下开展工作的，虽然数量很少，功能也不甚健全，但为中国媒体海外事业以后的发展打下了良好的基础，提供了有益的经验。

二、新中国建立初期中国国际传播媒介的新篇章

新中国建立之后到1956年，新华社驻外分社增加到10个，但由于当时特殊的国际政治背景，中国媒体海外发展困难重重。1955年，毛泽东指示新华社，“驻外记者派得太少，没有自己的消息，有，也太少”。“应该大发展，尽快做到在世界各地都能派有自己的记者，发出自己的消息，把地球管起来，让全世界都能听到我们的声音”。此后，至“文革”前，新华社驻外分社增加到了52个，同时开始聘用外籍雇员，驻外机构达到了一定规模。

1952年，中国新闻界和归侨界知名人士主办的非政府性新闻机构中国新闻社创建，以海外华侨、外籍华人、台湾港澳同胞为服务对象，目的是满足他们了解新中国的需求。到20世纪60年代末，中新社已经建立较完整的机构：有社内总编室、专稿部等六个部门，并在香港等地建立了六个分支机构；业务也有比较大的发展：所发稿件有新闻、通讯、专稿、图片、文品、国内报刊文摘等。每天发稿达7万多字。除新闻照片外，还提供风光图等，其图片作品成为香港两家大型画报《良友》、《幸福》的主要稿件来源。

在广播方面，1950年4月开始，北京广播电台逐步开播了越语、泰语、印尼语、缅甸语节目，向阿拉伯国家、非洲及拉丁美洲的国家介绍社会主义中国。至1965年，该台已使用27种外语和汉语普通话及四种方言对外广播，每天累计播音98个小时，对外广播的播出语种、播音时间等指标，都已跃居世界前列。

在电视方面，1958年北京电视台（中央电视台前身）开播后，逐步向苏联和东欧国家寄送录像带，国际合作逐步开展起来。至1966年底，北京电视台已与33个国家和地区的电视机构建立了节目交换或者采购关系。

这一时期，隶属于中央人民政府新闻署的国际新闻局（中国外文局前身）以“外文出版社”名义出版毛泽东著作等政治书籍和有关中国革命经验的小册子，负责出版《人民中国》英文杂志和《人民中国报道》世界语杂志，并管理在中国的外国记者。1950年1月1日以后至“文革”前，《人

民中国》英文版、《人民中国报道》、上海《上海新闻》、英文日报《人民画报》(外文版和香港版称《中国画报》)等先后创刊。1952年7月1日，国际新闻局正式改组为外文出版社，并创建了国际书店等下属企业和机构。1963年外文出版发行事业局正式成立，其对外机构的逐步建立为中国媒体产业化发展积累了重要经验。

三、“文革”期间国际传播事业的曲折发展

“文革”期间，中国媒介的海外发展受到较大冲击，但是因多种需要，海外发展也有推进。如外文局所属6 种外文期刊和外文图书出版工作，以及书刊对外发行工作仍继续进行。

此间，新华社的国外事业也取得新的发展。新华社在纽约成立了联合国分社；在西欧的意、奥、比等7国开设分社；在澳大利亚和新西兰设立了分社；在拉美新建了利马、布宜诺斯艾利斯等5个分社；恢复了墨西哥和圣地亚哥两个分社，除巴西外，在拉美的各主要国家都有了我们的常驻记者；在非洲建立了12个分社；在亚洲建立了土耳其、伊朗、泰国和菲律宾4个分社。北京电视台的在文革后期，有了一定的恢复，局部工作有所发展。

“文革”期间，我国广播事业虽然整体受创，但是局部仍然有所发展。表现之一是对外广播进一步扩大，10年间增加了12种外语广播，对外广播用语达到39种，位居当时世界对外广播前列。①

“文革”中，中新社分支机构大部分被撤销，业务也大大缩减，只保留了口语广播新闻，而且报道内容大都与新华社稿件雷同。

四、“文革”后媒体海外发展工作的恢复

20世纪70年代末80年代初，中国国际传播事业的核心是“调整”，呈现出摆脱左倾思想束缚，回归正确轨道的过渡特点。

---

① 中国社会科学院新闻研究所、中国新闻学会联合会:《中国新闻年鉴2000》，中国新闻年鉴社2000年版，第54页。

1. 通讯社工作的恢复和发展

“文革”结束特别是十一届三中全会以后，新华社海外事业得到较为全面的回复。1979年，新华社建立或恢复了5个国外分社，分别是圣约瑟(哥斯达黎加)分社，贝宁首都科托努分社，华盛顿分社，瓦莱塔(马耳他)分社，尼科西亚(塞浦路斯)分社，即到1979年新华社已建立约79个国外分社。[①]

2. 国际广播：国内发展为国际拓展奠定基础

1978年4月18日，北京广播电台正式更名为“中国国际广播电台”，并从中央人民广播电台分离出来。1984年，开始对首都北京地区正式进行英语广播，呼号为“Radio Beijing’s Capital Service”。

1979年5月，中央人民广播电台与国际广播电台联合召开驻17个省、市、自治区、记者站的负责人会议，胡耀邦到会讲话：我国从此全面开展建立健全地方记者站的工作。到1980年，已经先后在全国30个省、自治区、直辖市(包括香港地区)建立了34个记者站，工作人员达155人，其中记者124人。驻各地方记者站均配有办公室、宿舍、汽车、微波通信设备和通讯机房。国内新闻采访系统初步形成了较完备的运转体系，从而为新时期顺利开展对外广播工作提供了最基本的、必要的保障。

3. 电视国际传播进入全新时期

1976年10月23日至26日，中央电视台通过三大洋上空的卫星，向世界播放了首都军民庆祝粉碎“四人帮”胜利和游行的电视节目。23日直接收录的有16个国家和地区。26日收录的有13个国家和地区。1978年2月26日至3月5日，通过卫星向日本、英国和香港等发送我国“五届人大”开幕和闭幕电视新闻。1979年11月，为配合华国锋总理访问意大利，中央电视台文艺部组织在人民剧场演出京剧《虹桥赠珠》，并通过卫星向意大利作了实况播出。这是我国第一次通过卫星向国外电视机构传送的专场电视文艺演出。[②]

① 新华社大事记编写组：《新华社大事记1977—2001.11》，社内材料，第12、13、14页。

② 杨伟光：《中央电视台发展史》，北京出版社，1998年版，第100—105页。

五、中新社等其他国际传播渠道的恢复

“文革”以后，1978年8月5日，中央批准同意新华社与国务院侨办呈送的《关于恢复中国新闻社原有建制和业务的报告》。[①]中新社开始恢复原有机构和业务，并逐步得到新的发展。1982年，在联合国科教文组织关于全世界174家通讯社的统计中，中新社被列为B级。[②]据统计，到1982年，中新社在北京和香港出版《中国新闻》，港澳和海外有160多家华文报刊接收中新社稿件。[③]

第二节　当代中国媒体当代国际传播格局的成型：1978—1992

20世纪80年代，中国国际传播领域积极贯彻当时国际传播政策的主要精神，以“发展”为核心，大力加强基本建设。几大主要国际传播机构相继建设成国内有重要影响力的媒体，为以后中国国际传播真正走出国门，走向世界打下了坚实的基础。

一、世界性通讯社的提出与初步建设

1. 1983年1月，中央批准新华社提出的《关于建设具有中国特色的社会主义世界性通讯社的报告》，计划在20世纪末把新华社建设成具有中国特色社会主义现代化的世界性通讯社。在这一发展目标的指导下，80年代新华社从以下几个方面大力加强基本建设。

建立了4个海外总分社。1983年，新华社亚太总分社在香港成立，负责亚洲地区的报道和对外供稿业务，并建成新华社重要的电讯网络中心；

---

① 新华社大事记编写组:《新华社大事记1931—2001》，社内资料，第7页。

② 中国社会科学院新闻研究所:《中国新闻年鉴1990))，中国社会科学出版社，1990年版，第13页。

③ 中国社会科学院新闻研究所:《中国新闻年鉴1983》，中国社会科学出版社，1983年版，第23页．

1985年在开罗建立新华社中东总分社；1985年新华社拉美地区总分社建立；1986年新华社非洲总分社成立。①

建立了3个欧美编辑部。1988年，新华社先后在纽约联合国分社，莫斯科和墨西哥城建立3个欧美编辑部。编辑部确保了新华社作为世界性通讯社每天24小时不间断发稿，大大提高了新华社对外各文种的发稿时效，提高了新华社对世界范围内发生的重大事件的快速反应能力。②

新建了10个国外分社。它们是：1980年6月5日建立的新华社哈拉雷巴布韦分社，同年12月27日，建立的新华社驻约旦首都安曼分社；1984年5月立的新华社驻巴巴多斯首都布里奇顿分社，同年6月5日建立的新华社驻厄瓜多尔首都基多分社；1985年6月4日建立的新华社驻安哥拉首都的罗安达分社，同年7月8日建立的新华社驻乌拉圭首都的蒙得维的亚分社，同年9月18日建立的新华社驻荷兰的海牙分社；1986年2月28日建立的新华社新加坡分社，同年9月建立的新华社驻利比里亚首都的黎波里分社；1988年3月22日建立的新华社里约热内卢分社。③

重建了5个国外分社。具体是：1980年6月24日，新华社重建驻巴西巴西利亚分社；1981年1月28日，新华社重建驻印度首都新德里分社；1982年12月23日，新华社重建驻埃塞俄比亚首都亚的斯亚贝巴分社；1984年10月9日新华社恢复驻马里首都的巴马科分社；1985年11月1日，新华社恢复驻加纳都的阿克拉分社。④

2. 新闻用户大发展

20世纪80年代，新华社的供稿和发展用户工作进入一个全新的发展时期1983年新华社总社党组从现实出发，制定了“一手抓新闻报道，一手抓新闻落地的决策”。国外分社除搞好新闻报道外，也把发展用户列入

---

① 新华社大事记编写组:《新华社大事记1977—2001》，社内材料，第37、48、53页。

② 新华社大事记编写组:《新华社大事记1977—2001》，社内材料，第62页。

③ 新华社大事记编写组:《新华社大事记1977—2001}），社内材料，第18、40、47、48、52、63页。

④ 新华社大事记编写组:《新华社大事记1977—2001)}，社内材料，第20、22、37、43、49页。

工作日程，当成一项重要工作抓起来，实现了指导思想的一个根本转变。到1989年，新华社已经与85个外国新闻机构签订了新闻合作协议。但是，这一时段，新华社的新闻用户主要集中在亚太、非洲和拉美地区。直到1986年3月23日，总社对外部正式通过巴黎中文专线向《欧洲时报》供稿，[①]才结束了新华社中文稿件只在香港、东南亚、日本、非洲、北美和南美洲等落地的局面，使新华社国内新闻对外中文广播开始进入欧洲。

3. 第一次技术飞跃

80年代初，新华社的通信技术与世界主要大通讯社相比，技术差距较大。新华社党组在1984年召开的全社第一次技术会议上进一步明确提出“要建设世界性通讯社，通信技术必须先行”的战略指导思想。为此，新华社从1985起启动了第一次技术飞跃式建设（直到1995年才全部完成），以实现从模拟技术到数字技术的转变。这是历史上非常重要的一次零的突破、质的飞跃。这次技术飞跃以新闻大厦技术建设为中心。新闻大厦1986年动工，1989年竣工。大厦内装备有当时世界先进水平的通信技术设备。其中的新闻技术中心，采用了当代计算机技术和通信技术的最新成果，实现了新闻采集、传送、编辑、译审、发布以及排版印刷等主流业务流程的计算机化和自动化，使新闻采集、处理、传输和发布方式有了质的变化，基本实现了新闻生产全过程的数字化和新闻传播网络化。[②]

二、中国国际广播的国内外双向拓展

70年代末期，中国国际广播电台恢复和发展了国内驻各地方记者站，中国新闻采访系统这才初步形成了较完备的运转体系。80年代，中国国际广播电台开始“自己走路逐步建立自己的新闻采访系统，这主要表现在3个方面。

---

① 新华社大事记编写组：《新华社大事记1977—2001》，社内材料，第52页。

② 高国英、陈一宏：《改革开放以来我社通信技术的两个突破和两次飞跃》，《历史的足迹——新华社70周年回忆文选》，第743页。

1. 国内记者站对外报道力量的加强

1984年10月，中国国际广播电台召开首届地方记者、通讯员会议。会上进一步明确了搞好对外宣传的战略意义，并强调“内外并重”的方针决定要加重对外报道在实际工作中的分量。国内记者站做出积极响应，加强了对外报道力量。首先是加强了对外报道的队伍和管理。1984年，为了加强对国内记者的管理工作，中国国际广播电台派4人到各站进行调研，为记者办理记者证，并在边远地区聘请特约通讯员。1987年3月，经广播电视部批准，驻地方记者站的称谓统为“中央人民广播电台、中国国际广播电台某某省(市、自治区)记者站”。用这一称谓后，原来的管理体制不变，仍由中央人民广播电台统一代管。但是，称谓的改变体现了工作中对外报道的加强。1987年8月，中国国际广播电台成立记者管理部，下设驻外记者管理组。为了加强对外广播的供稿工作，从1988年起，在广东、上海、天津三个驻地方记者站设专职对记者。1989年1月，中国国际广播电台驻广州工作站成立户并直接向美国、加拿大的9家华语电台传送中国新闻，同时承担部分寄送节目。其后，传送《中国新闻》改在北京进行。

2. 驻外记者站的两次建设高潮

1980年4月19日，中共中央宣传部批准了中央广播事业局(广播电影电视部的前身)《关于向国外派常驻记者的请示》。中国国际广播电台受中央广播事业局的委托，开始筹建驻外记者站，主要是为中央三台(中国国际广播电台、中央人民广播电台和中央电视台)服务。

在这一思想指导下，驻外记者站的两次建设高潮很快来临。

第一次驻外记者站的建设高潮发生在1980年至1984年，一共建立了七个驻外记者站。1980年建立日本东京记者站和南斯拉夫贝尔格莱德记者站。1981年建立法国巴黎记者站；同年建立巴基斯坦伊斯兰堡记者站和墨西哥墨西哥城记者站。1983年建立美国华盛顿记者站。1984年建香港地区记者站。①

第二次驻外记者站的建设高潮发生在1986年至1989年，一共建立了

① 胡耀亭:《中国国际广播大事记》，中国国际广播出版社，1996年版，第305、309、316页。

17个驻外记者站。1986年建立3个站，分别是驻联邦德国波恩记者站、驻泰国曼谷记者站、驻埃及开罗记者站。1988年共建立6个站，派出16名记者，包括苏联莫斯科记者站；5月派出驻联合国记者；随后又陆续派出驻津巴布韦哈拉雷澳大利亚堪培拉、阿根廷布宜诺斯艾利斯和比利时布鲁塞尔记者。1989年中国国际广播电台在肯尼亚内罗毕建立记者站。① 至此，中国国际广播电台已在17个国家和地区设立了常驻记者站。驻外记者站的建立，有利于从根本上解决对外报道的国际新闻来源问题，无疑会提高新闻的时效、加强对外广播的针对性和增强我国国际广播的竞争力。

3. 独立技术系统的建设

多年来，中国国际广播电台没有自己独立的技术工作系统。根据广播电影电视部党组的决定，自1986年6月18日起，原属无线局管理的播控中心部分划归给国际广播电台管理。国际广播电台从此有了自己独立的技术部门，成为全建制电台。在传送技术系统方面，实现了利用微波干线和"东方红2号"卫星传送节目，改变了自建国以来用短波传送节目、质量低下、干扰大的落后局面，到1987年，在全国成了地面微波传送系统和天上卫星传送系统。这使得我国传送的广播节目的质和可靠性有很大提高。

三、电视国际传播的深度恢复

1983年，我国召开首次全国电视对外宣传会议，决定加强电视对外宣传工作。随即，1984年，中央电视台在国际部的基础上成立"对外部"，专门负责国际传播的节目制作、翻译和发行。② 中央电视台又发动各省级电视台陆续建立对外部，初步形成一支全国性的对外电视专门队伍。中国电视从此开始有意识、有组织、有规模地开展国际传播业务。

1. 国际交往合作的大发展

80年代，世界电视领域已有全球性的卫星电视广播。中国电视的国际

---

① 胡耀亭:《中国国际广播大事记》，中国国际广播出版社，1996年版，第268、272、276、277、298、307、338、345、346、413页。

② 杨伟光:《中央电视台发展史》，北京出版社，1998年版，第313页。

传播却相当落后，主要是通过大力发展与外国媒体的国际交往合作来开展工作。该时期中央电视台的国际交往合作有几种形式：

一是借船出海，向外传送中国电视节目。中央电视台与外国媒体签署合作协议，用航空寄送或用国际卫星向对方传送中国电视节目，借助境外电视台传播有关中国的信息。这是中央电视台当时最主要的国际交往合作形式。传送出去的中国电视节目通常被制作成录像带，向外航空寄送。录像带的内容主要是专题性节目、配合重大节日的文艺节目和国产的电视剧。其中的专题节目大部分是由各地方电视台对外部采录，经中央电视台对外部加工处理后，再向国外发送。寄送的对象主要是中国各驻外使领馆，与中国有合作协议的外国广播电视机构，海外华人办的华语电视台等。传送出去的中国电视节目还有少数是新闻节目。中央电视台与外国媒体签订合同，主要借助国际卫星向国外新闻媒体及时传送中国新闻。此间，中央电视台参加了“亚广联”首次多通道新交换试验。各国电视台将各自的新闻送上卫星，供参与试验的电视台同时收录。[①]

二是借助外力，协助外国摄影组来华采访。外国媒体到中国来拍摄关于中国各种情况的电视节目时，中央电视台尽力提供协助或合作，以便借助外力介绍中国。这种国际交往合作形式也较多采用。其中有着重介绍我国经济特区的：1981年6月，联邦德国广播协会的电视摄影队，拍摄我国经济调整和对外经济合作的电视片，地点在深圳、珠海经济特区。这是第一个去经济特区采访的外国电视摄影队。再如，中央电视台曾协助美国NBC顺利地完成《变化中的中国》卫星实况传送任务。这些节目（共90多个专题，每天3个半小时）在《今日节目》和《晚间新闻》栏目中播出，高密度纵深地报道中国多方面的变革，被外电评论为“中国对美宣传的成功之举”。[②]

三是走出国门，扩大中国电视节目的国际影响。中央电视台开始走出

① 于广华：《中央电视台大事记》，人民出版社，1993年版，第189、195、197、204页；于广华：《中央电视台简史》，人民出版社，1993年版，第267页。

② 于广华：《中央电视台简史》，人民出版社，1993年版，第251页。

国门参加一些国际电视活动，以扩大中国电视在国际上的影响。但是，这种国际交流合作形式在当时并不多。1983年，中央电视台电教部《学拼音》节目在日本东京举行的第十三届国际教育广播电视节目“日本奖”评比中获得“特奖”。这次评比是日本NHK组织的。参加评比的共有54个国家和组织，147个节目，其中有17个获奖。中央电视台第一次参加这项评比活动。

2. 对外电视广播的开创

针对来华工作、学习、旅游的外国人不断增多的实际情况，中央电视台开创了国际传播的新形式—直接对外电视广播。1986年12月30日起，中央电视台对外部开办《英语新闻》，除星期日外，每天在第二套节目播送。1987年12月1日，中央电视台又开办了一批英语节目，以丰富在华外国人的文化生活。这批英语节目每天晚上10点10分开始播出，内容包括新闻、专题和电影等，每天90分钟左右。1988年7月18日，中央电视台对外部的英语节目除《英语新闻》继续每日播出外，又增设了以下几个专栏：每星期一播出编译录制的文艺节目《中华文艺》；每星期二播出编译配制的专题节目《华夏专题》；每星期三播出译制（字幕）的电视剧《电视剧场》；每星期四播出的自办英语杂志性节目《焦点》；每星期五播出的外国专题性节目《世界之窗》；每星期六播出的中外电影故事片《周末影院》。[①] 这些直接对外广播的英语节目，为中央电视台在90年代，建设专门的国际传播频道（国际频道CCTV-4和英文国际频道CCTV-9）打下了一定基础，积累了宝贵经验，具有开拓性的重要意义。

四、外文局大力加强出版与发行

外文局的主要工作是根据1983年1月20日制定的《进一步加强外文书刊出版发行工作开创对外书刊宣传新局面》的五年计划，大力加强外文图书出版和各种期刊的地区版工作；敞开贸易和非贸易发行渠道，扩大书刊对外发行量，尤其是加强在第三世界国家的发行。

---

① 于广华：《中央电视台大事记》，人民出版社，1993年版，第210、149、190、231页。

1. 出版工作

外文局主要从两个方面大力加强对外书刊出版工作。一方面是增加对外书刊出版的品种和数量。这包括依靠自己的力量，以及借助外力、通过与外国出版社合作等来增加对外书刊出版的品种和数量。这些努力得到了中央政策的积极支持。1980年7月26日，中宣部发出《关于期刊对外发行问题的通知》，规定："经过中央、国务院各部委和各省、市、自治区党委批准创办的、在国内公开发行的期刊，都可以对外发行。"这一具体政策的颁布无疑扩大了对外书刊的来源，增强了对外书刊的出版力量。80年代，外文局依靠自己力量，加强了原有对外书刊的针对性，新创办了好几种期刊的地区版，这些期刊具体包括《中国社会科学》等。例如，"七五"期间外文图书出版社狠抓了一批重点书和丛书、系列书出版，初步改变了出书较为零散的状况，主要有《中国人名大辞典》等。另一方面是外文局新成立了六个出版社，以加强出版力量，包括朝华出版社等。①

2. 发行工作

外文局要做好书刊的发行工作，必须在国内外建立一个强有力的发行网。外文局在加强发行工作，建设发行网上采取了如下两大措施：

一是积极建立海外代理关系。中国书刊在国外发行的主要渠道是外文局国图公司的国外发行网。从20世纪80年代初开始，外文局的国图公司在亚非地区与17家公司先后建立了代理关系。这些公司都是所在国家主体书刊市场的核心和发行主渠道，也是所在国发行美国《时代周刊》或《新闻周刊》的总代理。②

二是大力建设海外机构。外文局的海外机构是经中央批准，为加强和开拓我国对外书刊的推广发行、进出口、出版、合作出书代理、书业市场调研、信息反馈等方面的工作而建立的。1991年12月20日，中共中央办公厅发出通知，经中央批准，外文出版发行事业局全建制从文化部划出，成为独立的事业单位，由中央对外宣传小组归口管理。

---

① 戴延年，陈日浓编:《中国外文局五十年大事记》，新星出版社，1999年版。

② 戴延年，陈日浓:《中国外文局五十年大事记》，新星出版社，1999年版。

五、《中国日报》的创办

《中国日报》(China daily)创刊于1981年，是中国第一份，也是目前唯一的一份国家英文综合性日报。《中国日报》是我国改革开放的产物，坚持“让世界了解中国，让中国走向世界”的办报宗旨，着重介绍中国的政治、经济、文化、教育及社会发展等方面的情况。《中国日报》针对其读者对象主要是外国人的特点，坚持“以我为主”和“有的放矢”的原则，注重通过大量信息全面、公正、客观的报道介绍中国的改革开放进程。而且在图片的使用上，它也较国内其他报刊更有特点。该报从创刊之初就提倡刊登大幅照片、注重表现人物、角度新，给读者带来很大的视觉冲击。国内新闻界普遍认为,《中国日报》在新闻摄影报道方面有新的突破。该报的摄影记者多在全国性摄影比赛中获奖。

《中国日报》以其大信息量、报道及时真实、图片别具一格，很快引起西方舆论界的关注。在其问世的当年，英国《泰晤士报》的一篇文章就评论道:“中国的第一张英文报《中国日报》已成为外国人和懂英文的中国人早餐桌上的必读物，它几乎提供了世界上任何地方的及时消息。”①

六、其他国际传播渠道的建设

除以上国际传播渠道外，中国还新创办了一批国际传播的报刊，主要有《人民日报·海外版》、《瞭望·海外版》、《华声报》等，作为对传统国际传播报刊的扩张和补充。另外，在这一时期，新的国际传播平台在建立之初就很注意海外机构的建设;而传统媒体如《日民日报》、《光明日报》等媒体的驻外机构建设也逐步提上了议事日程。

20世纪80年代，中国国际传播领域几大主要国际传播机构相继恢复和建设，并成为国内有重要影响力的媒体，为以后中国国际传播真正走出国门，走向世界打下了重要基础。

---

① 转引自甘险峰:《中国国际传播史》，福建人民出版社，2004年版，第229页。

第三节　中国媒体国际发展的加速与突破：1992—2001

1992年，中国新一轮改革开放进程开启。中国媒体国际发展的步伐徒然加速，国际传播事业的宏观管理改革、国际传播资源整合、国际传播集团组建等工作全面开展起来。中国传媒国际竞争力提高，国际传播事业建设实现了质性突破，开始真正走出国门、面向世界，初步实现大面积的国际传播。

一、新华社基本建成世界性通讯社

1998年1月6日至10日，新华社召开年度工作会议，社长郭超人代表社党组宣布：新华社已基本实现了1983年初提出的在本世纪末建成有中国特色社会主义现代化世界性通讯社的宏伟目标。① 换而言之，到20世纪90年代末，新华社由一个国内通讯社，已经初步建设成具有中国特色社会主义现代化的世界性通讯社，实现了1983年提出的在20世纪末要达到的建设目标，事业发展取得了巨大的历史性跨越。

1. 比较完整的世界新闻信息采集体系建成

新华社在国外继续建立了一批新的分社。这些新建的分社包括驻阿联酋阿布扎比分社、驻马来西亚吉隆坡分社等。截至2000年底，新华社已经分别在香港、开罗、墨西哥城、内罗华和巴黎建立了5个总分社，并建成驻国（境）外分支机构103个，派出人员500多人。② 一个比较完整的世界新闻信息采集网已经形成。

2. 建成比较完整的新闻信息发布体系

到2001年，新华社每天用7个语种播发180多万字稿件和约290张新闻图片。在对外发稿方面。1995年12月，新华社葡萄牙文新闻专线正式

---

① 新华社大事记编写组：《新华社大事记1977—2001.11》，社内材料，第137页。

② 新华社大事记编写组：《新华社大事记1977—2001.11》，社内材料，第166页。

开播。这是新华社对外新闻报道的第七条广播专线，面向巴西、葡萄牙、莫桑比克、安哥拉和中国澳门等国家和地区提供国内和国际新闻。至此，新华社已经形成以英文为龙头，涵盖法文、西班牙文、阿拉伯文、俄文、葡文和海外中文7种语言的专线格局。2001年1月1日起，新华社正式实行24小时值班发稿制度。国内部、国际部、对外部、摄影部、体育部都实行24小时值班法规制度。此前，国际部和体育部已从2000年12月26日起，率先开始了24小时值班发稿。得益于这些基本建设成就，新华社的对外发稿量得以大幅度提高。

在信息事业方面，新华社已经建成全球性的经济信息集散体系，开发出50多种权威信息产品，计算机网络日均发稿40多万字。1990年8月26日，经济信息部与美国美亚国际有限公司合作在台湾地区发行中文版《中国经济信息》的合同正式签字。按合同规定，《中国经济信息》自1990年10月2日起每周发稿5天，每天播发35至40条综合经济信息。这是40多年来新华社开通的通往台湾省的第一条信息专线。同年，新华社新加坡专线正式开播，在新加坡发行中英文版的《中国经济信息》。至此，《中国经济信息》社已开通了西德、美国、日本、新加坡和香港地区、台湾地区6条专线。1993年4月14日，新华社与法国欧洲远程信息处理工程公司共同开办“中国资料信息库”，从即日起在法国正式投入使用。它可以为法国及欧洲的800多万户用户提供“中国概况”、“中国经济”两个部分的资料信息。同年6月23日，新华社经济信息部开始向国内外公众发布“新华股票价格综合指数”。这是我国第一个采用国际上通用的选择样本进行计算的股价指数。同年12月23日，新华社与澳大利亚澳洲广播电台正式签署协议。澳洲广播电台将利用澳方及中方电信部门的公用数据网检索“新华数据库”，成为新华社第一家国际联机检索用户。1996年9月，新华证券实时信息开始播发稿件。它同原有的期货实时信息，组成较完整的新华财经实时信息系统，成为富有通讯社特点和颇具市场潜力的电子信息产品。新华社是继路透社、美联社之后播发财经实时信息的第三家世界性通讯社。[①]

3. 建成覆盖全球的新闻信息供稿体系

1996年，新华社社党组提出，“新闻用户”是通讯社的基本资产，是涉及通讯社生死存亡的一个大问题。这是对新华社作为世界性通讯社的职能认识上的一个“质”的飞跃。从此，国内外分社一起动手，通过新华社现有的卫星线路、建设只收式地面卫星小站和因特网等现代化通信技术方式发展用户，把发展新闻信息用户的工作提高到一个崭新的水平。到2001年6月底，新华社的新闻信息直接用户达到12500多家，其中海外新闻信息用户4015家，分布在137个国家和地区。其实，到1991年底，新华社的新闻已经初步打进了长期由西方大通讯社垄断的国际新闻市场，成为亚太、非洲、拉美地区一批新闻媒介的重要消息来源。

20世纪90年代以后，新华社新闻开始进入欧美等发达国家的新闻市场，成为西方大通讯社的竞争对手。

4. 建成比较完整的技术保障体系

新华社整体通信技术水平实现了第二次飞跃。建立了以计算机和卫星等高科技技术为基础的编辑系统和四通八达的通信技术网络，形成了为全国和全世界各种用户服务的现代化供稿系统，实现了时间和空间两个范畴内的通信技术建设突破，实现了文字、图片、图表等新闻信息高速同步播发，使新华社在整体通信技术水平上达到或接近西方大通讯社。

1993年，新华社第一条高速数字电路在北京总社与纽约联合国分社间全线开通。这条线路的开通，将大大提高总社与联合国分社、华盛顿分社及墨西哥拉美总分社之间数据、文字、图片的传输速度和话音质量。1994年启动了以“三网一库”为代表的大规模通信技术建设工程，即国内双向卫星保密通信网（简称国内网）、国际综合业务通信网（简称国际网）、计算机广域网（简称新华网）和新华社综合信息数据库。1994年9月，新华社总社与纽约、香港、巴黎三大转报站间均已实现了话音、数据、文字、

---

① 新华社大事记编写组：《新华社大事记1977—2001.11》，社内材料，第96、95、255、169、170、172、175、177页。

图片的高速并行数据传输，国际干线高速数据通信网基本建成。1998年启动新华2000通信工程，1998年技术局组织开发的文字编辑发稿系统在国际部正式投入运行，到2000年，该系统的各项任务基本完成，2001年上半年全部正式投入运行。[①] 该系统采用当时较流行的因特网技术，操作简单，方便实用。通过该系统，编辑、记者可以分类调阅新华社中、英文通稿和世界四大通讯社的外电，检索新华社综合数据库和进行稿件处理（如选稿、编辑、传送、签发、打印等），并实现了向原编辑系统的稿件传送，使新华社整体通信技术水平上了一个新台阶。至此，在信息技术，特别是互联网飞速发展的“九五”期间，新华社用了不到5年时间，在主要技术系统和技术装备方面达到或接近西方大通讯社的水平。

二、中国国际广播电台建成世界级大台

20世纪90年代，国际广播发展和竞争的基本态势是“大功率、多渠道、新技术竞赛”。尽管冷战已经结束，世界各国特别是西方各大国以硬件实力争夺听众的对外广播竞争却并未结束。90年代初期，发达国家建立起广播电视“双轨并行”的体制，即官方的国际卫星电视逐渐发展成为重要的国际传播手段，同时官方的国际广播作为主要的国际传播手段，继续平稳发展。以美国为首的西方国家对华广播的势头越来越猛。西方不少国家对外广播已经办有24小时不断的“环球广播”。90年代中期，西方各大国竞相采用与卫星电视共星来传播数字音频广播，并且通过国际电脑互联网络来传送国际广播节目。

80年代中期，中国国际广播电台的播出语种和播出时间已经在世界上名列第三，但就发射能力、收听效果、节目质量、听众数量来看，还不及一些中等电台，与国际知名台更没法比。当时，中国对外广播的声音是微弱的，主要表现为：其一，电波不能覆盖全球，发射功率小；其二，语言节目不能覆盖全球，尤其是缺少环球广播。所以，中国国际广播电台在整

---

① 高国英、陈一宏:《改革开放以来我社通信技术的两个突破和两次飞跃》,《历史的足迹——新华社70周年回忆文选》，第744页。

体上“实际处于第二流水平，甚至还不如某些第二流水平的国家”。[①] 中国国际广播电台在90年代继续保持良好的发展势头，终于初步建成世界级的大电台。到90年代末，中国国际广播电台的节目通过卫星传输，对外中波、短波广播基本上实现了全球覆盖。据统计，到1995年，中国国际广播电台对外广播的播用语种和广播时数均占世界第二位。虽然当时的发射功率不大，小于美、俄、英、德、法、印度，但是由于中国国际广播电台从1987年开始，在同外国电台的互转、租机合作方面发展较快，规模较大，部分弥补了国内短波发射功率的不足，综合实力已经达到世界第二位。

1. 建成覆盖全球的新闻信息采集网

1991年中央正式发文明确规定，广播电影电视部也和新华社、人民日报社一样有权采写和编发国际新闻和专稿。这进一步促进了中国国际广播电台驻外记者站的建设，加大了国际新闻信息在工作中的播发比重，有利于中国国际广播电台向世界级大台的标准靠拢。其间，中国国际广播电台又新建了11个驻外记者站，发回的国际新闻信息量持续增加。到90年代末，中国国际广播电台先后在世界各大洲建立了29个记者站。中国国际广播电台国内新闻的稿源已经从根本上改变了过去单纯依赖新华社和人民日报等媒体的局面，国外新闻的稿源也从根本上解决了照抄照转驻在国媒体内容的局面。

2. 现代化的技术系统

国际广播电台对外广播大楼自1992年9月动工，到1996年12月完工，广播技术工艺系统于1997年4月装调完毕。1997年5月28日，国际广播电台43种语言节目全部由新大楼广播中心播出。对外广播大楼是集编播、语言录制、节目传送、通讯、楼宇自控、全台灌录等于一体，由计算机控制的具有当时世界先进水平的全数字音频广播系统。国际广播电台的计算机当时已经进入国际互联网，各个部门每个办公室的计算机设备或独立工作或联网工作，新闻业务全面实现了采、编、发一体化。

---

① 胡耀亭：《对外广播改革的宏观思考》，《中国广播电视学刊》，1988年第6期。

另外，国际广播电台开始使用卫星或大功率发射机传送对外广播节目，大大提高了对外广播讯号的传输和播出质量，解决了远距离广播的收听效果问题。2001年，中国国际广播电台43种语言的对外广播，全年共收到来自世界150多个国家或地区的听众来信90万封，再次创造了历史记录。①

中国国际广播电台还开辟多种渠道，扩大在国内外的影响。这包括“借船出海”，使中国对外广播在对象国家或地区直接落地，有效进入西方国家的主流社会。一方面中国国际广播电台通过与国外电台开展互转、租机合作，改善远距离中国对外广播的收听效果。从1987年起，中国国际广播电台陆续同美国、法国、瑞士、俄罗斯、西班牙、古巴、加拿大、马里、巴西、英国和香港地区等十多个国家和地区的电台建立了互转和租机业务。这些电台对北美、拉美、欧洲、非洲、西亚和香港地区转播中国国际广播电台的20种语言广播。到1999年，中国国际广播电台已经在7个国家设有8个短波、中波发射点(台)，实现了对全球广播的就近覆盖。到1998年中国国际广播电台的发射总功率已达到20990千瓦，位居世界前列。另一方面，中国国际广播电台向海外传送或寄送节目，供对方选择使用。到1998年，中国国际广播电台共向国外传送节目843个小时，寄送节目433个小时。②

三、中央电视台初步实现大面积国际传播

20世纪80年代中央电视台已经成为全国最有影响力的媒体之一。90年代中央电视台立足中国、面向世界，初步实现了“天上”、“地下”发展的战略目标，初步实现中国电视的大面积国际传播，为最终实现“把中央电视台建设成为同中国大国地位相称的世界一流水平电视台”的奋斗目标，迈出了突破性的一步。

---

① 中国广播电视年鉴编辑委员会:《中国广播电视年鉴2002》，中国广播电视年鉴社，2002年版，第51页。

② 中国中国国际广播电台史志办公室编:《中国国际传播史上的新篇章》，中国国际广播出版社，第388页。

90年代初，世界电子技术迅猛发展，直播卫星电视进入新的发展时期。通过卫星直接进行全球国际电视广播已经成为各国扩大自己影响的重要手段，空中电视的竞争十分激烈。亚洲上空已经有39颗卫星传送着全世界200多套电视节目。覆盖全世界的美国CNN，全天24小时报道新闻；美国新闻署开办的“世界电视网”，向美驻外使馆新闻文化机构提供节目，并通过卫星向欧洲、拉美国家广播。地区性国际电视广播已相当普遍。1992年初，西欧通过卫星播出电视节目67套，包括英语、法语、德语、意大利语、荷兰语、土耳其语、日本语、阿拉伯语等语种。

1991年前后，中央电视台对外中心发展了通过租用国外电视频道时段，来播放中国英语节目的项目。例如，在西欧《同一世界》卫星频道向西欧十多个国家播出中国英语节目；在美国旧金山支持彩虹电视台开办中国英语节目，向当地美国人播出；以新闻杂志节目为骨干的《今日中国》英语版在美国华盛顿、纽约、洛杉矶、芝加哥等地每周定时播出；法语版在法国三台定时播出等。同年7月1日，中央电视台第一套节目送上了俄罗斯静止卫星。同年9月1日又用NTSC制式上亚洲一号卫星播送。这样中央电视台第一套节目覆盖了澳大利亚、印尼、东南亚、中东、东非、东欧以及苏联等一大片国家和地区。

1992年1月1日，中央电视台把每天1小时的中、英文对外节目，通过国际卫星送到美国，由美国芝加哥新世纪一电视台把节目送上美国的Ku波段和C波段卫星，使整个北美都可以看到当天中国发生的重要新闻。[①]这是中国电视国际传播工作的一次飞跃。

但是，到1992年为止，同世界发达国家相比，中央电视台的国际传播仍然处于以向外国发送录像带为主，以租用外国电视台频道时段播出中国电视节目为辅的局面，影响面不大，效果不理想，显得十分落后。为此，1992年5月，中央电视台对外中心召开干部会议，研究开拓国际传播新局面的问题，会上达成对外传播的新思路：中央电视台国际传播工作要上新台阶，要大发展，必须一手抓“天上”，一手抓“地下”。所谓“天

---

① 于广华:《中央电视台简史》，人民出版社，1993年版，第252页。

上”，就是通过卫星传送中国电视节目，让中国电视节目覆盖全球，使全世界人民了解中国；所谓“地下”，就是要建立世界的销售中国电视节目录像带的网络，把中国电视节目以录像带形式传送到全世界的各大城市，占领国际录像市场。这是符合国际传播发展趋势的新思路。[①]

为了落实国际传播新思路，中央电视台制定了三步走的计划。第一步，首先要建设一个中文频道。通过卫星把电视信号传送到全球，让全世界近5000万华人、华侨，和懂中文的外国人都能看到中国的电视节目。第二步，建设一个英语频道，让西方主流社会都看到中国的电视节目。第三步，发展多语种的对外频道。利用数字压缩技术，在一个频道上传送五套电视节目。这五套节目是综合频道、多语种新闻频道、英语频道、电视剧频道、体育与音乐频道。所谓多语种，包括西班牙语、葡萄牙语、法语、俄语和阿拉伯语等大语种。[②]

1993年初，中央电视台制定了新的奋斗目标，即立足中国，面向世界，把中央电视台建成同中国大国地位相称的世界一流水平的电视台，以一流的队伍、一流的设备、一流的节目为实现这一目标的具体内容。围绕这一目标，具体落实国际传播新思路，是整个20世纪90年代中央电视台事业发展的中心工作。

1. 实现“天上”发展战略目标

1992年10月，中央电视台第一个国际卫星电视频道——第四套节目CCTV-4对外开播。中国电视国际传播从此有了专门频道，实现了国际传播“三步走计划”的第一步。1993年1月，中央电视台通过国际卫星，首次实现每天向北美卫星传送1小时节目，节目主要有第四频道的《中国纪实》、《中国报道》《旅行家》等，然后，再通过北美卫星覆盖美国、加拿大和加勒比海地区。同年，中央电视台向欧洲播出中国新闻。同年1月，中央电视台还向墨西哥特莱维萨电视台每周传送两个10分钟新闻，可覆

① 杨伟光:《中央电视台发展史》，北京出版社，1998年版，第3页。

② 杨伟光:《团结奋斗，加快中国电视覆盖全球的步伐》，《中国广播电视年鉴1996》，北京广播学院出版社，1996年版，第85页。

盖讲西班牙语的国家，约几亿人口的地区。1993年8月28日，中央电视台与美国3C集团合作在美国创办了“美洲东方卫星电视”，每天播出中、英文节目12小时，覆盖美国、加拿大、墨西哥及加勒比海地区。在这一年中，该台平均每天播出73小时，自办节目（首播）5031小时。中央电视台实现了从租用外国电视台转变为在外国建台播出中国电视节目，这是中国电视国际传播发展史上的一件大事。1993年，英语版《今日中国》在华盛顿、纽约、洛杉矶播出，法语版《今日中国》在法国电视二台定期播出，向“欧洲中国卫星电视”提供新闻和新闻性节目，填补了中国电视在欧洲地区的空白。时隔不久，国际频道CCTV-4又进入澳大利亚澳普特斯有线网，在新加坡、泰国、秘鲁和台湾地区等国家和地区进入了当地有线新闻网。①

1997年6月27日，中央电视台英语频道CCTV-9开始对外试播，2000年9月25日正式开播。CCTV- 9是我国第一个以非母语播出的国际新闻频道，以新闻及新闻性节目为主，每个正点都有新闻，每天24小时滚动播出，强调新闻报道的中国视角，频道定位为“了解中国的窗口”。这实现了国际传播“三步走计划”的第二步。中央电视台国际传播从此有了以国际通用语言——英语为媒介的新闻频道，这是中国电视走向世界与国际电视接轨的关键性举措，对加快中国电视进入外国主流社会具有重要意义。1997年，中央电视台节目通过国际合作实现了全球落地，提前实现了在20世纪末中国电视覆盖全球的目标。截至2001年底，全球有108家电视机构定期转播国际频道CCTV-4或英语频道CCTV-9的全部节目，另有49个国家和地区电视机构不定期地使用这两个频道的部分节目。②

2. 节目营销与发行体系的建立

1993年1月，由中央电视台牵头，41个省级和计划单列市电视台参加组成的“中国电视节目外销联合体”成立，中国电视节目开始走上国际发

① 杨伟光:《中央电视台发展史》，北京出版社，1998年版，第567、568、581页。

② 中国社会科学院新闻研究所、中国新闻学会联合会:《中国新闻年鉴2002》，中国新闻年鉴社出版，2002年版，第44—45页。

行的正规之路。到1997年，作为联合体第一阶段发展计划的第一批销售网点，已经在北美、东南亚、日本、韩国、西欧华人集中的16个国家和地区建立起来。联合体第二阶段的发展计划是，通过中国电视节目代理公司与外国电视节目公司合作，进一步开发欧美市场。第三阶段的发展计划是，完成在海外设立中国电视节目代理公司的分支机构。从1993年到1997年，联合体累计向海外输出节目7746小时，取得可观的经济效益和社会效益。[①] 到1998年，中国电视节目代理公司已初步建立了覆盖全球的节目外销网络。[②]

四、外文局进一步探索市场化国际传播路径

20世纪70年代末，外文局的发展与国家的计划经济体制相适应。国家财政给予特殊的扶植政策，充分保障，实报实销；发行上，实行国家买断，虽然也采取贸易和非贸易两种发行方式，但贸易只是形式，实际是低价销售或非贸易赠送。20世纪80年代，外文局的事业经费由国家统一拨款到一部分靠自己来解决，书刊的出版发行由国家统包到以贸易发行为主，收回货款，即对外书刊的出版发行也要逐步实现由传统计划经济向市场经济过渡。但是，由于该时段国际传播政策的核心是“改革与发展”，整个国际传播工作主要走大力加强基本建设，扩大规模、粗放式经营的路子，因此，外文局的改革步子并不大，贸易发行与非贸易发行并没有彻底分开。

1994年，外文局提出“高起点、新思路、大发行”的路子。“高起点”，就是站在全国外宣和国际书刊市场需求的高度来规划发行；“新思路”，就是不要只是按照经验和过去走过的路子一步一步向前推进，而是积极采用国际上通用的先进发行方式，迎头赶上去；“大发行”，就是要采取一切可

① 杨伟光:《形成拳头联合对外建立中国电视节目对外销售网络》,《电视宣传管理论集》,人民出版社1993年版，第117—123页；杨伟光:《中央电视台发展史》，北京出版社，1998年版，第590页。

② 杨伟光:《深化宣传改革，坚持正确导向，为把中央电视台建设成为世界大台而奋斗》,《中国广播电视年鉴1999》，中国新闻年鉴出版社，1999年版，第47页。

采取的有利于发行的方式，尤其要设法进入国外发行的主渠道，不是小打小闹，不是固守于一种发行方式，另外，就是领导一定要重视发行工作，要用足够的人力搞发行工作。[①]从此，外文局树立靠自己、靠市场的观念，把出版和发行都推向国际书刊市场，按照市场规律办事，围绕市场来改革一切机构和制度，力争做到以社会效益为主，两个效益双丰收。在“高起点、新思路、大发行”指导思想的推动下，各级发行部门增强了市场意识，加强了出版与发行间的横向交流，外文书刊的质量明显提高；发行进入欧美主要书业市场，海外自办发行增长较快。

五、《中国日报》成为了解中国的主要信息源之一

20世纪90年代，中国日报报系又创办了几份出版物，包括《中国日报》、《中国日报香港版》、《中国专稿》、《商业周报》、《21世纪报》、《21世纪报中学生版》、《北京周报》、《上海英文星报》。此后，创办了中国日报网站。到2001年，《中国日报》已经发行到150多个国家和地区，日发行量逾30万份，另有月均2000万人次通过国际互联网访问中国日报网站。据调查，《中国日报》在海内外的读者中，绝大多数是政府官员、外交人员、商界和新闻界人士、研究人员以及学生。《中国日报》是目前中国被境外各大通讯社、报刊、电台、电视台转载最高的媒体，也是中国唯一进入西方主流社会的报纸。作为“亚洲新闻联盟”中唯一代表中国的成员报纸，该联盟共覆盖全亚洲近2000万读者，在全球设有5个分印点，借助卫星网络，在全球39个发达国家的机场、酒店等地可打印当日报纸。在全球信息交流中代表中国的声音，被公认为是中国最具权威的英文刊物。《中国日报》已经成为海内外广大英文读者了解中国政治、经济、文化、社会等各方面信息的主要来源之一。[②]

---

① 《杨正泉同志在中国外文局海外机构工作会议上的两次讲话》，《中国外文局五十年史料选编》，新星出版社，1999年版，第330页。

② 中国社会科学院新闻研究所、中国新闻学会联合会：《中国新闻年桨2002》，中国新闻年鉴社出版，2002年。

六、网站等其他国际传播渠道的发展

90年代，中国发展国际传播渠道的一大亮点是大力建设新型媒体——网络。互联网作为一种全新的互动式信息载体，正在深刻影响着人类生活和新闻传播事业的发展。中国从20世纪80年代末开始引进互联网技术，在90年代中后期迅速建立几个主要国际传播网站。2000年，中共中央宣传部和国务院新闻办公室共同制定《国际互联网新闻宣传事业发展纲要》（2000—2002年），确定要把中国网、人民网、新华网、中国日报网和国际在线五大网站建成国家级重点网站，从资金、技术和人员等各方面进行大力支持，中央重点新闻宣传网站建设的步伐明显加快。[①]这五大重点网站和中央电视台网站共同组成中国网络国际传播的国家队。到21世纪初，我们已经初步建成中国国际传播的网络系统。

另外，如华声电视台等也逐步进入国际传播市场的竞争领域，成为中国国际传播事业的有益补充性渠道。

第四节　中国媒体的国际一流媒体发展之路：2001—2012

2001年被称为中国全球化的元年。这一年，中国加入世界贸易组织、申奥成功等重大事件发生，标志着中国与世界在认同与被认同的关系中更近了一步，也意味着中国媒体将承担着更为重要的全球性沟通责任。中国国际地位的变化，使得与之相称的国际传播媒体的建设成为势之所趋，情之必然。在全球国际传播生态环境中，一流的媒体能力可以用诸多指标进行衡量，在不同历史时期，不同的国情下，也有其特殊的时间和生态特性。过去十年中，中国媒体在自己建设具有中国特色的社会主义以及较为复杂多变的国际媒介生态环境中，积极进取，走出了一条具有中国特色的

① 中国社会科学院新闻研究所、中国新闻学会联合会:《中国广播电视年鉴2001》，中国新闻年鉴社出版，2001年版，第36页。

国际一流媒体建设道路。

一、政策环境与战略规划

党的十八大报告指出，要“构建和发展现代传播体系，提高传播能力”。这一战略性要求是基于过去若干年特别是新世纪以来中国的媒介发展现实提出的，将成为很长一段时间内中国媒介国际发展的重要合法性保证。新世纪以来，随着中国融入国际社会步伐的加快，对于和国际社会的沟通性需求不断增加，中国媒介政策始终在向着支持和鼓励媒体国际发展方向变革。这种政策性支撑积累是持续的，并在2008年前后上升到党和国家战略层面。2008年10月，胡锦涛同志在党的十七届三中全会上提出，要“建设覆盖广泛、技术先进的现代传播体系”。到2009年，国内重点媒体增强国际传播能力建设总体规划出台，对各个媒体的国际发展做出了具体的部署，并对政策支持予以明确。2010年，十七届六中全会更为明确提出：“加强国际传播能力建设，打造国际一流媒体，提高新闻信息原创率、首发率、落地率。”

近年来，中国媒介国际发展的国际环境在“提升国际传播能力”、提升“国家软实力”、“走出去”等核心话语的推动下，获得了前所未有的良好政策环境和事业发展路径。各个媒体纷纷提出自身提升与国际发展的战略性规划，中国媒介国际发展潜力获得了前所未有的释放。

1. 中央电视台“国际一流媒体”建设战略

在写给中央电视台建立50周年的贺信中，胡锦涛同志指出，“中央电视台是党和国家的重要舆论阵地和文化阵地，是中国了解世界、世界了解中国的重要窗口”，要求中央电视台“在继承的基础上不断开拓创新，努力把中央电视台建成技术先进、信息量大、覆盖广泛、影响力强的国际一流媒体，为推动社会主义文化大发展大繁荣、为提高国家文化软实力、为夺取全面建设小康社会新胜利做出更大贡献”。在同一场合，李长春同志特别强调：“要坚持改革创新，加快实现由传统媒体为主向传统媒体与新兴媒体融合发展的转变，由以国内受众为主向国内国际并重转变，构建覆盖广泛、技术先进的现代传播体系。”在此之前，李长春同志在中央电视台调研时也要求，要加快“传统媒体与新兴媒体融合转变，由以国内报道为主向国内国际并重转变”。

由此，中央电视台提出，要从国内传播向国际传播深度迈进。主要目标是构建面向全球的国际传播运行体系，努力实现由影响国际舆论向引导国际舆论转变，成为国际舆论重要一极。为实现这一目标，中央电视台积极整合自身资源，从采编到落地，从硬件到软件，全面提升自己的国际传播能力。近年来，中央电视台大力加强国际传播能力建设，从采编力量上看，中央电视台海外记者站数量已经超过其他国际一流媒体；从海外覆盖上看，中央电视台海外覆盖国家和地区数量已经超过NBC、NHK等，接近BBC、CNN；从技术实力上看，中央电视台技术装备水平及节目制播能力均居于世界前列；从播出能力上看，中央电视台拥有42个电视频道，年播出总量超过30万小时，频道播出语种数量已涵盖联合国6种国际语言，超过很多国外媒体；从经营能力上看，近年来，中央电视台总收入与国际一流媒体收入差距在不断缩小。

2. 新华社推进“战略转型”，力争建设“中国特色社会主义世界性现代国家通讯社”

2008年，新华通讯社确定，到2015年，基本完成战略性转型，把新华社建设成为中国特色社会主义世界性现代国家通讯社；推动三个拓展，即由传统新闻产品生产为主向现代多媒体新闻信息业态拓展，由面向媒体为主向直接面向终端受众拓展，由立足国内为主向有重点地更大范围参与国际竞争拓展；构建四个系统，即构建现代采编、研究系统，构建数字化加工、运用、传播系统，构建更加完善的新闻信息产品营销系统，构建多元化对外交流合作系统；加强五个重点建设，即加强报道业务建设，加强重点项目建设，加强人才队伍建设，加强海外舆论阵地建设，加强管理和制度建设。[①]

① 李从军:《奋力开创新华社战略转型和事业发展新局面》，中国记者，2009年第10期。

3. 中国国际广播电台围绕“现代国际传播体系”建设现代综合新型国际传媒

自2003年开始，国际广播电台开始逐步围绕构建现代国际传播体系战略目标，全面打造环球广播电台、海外城市分台、边境外宣分台、对内外宣广播频率、外宣电视媒体业务、多语种平面媒体、海外合作电台、多语种网站、多语种网络电台、多语种网络电视台、多语种移动媒体、全球节目制作室、全球记者站、专业人才、外籍人才、海外孔子课堂、海外听众俱乐部、国广系外宣公司等十八大业务集群，形成以现代技术为支撑，以综合传播为手段，以新媒体发展为方向，以雄厚经济实力为基础的新型国际传媒，在采集能力、制作能力、发布能力、技术装备、传播影响等方面，达到或接近世界主要国际传播媒体水平，综合实力和国际影响力居全球媒体前列。[①]

4. 中央级媒体带动下，“建设国际一流媒体”成为我国所有国家级媒体的重要发展目标

目前，以《人民日报》为代表的平面媒体均在不同程度上寻求自己在中国媒介国际拓展中的地位与作用;《中国日报》根据国家加强重点媒体国际传播能力建设的部署和规划，积极推动“五个跨越”，成为国家国际传播战略的重要组成部分,《中国日报》的事业由此进入重大发展机遇期，国际传播能力建设全面迈上新台阶；[②]中国外文局在完成转制之后，在国际传播产业化的道路探求上有新的发展。[③]

二、策略支撑与路径选择经验

中国媒介国际发展及一流媒体建设面临着复杂的国际政治意识形态背

① 王庚年:《承前启后 继往开来全面建设现代综合新型国际传媒》,《中国广播电视学刊》,2011年第11期。

② 参见朱灵《在纪念中国日报创刊30周年座谈会上的发言》，http://www.chinadaily.com.cn/dfpd/shizheng/2011-05/31/content_12612648.htm。

③ 参见周明伟:《在外文出版社成立六十周年座谈会上的讲话》，http://www.china.com.cn/news/2012-09/28/content_26663043.htm。

景、国际金融危机带来的严酷产业背景、快速发展的新闻传播技术背景和全球媒介格局大变动的行业背景。在这样的背景下，不断优化策略与路径选择成为国际一流媒体建设的必要条件。

1. 不断优化遍布全球的新闻信息采集网络，推进阵地前移，实现机构人员和内容生产本土化

自1946年新华社在香港建立第一个海外分社，中国媒介海外机构的数量在不断增加。2008年9月，新华社在《2008—2015年工作设想》中提出大力提升国际影响力，在2015年之前初步建成覆盖全球的新闻信息采集网络。截至2012年6月底，新华社的海外分支机构数量达到167个，本土之外新闻机构数量超过世界上任何一家媒体。亚太总分社设在香港，中东总分社设在埃及首都开罗，拉美总分社设在墨西哥首都墨西哥城，非洲总分社设在肯尼亚首都内罗毕，欧洲总分社设在比利时首都、欧盟总部所在地布鲁塞尔。新华社现已形成7个驻外总分社为中心、以10个大分社为骨干、以次区域重点分社为依托、以其他各分社为前沿的海外阵地总体布局和报道组织指挥体系，新闻信息触角进一步延伸。

新世纪以来，中央电视台加快走出去步伐，积极搭建国际播出平台和国际新闻采编网络，国际电视频道数量、海外采编站点已经居于世界前列，海外采编力量迅速提升，初步形成了以英语新闻频道、英语纪录频道为龙头，以中文国际频道为纽带，6个语种、7个国际频道、1个国际视频发稿平台、2个海外分台、多语种网络电视外语台的国际传播新格局。有资料显示，央视将进一步完善全球采编报道网络，力争2020年海外分台和海外记者站数量达到80个。国际新闻自采率实现翻番，国际新闻由主要依赖西方媒体转变为“以我为主，以国际通讯社为辅”，同时将大幅提高全球新闻采集能力；海外分台形成功能完备的本土化直播体系，如，2012年1月，中央电视台非洲分台在肯尼亚开播；同时将建立科学高效的管理体制和运行机制。

2006年2月27日，中国国际广播电台在海外开设的第一家调频电台——肯尼亚内罗毕调频台（FM 91.9）开播，开创了中国对外广播在境外整频率落地的先河。2006年11月19日，中国国际广播电台开设的老挝

万象调频台（FM 93）开播，中国国家主席胡锦涛与老挝国家主席朱马利共同出席了开播仪式并启动调频台的开播。截至2011年底，中国国际广播电台拥有70家海外分台，每天在境外电台播出节目总时数达1520多小时，覆盖70多个国家和地区。到2011年底，中国国际广播电台每天使用61种语言，向全世界累计播出节目3000多小时；在全球拥有70家境外整频率电台，180家合作电台，24家境外节目制作室，40个海外地区总站和记者站，18家环球网络电台，15家广播孔子课堂，4112家听众俱乐部，去年受众反馈达300余万件，国际传播能力显著提升。①

《中国日报》则以报刊的多种版本和驻外站点拓展为依托，积极推进“阵地前移”，实现了“一报打天下”到分众传播的跨越。在对开28版中国日报“中国版”的基础上，推出了中国日报“美国版”、中国日报“欧洲版”、中国日报“亚洲版”和中国日报“香港版”，并将适时创办中国日报“非洲版”，以满足不同的细分市场需求。“从欧洲议会到美国国会，从唐宁街到五角大楼，从世界银行到联合国总部，我们都已实现《中国日报》当天送达。我们在美国七个重要的中心城市建立印点，发行覆盖全美；我们的报纸送达欧洲27个国家以及亚洲主要国家。北起多伦多，南到巴西利亚，从东半球的伦敦、布鲁塞尔，到西半球的纽约、旧金山，我们或是建立了传播中国声音的稳固桥头堡，或是配合国家领导人出访适时搭建传播平台，《中国日报》正走向全球的政界、商界和学界，走向世界高端智库和决策机构，走向世界的每一个角落”。②

其他媒介，中国新闻社以“领军世界华文媒体、服务全球华人社会、影响各国主流舆论的华文传媒资讯中心”为自己的主要建设目标，在全世界十几个国家和地区拥有分支机构，20多个站点，新世纪以来的新建的站点占到其站点建设的半数以上。

在机构拓展之外，人员的本土化策略也是重要一环，如新华社的海外

---

① 王庚年：《承前启后 继往开来全面建设现代综合新型国际传媒》，《中国广播电视学刊》，2011年第11期。

② 参见朱灵：《在纪念中国日报创刊30周年座谈会上的发言》，http://www.chinadaily.com.cn/dfpd/shizheng/2011-05/31/content_12612648.htm。

雇员数量稳步增加，素质不断提高，在某些国家和地区已经接近甚至超过老牌西方媒体，形成局部优势。截至2010年底，新华社各类雇员总人数增加到2500多人。在阿富汗地区，新华社当地全职雇员数量已经接近美联社、路透社和法新社，兼职雇员与线人数量则已经超过了这三家西方通讯社。

2. 融合媒介背景下的全媒体业态发展道路

建立在新的信息传播技术基础之上的媒介融合，构成了中国媒介国际发展的主要背景之一。在融合媒介背景下，强化全媒体业态发展，成为中国媒介国际发展的一个重要共识。

新华社不断拓展媒体业态，从建社之初以传统通讯社业务为主，发展到目前融通讯社业务、报刊业务、网络业务、新媒体业务、电视业务、金融信息业务和多媒体数据库业务为一体的全媒体业务形态。在通讯社业务，以新华网为龙头的中国最大的网络集群，以发行量超过300万的《参考消息》为代表的报刊集群，中国新华新闻电视网，金融信息平台及其他新兴媒体，包括网络电视、手机媒体、流媒体、户外终端，多媒体数据库等方面均取得了卓越成就。

中国国际广播电台大力发展新型媒体。依托国际在线，新增芬兰语、希伯来语等18 种语言节目。发展多语种网站、网络电台、网络电视台、手机广播电视等新媒体业态。中国国际广播电视网络台（CIBN）的开办，实现了传统媒体与新兴媒体的融合，形成了以无线广播为基础，以在线广播为支撑，以新媒体发展为方向、以多媒体传播为特征的语种多、信息量大、受众面广、影响力强、覆盖全球的新型传媒构架。而该台更提出，要"围绕构建现代国际传播体系战略目标，全面打造环球广播电台、海外城市分台、边境外宣分台、对内外宣广播频率、外宣电视媒体业务、多语种平面媒体、海外合作电台、多语种网站、多语种网络电台、多语种网络电视台、多语种移动媒体、全球节目制作室、全球记者站、专业人才、外籍人才、海外孔子课堂、海外听众俱乐部、国广系外宣公司十八大业务集群，形成以现代技术为支撑，以综合传播为手段，以新媒体发展为方向，以雄厚经济实力为基础的新型国际传媒，在采集能力、制作能力、发布能力、技术装备、传播影响等方面，达到或接近世界主要国际传播媒体水平，综合实力和国际影响力居全球媒体前列”。①

中央电视台近年来，也依托央视网络，不断拓展移动新媒体市场，成为海外受众了解中国信息的重要网络来源。大力建设海外本土化网站，建立多语种网络电视台及10个本土化海外分站，进入手机、移动电视等多媒体终端。中国网络电视台的成立强化了央视作为全球一流电视媒体的地位。

中国日报实现了从“传统印刷媒体向全媒体传播的跨越”。中国日报除拥有12份出版物外，还拥有1个国家重点网站、8个网站集群、3大移动平台、14个无线终端产品；在国内媒体中率先创办了网站、电邮报和双语手机报，其海外点击量和订阅量在亚洲同类媒体中处于领先地位；率先登陆苹果手持平板电脑和苹果手机，成为国内媒体中第一家出版iPhone和iPad版的媒体，目前全球已有50多个国家和地区的32万用户通过苹果终端下载《中国日报》。②

中国新闻社则已经拥有以文字、图片、特稿、网络、期刊、供版、视频为七大主干的新闻产品平台；拥有覆盖海外大多数华文媒介的用户网络。③

3. 对外合作，借船出海，优化媒介国际发展环境

近年来，新华社发起并成功举办世界媒体峰会和主席团会议。第一届世界媒体峰会2009年10月8日至10日在北京举行，由新华社承办这一媒体盛会。世界媒体峰会被誉为是媒体的奥运会。峰会以“合作与发展”为宗旨。通过“合作”，构建21世纪传统媒体与新兴媒体的伙伴关系，促进通讯社、报刊、广播、电视、互联网等媒体间的“发展”。围绕峰会宗旨，

---

① 王庚年：《承前启后 继往开来全面建设现代综合新型国际传媒》，《中国广播电视学刊》，2011年第11期。

② 参见朱灵：《在纪念中国日报创刊30周年座谈会上的发言》，http://www.chinadaily.com.cn/dfpd/shizheng/2011-05/31/content_12612648.htm。

③ 新闻报道：《中新社社长刘北宪：创建国际一流传媒 让中国更好融入世界》，http://www.usqiaobao.com/2012-09/13/content_1578772.htm。

就媒体的现状、发展趋势以及面临的重大挑战等共同关心的课题进行探讨，通过研究及全球性的思想和信息交流，促进媒体间的合作和发展。参会媒体达到170家，其中，海外媒体机构120家。参会人数约300人，其中来自国外的260人。

中国国际广播电台则注意与国外媒体实现深度合作，充分发挥外媒的优势。如国际台首创了与合作方联合制作节目的模式，即将芬兰大众传媒公司的记者“请进来”，与国际台英语中心联合，每年都进行有针对性的实地采访，再由当地专业编播人员按落地国家听众需求和接受习惯，用落地节目的语言翻译、编辑、录制成广播节目播出；注意利用当地发达的网络载体，推动网络电台建设，如根据北欧国家互联网十分发达的情况，国际台与芬兰大众传媒公司合作，在2006年1月1日正式建成和启动了国际台北欧网络电台（英语）。2005年、2007年、2009年和2010年，国际台又与芬兰大众Raodio86网站合作，相继推出芬兰语、瑞典语、丹麦语、荷兰语、挪威语、冰岛语、立陶宛语、爱沙尼亚语等8种语言的网站。

而《中国日报》实现了从“媒体外宣到拓展国际合作交流的跨越”。积极拓展与欧美主流媒体的合作，以“借船出海”方式扩大海外供版规模，迅速提升中国声音的海外覆盖面和影响力，《中国国家形象专刊》随《纽约时报》、《华盛顿邮报》、《国际先驱论坛报》等国际主流媒体在美国、欧洲发行超过200万份。①

三、产业化路径及中国媒体国际一流媒体建设的未来

媒介全球发展实质上也主要有两种基本的推动力量，一种是政治与全球竞争的需求，一种是媒介市场化的利益追求。全球的深入演变，为媒介发展提供了全新的市场化、产业化契机。全球新一轮的媒介较量在产业化的背景下展开，并在过去20年中为国际传播秩序的变革做出了重要贡献。

---

① 参见朱灵：《在纪念中国日报创刊30周年座谈会上的发言》，http://www.chinadaily.com.cn/dfpd/shizheng/2011-05/31/content_12612648.htm。

1. 产业化路径的全球经验

实质上，处于较早市场化背景下的西方媒介，早在20世纪80年代就已经走在了全球媒介产业化的前沿。只不过，因为全球市场发展的局限性，其产业化效能媒介在国际上的展现并不强烈。但凡是现在国际市场上具有较强实力和冲击力的媒介，早在上个世纪已经在产业化甚至金融资本市场中有着不俗的表现，并由此为全球范围内的竞争打下了良好的基础。

具有160年历史的路透社在财经新闻信息领域名声不俗，保持着全球领先的地位，就其和早期的产业化扩张有着重要的关系。而隶属于时代华纳集团的美国有线新闻网则是另外一个成功的案例。1992年，时代华纳在纽约股票交易所上市。也是在此时，美国有线新闻网在与政府的合作中取得巨大突破并受益于公司整体上市，在全球的影响力迅速增长。到2010年，其不但在美国国内受众增加到1.1亿，在全球主要国家均有落地，而且在世界重大新闻中保持着独占鳌头的影响力。在某种意义上，这和整个集团产业化布局的发展所提供的有力支撑有着极其密切的关系。

同样是在美国，合众国际社的命运则完全不同。这一家由著名报人斯克里普斯创建的通讯社，也曾经与美联社、路透社、法新社一起齐名世界，但是由于经营不善，现代化产业路径发展不顺利，曾两度申请破产，并最终被收购。几经收购，其影响力已经大不如前。新西兰国家通讯社——这家生存了131年的通讯社于2011年8月31日播发最后一则新闻后正式关闭，新西兰报联社近年努力转换传统经营理念和格局，无奈难敌数字化浪潮和媒体整合的联手出击无法力挽狂澜。

2. 中国媒介国际发展的政策基础

1992年以来市场经济的风潮漫遍中国。中国共产党的第十四次至第十六次全国代表大会分别提出建立和完善社会主义市场经济体制，并在第十七次全国代表大会中明确表明，中国社会主义市场经济体制的创建完成。

在此过程中，1996年6月中共中央和国务院联合发布《关于加快第三产业的决定》中，把报刊经营管理列入第三产业，成为我国报刊进入产业化改革阶段的一个重要标志。传媒业开始进入企业化管理、市场化经营和产业化运作的阶段。我国媒介就此具备了事业与产业双重属性。直至现今，两者并行不悖。中国国际传播媒介的发展虽因国际政治的复杂性、体制改革的滞后性而并未同时起步，确也因此具备了重要的政策基础。

20世纪90年代以来，我国媒介在国内产业化探索逐步发展。到21世纪初，纸质媒体以报业集团的成熟发展、广播电视媒体以央视广告的巨幅增长以及各省市广播电视的集团化、新兴媒体以新浪等网站的崭露头角及新华网、人民网等传统媒介的新媒体拓展为标志，全媒体、产业化的总体格局初具雏形。

而中国与世界交往随着入市、申奥的成功，以及“9·11”事件后国际形势有利于我国的发展更为密切和深入。信息需求的增加以及国际信息摩擦的增加使得国家和民族形象成为全国人民共同关心的问题，中国媒介国际传播的压力倍增。

3. 中国媒体建设国际一流媒体的产业化实践

新华通讯社的产业化探索起步较早。“在国外，新华社要求驻外总分社科学规划、分步实施，因地制宜、探索前行，充分运用市场化、资本化方式，积极对接市场，探索盈利模式，分阶段、有重点地往前推进，不断提升在当地新兴媒体市场的占有率和影响力，积极抢占海外新兴舆论阵地。”①

新华通讯社在国际传播产业化中有三个重要探索：其一是全面探索建立中国甚至是第一家“全媒体集团”。作为中国官方通讯社，新华社原来拥有的业务在主要是供稿和经营平面媒体。本次转型后，通讯社、印刷、电视三种传统媒体形态以网络、手机电视的综合媒体业态初步形成，现代化信息供给结构也进入了视野；其二是探索国际传播分支机构的产业改革。这种尝试突破了既有的“先国内、后国际”的改革模式，真正做到了全社一盘棋，在较大程度上调动了生产潜力。而海外分社多种经营模式的深入探索仍在继续。其三是探索以现代经营模式推动新媒体新技术的发展。新华网络有限公司、中经社控股有限公司、中国新华新闻电视网有限

---

① 李从军:《奋力开创新华社战略转型和事业发展新局面》,《中国记者》2009年第10期。

公司和新华社图片运营公司建设，在中国国际传播媒体中均具有强烈的探索性质，引人瞩目，成为海内外媒介专家观察的重要对象。

新华通讯社之外，中国国际广播电台在建立“现代国际广播体系”过程中也初步完成了“从传统媒体向现代媒体转变，由单一媒体向综合媒体转变，由对外广播向国际传播转变”，其海外调频台建设等重要经验为中国国际传播产业化提供了重要经验。该台提出，要“贯通事业和产业两个机制，解放和发展国际传播生产力。组建国广系公司集群，盘活媒体资源，以品牌开发、股份合作、资本运作为主要方式，搭建组织科学、架构合理、体系完善、运行规范的产业平台，为传统机制下的事业发展注入了新的活力”。

这既是世界主流媒体快速发展的普遍规律，也是我国外宣媒体做大做强的重要路径。另外，中央电视台、中国外文局以及很多地方传媒集团等在海外均有不同程度的产业化扩张，虽然他们的探索有着“走出去工程”等多样化背景，其成果也已经初步显现。中国国际传播的产业化探索已经积累了一定的经验，具备了一定的基础和支撑。

四、中国媒介国际发展要处理好的几对关系

由于历史与现实的多种原因，中国媒介国际发展进程虽然处于黄金时期，但是很多问题都有待探索。这一过程中，将有很多层面的问题需要去处理和应对。笔者认为，相关媒介应处理好几对基本的关系：

1. 要处理好政策支持和自身造血之间的关系

目前，应该说在事业与产业两条路径给予了中国国际传播媒介交汇性支持。这种支持是史无前例的，但是也是具有探索性的。其持续有赖于体制改革的深化。事业属性带来的直接后果是，一方面在市场化、产业化路径上进行探索，另一方面没有按照市场规律办事，很多项目不计成本，不惜代价，没有评估。如此下去，一旦政策支持出现些许变化，就可能导致改革的重大问题。

2. 要处理好“务虚”与“务实”的关系

改革的探索需要具有激情，并在一定程度上秉持理想，不能前怕狼后

怕虎。然而，摊子如果过大，在较长一段时间内无法做实，无法盈利，无法取得实效，则会授人以柄，改革会遇到困难。尤其是在国际传播产业化的领域，应该做到决策科学，一步一个脚印。

3. 要处理好深化发展与风险控制之间的关系

国际传播领域里探索面对的不是事业改革探索中的国内关系，它要求改革者熟悉国内外情况，熟悉金融资本运作、国际法律条款以及科学的企业运作规律。中国国际传播媒介长时间的事业性质使全社会缺乏既懂媒体发展规律又熟悉资本运作规律的人才。全球金融危机带来的经济低迷虽然带来了一定的购并机遇，但是也强化了资本的投机性。深化改革的过程中，务必进行科学的风险控制。

4. 要处理好“内”与“外”的关系

由于历史的原因，不合理的国际传播秩序的影响犹存，中国媒介国际发展在短时间内可能无法达理想水平。国际传播媒体的探索如果没有国内的有力支撑，有可能会陷于被动。因此，媒介国际发展需要“内外兼修”。

中国媒介的国际发展在不同路径下已经走过多年，当下正处于黄金发展时期。在国内外政治经济以及媒介生态环境下的，国际一流媒体概念的提出，为媒体的国际发展带来了新的增长点。它应该能够在很长一段时期为中国媒介发展提供足够的概念性支撑，并在一定程度解决媒介国际发展的路径选择问题。

缩写表

ABC	美国广播公司
ABC（澳）	澳大利亚广播公司
AOL	美国在线
BBC	英国广播公司
BskyB	英国天空广播公司
CBC	加拿大广播公司
CBS	美国哥伦比亚广播公司
CCTV	中国中央电视台
Channel V	星空音乐台
CNN	美国有线电视新闻网
CNTV	中国网络电视台
ESPN	美国娱乐与体育节目电视网
FOX	美国福克斯广播公司
HBO	美国家庭票房有线电视网
IBA	英国独立广播公司
KBS	韩国广播公司
MSNBC	微软全国广播公司
MTV	音乐电视网
NBC	美国全国广播公司
NHK	日本放送协会
RT	俄罗斯今日俄罗斯频道
RTL	卢森堡广播电视公司
StarTV	星空卫视

TBS	日本东京广播公司
TF1	法国电视一台
TNT	美国特纳电视网

后　记

在多年积累国际媒体数据资料的基础上，经过近一年的策划、研讨和编撰，《国际一流媒体研究》一书终于和读者见面了。

参与本书编写的主要是中央电视台发展研究中心的研发人员，中心主任李舒东为团队的带头人和负责人。具体作者如下：第一章李舒东；第二章张利生、任永雷；第三章傅琼；第四章李海东、韩秋红；第五章黎斌、张腾之；第六章周滢；第七章马战英；第八章张利生、任永雷；第九章张毓强。全书由李舒东同志统稿。

该书系统梳理了国际一流媒体的相关数据资料，参考了国内外媒体的相关研究资料，为此，我们要感谢国内外传媒专家在国际传播领域所做的研究和探索，这些探索使我们的进一步研究有了可能，我们还感谢那些为推进中国媒体的国际一流媒体建设而辛苦努力的同志，他们的实践使我们的研究建立在了坚实的基础上。本书中一些较为成熟和前沿的研究成果在一定程度上填补了国内关于国际一流媒体研究的空白。同时，我们也期盼在与国内外学界、业界专家、广电从业人员及读者的交流与碰撞中，继续共同推动中国媒体在国际一流媒体建设方面的研究和探索。

我们还要感谢世界知识出版社的领导和编辑对出版本书所给予的理解与支持，使我们的研究成果能够顺利面世。

由于时间仓促，加之水平有限，书中可能存在着一些缺陷和不足，在观点、材料、数据等使用方面也可能有疏漏之处，敬请专家、学者及各位读者批评、指正。

编　者

2013年2月于中央电视台

图书在版编目（CIP）数据

国际一流媒体研究 / 李舒东等著. —北京：世界知识出版社，2013.3

ISBN 978-7-5012-4429-4

Ⅰ.①国… Ⅱ.①李… Ⅲ.①传播媒介—研究 Ⅳ.①G206.2

中国版本图书馆CIP数据核字（2013）第029262号

责任编辑　张　萱
责任出版　赵　玥
责任校对　陈可望

书　　名　**国际一流媒体研究**
Guoji Yiliu Meiti Yanjiu

作　　者　李舒东等

出版发行　世界知识出版社
地址邮编　北京市东城区干面胡同51号（100010）
网　　址　www.wap1934.com
电　　话　010-65135637（编辑）　010-65265923（发行）
经　　销　新华书店
印　　刷　北京世知印务有限公司
开本印张　710×1000毫米　1/16　23印张
字　　数　350千字
版次印次　2013年4月第一版　2013年4月第一次印刷
标准书号　ISBN 978-7-5012-4429-4
定　　价　48.00元